Heilsames Erzählen

Petra Plunger

Heilsames Erzählen

Krankheitsnarrative am Beispiel der homöopathischen Behandlung und Betreuung

 Springer VS

RESEARCH

Petra Plunger
Wien, Österreich

Veröffentlicht mit Unterstützung des Forschungsrats der Alpen-Adria-Universität Klagenfurt.

ISBN 978-3-658-01263-2   ISBN 978-3-658-01264-9 (eBook)
DOI 10.1007/978-3-658-01264-9

Die Deutsche Nationalbibliothek verzeichnet diese Publikation in der Deutschen Nationalbibliografie; detaillierte bibliografische Daten sind im Internet über http://dnb.d-nb.de abrufbar.

Springer VS ist eine Marke von Springer DE. Springer DE ist Teil der Fachverlagsgruppe Springer Science+Business Media.
www.springer-vs.de

Danksagung

Diese Publikation beruht auf der Dissertation der Autorin, die sie an der Abteilung für Palliative Care und OrganisationsEthik, Fakultät für Interdisziplinäre Forschung und Fortbildung, Alpen-Adria Universität Klagenfurt verfasst hat. Die Autorin dankt allen Beteiligten, die sie als BetreuerInnen ihrer Dissertation, als kollegiale BeraterInnen, als ArbeitskollegInnen und als Familie und FreundInnen unterstützt haben. Ihr besonderer Dank gilt den InterviewpartnerInnen, die ihre Erfahrungen mit ihr geteilt haben.

Dem Stifterverband für die Deutsche Wissenschaft sei an dieser Stelle für die finanzielle Unterstützung des Forschungsprojekts „Homöopathie als Alternative zu schulmedizinischer Behandlung? Rahmenbedingungen, Praxis und Inanspruchnahme von Homöopathie in Österreich" gedankt, das an der Abteilung für Palliative Care und OrganisationsEthik, IFF, Alpen-Adria-Universität Klagenfurt vom 1. März 2006 bis zum 29. Februar 2008 durchgeführt wurde und die Grundlage für die Dissertation der Autorin und in weiterer Folge für diese Publikation lieferte. Dem Forschungsrat der Alpen-Adria-Universität Klagenfurt danke ich für die Zuerkennung einer Forschungsförderung, die diese Publikation ermöglicht hat.

Inhaltsverzeichnis

Zusammenfassung

Die vorliegende Arbeit beschäftigt sich mit der Konzeption von Krankheitserfahrungen in Form von Narrativen im Rahmen der medizinischen Behandlung und Betreuung. Die Bedeutung des Erzählens über das Kranksein aus der Perspektive der Betroffenen wird beispielhaft im Kontext der homöopathischen Behandlung und Betreuung nachgezeichnet.

Methodisch wurde nach Grounded Theory vorgegangen, die Erfahrungen der Betroffenen wurden mittels qualitativer Interviews erhoben. In der Darstellung der Ergebnisse wird zunächst auf zentrale Konzepte eingegangen, die die Perspektive der Betroffenen auf die homöopathische Behandlung und Betreuung widerspiegeln. Diese Konzepte werden in einem weiteren Schritt zu einer gegenstandsbegründeten Theorie des „Heilsamen Erzählens" verknüpft. Daran anschließend werden die empirischen Ergebnisse unter Bezugnahme auf theoretische Konzepte zu Krankheitsnarrativen, ihrer Bedeutung und ihrer Rolle im Rahmen der konventionellen medizinischen Behandlung diskutiert.

Zunächst wird dargelegt, welche Aspekte der der homöopathischen Behandlung und Betreuung zugrundeliegenden Krankheitstheorie das Erzählen unterstützen, und wie sich die Beziehung zwischen Betroffenen und HomöopathInnen auf die Konstruktion von Narrativen auswirkt. Als Ausgangs- und Bezugspunkt für die in der homöopathischen Behandlung und Betreuung erlebte Möglichkeit der Narrativierung von Krankheitserfahrungen werden die Erfahrungen der Betroffenen in der konventionellen medizinischen Behandlung beschrieben. Strukturen und Praktiken des Versorgungssystems rahmen die individuellen Erfahrungen der Betroffenen. Gleichzeitig gestalten die Betroffenen durch die Neukonzeption ihrer Krankheitserfahrungen diese – ihre homöopathische Behandlung und Betreuung mitbestimmenden – Ausgangs- und Rahmenbedingungen, indem sie neue Interpretationen für die Bedeutung der konventionellen medizinischen Behandlung entwickeln und auch die Rahmenbedingungen durch das Versorgungssystem kritisch hinterfragen.

Als bedeutsame Konsequenzen der Narrativierung der Krankheitserfahrung werden die individuelle Sinnfindung und die sich daraus ergebende Handlungsfähigkeit der Betroffenen im Hinblick auf ihren Alltag und ihr Leben mit einer Krankheit diskutiert.

Abschließend wird die Bedeutung der Ergebnisse zu Narrativen im Hinblick auf ihren emanzipatorischen Gehalt diskutiert und in Form von Thesen aufgenommen, um Perspektiven für eine an den Bedürfnissen der Betroffenen orientierte Behandlung und Betreuung aufzuzeigen. In Form dieser Thesen wird auch für die vermehrte Berücksichtigung der Perspektive der Betroffenen in der Ausgestaltung der Behandlung und Betreuung plädiert.

1 Einleitung

„Also ich steh felsenfest dahinter. Also ich hab's einfach geahnt, dass des was für mich ist und das Natürliche hat mich angsprochen, und jetzt steh ich einfach felsenfest dahinter." (Frau Raab, 192)

Dieses Zitat macht neugierig: Mit wie viel Überzeugung für ein bestimmtes Heilverfahren – im vorliegenden Fall die Homöopathie – eingetreten wird. Einer Überzeugung, die wohl auch auf einer Ahnung beruht, letztendlich (nach einer längeren Suche?) eine angemessene, den persönlichen Vorstellungen entsprechende und individuellen Problemen angemessene Behandlung und Betreuung gefunden zu haben. Gleichzeitig wird aber auch spürbar, dass diese Entscheidung eventuell verteidigt werden muss, dass sie nicht in allen Kontexten und Zusammenhängen auf ungeteilte Zustimmung und Akzeptanz stößt.

Über diese individuelle Aussage hinaus gedacht: Was steht dahinter – an Erfahrungen, an Motiven und Bedürfnissen – wenn Menschen sich entschließen, Heilverfahren abseits der konventionellen Medizin in Anspruch zu nehmen? Anders gefragt: Warum entschließen sich Menschen in bestimmten Situationen, auf alternative Möglichkeiten der Behandlung und Betreuung zurückzugreifen, auch wenn sie in diesem Fall (zumindest auf den ersten Blick) zusätzliche Hürden zu überwinden haben? Was bedeutet diese Praxis für sie persönlich, und welche Aussagen lassen sich bei genauerer Betrachtung dieser Praktiken über das Versorgungssystem machen?

1.1 Versorgungsforschung – Versuch einer Perspektivenerweiterung

Diese Forschungsarbeit erhebt den Anspruch, die Perspektive der Versorgungsforschung in zweifacher Weise zu erweitern: Wie es bereits in den einleitenden Sätzen angeklungen ist, interessiert einerseits die die Frage, warum alternative und komplementäre Heilverfahren (in zunehmendem Ausmaß) genutzt werden, welche Erklärungsmodelle sich hierfür entwickeln lassen – ein Thema, dass zumindest in der deutschsprachigen Versorgungsforschung bisher wenig Niederschlag fand.[1] Im Rahmen dieser Publikation steht darüber hinaus die Perspektive der Betroffenen, was ihre Erfahrungen mit einem spezifischen Verfahren, näm-

---

1 Eine Ausnahme bildet hier z.B. die medizinethnologische Arbeit von Förster (1993).

lich der Homöopathie, anbelangt, im Mittelpunkt. Damit sind zwei Aspekte angesprochen, die für den Zugang zur Thematik „Nutzung von alternativen und komplementären Heilverfahren" entscheidend waren: Einerseits das Interesse der Autorin, mehr darüber zu erfahren, wie Betroffene, und insbesondere jene, die regelmäßige Kontakte mit dem Gesundheitssystem haben, dieses erleben. Und andererseits die Frage, welchen Stellenwert alternative und komplementäre Heilverfahren in der Versorgung einnehmen, und welche Interpretationen sich für den steigenden Zuspruch zu diesen Verfahren finden lassen.

Das Interesse an der Perspektive der Betroffenen speist sich aus einer jahrelangen Auseinandersetzung der Autorin mit der Frage, wie die Perspektive der Betroffenen für die Gestaltung einer an ihren Bedürfnissen orientierten Behandlung und Betreuung genutzt werden kann, wie die Möglichkeiten und Fähigkeiten der Betroffenen und ihres Umfelds unterstützt, und ihre Wünsche respektiert und „Hilfe zur Selbsthilfe" angeboten werden können.

Alternative und komplementäre Heilverfahren werden oft in Zusammenhang mit einem stärker an den Bedürfnissen der Betroffenen orientierten Zugang zu Behandlung und Betreuung erwähnt, was auch die steigende Inanspruchnahme dieser Verfahren erklären soll. Diese Bedürfnisse der Betroffenen scheinen in der konventionellen medizinischen Versorgung oftmals unberücksichtigt zu bleiben. Besonders prägnant wird dieser Zusammenhang, wenn man zwei Bereiche betrachtet: Einerseits die Behandlung und Betreuung von Menschen, die mit chronischen Krankheiten leben, und andererseits den Bereich Palliative Care. (vgl. Cartwright & Torr 2005; Demmer & Sauer 2002; Penson 1998; Hemming & Mahler 2005)

Die Mehrzahl der Studien, die sich mit alternativen und komplementären Heilverfahren im Allgemeinen und der Homöopathie im Besonderen beschäftigen, lässt sich in zwei große Themenfelder zusammenfassen: Einerseits Studien, die der Frage des Wirksamkeitsnachweises der betreffenden Verfahren nachgehen und andererseits Studien, die ein „Profil" der NutzerInnen bzw. AnbieterInnen eben dieser Verfahren erstellen (Ausnahmen sind hier die Studien z.B. von Bishop, Yardley & Lewith 2010; Correa-Velez, Clavarino & Eastwood 2005; Jorgensen & Launso 2005; Sointu 2006; Steinsbekk & Launso 2005; Thorne et al. 2002; Thompson 2005). Erhoben wird in den meisten Studien z.B. eine Reduktion von krankheitsspezifischen Symptomen als eines von denjenigen Kriterien, die in den Augen der ForscherInnen als relevant angesehen werden. Der Perspektive der Betroffenen wird in vielen Fällen wenig Aufmerksamkeit geschenkt (Cartwright & Torr 2005, S. 560).

Der zu beobachtenden zunehmenden Orientierung an Outcome- und Effizienzkriterien in der Forschung zu alternativen und komplementären Heilverfahren[2] versucht dieses Forschungsvorhaben eine alternative Sichtweise hinzuzufügen, indem es einen hermeneutischen Ansatz verfolgt. Mit der Verfolgung dieses Ansatzes rückt die Interpretation der Perspektive der Betroffenen in den Mittelpunkt. Aus pragmatischen und theoretischen Gründen wurde aus der Fülle von komplementären und alternativen Heilverfahren die klassische Homöopathie ausgewählt: Diese ist in Österreich, wo die dieser Publikation zugrundeliegende Studie durchgeführt wurde, weit verbreitet und bekannt, und sie verfügt über eine Krankheitstheorie, die sich grundsätzlich von jener der konventionellen Medizin unterscheidet und somit aufschlussreiche Erkenntnisse erwarten lässt.

Mit diesen beiden Engführungen – einerseits auf ein bestimmtes Heilverfahren, die Homöopathie, und andererseits auf den Kontext des Versorgungssystems in Österreich ist auch der Rahmen möglicher weiterführender Interpretationen umrissen: Die Homöopathie als Heilverfahren wie auch ihre Einbettung in das österreichische Gesundheitssystem verweisen auf einen Interpretationszusammenhang, der sich in anderen Gesundheitssystemen (die z.B. über eine andere Kultur der Beteiligung von Betroffenen bzw. der Haltung gegenüber alternativen und komplementären Heilverfahren inklusive der jeweiligen gesetzlichen Rahmenbedingungen verfügen), durchaus unterschiedlich darstellen kann.

1.2 Fragestellungen

Die Formulierung der Forschungsfragen orientierte sich an der Leitfrage, wie Betroffene die homöopathische Behandlung und Betreuung erleben, welche Vorstellungen, Präferenzen und Erfahrungen sie haben, auf welche Bedürfnisse im Rahmen der Behandlung und Betreuung eingegangen wird und auf welche eventuell auch nicht. Ausgehend von den (Be)deutungen, die Betroffene der homöopathischen Behandlung und Betreuung zuschreiben, sollten Beweggründe für die Nutzung von Homöopathie und Erfahrungen in diesem Behandlungs- und Betreuungskontext identifiziert und beschrieben werden. Die Perspektive der Betroffenen wurde gewählt, um gegenüber den bereits erwähnten vorherrschenden Diskursen in der Krankenversorgung und in der Ausgestaltung des Versorgungssystems eine alternative Sichtweise anzubieten.

Folgende Forschungsfragen wurden formuliert, um die Perspektive der Betroffenen auf die homöopathische Behandlung und Betreuung analytisch zu fassen:

---

2   Vgl. dazu exemplarisch das HTA Verfahren des PEK – Programm Evaluation Komplementärmedizin in der Schweiz, das fünf alternative und komplementäre Heilverfahren, darunter auch die Homöopathie, über sieben Jahre hinweg auf ihre Wirksamkeit, Wirtschaftlichkeit, und Zweckmäßigkeit hin untersucht hat. (Panmedion Stiftung, o.D.)

- Auf welche Weise findet im Rahmen der homöopathischen Behandlung und Betreuung eine Auseinandersetzung mit dem Phänomen Krankheit statt? Wie unterscheidet sich diese von der Krankheitsbewältigung im Rahmen einer konventionellen medizinischen Behandlung?
- Wie gestaltet sich die Interaktion zwischen Betroffenen und HomöopathInnen?
- Welche Erfahrungen mit anderen Behandlungs- und Betreuungsformen, haben die Betroffenen, wie gestalten sie das Verhältnis von Homöopathie und diesen Behandlungsformen, und wie wirken sich andere Behandlungs- und Betreuungsformen auf die Inanspruchnahme von Homöopathie aus?
- Wie lässt sich der Zuspruch zu Homöopathie vor dem Hintergrund gesellschaftlicher Entwicklungen erklären?

Gemäß den dargelegten Forschungsinteressen und Fragestellungen war eine Überprüfung der Wirksamkeit der Homöopathie nicht Ziel des Forschungsvorhabens. Auch erhebt die Studie nicht den Anspruch, das Therapieangebot in Österreich umfassend darzustellen. Die homöopathische Krankheitstheorie wird nur insofern beschrieben, als dass sie für das Verständnis der nachfolgenden Ausführungen notwendig ist.

1.3 Begriffe und Begriffsklärungen

An dieser Stelle erscheint eine Reflexion unterschiedlicher Begriffe, die im Zusammenhang mit der thematischen Fokussierung dieser Arbeit bedeutsam sind, angebracht. Damit soll die inflationäre Verwendung mancher Begriffe kritisch hinterfragt und die damit verbundenen Implikationen für das Verstehen und die Interpretation von Alltagserfahrungen deutlich gemacht werden.

Betroffene – PatientInnen
Der Begriff „PatientIn" wird in der vorliegenden Arbeit nur dann verwendet, wenn es sich um Selbstbeschreibungen der InterviewpartnerInnen, um wörtlich wiedergegebene Zitate, oder um einen in einem bestimmten Forschungszusammenhang geprägten Fachausdruck für eine Rollenbeschreibung handelt. Anstelle der Begrifflichkeit „PatientInnen" wird in dieser Arbeit der Begriff „Betroffene" verwendet. „PatientIn" leitet sich vom Lateinischen „patiens" ab und bedeutet „die/der Leidende, Duldende", auch „in ärztlicher Behandlung stehende Person" (Etymologisches Wörterbuch des Deutschen, o.D.). Der Begriff beinhaltet nicht nur das Ertragen von Leid und die Behandlung und Betreuung vorzugsweise oder ausschließlich durch Ärztinnen/Ärzte, sondern auch auf struktureller Ebene die oftmals ausgeblendete Bemächtigung des menschlichen Körpers durch die

moderne Medizin und die damit einhergehende Ausblendung des Individuums (vgl. Bergmann 2004). Der damit einhergehende „Blick der Medizin" (vgl. Foucault 1993) auf erkrankte Menschen steht oftmals im Widerspruch zur Selbstwahrnehmung der Betroffenen: „Die geduldige hingegebene unterwerfungsbereite Haltung, die man erwartet, entspricht nicht dem Bild von Autonomie und Bezogenheit, dem Selbstverständnis der Menschen, die ringen, verzweifelt, kraftlos, müde und vereinsamt im Umgang mit ihren Erkrankungen, ihrem begrenzten Leben, dem drohenden Ende, Fürsorge bedürfend." (Heller 2007) Mit dem Begriff „Betroffene" soll dieses Spannungsfeld zwischen Autonomie und Bezogenheit im Erleben der Menschen sichtbar gemacht werden.

Mit der Wahl der Begrifflichkeit „Betroffene" soll jedoch nicht infrage gestellt werden, dass der Begriff „PatientIn" auch sozialrechtliche Implikationen hat, z.b. was das Verhältnis zu Ärztinnen/Ärzten und den Behandlungsvertrag mit den darin festgelegten wechselseitigen Rechten und Pflichten betrifft.

Alternative und komplementäre Heilverfahren
Aus pragmatischen Gründen wird die Bezeichnung „Alternative und komplementäre Heilverfahren" verwendet, um einerseits auf die Vielfalt unterschiedlicher Konzepte und Praktiken hinzuweisen[3], und andererseits, um darzustellen, dass diese Verfahren in ihrer Sammelbezeichnung immer auch in Beziehung zur konventionellen Medizin gesehen werden (Lyng 2010). Der Begriff „Heilverfahren" wird anstatt des Begriffes „Medizin"[4] verwendet, um darauf hinzuweisen, dass die Praxis dieser Verfahren nicht immer an den Beruf der/des Ärztin/Arztes gekoppelt ist, sondern auch, je nach den gesetzlichen Rahmenbedingungen, andere Gesundheitsberufe (z.B. Pflegefachkräfte, HeilpraktikerInnen) inkludieren kann bzw. über diese Festlegungen der zur Ausübung berechtigten Berufe auch hinausweist.

An vielen Stellen wird erwähnt, dass die Ab- und Eingrenzung jener Heilverfahren, die sich nicht explizit auf die Konzepte der konventionellen Medizin beziehen und anstatt dieser oder in einer pluralistischen Vielfalt die konventionelle Medizin inkludierend praktiziert und genutzt werden, beinahe unmöglich ist, da es an stringenten Kriterien mangelt bzw. diese Kriterien je nach Problemstellung und Blickwinkel unterschiedlich formuliert wurden: „Defining CAM is difficult, because the field is very broad and constantly changing. NCCAM defines CAM as a group of diverse medical and health care systems, practices, and

---

3   Zur Problematik der definitorischen Eingrenzung und Charakterisierung von alternativen und komplementären Heilverfahren vgl. z.B. Coulter & Willis 2004; Marstedt 2002; Wiesing 2004;

4   Das National Center for Complementary and Alternative Medicine (NCCAM), eine Einrichtung der National Institutes of Health, deren Aufgabe die Beforschung dieser Verfahren im Hinblick auf Wirksamkeit und Sicherheit ist, trägt die Bezeichung Medizin im Titel, und bezieht sich damit auf die in der Selbstbeschreibung des Feldes gängige Bezeichnung „CAM", die für Complementary and Alternative Medicine steht.

products that are not generally considered part of conventional medicine."
(NCCAM, o.D.)

Die Bezeichnung „alternative Heilverfahren" wird vielerorts als ein Hinweis
auf eine Praxis der Behandlung und Betreuung gefasst, die sich von konventionellen medizinischen Verfahren entfernt hat bzw. in manchen Fällen der Nutzung konventioneller Medizin skeptisch gegenübersteht: „'Alternative medicine'
refers to use of CAM in place of conventional medicine." (NCCAM, o.D.) Der
Begriff „komplementäre Heilverfahren" beinhaltet, dass diese in Ergänzung und
parallel zu konventionell-medizinischen Verfahren genutzt werden (und eventuell diesen nachgeordnet sind): „'Complementary medicine' refers to use of CAM
together with conventional medicine." (NCCAM, o.D.)

Eskinazi (1998, zitiert nach Lyng 2010, S. 54) hat vier grundlegende Prinzipien für komplementäre und alternative Heilverfahren (in seiner Terminologie
für „alternative medizinische Verfahren") identifiziert: Die Betonung von Spiritualität in der Manifestation von Krankheit und Gesundheit, den Glauben an eine
Vitalkraft (die unterschiedlich benannt werden kann, z.B. Prana, Ki, Lebenskraft,
etc.), die allen Funktionen des Körpers zugrundeliegt, den Bezug auf eine holis-
tische Weltsicht, und die Interaktion mit der Umwelt als spezifische Ausprägung
dieser Weltsicht.

Behandlung und Betreuung

Die Unterscheidung „Behandlung und Betreuung" soll verdeutlichen, dass in der
im folgenden beschriebenen Versorgung durch HomöopathInnen zwei Aspekte in
Analogie zur Differenzierung in „cure" und „care" zum Tragen kommen (De Valck et al. 2001): „Behandlung" meint hier die Orientierung der HomöopathInnen an
konkreten Symptomen, die gemäß der homöopathischen Krankheitslehre versorgt
werden, wie auch die Information und Beratung der Betroffenen, und das Verweisen hin zu weiteren Versorgungsangeboten. Hier wird insbesondere auf die kognitiven Bedürfnisse der Betroffenen eingegangen, um Unsicherheiten in Bezug auf
Symptome zu reduzieren und sie damit in der problemorientierten Krankheitsbewältigung zu unterstützen und ihre Kompetenzen zu fördern. Mit „Betreuung" ist
jene Orientierung der HomöopathInnen umschrieben, die vor allem auf affektive
Bedürfnisse der Betroffenen wie Reduktion von Angst reagiert und die emotionale
Krankheitsbewältigung unterstützt, z.B. durch die kontinuierliche Begleitung der
Betroffenen und gegebenenfalls auch durch die anwaltschaftliche Vertretung ihrer
Interessen. Die hier getroffene Unterscheidung strebt keine trennscharfe Abgrenzung in unterschiedliche Tätigkeitsfelder an, sondern dient vielmehr dazu, diese
beiden Aspekte der Versorgung zu verdeutlichen.

Konventionelle Medizin – Schulmedizin
Anstatt von „Schulmedizin" zu sprechen, wird der Begriff „konventionelle Medizin" verwendet. Üblicherweise wird der Begriff „Schulmedizin" für jene Medizin verwendet, die an Universitäten gelehrt wird.[5] Im Zusammenhang mit alternativen und komplementären Heilverfahren sind jene Interpretationen bedeutsam, die in diesem Begriff eine Abwertung aller nicht an Universitäten verankerten Heilverfahren sehen, weil diesen die symbolische Anerkennung durch die Aufnahme in Universitätscurricula verwehrt bleibt (vgl. Coulter & Willis 2004; Marstedt 2002). Damit wird auch eine potentielle Opposition zwischen komplementären und alternativen Heilverfahren und der „Schulmedizin" eröffnet und es werden Abgrenzungs- und (potentiell abwertende) Ausgrenzungstendenzen gegenüber alternativen und komplementären Heilverfahren begünstigt (vgl. Stollberg 2002; Wiesing 2004; Matthiessen 2004).

Anstatt des Begriffs „Schulmedizin" wird der Begriff „konventionelle Medizin"[6] vorgeschlagen, der sich auf die Häufigkeit der Inanspruchnahme bezieht, ohne eine Wertung der Wissensinhalte vorzunehmen. Diese Begrifflichkeit wird auch im Zusammenhang mit der Praxis und Nutzung alternativer und komplementärer Heilverfahren verwendet (vgl. NCCAM, o.D.). Inhaltlich orientiert sich die konventionelle Medizin an einem kausal-analytischen, naturwissenschaftlich geprägten Denkmodell.

Versorgungssystem – Gesundheitssystem
Die Begriffe Versorgungssystem und Gesundheitssystem werden analog der von Buchholz (1988, zitiert nach Förster 1993, S. 1) vorgeschlagenen Definition des Gesundheitswesens verwendet und umfassen damit jene „Einrichtungen, Personen, Berufe, Sachmittel, normativen Regelungen und Maßnahmen, (..), die in erster Linie das Ziel verfolgen, die Gesundheit der Bevölkerung zu erhalten, zu fördern, herzustellen oder wiederherzustellen." Die Begrifflichkeit orientiert sich

---

5   Aus diesem ursprünglich die jeweilige Universität und ihre medizinische Fakultät bezeichnenden Begriff wurden im Lauf der Zeit unterschiedliche Deutungen abgeleitet: So haben u.a. Vertreter der Homöopathie diesen Begriff abwertend gebraucht, aber auch in der Zeit des Nationalsozialismus wurde dieser Begriff zur gezielten Abwertung der vorwiegend jüdischen Ärztinnen/ Ärzten eingesetzt und mit dem Begriff „Volksmedizin" kontrastiert. Auch gegenwärtige Deutungen bescheinigen diesem Begriff eine abwertende Tendenz, die sich vorwiegend in der begrifflichen Ausblendung von Lehre und Forschung findet. Andere Interpetationen beziehen sich auf das zugrunde liegende Paradigma und führen aus, dass mit Schulmedizin jene Medizin beschrieben wird, die sich am naturwissenschaftlichen Paradigma orientiert. Vielfach wird aufgrund dieser Interpretationsbreite der Begriff „evidenzbasierte Medizin" oder „Biomedizin" anstatt „Schulmedizin" verwendet.

6   Hahn & Kleinman (1983) sprechen hier von „Biomedizin" in Abgrenzung von Begriffen wie „westliche", „moderne", „wissenschaftliche", „allopathische" Medizin und beschreiben diese als auf Biologie, Physiologie und Pathophysiologie fokussiert.

am berufsbezogenen Handeln durch Professionelle und inkludiert damit nicht jene Handlungen der Sorge für sich selbst und andere, die von den Betroffenen gesetzt werden.

Diese Engführung in der Charakterisierung des Versorgungssystems wurde bewusst gewählt: Schwerpunkt der Publikation ist die Interaktion von Betroffenen mit professionell Betreuenden. Die Begrifflichkeit des „health care system", welche von Kleinman (1978) entwickelt wurde und eine umfassende Darstellung jener Strukturen und Prozesse, innerhalb derer Krankheitsepisoden erlebt, behandelt und betreut werden, umfasst, würde den Fokus der Interaktion von Betroffenen mit dem professionellen System verschleiern, wobei zu berücksichtigen ist, dass jede Grenzziehung immer auch ein Artefakt der BeobachterInnenperspektive ist. Nach Kleinman umfasst das „health care system" drei unterschiedliche Bereiche , innerhalb derer Krankheit erlebt und auf sie reagiert wird: Einen „allgemeinen Bereich" (popular sector) innerhalb des familiären Kontexts, der Gemeinde und des sozialen Netzes der Betroffenen, einen Bereich der „Erfahrungsheilkunde" (folk sector), der nichtprofessionelle HeilerInnen umfasst, und der „professionelle Bereich" (professional sector), der professionelle HeilerInnen umfasst. In dieser Begrifflichkeit würde das Versorgungssystem dem professionellen Bereich entsprechen.

1.4 Überblick und Orientierung

Die vorliegende Publikation widerspiegelt einen Forschungsprozess, der eng an die Prinzipien der Grounded Theory angelehnt ist. Dieser Logik folgt auch die Anordnung der einzelnen Kapitel. Dementsprechend wird zunächst auf die Ergebnisse der empirischen Forschung eingegangen, und danach die Anknüpfung an theoretische Konzepte vorgenommen.

Im dieses Kapitel abschließenden Abschnitt 1.5 „Das homöopathische Setting" werden zur Verdeutlichung und zum Verständnis des Forschungsvorhabens grundlegende Konzepte der Homöopathie erläutert. Weiters wird auf die Praxis der homöopathischen Behandlung und Betreuung eingegangen, und es werden die Rahmenbedingungen für die Ausübung und Nutzung homöopathischer Behandlung und Betreuung vor dem Hintergrund des Krankenversorgungssystems in Österreich beschrieben.

In Kapitel 2 „Methodisches Vorgehen" wird auf die Methodologie der Grounded Theory eingegangen. Daran anschließend wird der empirische Forschungsprozess beschrieben: Zentrale methodische Schritte gemäß Grounded Theory werden dargestellt, ebenso wie die Erhebung der empirischen Daten. Dieses Kapitel abschließend wird der Forschungsprozess kritisch reflektiert.

In Kapitel 3 „Die Perspektive der Betroffenen: Erfahrungen mit homöopathischer Behandlung und Betreuung" werden die Ergebnisse der Datenanalyse gemäß Grounded Theory dargestellt. Im Mittelpunkt stehen in diesem Kapitel die Wahrnehmungen der Betroffenen, also ihr Blick auf die homöopathische Behandlung und Betreuung. Dabei kommen unterschiedliche Aspekte zur Sprache: Zunächst ihre Erfahrungen in der konventionellen medizinischen Behandlung, und die Rahmenbedingungen in der homöopathischen Behandlung und Betreuung. In der Folge wird auf zentrale Aspekte der homöopathischen Behandlung und Betreuung aus der Perspektive der Betroffenen eingegangen: Die Suche nach dem homöopathischen Mittel, das Erzählen über das Kranksein, der Verlauf der Beschwerden, und die Selbstsorge und Nutzung anderer Heilverfahren.

Kapitel 4 „Heilsames Erzählen" präsentiert auf Basis der Konzepte, die in Kapitel 3 dargestellt wurden, die daraus generierte gegenstandsbegründete Theorie. Diese stellt das „Heilsame Erzählen" in den Mittelpunkt und beschreibt die Aneignung der Krankheitserfahrung als zentrale Perspektive. Weiters werden jene Faktoren beschrieben, die das Erzählen über das Kranksein beeinflussen, es also entweder ermöglichen oder erschweren. Konsequenzen des Heilsamen Erzählens werden unter dem Aspekt, mit Kranksein leben zu lernen, verdeutlicht.

Kapitel 5 „Zur Bedeutung von Narrativen" schließt die Erkenntnisse, die in Kapitel 4 formuliert wurden, an die relevante Literatur an und diskutiert sie vor diesem Hintergrund. Dabei wird zunächst auf die Bedeutung von Narrativen im Zusammenhang mit der Krankheitserfahrung eingegangen. Danach wird beleuchtet, ob und wie diese Erfahrung in einem spezifischen Kontext, nämlich jenem der konventionell-medizinischen Behandlung und Betreuung realisiert werden kann. Vor dem Hintergrund dieser theoretischen Ausführungen werden die empirischen Ergebnisse nochmals aufgenommen, um die Bedeutung der Narration von Krankheitserfahrungen im Rahmen von Behandlung und Betreuung am Beispiel der Homöopathie zu diskutieren.

Kapitel 6 „Geschichten, die zählen – Fazit und Ausblick" nimmt die Ergebnisse der Kapitel 4 und 5 auf und gleichzeitig einen Perspektivenwechsel vor: Abgeleitet aus den Erfahrungen der Betroffenen, die die Grundlage für die Theorie des „Heilsamen Erzählens" und die Diskussion derselben bilden, werden in diesem Kapitel Überlegungen entwickelt, wie die Behandlung und Betreuung entlang der Bedürfnisse der Betroffenen gestaltet werden könnten. Das Kapitel schließt mit einem Ausblick auf mögliche Orientierungen, die die Versorgungsforschung nehmen könnte.

1.5 Das homöopathische Setting

In diesem Kapitel soll auf ausgewählte Aspekte der homöopathischen Behandlung und Betreuung eingegangen werden. Ziel ist, die Einbettung und den Stellenwert dieses Heilverfahrens in der Behandlung und Betreuung von Menschen mit (chronischen) Erkrankungen darzustellen. Dabei soll zur Sprache kommen, welche Personengruppen Homöopathie in Anspruch nehmen, bei welchen Beschwerden sich die Betroffenen eine Linderung mittels homöopathischer Behandlung und Betreuung erhoffen, und wie die Nutzung von Homöopathie eingebettet ist in die weitere Behandlung und Betreuung, insbesondere was ihr Verhältnis zu konventioneller medizinischer Behandlung anbelangt.

1.5.1 Denkmodell und inhaltliche Prinzipien der Homöopathie

An dieser Stelle soll ein kurzer Abriss über das Denkmodell und die inhaltlichen Prinzipien der Homöopathie gegeben werden, um das Verständnis für die homöopathische Behandlung und Betreuung zu erleichtern.

Die Homöopathie wurde von dem Arzt und Chemiker Samuel Hahnemann im 18. Jahrhundert begründet. Er suchte aufgrund seiner enttäuschenden Erfahrungen mit den Methoden der Medizin[7] seiner Zeit nach einer auf gesicherten Erkenntnissen beruhenden Behandlung und Betreuung. Berühmt ist sein „Chinarindenversuch" im Jahr 1792, der ihn dazu veranlasste, das Prinzip des „Similia similibus curentur" als Methode zu postulieren. Dieses Ähnlichkeitsprinzip[8] findet sich auch in der Benennung der Methode als „Homöopathie" (griechisch: homoion pathos, ähnliche Krankheit) wieder. (Förster 1993, S. 16)

Vier Grundprinzipien charakterisieren die Homöopathie: Neben der Ähnlichkeitsregel die Arzneimittelprüfung an Gesunden, das individuelle Krankheitsbild und die spezielle Arzneimittelaufbereitung. Nach der Ähnlichkeitsregel wird eine Krankheit durch jenes Arzneimittel geheilt, das an Gesunden dasselbe Bild von Symptomen hervorruft. Dieses Grundprinzip kann nach Hahnemann auch ohne Behandlung und Betreuung wirksam werden, wenn nämlich bei einer Person zwei ähnliche Krankheiten auftreten und so die später auftretende die bereits vorhandene heilt. Bei der Gabe von nach dem Ähnlichkeitsprinzip ausgewählten homöopathischen Mitteln wird der Organismus dazu angeregt, einen

---

7   Hahnemann hat sich zum Teil sehr deutlich von verschiedenen medizinischen Strömungen der Medizin seiner Zeit abgegrenzt, deren Pathologie, aber auch Behandlungsmethoden er kritisierte (vgl. Förster 1993, S. 43)

8   Das Ähnlichkeitsprinzip als eine Form des Analogiedenkens und der Mikrokosmos-Makrokosmos Idee wurde auch als Ausdruck eines romantischen Totalitätsgedankens gesehen (vgl. Förster 1993, S.39)

Gegenreiz zu entwickeln, der den Krankheitsreiz übertrifft – der durch das homöopathische Mittel gesetzte Reiz ist also ein künstlicher Krankheitsreiz. Die Wirkung besteht laut Hahnemann aus den Wirkungen des homöopathischen Mittels (Erstwirkung) und der Reaktion des Organismus (Nachwirkung). Die Arzneimittelprüfung an Gesunden wird vor dem gedanklichen Hintergrund durchgeführt, dass bei Arzneimittelprüfungen an kranken Menschen sich die dadurch ausgelösten Veränderungen des Krankheitsbildes mit Symptomen vermischen und so eine genaue Beobachtung der Wirkungen nicht erlauben. In den einzelnen Arzneimittelbildern werden die bei der Prüfung an verschiedenen Personen aufgetretenen Veränderungen des Befindens nach einer festgelegten Kategorisierung festgehalten.

Dem Arzneimittelbild gegenüber steht das dritte Prinzip, das individuelle Krankheitsbild. Dieses beschreibt die Gesamtheit der Symptome, welche wiederum die Krankheit reflektieren. Jede Krankheit ist nach Hahnemann einzigartig, daher ist es auch notwendig, mittels eines komplexen Anamneseverfahrens alle Symptome zu erfassen und sich nicht nur auf besonders auffällige zu verlassen.

Das homöopathische Arzneiaufbereitungsverfahren als viertes Prinzip beruht auf der sogenannten „Potenzierung". Demnach ist es möglich, die therapeutische Wirkung der Ausgangssubstanzen zu erhöhen und gleichzeitig mögliche toxische Wirkungen auszuschließen, wenn diese in einem bestimmten Verhältnis (meist 1:10 bzw. 1:100) verdünnt werden, wobei bei jedem neuen Potenzierungsschritt auf die zuvor liegende Verdünnung als Ausgangsstoff zurückgegriffen wird. Die Wirkung durch die Arzneireize ergibt sich laut Hahnemann auf einer nichtmateriellen Ebene; dementsprechend ist die materielle Quantität der homöopathischen Mittel für ihre Wirksamkeit unbedeutend. (Förster 1993, S. 15ff)

Den eben beschriebenen Prinzipien der Homöopathie liegt ein spezifischer Krankheitsbegriff zugrunde: Krankheit ist laut Hahnemann ein besonderer Zustand der Lebenskraft[9], die den Organismus ausmacht – sie ist also nicht vom Körper getrennt, sondern vielmehr Teil desselben und zeigt sich in bestimmten Symptomen, die sich äußerlich festhalten lassen. Die (innere) Veränderung der Lebenskraft zeigt sich also äußerlich in den entsprechenden Symptomen, das eine ist ohne das andere nicht möglich. Heilung beruht dementsprechend darauf, die Symptome zum Verschwinden zu bringen. Hahnemann hat postuliert, dass ein Erkennen der Ursachen von Krankheiten nicht möglich ist, weil jede Krankheit aufgrund ihrer Entstehung einzigartig ist. Die Homöopathie beschäftigt sich auch nur in sehr reduziertem Ausmaß mit Pathogenese und Ätiologie, und legt den Schwerpunkt auf die genaue Beobachtung der Symptome und ihrer Veränderung. Im Verlauf der

---

9   Die Einführung des Begriffes der „Lebenskraft" ist stark geprägt von Naturphilosophie und Vitalismus, den zwei vorherrschenden philosophisch-metaphysischen Strömungen zur Zeit Hahnemanns.

Zeit hat die homöopathische Krankheitslehre einige Ergänzungen und Erneuerungen erfahren, grob könnte man zwischen der sogenannten „klassischen Homöopathie" und der „naturwissenschaftlich-kritischen Homöopathie" unterscheiden. Moderne Konzeptionen der Homöopathie beschreiben diese als Regulationstherapie mit deutlich biopsychosozialer Ausrichtung, wobei unterschiedliche Einflüsse feststellbar sind. (Förster 1993, S. 27ff, Payrhuber 2005, S. 63ff)[10]

Als grundlegendes Werk der Homöopathie gilt nach wie vor das Organon, in welchem Hahnemann seine Erkenntnisse aufgezeichnet hat. Ergänzend dazu sind im Lauf der Zeit einige inzwischen klassische Werke erschienen. Diese sind einerseits Weiterentwicklungen der Theorie, und andererseits sogenannte „Repertorien", die als Sammlungen von Arzneimittelbildern für die Auswahl des passenden homöopathischen Mittels genutzt werden.

1.5.2 Die homöopathische Anamnese

Den oben dargestellten Prinzipien der Homöopathie folgend, zeichnet die homöopathische Anamnese[11] ein individualisierter Zugang zu den Beschwerden der Betroffenen aus: Im Zuge des offenen Berichts während der Anamnese haben die Betroffenen die Möglichkeit, ihre Beschwerden zu schildern, während die/der HomöopathIn versucht, möglichst unbeeinflusst von Vorannahmen zuzuhören. Bedeutsam ist hier auch der subjektive Ausdruck der Beschwerden, da diese wortwörtlichen Äußerungen der Betroffenen für die Auswahl des passenden Mittels („Simile") eine wichtige Entscheidungsgrundlage darstellen. In der Nachfragephase, also nach Beendigung des Spontanberichts durch die Betroffenen, werden von den HomöopathInnen im Zuge des gelenkten Berichts bestimmte Details zu den Beschwerden erfragt, wie z.B. vermutete Auslöser, „Modalitäten" (äußere Umstände, die mit einer Veränderung der Beschwerden in Zusammenhang stehen), oder die Ausdehnung der Beschwerden.

Ziel der homöopathischen Anamnese ist es, ein möglichst umfangreiches Bild der Beschwerden der Betroffenen in ihren eigenen Worten zu erhalten.[12] Dieses Bild wird ergänzt durch eine von den HomöopathInnen getroffene Einschätzung der Betroffenen als Person, welche über das unmittelbare Beschwer-

---

10   Vgl. dazu z.B. den Ansatz von Vithoulkas (2005), der eine systemisch geprägte, an der Quanten- und Feldtheorie der Physik orientierte Weiterentwicklung der Homöopathie darstellt.

11   In der Begrifflichkeit „Anamese" (altgriechisch: anámnesis – Erinnerung), die sich auf die Krankheitsgeschichte der/des Betroffenen bezieht, ist potentiell die Frage nicht nur nach dem „Was ist?", sondern auch nach dem „Wie und warum ist es so geworden?" inkludiert.

12   Eine Diagnose wie z.B. in der konventionellen Medizin – als Klassifizierung und Zuordnung von Symptomen zu einer Krankheitskategorie – wird in dieser Form in der Homöopathie nicht vorgenommen.

debild hinausreicht. Ergänzend zur homöopathischen Anamnese werden routinemäßig auch konventionell-medizinische Befunde erhoben. Am Ende der Anamnese steht die Prognose, die gemäß den „Heilungshindernissen" im Organon auch Hinweise zur Lebensweise beinhaltet. (Studenteninitiative Homöopathie 2007, S. 11)

König (2005, S. 9) beschreibt die Ziele der Anamnese folgendermaßen: „Es geht dem Homöopathen nicht nur um das, was dem Patienten „fehlt", d.h. um seine Krankheit im engeren Sinn, um seine Defizite und seinen Schatten, sondern im gleichen Maß auch um das, was ihn im Positiven auszeichnet, um seine Stärken und Fähigkeiten, um seine Reserven, also um jene gerade beim Arzt sehr oft „vergessenen", durch das Kranksein verdeckten Anteile, von denen aus Heilung erst möglich wird." Damit wird deutlich, dass die homöopathische Anamnese an zwei Prämissen orientiert ist: Sie zielt auf die Erfassung eines individuellen Beschwerdebilds der Betroffenen ab, und gleichzeitig auch auf die Berücksichtigung ihrer Ressourcen.

Zur Auffindung des passenden homöopathischen Mittels werden die Berichte über Beschwerden in ihrer Individualität herangezogen und gemäß den Regeln der Symptomenlehre hierarchisiert. Daran anschließend werden sie im Zuge der Repertorisation einzelnen Arzneimittelbildern zugeordnet und das passende Simile ausgewählt. Hierarchisierung und Repertorisation können aufgrund des Aufwands auch zeitlich getrennt von der eigentlichen Anamnese und in Abwesenheit der Betroffenen erfolgen.

1.5.3 Inanspruchnahme von Homöopathie

Welche Bedeutung nimmt die Homöopathie in der Krankenversorgung ein? Dieser Frage soll im Folgenden nachgegangen werden. Die Homöopathie ist insbesondere in der Primärversorgung weit verbreitet: In Österreich liegt sie im Bekanntheitsgrad an zweiter Stelle hinter der Akupunktur, und was die Nutzung alternativer und komplementärer Verfahren anbelangt, an erster Stelle (Merkur Gesundheitsmonitor 2006). Dieser Zuspruch mag erstaunen, da Fragen zu Wirkungsweise und Wirksamkeit nach wie vor umstritten sind (Baron et al. 2005; Kitai et al. 1998; Jacobs, Chapman & Crothers 1998; Becker-Witt et al. 2004; Bornhöft et al. 2005; Shang et al. 2005, S. 730). Als eine mögliche Erklärung des regen Zuspruchs werden ihre konzeptuellen Basis und ihre Behandlungs- und Betreuungspraxis angeführt: Der Homöopathie wird ein besonderes Potential im Hinblick auf eine an den Bedürfnissen der Betroffenen orientierte Weiterentwicklung der medizinischen Versorgung zugeschrieben (König 2005; Vincent & Furnham 1996; S. 45; Degele 2000, S. 47; Launso & Rieper 2005, S. 20; Marian et al. 2008). Insbesondere Menschen, die an einer chronischen Erkrankung lei-

den, sind von den Behandlungsangeboten der konventionellen Medizin aus verschiedensten Gründen enttäuscht und suchen nach einer Betreuung, die auf ihre
individuellen Bedürfnisse eingeht und sie in ihrem Leben mit einer chronischen
Krankheit unterstützt (Badone 2008, S. 191, vgl. auch Corbin & Strauss 2010).
Der Erfolg der Homöopathie ist also auch im Licht der gegenwärtigen sozialen und ökonomischen Krise der konventionellen Medizin zu sehen: Versor-
gungsgrenzen werden angesichts der Veränderung im Krankheitsspektrum durch
die Zunahme chronischer und funktioneller Erkrankungen offensichtlich (die
angebotsgesteuerte Nachfrage nach medizinischen Leistungen trägt zu diesem
Umstand weiter bei), der Zunahme diagnostischer Verfahren steht keine entsprechende Entwicklung aufseiten neuer Therapien gegenüber, und eine zunehmende
Spezialisierung, Fragmentierung und De-Personalisierung führt zu Kommunika-
tionsdefiziten zwischen Ärztinnen/Ärzten und Betroffenen – ein Dialog findet,
wenn, dann über die PatientInnen und nicht mit den PatientInnen statt (Degele
2000, S. 49). Homöopathie übernimmt also, wie auch andere komplementäre und
alternative Heilverfahren, eine Grundfunktion der konventionellen Medizin: Die
umfassende Orientierung am Menschen in seinem Lebensumfeld.
    Damit reiht sich die Beliebtheit der Homöopathie bei den Betroffenen in den
allgemeinen Zuspruch zu komplementären und alternativen Heilverfahren ein, der
nicht nur als „innermedizinisches" Problem, sondern als gesamtgesellschaftliches
Phänomen, das natürlicherweise auch Auswirkungen in der Theorie und Praxis der
medizinischen Versorgung zeigt, zu verstehen ist. Als mögliche Erklärungsversuche bieten sich die verstärkte öffentliche Aufmerksamkeit für eine ohnehin schon
immer bestehende Praxis an, eine erhöhte Akzeptanz dieser Heilverfahren und
Toleranz gegenüber denjenigen, die sie nutzen, zunehmender Skeptizismus gegenüber dem proklamierten technologischen Fortschritt auch in der Medizin, das Auf-
kommen von Umweltbewegungen, die Infragestellung von traditionellen Autoritäten, und eine kritische Distanz gegenüber der konventionellen Medizin.[13]
    In diesem Licht ist auch zu sehen, dass Menschen mit (chronischen) Er-
krankungen mehr Wahlfreiheiten für gesundheitsrelevantes Handeln und Entscheidungen einfordern, Gesundheit im individuellen Verantwortungsbereich
sehen und Ärztinnen/Ärzte nicht automatisch als Autoritäten akzeptieren und
somit auch medizinisches Wissen infrage stellen. Alternative und komplementäre Heilverfahren eröffnen ihnen in ihren Augen auch mehr Möglichkeiten, einer
salutogenetischen auf Selbstheilung fokussierenden Orientierung zu folgen, und
sich mit Themen wie Identität, Spiritualität und Empowerment auseinander zu

---

13 Oppenauer (2009) hat, bezogen auf die Situation in Österreich, auf die Einflüsse der Antipsy-
    chiatriebewegung, insbesondere was die Konzeption des Verhältnisses zwischen Betroffenen
    und Betreuenden anbelangt, und ihre Wirkung für die weitere Etablierung der Homöopathie
    hingewiesen.

setzen[14]. Nicht zuletzt ist den Betroffenen wichtig, dass die verwendeten Mittel in ihrer Wahrnehmung natürlicher Herkunft[15] sind, was mit einer „sanften" Wirkung ohne unangenehme Wirkungen assoziiert wird. (Coulter & Willis 2004; Kaptchuk & Eisenberg 1998; Marstedt & Moebus 2002; O'Callaghan & Jordan 2003; Siapush 1998; Williams & Calnan 1996; Zuess 2005; Matthiessen 2004)

Welche Faktoren letztendlich für die Inanspruchnahme von alternativen und komplementären Heilverfahren ausschlaggebend sind, bleibt umstritten, wenn es auch Hinweise für den hohen Einfluss der Beziehung zwischen Betroffenen und Ärztinnen/Ärzten und für eine positive Haltung gegenüber postmodernen Werten bei den Betroffenen gibt (Siapush, 1998, S. 68). In einer Auswertung von Daten zu individuellen Motiven und Beweggründen von Betroffenen, alternative und komplementäre Heilverfahren in Anspruch zu nehmen, kommt Marstedt (2002) zu dem Schluss, dass weniger unrealistische Hoffnungen den Zuspruch erklären können, als vielmehr eine erhöhte Präventionsorientierung, größeres Wissensbedürfnis in Gesundheitsfragen, hohe Erwartungen in Bezug auf persönliche Mitwirkung in der Behandlung und Betreuung und ein geringes Vertrauen in die konventionelle medizinische Versorgung. Er führt vor allem mangelnde Kommunikation der konventionell tätigen Ärztinnen/Ärzte mit den Betroffenen als Ursache an, dass nach Alternativen Ausschau gehalten wird.

Gesundheit wird mit der zunehmenden Wahrnehmung alternativer und komplementärer Heilverfahren auch zu einem politischen Thema, wie es sich am Beispiel des Aufkommens der Frauengesundheitsbewegung nachweisen lässt. Dem schwindenden Einfluss medizinischer Autoritäten steht die Haltung vieler Betroffener gegenüber, Gesundheit als Thema im Verantwortungsbereich von Personen und Kommunen sehen[16]. Der Zuspruch zu vielen komplementären und alternativen Heilverfahren lässt sich so zumindest auf die zunehmende individuelle Verantwortungsübernahme und auf ein Eintreten für Wahlfreiheit zurückführen (Coulter & Willis 2004, S. 589). Kritik an dieser Position übt Scott (1998, 1999), wenn sie darauf verweist, dass „ganzheitliche" Heilverfahren soziale

---

14 In diesem Zusammenhang weisen Kaptchuk und Eisenberg darauf hin, dass auch die konventionelle Medizin nicht ohne Rituale ist, die einen starken Einfluss auf den Gesundungsprozess ausüben (Kaptchuk & Eisenberg 1998, S. 1064).

15 Auf die Frage, welche Bedeutung „Natürlichkeit" innerhalb dieser Diskussion einnimmt kann an dieser Stelle nur beschränkt eingegangen werden: Es klingen positiv konnotierte Zuschreibungen wie „Ursprünglichkeit", „Einfachheit", und „Naturverbundenheit" an, die auch auf die Ambivalenz hinweisen, mit der Betroffene die technologische Entwicklungen, in diesem Fall in der Wirkstoff- und Arzneimittelforschung, aufnehmen.

16 Damit schwindet auch der Einfluss der konventionellen Medizin, die für lange Zeit Bemühungen unternommen hat, alternative und komplementäre Heilvefahren zu diskreditieren, indem sie sie z.B. von offiziellen Ausbildungsstätten, Forschungsprogrammen und Versicherungsleistungen ausgeschlossen hat und diesen Ausschluss als Vertetung von Interessen der Betroffenen legitimiert hat. (Coulter & Willis 2004, S. 589)

Unterdrückung nicht nur anprangern sondern sie auch fördern können. Daher ist es unumgänglich, dass die (soziale) Handlungsfähigkeit der Betroffenen anerkannt wird und in die Gestaltung der Beziehung zwischen Betroffenen und Ärztinnen/Ärzten einfließt.

Auf individueller Ebene ist die Homöopathie gut anschlussfähig an Wünsche und Bedürfnisse von Betroffenen, die sich eine stärkere Beteiligung in der Konsultation und Behandlung und die Berücksichtigung psychischer und sozialer Faktoren und ihrer individuellen Lebenssituation wünschen. Nur bedingt anschlussfähig ist sie hingegen auf institutioneller Ebene an die auf Effizienz und Zeitersparnis abzielenden Systemlogiken von Medizin, Ökonomie und Politik aufgrund ihrer zeitaufwändigen und wissensintensiven Praxis. Somit kann sich für homöopathisch tätige Ärztinnen/Ärzte, die ihren Anspruch und ihr Niveau beibehalten wollen, oft nur die Option ergeben, privatärztlich tätig zu sein und so – ungewollt – zur Entwicklung jener „Zweiklassenmedizin" beizutragen, in der chronisch kranke Menschen, Alte und Angehörige sozial benachteiligter Bevölkerungsgruppen funktional, aber nicht optimal versorgt werden (Degele 2000, S. 50).

1.5.4 NutzerInnen

NutzerInnen der Homöopathie sind i.A. weiblich, im mittleren Lebensalter, und haben eine höhere Schulbildung (insbesondere in pädagogisch-sozialen Berufen und Berufen aus dem Gesundheitswesen). Homöopathie zählt zu den bekanntesten und am weitesten genutzten alternativen und komplementären Verfahren, der Anteil der NutzerInnen liegt zwischen 17% und 54%, abhängig von Alter und Bildungsgrad. Pro Jahr werden Ärztinnen/Ärzte von Betroffenen durchschnittlich 8,6 (Erwachsene) bzw. 8,9 (Kinder) Mal konsultiert (Becker-Witt, Lüdtke & Willich 2003; Becker-Witt et al. 2004, Günther 1999).

Von Seiten der Betroffenen wird Homöopathie im Gegensatz zur konventionellen Medizin als „natürlich", „sanft", „effektiv und ohne Nebenwirkungen" empfunden und steht im Einklang mit dem Wunsch von Betroffenen nach erhöhter Selbstverantwortung, Möglichkeiten zum aktiven Coping, der Bereitschaft, den persönlichen Lebensstil zu ändern, und mit einem umfassenden Verständnis von Gesundheit und Krankheit (König 2005; Jacobs et al. 1998; Jorgensen et al. 2005; Barrett et al. 2003; Frohock 2002; Cottecin, Mullet & Sorum 2006; Furnham & Forey 1994; Köntopp 2004; Patriani Justo & de Andrea Gomes 2008; Pawluch, Cain & Gillett 2000).

Homöopathie wird vorwiegend bei chronisch-rezidivierenden Erkrankungen (z.B.: Erkrankungen des atopischen Formenkreises, neuromuskuläre Erkrankungen, Arthritis, chronisch-entzündliche Erkrankungen des Magen-Darm-Trakts), die infolge einer konstitutionellen Schwäche nicht (mehr) ausheilen, bei psychischen Leiden (z.B. Depression) und palliativ bei Krebserkrankungen angewendet (Becker-Witt et al. 2003; Becker-Witt et al. 2004; Frank R. 2002; Correa-Velez et al. 2005; Evans et al. 2007; Gilbar et al. 2001; Kira Kimby et al. 2003; Singh, et al. 2005; Söllner et al. 1997). Ein als schlecht wahrgenommener allgemeiner Gesundheitszustand, Multimorbidität, die Anwendung alternativer Verfahren in der Familie und höheres Gesundheitsbewusstsein zeichnen die NutzerInnen aus, aber auch ihre Präferenz für ein egalitäres Verhältnis mit den Ärztinnen/Ärzten (Günther 1999; Conboy et al. 2007; Hirai et al. 2008).

Viele Betroffene stehen konventionell-medizinischen Verfahren kritisch gegenüber bzw. haben keine Linderung ihrer Beschwerden durch konventionell-medizinische Verfahren gefunden und haben eine positive Einstellung gegenüber komplementären und alternativen Verfahren. In den meisten Fällen kommt die Homöopathie parallel zu einer konventionell-medizinischen Behandlung zum Einsatz, auch um deren unerwünschte (Neben)wirkungen zu lindern (Messerli-Rohrbach & Schär 1999; Lee 2004; Kaboli et al 2001; Ausfeld-Hafter et al. 2005; Baron et al. 2005; Johnston, Bilbao & Graham-Brown 2003; Chandrashekara, Anilkumar & Jamuna 2002; Hana et al. 2005; Wasner, Kier & Borasio 2001; Ernst 2001; Günther 1999; Jorgensen et al. 2005; Söllner et al. 2000; Spiegel et al. 2003; Verhoef, Mulkins & Boon 2005). Dieser Umstand der parallelen Nutzung hat zu Vorschlägen der Integration von alternativen und komplementären Heilverfahren und der konventionellen Medizin geführt und das Interesse auf die Haltungen, Präferenzen und die Praxis von jenen Ärztinnen/Ärzten gelenkt, die beide Zugänge in der Behandlung und Betreuung anwenden. (Mann, Gaylord & Norton 2004; Hirschkorn & Bourgeault 2005; Willison, Williams & Andrews 2007)

Ein Vergleich von Betroffenen, die ausschließlich konventionelle Medizin in Anspruch nehmen gegenüber denjenigen, die entweder ausschließlich alternative Verfahren bzw. beide – sowohl konventionelle Medizin wie auch alternative Verfahren in Anspruch nehmen, zeigt unterschiedliche Entscheidungsprozesse und Einstellungen der Betroffenen auf, die die Therapiewahl mitbestimmen: In jener Gruppe von Betroffenen, die ausschließlich konventionelle Medizin in Anspruch nimmt, waren der subjektive Gesundheitszustand und das Vertrauen in konventionelle Medizin ausschlaggebend für die Therapiewahl. Betroffene, die ausschließlich alternative Verfahren nutzen, waren dem Versorgungssystem und der konventionellen Medizin gegenüber sehr kritisch eingestellt, die Wahl für ein alternatives Verfahren basierte auf persönlichen Empfehlungen. Im Zuge der Auswahl eines alternativen Verfahrens beriefen sich viele auf eine intuitiv wahrgenommene Übereinstimmung in ihren Präferenzen, was das Verfahren und die TherapeutInnen betraf. Auch ist diese Gruppe bereit, Verantwortung für Entscheidungen zu übernehmen und akzeptiert, dass eine individualisierte Therapie bei verschiedenen Personen zu unterschiedlichen Ergebnissen führen kann. Die Gruppe der Betroffenen, die sowohl konventionelle Medizin wie auch alternative

Verfahren nutzt, berief sich ebenfalls auf persönliche Empfehlungen für eine bestimmte Therapieform, die Auswahl eines Verfahrens war aber stärker von Skepsis geprägt; auch informierten sich die Betroffenen mehr über die potentielle Therapie. (Caspi, Koithan & Criddle 2003, S. 68-74)

In Bezug auf den Entscheidungsprozess, eine alternative Therapieform in Anspruch zu nehmen, benennen Truant und Bottorff (1999, S. 134-138) drei Phasen, beginnend mit der Auseinandersetzung mit der Diagnose, über die Auswahl an möglichen Therapien, bis hin zur Abstimmung unterschiedlicher Therapieformen im Betreuungsverlauf. Als ein wesentliches Motiv taucht im Verlauf dieser Entscheidungsprozesse der Aspekt der Kontrolle auf, also mit der Krankheit zu leben und möglichen Konsequenzen begegnen zu können.

Bevor eine homöopathische Behandlung in Anspruch genommen wird, leiden Betroffene durchschnittlich 10,3 (Erwachsene) bzw. 4,3 (Kinder) Jahre an einer chronischen Erkrankung und haben bereits mehrere konventionell-medizinische und alternativ ausgerichtete Therapieversuche unternommen. Die chronische Erkrankung ist Anlass für den Beginn einer homöopathischen Behandlung, im Verlauf der Betreuung werden zunehmend auch akute Störungen behandelt (Becker-Witt et al. 2003; Becker-Witt et al. 2004). Die Inanspruchnahme konventionell-medizinisch tätiger Ärztinnen/Ärzte und die Einnahme von Medikamenten reduziert sich im Behandlungsverlauf um ca. die Hälfte, die Einschätzungen vonseiten der homöopathisch tätigen Ärztinnen/Ärzte und behandelten Betroffenen bezüglich Schwere der Diagnosen bzw. Beschwerden stimmen überein und zeigen eine Reduktion im Verlauf der Behandlung. (Becker-Witt et al. 2003; Frank 2002).

Betroffene haben, verglichen mit konventionell behandelten Betroffenen, wie auch homöopathisch behandelnde Ärztinnen/Ärzte, höhere Erwartungen an die Homöopathie, was Heilung, Linderung und die Vermeidung unerwünschter Wirkungen anbelangt (SVHA 2005). Die wahrgenommene Wirksamkeit der Therapie scheint die wichtigste Entscheidungsgrundlage zu sein, eine homöopathische Behandlung zu beginnen bzw. weiterzuführen; bei nicht wahrgenommenem Erfolg wird die Behandlung abgebrochen (Günther 1999; Jorgensen et al. 2005; Bishop et al. 2010). Betroffene berichten über den von ihnen wahrgenommenen erzielten Therapieerfolg hinaus auch über eine Verbesserung der allgemeinen Befindlichkeit und Lebensqualität im psychosozialen Bereich, als positiv wird auch die Betreuungsqualität, die Übereinstimmung homöopathischer Konzepte mit der Lebenseinstellung, und die Eigenverantwortung in der Therapie beschrieben (Günther 1999; Becker-Witt et al. 2003; Brenner & Krenzer 2003; Steinsbekk et al. 2005). Betroffene stoßen auf positive Resonanz in ihrer Umgebung, was die Inanspruchnahme der Homöopathie anbelangt, und empfehlen diese auch aktiv weiter (Günther 1999).

1.5.5 Interaktion mit HomöopathInnen

Das Betreuungsverhältnis in der homöopathischen Praxis wird aufgrund der konzeptionellen Grundlagen der Homöopathie als idealtypisch „patientenorientiert" beschrieben: Das betrifft die Form – ausführliche Gespräche und Beobachtung insbesondere in der Anamnesephase – und den Inhalt – Berücksichtigung psychischer und sozialer Faktoren – der Interaktion, wie auch die Auswahl eines individuell abgestimmten homöopathischen Mittels (Kaplan 2004). Der Kommunikation mit den Betroffenen wird eine zentrale Stellung eingeräumt, u.a. wird ihr ein Teil der unspezifischen salutogenetischen therapeutischen Wirkung zugesprochen (König 2005). Somit kann die homöopathische Behandlung auf personaler Ebene Vertrauensdefizite in das System der konventionellen Medizin, und Defizite in der psychosozialen Versorgung („Sprachlosigkeit", Defizite in der Beziehung zwischen Betroffenen und Ärztinnen/Ärzten) kompensieren und erfüllt den Wunsch nach langfristiger, sinnstiftender und wertschätzender Zuwendung (Degele 2000, 2000a; Rasky, Stronegger & Freidl 1999; Bierich 1993; Steinsbekk et al. 2005).

Die Betonung kommunikativer Aspekte zeigt sich in der Gestaltung der Behandlung und Betreuung: Gegenüber konventionell tätigen MedizinerInnen betreiben homöopathisch ausgerichtete Ärztinnen/Ärzte in der Primärversorgung eine weniger apparativ ausgerichtete Medizin, verfügen über weniger technische Ausrüstung in ihren Praxen und überweisen weniger häufig zu anderen ärztlichen und nicht-ärztlichen diagnostisch-therapeutischen Verfahren; verwenden aber mehr Zeit für Konsultationen (SVHA 2005). Erste Nachweise für die Kosteneffizienz der Homöopathie wurden gefunden, bedingt v.a. durch die Reduktion von diagnostischen Tests und die geringen Kosten für Medikamente (Jacobs et al. 1998; Asha 2003).

Die Charakterisierung der Homöopathie als „patientenorientierte" Behandlungs- und Betreuungspraxis wurde jedoch auch hinterfragt – möglicherweise entspricht das Verhältnis zwischen Ärztinnen/Ärzten und Betroffenen nicht der Zuschreibung einer „harmonischen Beziehung", welche aufgrund der nicht vorhandenen „Technisierung", und Vernachlässigung persönlicher Aspekte und Kürze der Konsultationen, wie sie im konventionell-medizinischen Setting vorherrschen, angenommen wird: Die Interaktion zwischen Betroffenen und Ärztinnen/Ärzten in der homöopathischen Konsultation weist, was eine geteilte Entscheidungsfindung betrifft, tendenziell unterschiedliche Phasen auf: Am Beginn der Konsultation, in der Anamnesephase, ist das Verhalten der Ärztinnen/Ärzte hochkooperativ, Betroffene sind in dieser Phase die ExpertInnen ihres Gesundheitszustands, ihren verbalen und nonverbalen Äußerungen wird höchste Aufmerksamkeit geschenkt, um auf dieser Basis zu einer Fallbeschreibung zu gelangen. Auch bei der Wahl zwischen homöopathischer und konventioneller Behandlung im Falle einer ernsthaften Erkrankung orientieren sich homöopathisch tätige Ärztinnen/Ärzte an den Bedürfnissen der Betroffenen und überlassen ihnen nach ausführlicher Vorabinformation die Auswahl der Behandlungsstrategie (Frank R. 2002)[17]. Dieses Bild ist jedoch gänzlich unterschiedlich bei der Wahl des homöopathischen Mittels: Hier entscheidet die/der Ärztin/Arzt als Experte/Expertin über das passende homöopathischen Mittel, ohne Mitsprache der Betroffenen, zum Teil auch ohne diese über die Mittelauswahl zu informieren. Ärztinnen/Ärzte beschreiben Konflikte bei der Nichtbekanntgabe des homöopathischen Mittels, diese Vorgangsweise wird von manchen Betroffenen nicht akzeptiert und führt Ärztinnen/Ärzte zu Kompromissen zwischen Ansprüchen von Betroffenen und der „lege artis" Behandlung. Zu Konflikten kann auch die Dauer von Gesprächen in einem kassenärztlichen Setting (unter Zeitdruck) bzw. das Honorar für längere Konsultationen im privatärztlichen Setting führen (Frank R. 2002).

Auch die Konzeption der „aufgeklärten Patientin", die sich mit Vorwissen ausgestattet aktiv in die Behandlung einbringt ist nur begrenzt gültig: Das Wissen der Betroffenen über Homöopathie ist tendenziell eher gering, v.a. am Beginn einer Behandlung (Günther 1999). HomöopathInnen versuchen dieses wahrgenommene Defizit über Informationsgespräche und Literaturhinweise zu beheben (Frank R. 2002). Ansprüche von Betroffenen, die sich eine schnelle Heilung oder Symptomfreiheit erhoffen, müssen von HomöopathInnen entkräftet werden, ebenso wie unrealistische Ansprüche an eine Heilung. Die Sichtweise mancher Betroffenen, Homöopathie als eine weitere Therapieoption in Anspruch zu nehmen, ohne sich aktiv am Behandlungsprozess beteiligen zu wollen, wird von HomöopathInnen als problematisch beschrieben (Frank R. 2002).

1.5.6 Homöopathie in Österreich

In Österreich sind – im Gegensatz zu manchen anderen europäischen Staaten – ausschließlich Ärztinnen/Ärzte zur homöopathischen Behandlung und Betreuung berechtigt. Diese Berechtigung beruht auf dem Ärztegesetz, das festlegt, dass zur selbstständigen Ausübung des ärztlichen Berufs ausschließlich Ärztinnen/Ärzte für Allgemeinmedizin, approbierte Ärztinnen/Ärzte und Fachärztinnen/-Ärzte berechtigt sind. Aus den Ausführungen des Ärztegesetzes wurde auch geschlossen, dass Homöopathie als ärztliche Tätigkeit angesehen wird (König 2005, S. 4; § 3 Ärztegesetz 1998; Entscheidungstext Verwaltungsgerichtshof Geschäftszahl 2008/11/0038).

---

17   An dieser Stelle ist zu bedenken, dass ein Großteil der homöopathischen Behandlung und Betreuung in privatärztlicher Praxis stattfindet, was unter Umständen die Haltung der HomöopathInnen beeinflussen könnte.

Homöopathische Arzneispezialitäten sind im Zuge eines erleichterten Zulassungsverfahrens als homöopathische Arzneispezialitäten registriert (§ 27 Arzneimittelgesetz 2005). Sie sind nicht im sogenannten „Erstattungskodex" geführt, welcher festlegt, für welche Arzneimittel die gesetzlichen Krankenkassen die Kosten übernehmen, daher werden die Kosten nur in Ausnahmefällen nach Bewilligung des chef- oder kontrollärztlichen Dienstes der Sozialversicherungsträger erstattet (Erstattungskodex 2011).

Die Kenntnisse über Homöopathie können von Ärztinnen/Ärzten (aber auch von anderen Berufsgruppen, wie z.b. PharmazeutInnen, Hebammen, Tierärztinnen/-ärzten) im Rahmen einer postgradualen Ausbildung erworben werden. Das Abschlussdiplom wird von der Österreichischen Ärztekammer im Sinne einer Zusatzqualifikation anerkannt. Seit 1985 gibt es auch an österreichischen Medizinuniversitäten die Möglichkeit, Vorlesungen zur Homöopathie zu hören. Ärztinnen/Ärzte mit einer Ausbildung als HomöopathInnen sind überwiegend AllgemeinmedizinerInnen. Diese Ärztinnen/Ärzte sind am häufigsten mit Beschwerden konfrontiert, die im konventionell-medizinischen Verständnis nicht oder nur ungenügend behandelt werden können. Auch zeichnet sich ihre Praxis dadurch aus, dass sie mit Beschwerdebildern konfrontiert sind, die die psychosozialen Bedingtheiten und Auswirkungen von Krankheit stärker hervortreten lassen, und z.t. hohe Anforderungen an die Betreuung und Begleitung der Betroffenen stellen. Das mag ein wichtiger Grund für die hohe Rate an AllgemeinmedizinerInnen unter den HomöopathInnen in Österreich sein. (Förster 1993, S. 60; ÖGHM 2011; Stöckl-Gibbs 2005; Santos-König 2005)

Ärztinnen/Ärzte, die ausschließlich oder zum überwiegenden Teil als HomöopathInnen arbeiten, sind in Österreich in privatärztlicher Praxis tätig. Die Inanspruchnahme von homöopathisch tätigen Ärztinnen und Ärzten ist also für die Betroffenen mit zusätzlichen Kosten verbunden, da wie bereits erwähnt diese ärztlichen Leistungen nur in begründeten Ausnahmefällen und unter Berücksichtigung der geltenden Verrechungsbeschränkungen von der Sozialen Krankenversicherung übernommen werden. Abgesehen von diesem finanziellen Aspekt ist die Inanspruchnahme unterschiedlicher Ärztinnen und Ärzte in Österreich auch als „freie Arztwahl" im Rahmen des Allgemeinen Sozialversicherungsgesetzes (ASVG)[18] etabliert und den Betroffenen bekannt (ASVG 1955).

Wie bereits erwähnt, ist die Homöopathie in Österreich relativ weit verbreitet: Ihr Bekanntheitsgrad lag im Jahr 2006 bei über 75% der Befragten, genutzt

---

18   Gemäß dem ASVG steht es Betroffenen frei, ärztliche Hilfe durch Vertragsärztinnen und – ärzte, Wahlärztinnen und –ärzte oder in Ambulatorien der Sozialversicherungträger in Anspruch zu nehmen. Damit folgt das ASVG dem Sachleistungsprinzip. Dieses legt auch fest, dass Leistungen in erster Linie durch Vertragspartner der Versicherungsträger erbracht werden sollen und dass die Versicherungsträger eine ausreichende Versorgung der Ansuchsberechtigen mit den vorgesehenen Leistungen sicherstellen sollen.

wurde sie laut eigenen Angaben von beinahe 50% der Befragten (Merkur Gesundheitsmonitor 2006). Unklar bleibt in diesem Zusammenhang, wie viele Betroffene tatsächlich eine homöopathische Behandlung und Betreuung in Anspruch nehmen, da die präsentierten Nutzungszahlen nicht zwischen dem Ein-
kauf rezeptfreier homöopathischer Mittel in der öffentlichen Apotheke und der
Konsultation von HomöopathInnen unterscheiden.

Im Zusammenhang mit der verbreiteten Nutzung von Homöopathie überrascht, dass es kaum Forschungsarbeiten gibt, die sich mit Fragen zur Verbreitung von Homöopathie in Österreich vor dem Hintergrund der spezifischen ge-
sellschafts- und insbesondere gesundheitspolitischen Rahmenbedingungen befassen. Ausnahmen bilden hier die Arbeit von Rasky, Stronegger und Freidl (1999),
die eine sozialmedizinische Perspektive auf die Nutzung alternativer und komplementärer Heilverfahren bei Krebserkrankungen wirft, die Publikation von
König (2005), in der in Österreich praktizierende und lehrende HomöopathInnen
(auch) die gesundheitspolitischen Rahmenbedingungen ihrer Praxis reflektieren
(vgl. z.B. die Beiträge von Diez, Flick, und Stöckl-Gibs), bzw. die Arbeit von
Thaler und Plank (2005), welche die sozialversicherungsrechtlichen Rahmenbedingungen der Nutzung alternativer und komplementärer Heilverfahren in Österreich beschreibt.

1.5.7 Schlussfolgerungen: Das homöopathische Setting

Zusammenfassend lässt sich festhalten, dass Homöopathie – auch in Österreich –
vor allem in der Primärversorgung angewendet wird, da hier für Ärztinnen/Ärzte
und Betroffene Erfolge sichtbar werden – in der Versorgung chronischer Erkrankungen, bei unspezifischen Störungen und zur Linderung von unerwünschten
Wirkungen konventionell-medizinischer Therapien – auf Gebieten, wo die konventionell-medizinische Behandlung von den Betroffenen, aber auch von Ärztin-
nen/Ärzten als unzureichend und nicht problemadäquat wahrgenommen wird.
Möglicherweise manifestiert sich hier auch eine Kritik an der konventionell-
medizinischen Versorgung, was das Verständnis von Gesundheit und Krankheit,
das Konzept von Betreuung und Sinnfragen anbelangt. Auffallend ist die geschlechtsspezifische Nutzung überwiegend durch Frauen einerseits, und die
Tatsache, dass Homöopathie überwiegend von Ärztinnen angeboten wird – somit
könnte Homöopathie auch als Kritik am männlich dominierten Medizinsystem
gelesen werden, als eine Ausformung „weibliche Heilkunst".[19] Von Seiten der
Ärztinnen/Ärzte wird das in sich schlüssige Behandlungskonzept als positiv

---

19   Zur (Nicht-)Wahrnehmung homöopathisch tätiger Ärztinnen und ihrer Aktivitäten, vgl. Oppe-
      nauer (2009, mit Bezug auf Arias 2003)

hervorgehoben, Betroffene betonen ihre aktive Rolle in der Behandlung, die im Gegensatz zur konventionellen Medizin nicht aggressive (weil frei von beobachtbaren unerwünschten Wirkungen) Therapie und den Bezug der Behandlung zur Alltagswelt.

In vielen Fällen füllen alternative und komplementäre Heilverfahren jene Leerstellen, die durch eine naturwissenschaftlich ausgerichtete konventionelle Medizin eröffnet werden: Im Rahmen dieser Heilverfahren erfahren die Betroffenen eine Ausrichtung der Behandlung und Betreuung an ihren individuellen Bedürfnissen, und nicht alleine an den Symptomen einer Krankheit. Darüber hinaus zielen viele derartige Heilverfahren auf eine Stärkung der Ressourcen der Betroffenen, und fördern so die Selbständigkeit im Umgang mit Krankheit und Leiden. Damit unterstützen alternative und komplementäre Verfahren die Betroffenen im Sinne eines Empowerments. (Badone 2008, S. 191; Eibach 2010, S. 69)

Was das Verhältnis von konventioneller Medizin und Homöopathie betrifft, erlauben die rechtlichen Regelungen als Rahmenbedingungen eine „strukturierte Koexistenz" (Unschuld 1980, zitiert nach Förster 1993, S. 63). Dennoch ist nicht zu übersehen, dass die konventionelle Medizin eindeutig hierarchisch über der Homöopathie steht, was auf die historische Entwicklung der Versorgungslandschaft in Österreich und die dadurch entstandenen Rahmenbedingungen zurückzuführen ist[20]. Förster (1993, S. 65) hat für Deutschland festgestellt, dass das Verhältnis von konventioneller Medizin zu Homöopathie als „häretisch" bezeichnet werden kann, dass also die im Verhältnis zur konventionellen Medizin als Tradition, die im Zentrum steht, am Rand angesiedelte Homöopathie als medizinische Tradition über keinerlei Beziehung zum Zentrum verfügt und ausgegrenzt wird.[21] Dieser Befund kann auch für den offiziellen Diskurs in Österreich als zutreffend angenommen werden, auch wenn das Verhältnis von (dominierender) konventioneller Medizin zu verschiedenen alternativen und komplementären Heilverfahren nicht als statisch anzusehen ist: Es wandelt sich gemäß gesellschaftlichen Veränderungen und auch aufgrund der sich verändernden Bedürfnislagen von Betroffenen.

---

20   Als Beispiele wären hier zu nennen: Die Ausrichtung der Versorgungs(planung) ausschließlich an konventionell-medizinischen Kriterien, und die strukturelle Überlegenheit der konventionellen Medizin, die sich z.B. in der Kodifizierung des Wissens, in Ausbildungsordnungen, im Zugang zur Profession usw. äußert (vgl. Förster 1993, S. 64)

21   Förster (1993, S. 65) spricht hier von einem Nebeneinander von naturwissenschaftlichem Weltbild, repräsentiert durch die konventionelle Medizin, und einer „ganzheitlich-semantischen Betrachtungsweise", repräsentiert durch die Homöopathie. Sie sieht dieses Nebeneinander im Versorgungssystem als einen Ausdruck der kulturellen Gespaltenheit im gesellschaftlichen Wertesystem. Der konventionellen Medizin ist in ihrem Selbstverständnis sehr daran gelegen, den Anspruch der Wissenschaftlichkeit zu belegen, was mit einer Identifikation mit der naturwissenschaftlichen Sichtweise und ihrer Paradigmen einhergeht. Dieser „Mythos der Wissenschaftlichkeit" (Förster, 1993, S. 69) findet sich aber auch (zunehmend) in der Homöopathie.

2 Methodisches Vorgehen

Im folgenden Abschnitt wird der Forschungsprozess zunächst theoretisch und daran anschließend praktisch beleuchtet: Im ersten Schritt wird ein Blick auf grundlegende Konzepte und Verfahren der Grounded Theory, die bei der vorliegenden Publikation verwendet wurde, geworfen. Die Beschreibung des empirischen Forschungsprozesses schließt daran an. Resümierend werden im Zuge einer kritischen Reflexion mögliche Auswirkungen der gewählten Methode auf den Forschungsprozess und die Ergebnisse diskutiert.

2.1 Grounded Theory

Der Auswahl der Grounded Theory als methodologischer Rahmen gingen folgende Überlegungen voraus: Betroffene sind ExpertInnen für ihre Lebenszusammenhänge, in diesem Fall, was den Umgang mit Krankheit und Leiden anbelangt. Dementsprechend sollen ihre Erfahrungen sichtbar gemacht werden, indem mittels des methodischen Vorgehens versucht wird, ihre Sicht der sozialen Wirklichkeit in den Blick zu bekommen. Es sollten also vorab keine Hypothesen oder Kategorien formuliert werden, um die Sichtweise der Betroffenen zu fassen, sondern relevante Konzepte und Zusammenhänge sollten unter expliziter Berücksichtigung der Perspektive der Betroffenen erschlossen werden. (Plunger, Beyer & Höfler 2008, S. 191)

Um subjektiven Sichtweisen und Handlungsstrategien der Betroffenen in den Blick zu nehmen, bietet sich ein Vorgehen nach den Konzepten und Strategien der Grounded Theory insofern an, als dass damit auf mikrosoziologischer Ebene auf Interaktionsprozesse und ihre Bedeutungen, die ihnen durch die Beteiligten zugeschrieben werden, fokussiert werden kann. In Anlehnung an den Symbolischen Interaktionismus (der den Kontext für die Entwicklung der Grounded Theory durch Glaser und Strauss in den 1960er Jahren bildet) wird hier eine Handlungstheorie zugrundegelegt, die besagt, dass Menschen aufgrund von kommunikativ in sozialer Interaktion hergestellten Bedeutungen von Situationen und Beziehungen handeln. Damit sind diese Bedeutungen interpretativ gewonnen bzw. werden auch neu interpretiert und dadurch verändert. Somit können sich Menschen unter Berücksichtigung der relevanten Kontextbedingungen als Handelnde aktiv mit ihrer Umwelt auseinandersetzen und sind nicht passiv-erduldend neuen Situationen ausgesetzt. Die Inanspruchnahme von Homöopathie kann somit als eine mögliche Handlungsstrategie gesehen werden, mit dem Phänomen Krankheit umzugehen.

Grounded Theory versteht sich als wissenschaftstheoretisch begründeter Forschungsstil, der mithilfe unterschiedlicher Techniken die schrittweise Entwicklung einer in den Daten begründeten Theorie – „grounded theory" – ermöglicht[22]. Grounded Theory ist in vielen Wissenschaftsdisziplinen verbreitet und findet vor allem dort ihre Anwendung, „wo eine komplexe soziale Wirklichkeit nicht allein durch Zahlen erfassbar ist, sondern wo es um sprachvermittelte Handlungs- und Sinnzusammenhänge geht." (Strauss & Corbin 1996, S. 6).

Grounded Theory ist somit eine stark prozessorientierte, zirkuläre Vorgangsweise mit dem Ziel, eine gegenstandsverankerte Theorie induktiv aus der Untersuchung eines Phänomens abzuleiten. Diese Theorie soll also nicht an den interessierenden Forschungsgegenstand herangetragen, sondern mithilfe der Empirie entdeckt werden.[23] Damit verbunden ist auch die Quasi-Suspendierung theoretischen Vorwissens: Diese Suspendierung bezieht sich allerdings nur auf die Hypothesenbildung, und nicht auf die Formulierung von Fragestellungen (Flick 2010, S. 124). Die Haltung, die dieses Verständnis von Forschung auszeichnet, ähnelt der „freischwebenden Aufmerksamkeit", wie sie Freud (1912, zitiert nach Flick 2010, S. 124) für die Psychoanalyse formuliert hat.

Die Grundlage für die Vorgangsweise bilden theoretisches Sampling, Kodieren in verschiedenen, idealerweise aufeinander folgenden Kodierschritten (offenes, axiales und selektives Kodieren) und Integration der Konzepte in eine gegenstandsbegründete Theorie (vgl. Strauss & Corbin 1996). Daraus wird ersichtlich, dass diese Methode sehr stark auf die Interpretation von Daten fokussiert, während die Form der Datenerhebung eher in den Hintergrund rückt (Flick 2010, S. 125). Um den Forschungsprozess für Außenstehende nachvollziehbar und transparent zu machen, wurden unterschiedliche Vorschläge zur Explikation und Reflexion der Forschungsprozesse gemacht (vgl. z.B. Chiovitti & Piran 2003).

---

22 Man könnte hier in Anlehnung an Merton (1967, zitiert nach Corbin & Hildenbrand 2003, S. 179) von einer „Theorie mittlerer Reichweite" sprechen, die zwischen den Arbeitshypothesen der ForscherInnen und einer formalen Theorie liegt.

23 Corbin und Hildenbrand (2003, S. 179) sprechen in diesem Zusammenhang in Anlehnung an Sandelowski (1995) von Kreativität als der Fähigkeit von ForscherInnen, Konzepte zu entwickeln und sie zu verbinden, sodass sie den Daten gerecht werden, zugleich aber auch vom Ansatz her innovativ sind. Sie sehen einen engen Zusammenhang zwischen Kreativität und theoretischer Sensibilität.

2.2 Der empirische Forschungsprozess

Im Rahmen des Forschungsvorhabens wurden 10 Personen interviewt, davon sechs Frauen und vier Männer. Die einzelnen InterviewpartnerInnen wurden entsprechend den Vorgaben des theoretischen Samplings ausgewählt: Im Mittelpunkt stand die Kontrastierung der Fälle nach Alter, Geschlecht und Dauer der homöopathischen Behandlung und Betreuung. Diese Kategorien wurden auf Basis der Literaturrecherche, die sich mit grundlegenden Fragen zur Nutzung von Homöopathie auseinandersetzte, festgelegt (siehe dazu auch Kapitel 2): Auffällig waren die unterschiedliche Nutzung von Homöopathie nach Geschlechtern und in Abhängigkeit vom Alter der Betroffenen. Im Rahmen des theoretischen Samplings sollte versucht werden, zugrunde liegende Phänomene, die durch diese Verteilung ausgedrückt werden, zu heben. Ein weiteres Kriterium für das theoretische Sampling, das im Zuge der Interviewdurchführung entwickelt wurde, war die Dauer der homöopathischen Behandlung und Betreuung: Hier wurden Fälle mit kurzer (einige Monate) und langer (einige Jahre) Behandlungserfahrung ausgewählt.

Die interviewten Personen waren zum Zeitpunkt der Interviews zwischen 39 und 68 Jahre alt – fünf wurden damit zur Altersgruppe der Älteren mit über 60 Jahren gerechnet, fünf zur Altersgruppe der Jüngeren mit einem Alter Mitte 40. Die Hälfte der interviewten Personen waren als langjährige NutzerInnen mindestens 11 Jahre in homöopathischer Behandlung und Betreuung, während die Gruppe der „KurzzeitnutzerInnen" zwischen sechs Monaten und vier Jahren in Behandlung und Betreuung war. Der formale Bildungsgrad der InterviewpartnerInnen reichte von einem Grundschulabschluss über verschiedene Lehr- bzw. Fachschulabschlüsse bis zum Universitätsstudium. Sieben Personen gingen (bei den Interviewpartnerinnen tlw. in Teilzeit) einer Erwerbsarbeit nach, drei Personen waren pensioniert.

Im aktuellen Forschungsvorhaben wurde der Feldzugang über HomöopathInnen gewählt. Diese wurden im Zuge der mit ihnen geführten Interviews[24] gebeten, nach den Kriterien des theoretischen Samplings aus den von ihnen betreuten Personen eine (in Ausnahmefällen auch zwei) Personen auszuwählen und anzufragen, ob diese für ein Interview zur Verfügung stehen würden. Alle zehn interviewten HomöopathInnen bis auf einen waren dazu bereit und übermittelten die Kontaktdaten der vorgeschlagenen Personen nach Rücksprache mit denselben an die Forscherinnen.

---

24 Die qualitativen Interviews mit den HomöopathInnen wurden im Rahmen des Projekts „Homöopathie als Alternative zu schulmedizinischer Behandlung? Rahmenbedingungen, Praxis und Inanspruchnahme von Homöopathie in Österreich" durchgeführt (vgl. Plunger & Wenzel 2007).

Name (anonymisiert)	Alter (zum Interviewzeitpunkt)	Dauer der hom. Behandlung	Bildungsabschluss und Tätigkeit
Frau Cerny	39 Jahre	6 Monate	Universitätsabschluss, Angestellte im Lebensmitteleinzelhandel
Frau Lang	68 Jahre	27 Jahre (mit Unterbrechungen)	Mittlere Reife (BRD), in Pension, (zuvor Angestellte im Gesundheits- bzw. Sozialbereich)
Frau Lugger	66 Jahre	15 Jahre	Grundschulabschluss, in Pension (zuvor Angestellte im Sozialbereich)
Frau Ortner	45 Jahre	15 Jahre	Lehr- bzw. Fachschulabschluss, Angestellte im Tourismus
Frau Raab	43 Jahre	11 Jahre	Abschluss pädagogische Akademie, Pflichtschullehrerin
Frau Trummer	45 Jahre	16 Jahre	Gymnasialabschluss/Matura (Reifeprüfung), Angestellte im Finanzbereich
Herr Corti	65 Jahre	2 Jahre	Universitätsabschluss, Universitätsprofessor
Herr Glaser	43 Jahre	1,5 Jahre	Universitätsabschluss, Selbständiger im Beratungsbereich
Herr Lugger	69 Jahre	4 Jahre	Lehr- bzw. Fachschulabschluss, in Pension (zuvor Angestellter und Betriebsrat in einem öffentlichen Unternehmen)
Herr Opitz	63 Jahre	1 Jahr	Lehr- bzw. Fachschulabschluss mit Meisterprüfung, Inhaber eines Handwerkbetriebs

Abbildung 1:   Theoretisches Sampling der InterviewpartnerInnen

Alle kontaktierten InterviewpartnerInnen waren zu einem Interview bereit, wenn auch aus unterschiedlichen Motiven: Die Mehrzahl betonte, dass es ihnen wichtig erschien, die Bekanntheit von Homöopathie zu fördern bzw. ihrer/m HomöopathIn mit diesem Interview einen Gefallen zu leisten. Einige Personen führten an, dass sie etwas zum Fortschritt der Forschung beitragen wollten. Dennoch war in dieser Phase auch eine gewisse Vorsicht mancher InterviewpartnerInnen spürbar, sich zu ihren Erfahrungen mit homöopathischer Behandlung und Betreuung zu äußern. Diese Vorsicht rührte vermutlich daher, dass im Zeitraum der Durchführung der Interviews in den Medien eine kontroversielle Debatte über Nutzen und Schaden der Homöopathie geführt wurde. An ihre Erfahrungen mit der medialen Aufbereitung der Thematik alternative und komplementäre Heilverfahren aus diesem aktuellen Anlass anschließend, war es den Betroffenen ein Bedürfnis, sich nochmals über Inhalte und Ziele des Forschungsprojekts und der Interviews rückzuversichern.

Der Feldzugang über die behandelnden HomöopathInnen brachte einige Vorteile, aber auch Nachteile mit sich. Zu den Vorteilen zählte ein Vorschuss an Vertrauen für die InterviewerInnen vonseiten der befragten Personen, da als VermittlerInnen die HomöopathInnen als sehr geschätzte Personen auftraten. Ein weiterer Vorteil war die hohe Zustimmungsrate der Betroffenen zu den Interviews. Ein nicht zu übersehender Nachteil dieser Art der Kontaktvermittlung betrifft ebenfalls die Tatsache, dass den HomöopathInnen als geschätzten Personen und Ärztinnen/Ärzten ein großes Ausmaß an Solidarität vonseiten der Betroffenen entgegengebracht wurde, was auch im Rahmen der Interviews von den InterviewpartnerInnen explizit betont wurde: Dieser Umstand könnte auf die Thematisierung kontroversieller Aspekte der homöopathischen Behandlung und Betreuung bzw. auf das Berichten von als negativ eingeschätzten Erfahrungen Auswirkungen gehabt haben. Den InterviewpartnerInnen war es auch ein Anliegen, dass ihre positiven Erfahrungen mit der homöopathischen Behandlung und Betreuung Gehör fanden, und sie interpretierten die Tatsache, dass im Zuge des Forschungsvorhabens Interesse für ihre Perspektive bestand, als ein positives Signal.

Zur Erhebung der Daten wurden qualitative, leitfadengestützte Interviews durchgeführt. Die Annahme hinter dieser Form von Interviews ist, dass die Interviewten über einen reichen Erfahrungsschatz an expliziten Annahmen, die spontan geäußert werden können, und an impliziten Annahmen, deren „Hebung" methodisch unterstützt werden kann, verfügen. Im Interview werden so Inhalte subjektiver Theorien rekonstruiert (vgl. Flick 2010, S. 203 ff). Um den Einfluss der Forscherinnen gering zu halten, wurde versucht, den InterviewpartnerInnen einen möglichst offenen Gesprächsrahmen anzubieten (Froschauer & Lueger 2003, S. 61). Der das Interview vorstrukturierende, thematisch gegliederte Leitfaden enthielt offene Fragen, die die Interviewten zu ausführlichen Schilderungen anregen sollten.

Alle zehn durchgeführten Interviews wurden unmittelbar nach ihrer Durchführung zur Gänze wörtlich und unter Einbeziehung von Transkriptionsregeln (Froschauer & Lueger 2003, S. 223) transkribiert. Das Kodieren der Daten wurde analog den zuvor geschilderten Kodierverfahren der Grounded Theory durchgeführt. Daran anschließend wurden mehrere höher stehende Kategorien ausgearbeitet, die nach den Prinzipien des Kodierparadigmas ein zentrales Phänomen umfassten, um das sich ursächliche Bedingungen, Kontext und intervenierende Bedingungen und Konsequenzen gruppierten.

Die Recherche der für die Datenanalyse und für die darauf folgende Anbindung der Ergebnisse an bestehende Konzepte und Theorien relevanten Literatur wurde sowohl parallel zur Auswertung der Daten als auch daran anschließend durchgeführt. Sie nahm Bezug auf die zum jeweiligen Zeitpunkt interessierenden Phänomene in Form von Kategorien, die anhand der Analyse entwickelt wurden und unterstützte so in Form sensibilisierender Konzepte die Auswertung. Andererseits sollten die Ergebnisse der Forschungsarbeit auch in Bezug zur bestehenden Wissensbasis gestellt werden. Gesucht wurde schwerpunktmäßig nach Literatur, die die Inhalte der zentralen Kategorie und der als Konsequenzen benannten Kategorie abbildete, aber auch Literatur zu verwandten Konzepten, die in der Analysephase immer wieder aufgetaucht waren.

2.3 Reflexion des Forschungsprozesses

Die Interviews, die mit Betroffenen geführt wurden, sind der Situation einer Erzählung nicht unähnlich, wenn auch die Freiwilligkeit der Gesprächsbeiträge und die Rollenzuschreibungen und damit Machtverhältnisse divergieren (vgl. Froschauer & Lueger 2003, S. 61; Mizco 2003, S. 484; Breuer 2003, Absatz 41). Damit haben diese Interviews wie jede Erzählung nicht nur eine/n AutorIn, sondern auch eine/n ZuhörerIn – und werden somit in einer Beziehung geschaffen. Wenn eine Geschichte erzählt wird, fungieren die ZuhörerInnen als Ko-AutorInnen, die der Erzählung auch eine bestimmte Richtung geben können (Frid et al. 2000, S. 700).

Die Autorin der vorliegenden Publikation sieht sich dementsprechend nicht nur als Interpretin, sondern auch als Konstrukteurin von Bedeutungen, die letztendlich der Perspektive der Betroffenen zugeschrieben werden. Auf der anderen Seite können auch ErzählerInnen spezifische Anliegen verfolgen, oder die Erzählung an den angenommenen Erwartungen der ZuhörerInnen orientieren. Velleman (2003, zitiert nach Eva 2009, S. 99) spricht hier davon, dass möglicherweise die Unterscheidung zwischen „emotional closure" und „intellectual closure" nicht getroffen wird und somit ersteres mit letzerem verwechselt wird. Das kann dazu führen, als Interpretierende nicht anzuerkennen, dass Geschichten weniger aufgrund der Tatsache, wie Dinge passieren aufgenommen werden, als eher auf Basis dessen, dass sich Abläufe vertraut „anfühlen". Damit wird die dem Erzählen inhärente Absicht, eine Wirkung beim Gegenüber auslösen zu wollen, unterschätzt.[25] Nicht zuletzt wirkt der Kontext des Gesprächs: „distinctions between text, context, narrator and audience become blurred" (Garro & Mattingly 2000, S. 262).

Mit den oben angeführten Fragen zur Performanz sind forschungsethische Fragestellungen zu Beobachtung und Berichterstattung angesprochen. Smith (1999, zitiert nach Charmaz 2002, S. 319) hat in diesem Zusammenhang angemerkt, dass die Suche nach wissenschaftlichen Aussagen vorherrschende Beziehungen reproduziert, dass die Interessen, Fragestellungen und Interpretationen der ForscherInnen nicht nur die Interaktionen mit StudienteilnehmerInnen dominieren, sondern auch die Interpretation der gewonnenen Daten. Diese vorherrschenden Beziehungen trennen und objektivieren so die Erfahrungen der Studienteilnehmerlnnen vom Kontext ihres Erlebens und ihres Umfelds. Charmaz (2002, S. 319) erinnert darüber hinaus daran, dass das Verhältnis zwischen ForscherInnen und StudienteilnehmerInnen ähnlich autoritär geprägt sein könnte wie jenes zwischen Ärztinnen/Ärzten und Betroffenen, und somit die in der Forschung berührten Themen und Beziehungen reproduziert. Sie schlägt vor, ein auf Vertrauen basierendes, egalitäres Verhältnis aufzubauen, um so Reflexionen Zeit und Raum zu geben, die Geschichten der Betroffenen entstehen zu lassen und ihre Erfahrungen wertzuschätzen. Diese Haltung erfordert auch die Präsenz der ForscherInnen als Personen im Rahmen des Forschungsgeschehens. Das Interview ist somit Prozess und Produkt: Wie die interviewte Person die Interviewerin wahrnimmt, beeinflusst die Art der Geschichte und wie sie erzählt wird – die/der aufmerksame InterviewerIn „holt Geschichten hervor, bestätigt, dass die beschriebenen Erfahrungen real sind und wahr(haftig), aber nicht nur diese, sondern auch die Person, die sie erzählt." (Charmaz 2002, S. 323). Frid et al. (2000, S. 700) haben diese Haltung als „caring relationship" beschrieben.

Mizco (2003, S. 484) wirft einen Blick auf die möglichen Interessen der InterviewpartnerInnen und betont, dass die Interviewsituation den Betroffenen auch einen Raum eröffnet, an einer wertgeschätzten sozialen Aktivität teilzunehmen, indem sie ihr spezifisches Wissen über die interessierende Situation darlegen können. Flick (2010, S. 151) hat die Frage des Verhältnisses zwischen InterviewpartnerInnen und ForscherInnen unter dem Aspekt „Nähe und Distanz" aufgeworfen und ihre Bedeutung forschungspraktisch für den Feldzugang thematisiert. Rager (2005) thematisiert die Rolle der ForscherInnen und betont die Bedeutung von Emotionen der ForscherInnen und ihrer Beachtung im Forschungsprozess.[26]

---

25 Eva (2009, S. 100) schlägt hier als Überprüfung vor, sich die Frage zu stellen, welche Reaktion die Erzählung auslöst: „emotionally satisfying" oder „likely to be true".

26 Frank A. (2009, S. 161) meint dazu: „Until each of us – whether as clinician, or researcher, or human – begins with the clearest recognition of our own, personal need for storytelling, we remain ill equipped to offer the gift of our attention to the stories of others, and our analytical

Auch der Kontext des Forschungsvorhabens und die Rahmenbedingungen der Teilnahme, z.B. für InterviewpartnerInnen, spielen eine Rolle im Hinblick darauf, ob vorherrschende Beziehungen reproduziert und bestimmte Deutungen zugelassen werden (Charmaz 2002, S. 320; Mizco 2003, S. 487). An dieser Stelle stellt sich somit die Frage, welche Motive der Betroffenen (und der Autorin!) bestimmte Interpretationen eher befördern und andere wiederum erschweren. ForscherInnen generieren nicht nur Geschichten aus Daten, sondern sie „entdecken" Daten aufgrund der Geschichten, die ihre Vorannahmen über das Untersuchungsfeld bestimmen: „The narrative structures we construct are not secondary narratives about data but primary narratives that establish what is to count as data" (Bruner, 1986, zitiert nach Garro & Mattingly 2000, S. 22). Die Gefahr besteht, dass durch die Konstruktion von Narrativen einzelnen Lebensgeschichten eine fiktionale Kohärenz zugeschrieben wird, die sie aber nicht haben. Hier ist ein reflexiver Zugang wichtig, um die zugrunde liegenden, impliziten Narrative und narrativen Strukturen aufzuzeigen. Im Kern berührt diese Haltung Fragen der Validität, Glaubwürdigkeit und Repräsentanz eines narrativen Zugangs (Garro & Mattingly 2000, S. 23; Hilfiger Messias & De Joseph 2004, S. 42).

Nicht zuletzt stellt sich die Frage, inwieweit Interpretationen vonseiten der ForscherInnen zu einem erweiterten Verständnis und neuen Sichtweisen beitragen können oder ob die Betroffenen für sich sprechen sollten. Frid et al. (2000, S. 700) meinen in diesem Zusammenhang, dass die Interpretation der Daten in diesen „geerdet" sein soll, sie aber auch in einem kreativen Sprung überschreiten soll, um so die Brücke zu anderen Diskursen zu schlagen. Die Stärke einer Interpretation macht nicht ihre Eindeutigkeit aus, sondern der Ausdruck sich widersprechender Phänomene. Charmaz (2002, S. 320) schlägt vor, diese Frage abhängig von der Absicht des Forschungsvorhabens zu diskutieren: Die Geschichten der Betroffenen können direkt und überzeugend Zeugnis ablegen über jene Erfahrungen, die aus unterschiedlichen Gründen kein Gehör finden – z.B. Erfahrungen mit stigmatisierenden Erkrankungen. Der analytische Blick der ForscherInnen wiederum kann helfen, Geschichten von Betroffenen in einen größeren Kontext zu stellen, oder Muster von Gedanken, Handlungen und Gefühlen zu entdecken.

Diese Aufdeckung von Mustern, das Zusammentragen der Inhalte derselben aus mehreren zugrunde liegenden Geschichten beinhaltet immer auch eine Fragmentierung der Geschichten der Betroffenen, wie sie auch im Rahmen der Grounded Theory praktiziert wird. Doch hier sind Sicherungsmechanismen in Form von methodischen Vorgangsweisen einbezogen, um eine Übertragung der Perspektive und Sichtweisen der ForscherInnen auf die Geschichten der Betroffenen möglichst zu vermeiden. Das induktive Vorgehen im Rahmen der

---

efforts to understand stories and storytelling, whatever value these efforts may have, will remain stunted."

Grounded Theory mit Kodieren und Kategorienbildung hält einen engen Bezug zu den vorhandenen Daten. Im Rahmen dieser Vorgangsweise sollte es idealerweise also weniger zu einer Fragmentierung, als vielmehr zu einer Verstärkung der Darstellung der Betroffenen kommen (Charmaz 2002, S. 320).

3 Die Perspektive der Betroffenen: Erfahrungen im Versorgungssystem

In diesem Abschnitt werden die Erfahrungen[27], die InterviewpartnerInnen im Laufe ihrer homöopathischen Behandlung und Betreuung gemacht haben, beschrieben. Die Schilderung ihrer Erfahrungen mit homöopathischer Behandlung setzen an den Erfahrungen mit konventioneller medizinischer Behandlung an. Der Kontakt mit konventionell tätigen Ärztinnen/Ärzten im Falle von Beschwerden ist die erste Anlaufstelle im Versorgungssystem, er stellt für die Betroffenen den Ausgangspunkt ihrer Suche nach Linderung ihrer Beschwerden dar. Oftmals bleibt die Behandlung und Betreuung, die die Betroffenen in diesem Zusammenhang erfahren, in ihren Augen wirkungslos oder wenig wirksam. Aufgrund dieser Erfahrungen setzt eine Suche nach möglichen Alternativen ein. Diese wird unterstützt durch eine gesteigerte Aufmerksamkeit der Betroffenen gegenüber anderen Behandlungsansätzen und Hinweisen aus ihrem Umfeld, einen anderen Weg zu versuchen, und führt dazu, dass sich die Betroffenen in eine homöopathische Behandlung begeben. Im Verlauf der homöopathischen Behandlung erfahren die Betroffenen Veränderungen von Beschwerden, die sich nicht nur auf der physischen und psychischen, sondern auch auf der sozialen Ebene auswirken; es kommen Erfolgserlebnisse wie auch Zweifel zur Sprache. In den Blick kommen weiters Rahmenbedingungen, die die homöopathische Behandlung beeinflussen, sie erschweren oder fördern können. Nicht zuletzt wird auf das Betreuungsverhältnis und die Beziehung zur/m betreuenden HomöopathIn eingegangen.

Eng angelehnt an die Schilderungen der Betroffenen werden in diesem Kapitel zunächst ihre Behandlungserfahrungen im Rahmen einer konventionellen medizinischen Behandlung beschrieben. Daran anschließend wird ausgeführt, auf welche Weise die InterviewpartnerInnen mit Homöopathie in Kontakt gekommen sind, welche Wege sie zu den HomöopathInnen geführt haben, und welche Gründe sie für ihr Interesse an Homöopathie anführen. In der Folge wird

---

27 Es ist nicht möglich, im Rahmen der geführten Interviews und der daraus folgenden Analyse direkt zu Handlungen und Verhaltensweisen der Betroffenen bzw. Handlungen und Verhaltensweisen von anderen Personen, wie sie von den Betroffenen beschrieben werden, Rückschlüsse zu ziehen. Vielmehr soll an dieser Stelle dargelegt werden, wie die Betroffenen ihr eigenes Verhalten und das anderer beschreiben und interpretieren, wie sie sich zu bestimmten Problemstellungen verhalten.

dargestellt, welche Erfahrungen sie während der homöopathischen Behandlung gemacht haben – das heißt, welche Auswirkungen die Betreuung durch die/den HomöopathIn auf ihr Leben mit Krankheiten und Beschwerden hat. Abschließend wird der Blick auf jene Rahmenbedingungen gelenkt, die zwar außerhalb der direkten Interaktion der Betroffenen mit den HomöopathInnen liegen, diese aber dennoch beeinflussen.

3.1 Erfahrungen in der konventionellen medizinischen Behandlung und Betreuung

Wenn die Betroffenen ihre Beschwerden schildern und über ihre Strategien berichten, die sie im Umgang mit diesen Beschwerden ergreifen, markiert die Kontaktaufnahme mit konventionell tätigen Ärztinnen/Ärzten den Eintritt in das Versorgungssystem[28]. Die Behandlungserfahrungen mit konventioneller Medizin, auf die sich die Betroffenen in ihren Schilderungen explizit beziehen, und auf die im folgenden Abschnitt eingegangen werden soll, liegen zeitlich vor der homöopathischen Behandlung und umfassen zwei Teilaspekte: Die Interaktion der Betroffenen mit konventionell tätigen Ärztinnen/Ärzten, und den Behandlungsverlauf und die Auswirkungen der Behandlung.

3.1.1 Subjektive Wahrnehmung von Beschwerden

Die Betroffenen schildern ihre Beschwerden, die letztendlich den Anstoß für eine homöopathische Behandlung gegeben haben, als immer wiederkehrend, ihr Leben quasi begleitend. Nur in einem Fall berichtet ein Betroffener von plötzlich auftretenden massiven Beschwerden, die er als eine schwerwiegende unerwünschte Wirkung einer Impfung erklärt. Die Erklärung für ihre Beschwerden suchen viele Betroffene in ihren Lebensumständen bzw. in Änderungen derselben, die zu übermäßigen Belastungen geführt haben und somit auch der Auslöser für ihre Beschwerden sein können.

> „Und ja gesundheitlich, ich bin auf dem Land aufgewachsen, hab I nie so große Probleme g'habt, also Blinddarmoperation und so, und hab aber, wie die Zwillinge klein waren, seit einem Jahr haben wir dieses Haus da geerbt bekommen und also die Zwillinge waren klein und der Hausumbau und I hab so eigentlich von meinen

---

28   Die InterviewpartnerInnen haben ohne Ausnahme zunächst eine/n konventionell medizinisch tätige/n Ärztin/Arzt im Rahmen der kassenärztlichen Versorgung aufgesucht.

Großeltern keine Unterstützung g'habt und hab ich Herzbeschwerden bekommen."
(Frau Raab, 2)[29]

Für die Betroffenen führt der Weg, Klarheit über ihre Beschwerden zu finden
und die Symptome zu lindern letztendlich zur Kontaktaufnahme mit einer/m
Ärztin/Arzt.

3.1.2 Interaktion mit Ärztinnen/Ärzten

Aufgrund ihrer Beschwerden haben die Betroffenen nicht nur punktuelle, sondern mehr oder weniger regelmäßige Kontakte mit konventionell tätigen Ärztin-
nen/Ärzten. Diese Kontakte erscheinen für die Betroffenen im Rückblick keineswegs konfliktfrei: Ein zentraler Punkt in der Interaktion mit Ärztinnen/Ärzten
ist für die interviewten Personen der wahrgenommene Mangel an Wertschätzung
und Aufmerksamkeit für ihre Sicht auf Probleme und Beschwerden.

Dieser Mangel an Wertschätzung äußert sich für die Betroffenen am prägnan-
testen in einem Kommunikationsmangel, der sich zunächst in der Kürze der Interaktionen mit den behandelnden Ärztinnen/Ärzten manifestiert. Dieser Erfahrung,
dass nicht ausreichend Zeit für die Schilderung und Besprechung der Beschwerden
vorhanden ist, steht gegenüber, dass die Wartezeit in der Arztpraxis trotz Terminvereinbarung lange sein kann. Die lange Wartezeit interpretieren die Betroffenen
einerseits als mangelnde Aufmerksamkeit vonseiten der Ärztinnen/Ärzte für ihr
Anliegen, andererseits kommen sie zu dem Schluss, dass die beim Warten „ver-
schwendete" Zeit in der Konsultation mit den Ärztinnen/Ärzten fehlt.

In der kurzen Zeit des Kontakts ist eine umfassende Betrachtung der Beschwerden in den Augen der Betroffenen nicht möglich: Insbesondere ihre
Wahrnehmung der Beschwerden, und die Interpretation derselben finden kein
Gehör. Die Feststellung einiger, meist körperlicher Symptome durch die behandelnden Ärztinnen/Ärzte führt umgehend zur Formulierung einer Diagnose. Auf
eine Beleuchtung der Ursachen, die zu diesen Symptomen geführt haben könnten, und auf eine weiterführende Betrachtung der Beschwerden im Lebenszusammenhang der Betroffenen wird verzichtet.

---

29   Die Zitate werden mit der Bezeichnung des anonymisierten Namens und der Abschnittsnum-
     mer im jeweiligen Interview wiedergegeben. Parasprachliche Äußerungen werden zugunsten
     der leichteren Lesbarkeit geglättet. Die Darstellung in der Umgangssprache wird beibehalten,
     um die emotionale Tönung der Gesprächsbeiträge wiederzugeben.

„Und üblicherweise geht man zu einem Arzt und das dauert ungefähr fünf Minuten. Und äh dann ist halt ein schmaler Ausschnitt erfasst also die Diagnose ist dann ganz schnell gestellt aufgrund des roten eitrigen Halses und der belegten Stimme. Und vielleicht der Schmerzen in den Nebenhöhlen. Aber sozusagen die Ursache woher das kommen kann, was es vielleicht auch noch für äußere Belastungsfaktoren gibt, die werden – zumeist kommen die zu kurz." (Herr Glaser, 192)

In den Schilderungen der Betroffenen wird auch sichtbar, dass der Betreuungsverlauf durch mangelnde Kontinuität und Brüche gekennzeichnet ist. Dieser Umstand wird für die Betroffenen besonders dann spürbar, wenn im Rahmen des aktuellen Kontakts vonseiten der behandelnden Ärztinnen/Ärzte nicht auf bereits vorhandene Erfahrungen und Wissen über die Betroffenen und ihre Beschwerden zurückgegriffen wird. In der Folge fühlen sich die Betroffenen bei jeder Konsultation als „unbekannte SymptomträgerInnen", die ohne Bezugnahme auf ihre bereits in vergangenen Begegnungen geschilderten Beschwerden wahrgenommen werden. Stärker trifft sie jedoch der Umstand, dass sie auch als Person nicht erinnert werden – somit steht auch die Beziehung zu den behandelnden Ärztinnen/Ärzten bei jeder Begegnung auf dem Prüfstand.

„Der weiß von dir gar nix, weil der schaut sogar nach, wie du heißt, weil er's gar net weiß." (Herr Lugger, 117)

Ein weiterer Punkt berührt die Vermittlung von Informationen über die Diagnose und den geplanten Behandlungsverlauf durch die Ärztinnen/Ärzte an die Betroffenen: Diese Auskunft wird von vielen Betroffenen vermisst, oder es werden jene Fragen, die den Betroffenen am dringlichsten erscheinen, nicht beantwortet. In manchen Fällen versuchen sie daher, gezielt und detailliert Informationen zu ihren Beschwerden und möglichen Behandlungsoptionen von den behandelnden Ärztinnen/Ärzten zu erhalten.

Diese Strategie wird mit umso größerer Vehemenz verfolgt, je schwieriger sich die Kommunikation zwischen Betroffenen und Ärztinnen/Ärzten gestaltet: Hier wird die Weitergabe von Information für die Betroffenen zu einer zentralen Frage der Wertschätzung und des Wahrgenommenwerdens ihrer Person und ihrer Sicht der krankheitsrelevanten Probleme. Deutlich wird auch, dass fachliches Wissen allein nicht ausreicht, um das Vertrauen der Betroffenen zu gewinnen – der Auszug der behandelnden Ärztinnen/Ärzte aus der Beziehung zu den Betroffenen und der Rückzug auf eine oftmals als unflexibel empfundene ExpertInnenposition, die vor allem Krankheitssymptome im Blick hat ist für die Betroffenen nicht akzeptabel und beraubt die Behandlung ihrer kommunikativen Basis.

„Na, so wie ich des am Anfang gsagt hab, man kann selten mit den meisten Ärzten reden. Ja, weil sie nehmen sich net die Zeit. Sie haben die Zeit net, oder sie wollen ganz einfach net. Oder sie können es von sich her net, na. Dieser Professor Soth da in der Universitätsklinik, der einer der besten sein soll für solche Operation, was i machen hätt sollen lassen. Mit dem konnt i überhaupt net. Der war für mi wie a Eisblock, ja. Und i hab ihm müssen alles aus der Nasen herausziehen, weil i bin sehr wissbegierig, wenn i mi behandeln lass." (Herr Opitz, 137)

Mangelnde Kommunikation über ihre Anliegen äußert sich für die Betroffenen auch in anderen Handlungsweisen der behandelnden Ärztinnen/Ärzte: Die InterviewpartnerInnen erwähnen, dass die Verschreibung eines Medikaments in manchen Fällen sehr rasch erfolgt. Die Betroffenen erleben den Griff zum Rezeptblock als eine Überleitung, um vonseiten der Ärztinnen/Ärzte das Gespräch zu beenden. Oftmals entsteht so der Eindruck, dass das Ausstellen eines Rezepts einzig und allein dem Zweck dient, die Konsultation zu beenden.

„Gehens zu einem praktischen Arzt der was fragt: ‚Was haben wir denn? Na jo.' Und schreibt schon, net. ‚Der Nächste!' So geht's net." (Herr Lugger, 223)

Die rasche Verschreibung von Medikamenten wird von den Betroffenen auch als Unsicherheit der behandelnden Ärztinnen/Ärzte, was das zugrunde liegende Problem sein könnte, gedeutet: Diese Unsicherheit hat keinen Raum im Rahmen der Konsultation, vielmehr wird sie durch die Verschreibung eines Medikaments kompensiert und „aus der Welt geschafft". Damit fühlen sich die Betroffenen der Möglichkeit beraubt, ihr Anliegen nochmals zu thematisieren.

„Vor dreiundzwanzig Jahren war Panikattacken, des war ka Thema. Also man hat mir Herzpulver verschrieben und was weiß i." (Frau Ortner, 16)

Insbesondere bei medizinisch unklaren und nicht kategorisierbaren Beschwerden wird der subjektiven Krankheitserfahrung der Betroffenen – ihren Theorien zur Krankheitsentstehung, ihren Bewältigungsstrategien, aber auch ihren Ängsten und Befürchtungen – wenig Aufmerksamkeit geschenkt. In diesem Fall wird vonseiten der Ärztinnen/Ärzte dafür plädiert, dass die Betroffenen ihre eigenen Erfahrungen ausblenden, indem sie diese in der Folge als banal qualifizierten Beschwerden nicht weiter beachten. Ein Sichabfinden scheint somit die einzige sich eröffnende Möglichkeit für die Betroffenen, mit den aktuellen Beschwerden umzugehen. In dieser Situation zeigt sich der Widerstand der Betroffenen, die Aufmerksamkeit für ihr Leiden einfordern.

„Äh, ich war bei einer Hautärztin, nachdem ich dann bei der Homöopathin war. Die mir nur gesagt hat "Das ist einfach nur trockene Haut. Ähm. Was irgendwie für mich ein bissel zu .. flapsig dahingesagt war, weil ich mir gedacht hab .. ich mein sie hat mir auch gesagt irgendwie ‚Wenn Sie so was einmal haben, dann bekommen Sie das immer wieder!' Ich hab gedacht, das kann jetzt irgendwie keine Antwort sein, weil irgendwie ich hab's 37 Jahre lang nicht gehabt. Und jetzt bin ich 38 und hab's plötzlich also irgendwie muss es ja eine Ursache dafür geben." (Frau Cerny, 46)

Bleiben die geschilderten Symptome medizinisch nicht kategorisierbar, werden ihnen von den behandelnden Ärztinnen/Ärzten in vielen Fällen die Ergebnisse von medizinischen Diagnose- und Testverfahren gegenübergestellt. Wenn die Ergebnisse dieser Verfahren keine Rückschlüsse auf eine Erkrankung im medizinischen Sinn zulassen, also „ohne Befund" sind, wird die Existenz einer Erkrankung in Abrede gestellt und somit das Befinden der Betroffenen ignoriert. Bei den Betroffenen führt das zur Wahrnehmung, dass ihre Beschwerden nicht ernst genommen werden.

„Und was weiß ich, ich hab dem Arzt gesagt zum Beispiel ich fühl mich also ständig übermüdet, nicht leistungsfähig und so fort. Darauf haben die geschaut, ob die Hämoglobinwerte stimmen, na. Oder ob was weiß ich die Schilddrüse genug arbeitet, haben festgestellt ist alles okay und damit konnte man das vom Tisch fegen, na." (Herr Corti, 16)

Manche Betroffene versuchen, eine Erklärung für die mangelnde Wertschätzung und die Missachtung ihrer Beschwerden und Anliegen vonseiten der Ärztinnen/Ärzte zu finden: Als ein Auslöser für Verständigungsschwierigkeiten mit Ärztinnen/Ärzten werden unterschiedliche Auffassungen zu Krankheitsursachen und Behandlungsmöglichkeiten genannt. Diese unterschiedlichen Überzeugungen verhindern in den Augen der Betroffenen Aushandlungsprozesse und eine gemeinsame Vorgehensweise von Betroffenen und behandelnden Ärztinnen/Ärzten.
     Diese Erfahrungen, die die Betroffenen in der konventionellen medizinischen Behandlung machen, beeinflussen in der Folge auch ihre weiteren Interaktionen: Manche InterviewpartnerInnen schildern, dass sie aufgrund ihrer Vorerfahrungen im Fall von Beschwerden die Kontaktaufnahme mit einer/m Ärztin/Arzt hinausgezögert haben, da sie sich von der Behandlung wenig erwarteten.

„Und dann hab i meistens a bissel zu lang gwart bis i zum Arzt gangen bin, weil i ma gedacht hab ‚Na, der gibt ma eh nur wieder was.'" (Frau Lugger, 206)

Diese Strategie, Kontakte mit konventionell tätigen Ärztinnen/Ärzten möglichst zu vermeiden, löst bei den Betroffenen auch einen Zwiespalt aus, ihre Interessen nach einer guten Versorgung mit ihren Vorerfahrungen in Einklang zu bringen. Rückblickend stellt sich für sie die Frage, ob sie in der Situation angemessen gehandelt haben – eventuell hätte eine frühere Kontaktaufnahme doch zu einer Verbesserung der Symptome beitragen können.

> „Dann bin i halt wieder nur gangen, wenns ma echt schlecht gangen is, net. Vielleicht war des a schlecht, vielleicht wann i mehr gschaut hätt." (Frau Lugger, 316)

Ein Interviewpartner versucht, in seinen Erzählungen das notwendige Ausmaß an ärztlicher Wertschätzung und Empathie im Kontakt zwischen Ärztinnen/Ärzten und Betroffenen zu definieren: Auch wenn eine wertschätzende Kommunikation nicht die alleinige Aufgabe von Ärztinnen/Ärzten ist, so ist sie doch für eine tragfähige Beziehung zwischen Betroffenen und Ärztinnen/Ärzten unerlässlich.

> „Also das ist so eine Geschichte die, sie müssen keine Psychotherapeuten sein, aber sie müssen äh empathiefähig sein. Und auch willig. Bei meinen Erfahrungen mit den klassischen Medizinern ist mir das sehr abgegangen." (Herr Glaser, 280)

Zusammenfassend lässt sich festhalten, dass in den Augen der Betroffenen unterschiedliche Faktoren eine an ihren Bedürfnissen orientierte Behandlung und Betreuung durch konventionell tätige Ärztinnen/Ärzte erschweren: In erster Linie werden die mangelnden Verständigungsmöglichkeiten mit den behandelnden Ärztinnen/Ärzten über die Beschwerden und ihre möglichen Ursachen angeführt. Die Ärztinnen/Ärzte erscheinen als nur an medizinisch feststellbaren Symptomen interessiert, und nicht an den Betroffenen als Personen. Der Perspektive der Betroffenen, was ihre Krankheitswahrnehmung, ihren Umgang mit Leiden und ihre Überlegungen zu möglichen Ursachen anbelangt, wird im Rahmen der Diagnose und Therapieentscheidung nur wenig Interesse entgegengebracht.

Auch die Rahmenbedingungen[30] in der konventionell medizinischen Behandlung werden als problematisch erlebt: Die für die Konsultation zur Verfügung stehende Zeit erscheint sehr knapp bemessen, sie reicht in der Regel nicht aus, um zu einem gemeinsamen Bild über die Ursache der Beschwerden und möglicher Behandlungsmöglichkeiten zu kommen. Über diese Erfahrungen in den einzelnen Begegnungen hinaus berichten die Betroffenen auch über eine oftmals nicht vorhandene Betreuungskontinuität (was sich für die Betroffenen darin äußert, dass die behandelnden Ärztinnen/Ärzte nicht an bereits thematisierte und teilweise noch offene Probleme und Fragen aus vorhergehenden Konsultationen anschließen). Aufgrund dieser Erfahrungen schieben die Betroffenen die

---

30 Hier muß bedacht werden, dass die kassenärztliche Versorgung mit ihren Anreizsystemen (z.B. über Vergütungspositionen) diese Rahmenbedingungen mitbeeinflusst.

Kontaktaufnahme bei Beschwerden auf bzw. ziehen sie sich kontinuierlich aus dem Kontakt mit konventionell tätigen Ärztinnen/Ärzten zurück.

3.1.3 Behandlungsverlauf und Auswirkungen der konventionellen medizinischen Behandlung

Ein weiteres für die interviewten Personen bedeutsames Thema neben der Interaktion mit den behandelnden Ärztinnen/Ärzten betrifft die von ihnen wahrgenommenen Ergebnisse der konventionellen medizinischen Behandlung. So stehen die Wirkung von Medikamenten und die unangenehmen und unerwünschte Wirkungen derselben im Mittelpunkt ihrer Schilderungen des Behandlungsverlaufs in der konventionellen medizinischen Betreuung – nicht zuletzt deshalb, weil medikamentöse Behandlungsansätze bei weitem überwiegen. Wirkungen von Medikamenten werden sehr ambivalent wahrgenommen: Die Betroffenen charakterisieren sie als kurzfristig und als nur während der Anwendungsdauer der Medikamente wahrnehmbar. Die Wahrnehmung der kurzfristigen, wenig nachhaltigen Wirkung von Medikamenten findet ihre Entsprechung in den Überlegungen der Betroffenen zum Wirkmechanismus: Er wird als Unterdrückung von Symptomen beschrieben, die Ursache der Erkrankung bleibt damit scheinbar unberührt. Für manche Betroffene ist diese wahrgenommene Unterdrückung ihrer Symptome kein gangbarer Weg im Umgang mit ihren Beschwerden, in der Konsequenz wird die medikamentöse Therapie abgelehnt.

> „Dass des halt jetzt net ganz einfach wirklich die Lösung sein kann, wenn i des viermal im Jahr mit Penicillin unterdrücke. Des löst jetzt net die Ursache. Und das mei Körper da irgendwie ganz einfach aufschreit. Und was i nimmer mehr schlucken möchte und so. Hab ich mich dazu entschieden, dass ich ganz einfach keine Antibiotika mehr nehme und äh." (Frau Ortner, 16)

Neben den beschriebenen Wirkqualitäten spielen unangenehme und unerwünschte Wirkungen von Medikamenten für die Betroffenen in der konventionellen medizinischen Behandlung eine wichtige Rolle – wahrnehmbare Veränderungen durch die Anwendung von Medikamenten sind ihrer Erfahrung nach ohne unerwünschte Effekte nicht denkbar. Diese Erfahrung finden die Betroffenen in der Lektüre der Gebrauchsinformation der Medikamente, in denen sie Informationen zu möglichen unerwünschten Wirkungen nachlesen, bestätigt. Diese Informationen, wie sie in der Gebrauchsinformation von Medikamenten angeführt sind, und die den Betroffenen bisher unbekannt sind, lösen Ängste aus und lassen sie den möglichen Nutzen der Medikamente gegen ihre potentiellen Risiken abwägen. In der Folge entscheiden manche, das betreffende Medikament nicht einzunehmen.

„und das war so a Liste i hab des durchgelesen. Hab i zu meinem Mann gsagt ‚Das nehm ich nicht.'
Den Beipackzettel[31] meinens? (I)[32]
Den Beipackzettel. Sag i weil wann i des les – also wann i des nimm dann werd i erst richtig krank. Des nimm i net." (Frau Lugger, 65)

Unerwünschte Wirkungen können in unterschiedlichem Ausmaß auftreten. Manche unerwünschte Wirkungen von dauerhaft einzunehmenden Medikamenten greifen massiv in das Leben der Betroffenen ein – entweder, weil sie zu am Körper ablesbaren Veränderungen wie Gewichtszunahme führen, oder weil sie die Lebensvollzüge der Betroffenen nachhaltig beeinträchtigen.

„Diese Medikamente .. haben auch oft unangenehme Nebenwirkungen, dass man also was weiß ich, sagen wir einmal Gewichtsprobleme bekommt, dass Sexualprobleme entstehen und so fort." (Herr Corti, 7)

Auch der Zeitpunkt des Auftretens von unangenehmen Wirkungen kann variieren: Unerwünschte Wirkungen treten in der Beobachtung der Betroffenen nicht nur unmittelbar während der Einnahme eines Medikaments auf, sie können auch zu einem späteren Zeitpunkt, nach Beendigung der Medikamenteneinnahme, Beschwerden verursachen. Somit werden zwar die ursächlichen Beschwerden erfolgreich „bekämpft", aber es müssen unter Umständen Auswirkungen dieser Behandlungsstrategie auch nach Beendigung der medikamentösen Therapie in Kauf genommen werden.

„Aber ich hab jetzt einfach so das G'fühl g'habt, bei den Antibiotika, so jetzt musst du aufpassen mit dem Magen oder mit dem Scheidenpilz, weil das kann jetzt auch noch nachkommen, net? Und was ich beim ersten, beim älteren Sohn eben gemerkt hab, wenn die Antibiotika aus waren, dann war er einfach anfälliger, was Neues aufzufangen." (Frau Raab, 48)

Für die Betroffenen ergibt sich somit ein Zwiespalt, dass trotz eingetretener Wirkung die weitere Anwendung des Medikaments mit Risiken verbunden ist, dass also die Folgen und Konsequenzen der Medikamenteneinnahme nicht zeitnah abschätzbar sind.

„Nein, da war ich dann nachdem ich die Cortisonsalbe äh das erste Mal angewendet hab irgendwie ein paar Tage später wieder dort zur Kontrolle und das hat natürlich dann gewirkt. Wie halt .. ja. Aber ist natürlich keine Dauerlösung. (Frau Cerny, 61)

---

31   Gemeint ist die Gebrauchsinformation laut Arzneimittelgesetz.
32   Das einem Satz nachgestellte (I) verweist auf eine Zwischenfrage der Interviewerin.

Die Erfahrungen mit Wirkungen und unerwünschten Wirkungen von Medikamenten führen bei den Betroffenen zur Überlegung, welche Therapieprinzipien ihren persönlichen Vorstellungen von Behandlung entsprechen und somit individuell angemessen erscheinen. Viele Betroffene schildern, dass Medikamente idealerweise die eigenen vorhandenen Ressourcen unterstützen und stärken sollten – konventionell-medizinische Arzneimittel erfüllen diese Ansprüche in den Augen der Betroffenen oftmals nicht.

„Und äh ich glaub grundsätzlich, dass Antibiotika unser Immunsystem langfristig schwächen und nicht stärken und lieber ist mir ein Körper mit einer Art von Medizin äh so das Immunsystem zu unterstützen bei der Abwehr äh dass äh eben ein nicht heißt ein Antibiotikum zu geben, sondern eben den Körper dabei unterstützt selbständig damit klar zu kommen, weil ich der sicheren Überzeugung bin, dass langfristig das für mein Immunsystem besser ist." (Herr Glaser, 90)

Was ihre Einschätzung von Medikamenten betrifft, wägen die Betroffenen also die erfahrenen Wirkungen und mögliche bzw. wahrgenommene nicht erwünschte Wirkungen von Medikamenten gegeneinander ab. In vielen Fällen treffen die Wirkungen von Medikamenten nicht ihre Vorstellungen einer guten Behandlung ihrer Beschwerden und lassen den Wunsch nach einer anderen Behandlungsform wachsen.

Darüber hinaus fällt auf, dass Medikamente vonseiten mancher der behandelnden Ärztinnen/Ärzte im Allgemeinen offenbar in unhinterfragter Erwartung der „Therapietreue" der Betroffenen und ohne weitere Erklärungen verordnet werden, was angestrebte Wirkungen und mögliche unangenehme Nebenwirkungen anbelangt. Insbesondere mögliche Nebenwirkungen wären, wie bereits gezeigt wurde, gegenüber der erwarteten Wirkung gemeinsam mit den Betroffenen abzuwägen, um gemeinsam mit den Betroffenen zu entscheiden, welche unter Umständen von den Betroffenen in Kauf genommen werden müssen. Auch erscheint die Verordnung von Medikamenten in vielen Fällen alternativlos, und erfolgt selbst dann ohne weitere Erklärungen vonseiten der behandelnden Ärztinnen/Ärzte, wenn die Betroffenen die Ursachen ihrer Beschwerden auf psychosozialer Ebene und biographisch bedingt verorten.

„Hab I nie so große Probleme ghabt, also Blinddarmoperation und so, und hab aber, wie die Zwillinge klein waren, seit einem Jahr haben wir dieses Haus da geerbt bekommen und also die Zwillinge waren klein und der Hausumbau und I hab so eigentlich von meinen Großeltern keine Unterstützung ghabt und hab ich Herzbeschwerden bekommen. Und bin dann zu meiner Ärztin und die hat einfach so ein Burn-out festgestellt und hab EKG und alles gemacht, und die hat dann einfach gsagt, na ja, es wär halt gut, Antidepressiva zu nehmen. Und ich hab also da, das ist 11, 12 Jahre her, einfach zu meinem Mann gesagt, also ich will diese Antidepressiva nicht nehmen." (Frau Raab, 2)

Im Kontext der Behandlung durch konventionell tätige MedizinerInnen erfahren Medikamente somit eine weitere Bedeutungszuschreibung, die über die wahrgenommenen Wirkungen hinausreicht: Sie symbolisieren für die Betroffenen auch die wahrgenommene Kommunikationsverweigerung aufseiten der MedizinerInnen, z.b. wenn mögliche Krankheitsursachen, die sich aus der Lebensgeschichte der Betroffenen herleiten lassen, im Rahmen der Konsultation nicht angesprochen werden. Im Allgemeinen gilt mit der Verschreibung eines Medikaments die Konsultation als beendet; das Ritual des „Griffs zum Rezeptblock" signalisiert wie bereits erwähnt, dass nun – aus der Perspektive der MedizinerInnen – alles Wichtige und Relevante gesagt ist. Viele Betroffene erleben diesen Vorgang als vorschnell. Die Verschreibung eines Medikaments kann über die einzelne Konsultation hinaus auch im Behandlungsverlauf das Ende der Ursachensuche von Beschwerden markieren. Auch in diesem Zusammenhang wird diese Entscheidung von den Betroffenen als nicht angemessen erlebt.

Die geschilderten Erfahrungen der Betroffenen in der konventionellen medizinischen Behandlung – ihre Interaktionen mit den behandelnden Ärztinnen/Ärzten, der Stellenwert und die Auswirkungen der meist medikamentösen Behandlung – und ihre Haltung dazu lassen ihr kritisches Bewusstsein gegenüber ihrer Betreuungssituation steigen. In einigen Fällen wird die konventionell medizinische Behandlung aufgrund dieser Erfahrungen abgebrochen.

Die Bruchlinie, die für die Betroffenen zwischen ihren Bedürfnissen einerseits und den Erfahrungen und wahrgenommenen Möglichkeiten im Rahmen einer konventionellen medizinischen Behandlung andererseits verläuft, lässt sie nach Alternativen suchen und birgt das Potential für Veränderung.

3.2 Auf der Suche nach alternativen Behandlungs- und Betreuungsformen

Der folgende Abschnitt schildert, wie die InterviewpartnerInnen mit Homöopathie in Kontakt gekommen sind und welche Wege sie zu einer Behandlung und Betreuung durch HomöopathInnen geführt haben: Eine erhöhte Aufmerksamkeit und das Interesse der Betroffenen gegenüber alternativen Behandlungsstrategien markieren ihre ersten Schritte der Suche nach einer ihren Bedürfnissen angemessenen Behandlung und Betreuung. An dieser Stelle soll auch darauf eingegangen werden, welche Vorannahmen die Betroffenen in der Zeit vor Beginn der Behandlung und Betreuung durch die HomöopathInnen über dieselbe gehabt haben. Schlussendlich werden Erschwernisse und Zugangshindernisse, die die Betroffenen auf ihrem Weg zur Behandlung und Betreuung durch die HomöopathInnen überwinden mussten, beschrieben.

3.2.1 Hellhörig werden

Im Verlauf der konventionellen medizinischen Behandlung stoßen die InterviewpartnerInnen wie bereits beschrieben an vielfältige Grenzen, was die Interaktion mit den behandelnden Ärztinnen/Ärzten, die Möglichkeiten und den Verlauf der Behandlung und die Auswirkungen derselben auf ihre Beschwerden betrifft. Die Erfahrung dieser Grenzen wirft für sie eine Reihe von Fragen auf: Behandlungskonzept und -verlauf in der konventionellen medizinischen Behandlung werden zunehmend kritischer beleuchtet, wie auch die Beziehung zu den behandelnden Ärztinnen/Ärzten und die Rahmenbedingungen der Behandlung und Betreuung.

In dieser Situation werden die Betroffenen hellhörig für Alternativen, die an sie durch Menschen aus dem persönlichen Umfeld herangetragen werden. Eine besondere Bereitschaft, über alternative Behandlungsformen nachzudenken, zeigen sie in jenen Phasen ihres Beschwerdeverlaufs, in denen gerade kein akutes, schwerwiegendes gesundheitliches Problem vorliegt: Das Risiko, sich auf Unbekanntes einzulassen erscheint vertretbar gering, und es ist in den Augen der Betroffenen auch kein rasches Handeln und Entscheiden zur Lösung eines anstehenden gesundheitlichen Problems notwendig.

Vielmehr beschreiben die Betroffenen diese Phase des Übergangs als eine Form des Resümierens – bei als nicht unmittelbar bedrohlich wahrgenommen Beschwerden wird die Gelegenheit ergriffen, eine bereits ins Auge gefasste Behandlungsalternative umzusetzen. Die Entscheidung, sich homöopathisch behandeln zu lassen, wird also überlegt getroffen. Sie schließt an frühere Erfahrungen mit Homöopathie im familiären Umfeld, oder auch nur an ein bereits zuvor bestehendes Interesse für alternative und komplementäre Heilverfahren im Allgemeinen und die Homöopathie im Speziellen an und greift dieses auf. Berichte aus dem persönlichen Umfeld über erfolgreiche homöopathische Behandlungen unterstützen den Entscheidungsverlauf und ermuntern die Betroffenen, unbekanntes Neuland zu betreten und eine homöopathische Behandlung in Betracht zu ziehen.

> „Und vor allem äh, hab i unheimliches Positives sehr viel von meiner Tochter über die Frau Doktor Traxler gehört. Aber des is für mi net beeindruckend im Vorhinein. Sondern i hab ma nur dacht, na, wie i dann a des gsehn hab, des was mei Tochter gmacht hat, ja da muß wirklich was dran sein an der Homöopathie. Da hab i mit der Frau Doktor Traxler nix zu tun ghabt. Das war ganz allgemein gsehn. Homöopathie is sicher was Gutes." (Herr Opitz, 229)

Die Empfehlungen, es mit einer homöopathischen Behandlung zu versuchen, beruhen auf Schilderungen von ihnen nahe stehenden Personen über deren Behandlung und Betreuung, in denen sich die Betroffenen mit ihren Bedürfnissen wieder finden können. Damit erscheint für sie eine homöopathische Behandlung als besonders ansprechend.

> „I bin dann eben durch eine Arbeitskollegin, deren Vater äh is schwer an Krebs erkrankt. Is mehr oder weniger schon im Sterben gelegen, war schon im Endstadium des Krebses. Und der is von der Frau Doktor Mugler begleitet worden er und seine Frau. Und meine Arbeitskollegin damals hat mir des erzählt und i hab ihr gsagt ‚Des wär für mich jetzt auch irgendetwas.' Des hat mir sehr gut gefallen, weil diesen Weg kannte ich noch nicht, dass man jetzt jemanden begleitet. Praktisch mehr oder weniger so unterstützt." (Frau Ortner, 16)

Aktuelle positive Behandlungserfahrungen im persönlichen Umfeld sind somit ein wichtiges Entscheidungskriterium, eine homöopathische Behandlung ins Auge zu fassen. Das bei manchen Betroffenen vorhandene Wissen über die Homöopathie spielt bei der Überlegung, eine homöopathische Behandlung zu beginnen, demgegenüber eine untergeordnete Rolle.

> „Ja, i hab schon einiges g'lesen über Homöopathie, hab des aber garnet wirklich so gespeichert, ja. Aber, also entscheidend für mi war diese Erfolge was i g'sehn hab, war bei meiner Tochter, die net nur körperliche Krankheiten und so sondern auch psychische im Griff kriegt hat." (Herr Opitz, 271)

Die Entscheidung, vom beschwerlichen, aber doch bekannten Weg der konventionellen medizinischen Behandlung abzuzweigen, fällt den Betroffenen nicht leicht[33]. Schilderungen erfolgreicher homöopathischer Behandlungen können an dieser Stelle noch bestehende Zweifel an der Wirkung von Homöopathie zerstreuen.

> „Und bei mir war das ganz genauso, nicht. Und, wie soll ich sagen. Es gibt also in den Bekanntenkreisen immer einige Leute, die man also da finden kann, die äh was weiß ich im Fall von Heuschnupfen, im Fall von – was weiß der Geier was alles Übelkeit während der Schwangerschaft und so weiter positiv von homöopathischer Behandlung profitiert haben.
> *Mhm. Das heißt Sie sind da so ein bisschen hellhörig geworden oder? (I)*
> Das hab ich immer eigentlich schon gewusst, net. Also grad was ich jetzt erzähl von von Heuschnupfen und und Hyperemesis Gravidarum und so das hab ich selbst Beispiele beobachtet und mit Überraschung beobachtet und erlebt/
> *Mhm. Was hat Sie da überrascht? (I)*

---

33   An dieser Stelle soll daran erinnert werden, dass dieses Abzweigen auch die Inanspruchnahme einer/eines privatärztlich tätigen Mediziners/Medizinerin beinhaltet, was wie bereits ausgeführt einen wesentlichen Einfluss auf die organisatorischen und finanziellen Rahmenbedingungen der Behandlung und Betreuung hat.

Das es funktioniert, net. Vielleicht sollt ich vorausschicken ich hab Medizin studiert, nicht und/ Bin also kein Außenseiter in dem Sinn. Und bin auch ein Ungläubiger, also in dem Sinn, dass ich nicht verstehen kann wie die Homöopathie wirken soll, nicht." (Herr Corti, 60-66)

In den meisten Fällen erfolgen diese Empfehlungen auf zwei Ebenen: Den Betroffenen wird nicht nur die Homöopathie als Methode, sondern auch ein/e bestimmte/r HomöopathIn empfohlen. Sollte keine explizite Empfehlung vorliegen, werden die Betroffenen aufgrund ihres Interesses für die Homöopathie selbst aktiv und suchen eine/n HomöopathIn, die/der ihre Bedürfnisse – räumliche Nähe, und vermutete geteilte Ansichten zu Behandlung und Betreuung aufgrund der Selbstbeschreibung der HomöopathInnen – am besten erfüllt. In dieser Phase des Übergangs ist es nach Ansicht der Betroffenen wichtig, dass sie eine gewisse Offenheit gegenüber den Behandlungsprinzipien der Homöopathie hatten, um letztendlich den Schritt von der Empfehlung zur Kontaktaufnahme mit einer/einem HomöopathIn zu machen.

3.2.2 Erwartungen an die Interaktion mit den HomöopathInnen

Aufgrund ihrer Behandlungserfahrungen mit konventionell praktizierenden Ärztinnen/Ärzten und den in diesem Zusammenhang offen gebliebenen Bedürfnissen, haben die Betroffenen konkrete Vorstellungen an die Interaktion mit den HomöopathInnen: Von den HomöopathInnen wird in erster Linie erwartet, dass sie sich auf ein Gespräch mit den Betroffenen einlassen, sich genügend Zeit nehmen, und offen für unterschiedliche Themen und Problemstellungen sind. Die InterviewpartnerInnen verbinden diese Gesprächssituation mit der Wahrnehmung, dass sie als Person mit ihren Anliegen gehört und ernst genommen werden.

„Menschlich, ja. Also eben dieses Zuhören und sich Zeit nehmen. Äh, ernst genommen werden. Äh, ja des waren eigentlich die wichtigsten Kriterien." (Frau Ortner, 42)

Die Frage, ob eine Frau oder ein Mann in der homöopathischen Behandlung bevorzugt wird, wird von einigen der interviewten Frauen mit einer Präferenz für eine Homöopathin beantwortet, während die männlichen Interviewpartner keine Präferenz äußern. Als Erklärung für ihre Präferenz wird von den Frauen auf den Lebenszusammenhang der Homöopathinnen – sofern bekannt – Bezug genommen: Die Homöopathinnen, so wird angenommen, könnten aufgrund ähnlicher Erfahrungen und Lebenszusammenhänge auch außerhalb ihrer beruflichen Tätigkeit ein besonderes Verständnis für die Bedürfnisse und Probleme der Betroffenen aufbringen. Auch wird den Homöopathinnen ein höheres Kommunikationsvermögen zugeschrieben.

In den Schilderungen der Betroffenen findet sich wiederholt die Abwägung von Beziehungsaspekten gegenüber fachlich-professionellen Kenntnissen: Während Erwartungen an die Interaktion mit den HomöopathInnen klar formuliert werden können, bleiben jene an die fachlichen Kenntnisse der HomöopathInnen eher vage und unbestimmt, und können aufgrund mangelnden Wissens über die Homöopathie auch nur unklar formuliert werden.

An der Einschätzung der Betroffenen wird klar, dass an die HomöopathInnen hohe Ansprüche, was ethische Aspekte der Berufsausübung betrifft, gestellt werden: HomöopathInnen sollten somit im Idealfall nicht nur einen Beruf ausüben, sondern einer Berufung folgen, da die Tätigkeit als Ärztin/Arzt besondere Voraussetzungen erfordert.

> „Es soll nicht einer studieren gehen, nur dass er sich dann Doktor schimpft. Es ist bei jedem Beruf, ob das jetzt ein Priester, Lehrer ist oder sonst was oder ein Journalist, das ist – da musst mit Leib und Seele dabei sein. Und die, was mit Leib und Seele dabei sind, die machen eh ihren Weg." (Herr Lugger, 221)

Somit stehen die Erwartungen der Betroffenen an die Interaktion mit HomöopathInnen in diametralem Gegensatz zu den Erfahrungen, die die Betroffenen im Rahmen einer zeitlich davor liegenden konventionellen medizinischen Behandlung gemacht haben. Das Zuhören als Ausdruck der Wertschätzung, und das Wahrgenommen werden als Person sind in diesem Zusammenhang für die Betroffenen bedeutsam, wie auch ein gewisses Maß an Lebenserfahrung der HomöopathInnen und eine professionelle Haltung und Ethik, an die hohe Ansprüche gestellt werden.

3.2.3 Erwartungen an die homöopathische Behandlung und Betreuung

Ihre Erwartungen, welche Ergebnisse sie sich von einer homöopathischen Behandlung erhofft haben, beschreiben die InterviewpartnerInnen als diffus: Vorherrschend war ein unbestimmter Wunsch nach Heilung, der für die Betroffenen in vielen Fällen eine „Wiederherstellung des Ursprungszustandes" vor dem Auftreten der Beschwerden darstellte.

> „Natürlich. Also die Erwartung in dem Sinn äh, dass die Halsschmerzen aufhören. Damals war es halt eine noch diese Erwartungshaltung. ‚Mach es weg!' Ja, also das war damals noch nicht so der ganzheitliche Ansatz, so dass ich da selber mitarbeiten sollte oder muss. Also um mit der mit den Panikattacken, war des selbe, ja. I wollt

ganz einfach dass jetzt wer kommt und des wegmacht. Dass es aufhört." (Frau Ortner, 36)

Verbunden mit diesem Wunsch nach Heilung sollte die homöopathische Behandlung vorhandene Ressourcen stärken und unerwünschte Wirkungen, wie sie aus der konventionellen Therapie mit Medikamenten bekannt waren, ausschließen. Im Idealfall ist eine konventionelle medizinische Behandlung nicht mehr notwendig bzw. lässt sich gänzlich vermeiden. Der Wunsch nach Heilung beinhaltet auch die Erwartung, dass im Zuge einer homöopathischen Behandlung ein umfassender Behandlungsansatz vertreten wird, und nicht nur die Symptome einer Erkrankung behandelt werden.

> „...was mich fasziniert an der Homöopathie ist einfach, dass der ganze Mensch angschaut wird, mit allen Bereichen.
> *Was wär das für Sie, alle Bereiche? (I)*
> Also ich denk einfach (.....), da ist etwas Körperliches, aber es wird also die Seele auch angschaut und die Psyche auch angschaut." (Frau Raab, 12-14)

Auch wenn bei vielen Betroffenen der Wunsch nach Heilung besteht, so ist ihnen auch bewusst – durch das Gespräch mit den HomöopathInnen zu Beginn der Behandlung und durch Beobachtungen und Erzählungen im Bekanntenkreis – dass eine Besserung der Beschwerden unter Umständen einige Zeit dauern kann. Diese längere Zeitspanne bis zu einer Besserung der Beschwerden wird jedoch in Kauf genommen. Vielfach wird in diesem Zusammenhang die Erklärung herangezogen, dass länger bestehende Beschwerden auch einen längeren Prozess der Heilung beanspruchen.

3.2.4 Zugangshindernisse

Im Zuge ihrer Entscheidung, eine homöopathische Behandlung in Anspruch zu nehmen, sind die Betroffenen mit einer Reihe an Erschwernissen konfrontiert. An oberster Stelle stehen hier in den Augen der Betroffenen finanzielle Hindernisse, da die nicht unbeträchtlichen Kosten der Behandlung aufgrund der privatärztlichen Tätigkeit der HomöopathInnen von den Betroffenen selbst abgedeckt werden müssen. Diese auf sie zukommenden Kosten werden von den Betroffenen vor Beginn der Behandlung gegen die erhofften Wirkungen abgewogen. Die Höhe der finanziellen Belastung selbst wird jedoch nicht infrage gestellt und als angemessen für die Dauer der Konsultation betrachtet. Rückblickend werden die Kosten zwar als Erschwernis zu Beginn der Behandlung gesehen, langfristig gesehen überwiegen aber für die Betroffenen doch positive Effekte.

„Also das Finanzielle war am Anfang für mich schon viel, aber I hab dann einfach gemerkt, dass ich einfach mir viele andere Arzttermine erspare und weil es einfach auf a natürliche Art und Weise geht und ich wirklich da viele Erfolge auch ghabt hab." (Frau Raab, 170)

Ein Interviewpartner äußert sein Unbehagen gegenüber solchen finanziellen Barrieren, die ökonomisch schlechter gestellten Personen den Zugang zu homöopathischer Behandlung verwehren. In seinem Empfinden werden dadurch ökonomische Kriterien ausschlaggebend dafür, ob die Möglichkeit einer angemessenen Behandlung allen Betroffenen gleichermaßen offen steht.

„.....das ist so eine soziale Komponente, die mir, die mir wichtig ist, es bleibt damit eine Behandlungsmethode für zumindest obere Mittelschicht aufwärts. Na, nicht jede Familie, die Kinder hat noch dazu kann sich leisten alle Familienmitglieder homöopathisch behandeln zu lassen. Mich ärgert einfach, dass das das Behandlungsmethoden, von denen wir mittlerweile wissen, dass sie gut sein können, Menschen mit einem höheren Einkommen vorbehalten bleiben wieder einmal. Und die mit einem geringeren Einkommen äh draußen vor bleiben und nach wie vor halt zu den klassischen Medizinern gehen können, wo sie eben nach drei Minuten wieder bei der Tür draußen sind und halt das Breitbandantibiotikum in Form eines Rezeptes in der Hand halten." (Herr Glaser, 291)

Auch die Art der Beschwerden kann die Suche nach Unterstützung im Allgemeinen und nach einer/m homöopathischen Ärztin/Arzt erschweren. Im Fall von psychischen Beschwerden ist die Hürde für mache Betroffenen besonders hoch.

„Welche Barrieren das waren? Ja, na überhaupt sozusagen ärztliche Hilfe in einem nicht physiologischen Problem, sondern in einem psychologischen Befindlichkeitsproblem in Anspruch zu nehmen, nicht. Weil, so wie wenn Sie jemanden fragen „Wie geht es Dir?", der sagt „Na, mir geht's super, alles bestens" und so weiter. Und der nie daran denken würde, dass er grad .. Ihnen zu sagen, dass er gerade versucht hat ein – was weiß ich – finanzielles Problem zu lösen oder klar zu kommen äh wie er die Trennung von seiner Freundin grad überwindet oder so." (Herr Corti, 152)

Zusammenfassend ist also die Entscheidung, sich homöopathisch behandeln zu lassen, bestimmt von einem Wunsch nach Veränderung aufgrund der Erfahrungen in der konventionellen medizinischen Behandlung. Dieser Wunsch lässt die Betroffenen hellhörig werden für Erzählungen über alternative Behandlungsoptionen in ihrem persönlichen Umfeld, die an ihre Überzeugungen einer guten Behandlung und Betreuung anschlussfähig sind. Dennoch bleiben die Erwartungen an die Wirkungen einer homöopathischen Behandlung eher unbestimmt, sie sind getragen von einem Wunsch nach Heilung.

Präzisere Erwartungen werden für die Interaktion mit den HomöopathInnen formuliert, was vor dem Hintergrund der bis zu diesem Zeitpunkt vielfältig erfahrenen Kommunikationsbarrieren mit konventionell tätigen Ärztinnen/Ärzten nachvollziehbar ist. Der Zugang zu HomöopathInnen wird in fast allen Fällen durch persönliche Empfehlungen aus dem Umfeld der Betroffenen erleichtert; erschwerend für die Aufnahme einer Behandlung erweist sich für die Betroffenen die absehbare finanzielle Belastung.

3.3 Die homöopathische Behandlung und Betreuung

Im folgenden Abschnitt soll die Behandlung und Betreuung durch die HomöopathInnen, wie sie von den Betroffenen erfahren wird, im Mittelpunkt stehen. Zunächst soll auf jene organisatorischen Rahmenbedingungen eingegangen werden, die in der Gestaltung der Kontakte mit den HomöopathInnen in den Augen der Betroffenen eine wichtige Rolle spielen. Ein Blick soll auch auf die räumliche Ausstattung der Praxis der HomöopathInnen geworfen werden. Daran anschließend wird ausgeführt, wie sich die Beziehung der Betroffenen mit den HomöopathInnen gestaltet und welche Faktoren für den Aufbau einer tragfähigen Beziehung entscheidend sind.

3.3.1 Organisation der Behandlung und Betreuung

In der Wahrnehmung der InterviewpartnerInnen unterscheiden sich die organisatorischen Rahmenbedingungen der homöopathischen Behandlung grundsätzlich von den Bedingungen, wie sie während der konventionellen medizinischen Behandlung wahrgenommen wurden.[34]

Der wichtigste Unterschied betrifft in den Augen der Betroffenen die Dauer der einzelnen Konsultationen: Sie reicht von einer Dauer von einer bis eineinhalb Stunden während einer Erstanamnese bis zu mindestens zwanzig Minuten bei Folgekonsultationen bzw. so genannten „Kontrollen". Die zur Verfügung stehende Zeit ist den Betroffenen durch die dafür notwendige Terminvereinbarung bekannt. Durch die Terminvereinbarung ist für sie auch garantiert, dass diese Zeit mit den HomöopathInnen ohne Störungen verlaufen wird.

Unabhängig von der tatsächlichen Dauer der Konsultation haben die Betroffenen das Gefühl, ausreichend Zeit für die Schilderung ihres aktuellen Befindens und ihrer gesundheitlichen Probleme und Anliegen zu haben. Die Länge der

---

34 Diese Rahmenbedingungen müssen, wie bereits erwähnt, im Verhältnis zu einer Tätigkeit in privatärztlicher versus kassenärztlicher Praxis gesehen werden.

einzelnen Konsultationen – von den Betroffenen übersetzt in den Aspekt des „sich Zeit nehmens" ist für diese eine Erleichterung, da sie ohne Eile ihre Anliegen zur Sprache bringen können.

> „Ja, so so i hab das Gfühl er is so geduldig. Er nimmt sich Zeit, was die anderen Ärzte halt leider Gottes nicht haben." (Frau Lugger, 189)

Damit einher geht die Wahrnehmung der Betroffenen, dass sie bei vereinbarten Terminen mit keiner oder einer sehr geringen Wartezeit von ein paar Minuten rechnen können. Insbesondere die langen Wartezeiten und das darauf folgende „schnelle Abfertigen" wurden von vielen Betroffenen im Rahmen der Kontakte mit konventionell tätigen Ärztinnen/Ärzten als wenig wertschätzend empfunden und ist somit ein wichtiges Kriterium für die Bewertung der organisatorischen Rahmenbedingungen der homöopathischen Behandlung.

Ein weiterer für die Betroffenen bedeutsamer Aspekt betrifft die Regelmäßigkeit der Konsultationen: Zu Beginn der homöopathischen Behandlung finden die Kontakte in kürzeren Zeitabständen statt und werden von den HomöopathInnen festgelegt, insbesondere, wenn akute Beschwerden vorliegen. Diese von den HomöopathInnen initiierte Regelmäßigkeit der Kontakte schafft so besonders am Beginn der Betreuung einen hilfreichen Rahmen und Orientierung für die Betroffenen.

Im Verlauf der Behandlung, wenn eine gewisse Routine eingekehrt ist, spielt sich eine Frequenz der Kontakte ein, die den Bedürfnissen der Betroffenen entspricht. In dieser Phase nehmen die Betroffenen aus eigener Initiative den Kontakt mit den HomöopathInnen auf und vereinbaren einen Termin. Der Anlass für eine Terminvereinbarung kann ein akutes Problem sein, oder aber auch eine Art „Bestandsaufnahme" des Gesundheitszustands, die vonseiten der Betroffenen initiiert wird. Zwischen den HomöopathInnen und den Betroffenen herrscht im Fall der „Bestandsaufnahme" ein Einverständnis, dass diese regelmäßigen Kontakte, die im Halbjahres- bis Jahresabstand erfolgen, einen wichtigen Teil des Betreuungsverhältnisses bilden. In diesem Fall werden die behandelnden HomöopathInnen auch jenseits konkreter, krankheitsbezogener Fragestellungen auf dem Laufenden gehalten, was das Befinden der Betroffenen anbelangt.

> „Obs notwendig war oder nicht i bin dort hingangen. Hab ihm erzählt wies mir gangen is und ja."(Frau Lugger, 322)

Die Regelmäßigkeit der Kontakte geht einher mit einer Kontinuität in der Aufnahme der Krankheitsgeschichte durch die HomöopathInnen: Beim Folgekontakt wird an die Themen und Fragestellungen der vorangegangenen Konsultation angeschlossen und es werden vonseiten der HomöopathInnen Informationen zum jeweils aktuellen Gesundheitszustand und zu möglichen Beschwerden und deren Veränderung seit der letzten Konsultation eingeholt.

> „Ja. Ja, ja. Er weiß schon. Er hat a die ganzen Notizen, er hat des alles stehen net. Er schaut dann nach und dann fragt er ‚Na, hat sich da was geändert?'" (Frau Lugger, 254)

Kontakte zu HomöopathInnen können in direkter Interaktion in der homöopathischen Praxis stattfinden, es sind aber auch telefonische Kontakte durchaus üblich. Die Entscheidung, welche Art der Kontaktaufnahme gewählt wird, hängt für die Betroffenen von der Art der Beschwerden ab. Persönliche Kontakte werden als intensiver als telefonische Kontakte wahrgenommen – dementsprechend werden ja nach Einschätzung der aktuellen Beschwerden entweder telefonische oder persönliche Kontakte angestrebt:

> „Ja. Also also wenn ich körperliche Beschwerden hab, dann ist es oft so, dass ich nur anrufe. Und dass sie mir da sagt, was ich tun kann. Und wenn ich psychische Beschwerden hab, dann geh ich hin. Also wenn ich weiß, das kommt daher, dann geh ich schon hin.
> *Mhm. Was macht da denn Unterschied? (I)*
> Einfach dass das – am Telefon ist es kurz und prägnant, ja. Und dort, also bei der Psyche redet man dann mehr." (Frau Trummer, 500-502)

Ein wichtiger Punkt im Zusammenhang mit Kontaktaufnahme und –häufigkeit ist die Erreichbarkeit der HomöopathInnen: Diese sind in der Wahrnehmung der InterviewpartnerInnen grundsätzlich sehr gut erreichbar, was bedeutet, dass vor allem eine telefonische Kontaktaufnahme in angemessener Zeit möglich ist. Insbesondere bei akuten Beschwerden ist diese Erreichbarkeit ein wichtiger Punkt, um in der Behandlung flexibel auf die Veränderung von Beschwerden reagieren zu können.

> „Na ja, es ist in dem Sinne, wenn ich heute in die Ordination geh und es ist ein Akutfall, wird eventuell am Abend telefoniert, am nächsten Tag telefoniert, also da sind diese Telefonate sehr eng gestellt. Und es wird so lang telefoniert, ja, jetzt schauen wir, das machen Sie heute noch so und morgen auch, und am Freitag telefonieren wir noch, ob wir das abschließen können oder ob das nicht passt." (Frau Raab, 104)

Sollte die Erreichbarkeit der HomöopathInnen einmal nicht gegeben sein, springt ein homöopathischer Notdienst ein. Das schafft für die Betroffenen zusätzliche Sicherheit, auch in Notfällen gut versorgt zu sein, selbst wenn diese Notdienste nur in Ausnahmefällen in Anspruch genommen werden. So schafft die Organisation der homöopathischen Betreuung die Voraussetzung für eine kontinuierliche

Betreuung durch die HomoöpathInnen, die sich auch in Notfällen als tragfähig erweist und den Betroffenen ausreichend Sicherheit anbieten kann.

3.3.2 Die homöopathische Praxis

Wie bereits erwähnt, finden die Kontakte mit HomöopathInnen entweder persönlich oder telefonisch statt. Hausbesuche der HomöopathInnen sind nicht üblich und sind zum Teil aufgrund der Entfernung zwischen Wohnort der Betroffenen und Praxis der HomöopathInnen eventuell nicht praktikabel. Ein Großteil der Kontakte findet somit in der Praxis der HomöopathInnen statt, die in der Folge näher betrachtet werden soll.

Die räumliche Ausstattung der homöopathischen Praxis entspricht in der Wahrnehmung der Betroffenen nicht der einer konventionellen Arztpraxis. Die homöopathische Praxis wird als heimelig, angenehm und beruhigend beschrieben. Diese Atmosphäre wird auf verschiedene Faktoren zurückgeführt: Es fehlen die in den Augen der Betroffenen eine unpersönliche Atmosphäre erzeugenden medizinisch-technischen Geräte wie Laborausrüstung und (meistens) die Untersuchungsliege in jenem Raum, in dem die Konsultation stattfindet. Ferner erinnert die Auswahl und Anordnung der Einrichtungsgegenstände – bequeme Stühle, Tische, Bilder, Grünpflanzen – manche Betroffene an eine Privatwohnung.

In vielen Praxen ist außerdem eine Kinderecke mit Spielsachen eingerichtet, was für die Betroffenen Aufmerksamkeit gegenüber den Wünschen und Bedürfnissen von Kindern signalisiert. Während der Konsultation nehmen die HomöopathInnen zwar zumeist gegenüber von den Betroffenen an einem Schreibtisch Platz, was einem konventionellen medizinischen Setting entspricht, sie tragen jedoch meist keinen weißen Mantel und treten in Alltagskleidung auf. Auch empfangen fast alle HomöopathInnen die Betroffenen persönlich, da sie keine Assistenz beschäftigen.

> „Also es ist irgendwie keine so – keine Lehrer – Prüfungssituation, die da irgendwie entsteht oder sowas. Also es ist sehr entspannt irgendwie vom Gespräch her." (Frau Cerny, 245)

Insgesamt bewirken die räumliche Ausstattung der homöopathischen Praxis und Kleidung und Auftreten der HomöopathInnen, dass das Betreuungssetting als wenig hierarchisch und bedrohlich empfunden wird.

3.3.3 Qualitäten der Beziehung zwischen Betroffenen und HomöopathInnen

Ausführungen über die Interaktion mit den HomöopathInnen nehmen in den Schilderungen der Betroffenen breiten Raum ein, hier werden wesentliche Qualitäten, die sie in der Interaktion mit den HomöopathInnen schätzen und in der Behandlung durch konventionell tätige Ärztinnen/Ärzte vermisst haben beschrieben, wie auch ihre Rolle in dieser Interaktion.

Ihre Beziehung zu den HomöopathInnen beschreiben die InterviewpartnerInnen als von Zuwendung und Interesse vonseiten der HomöopathInnen getragen. Sie gründet sich für die Betroffenen auf empathische Zuwendung, Menschenkenntnis und Verständnis aufseiten der HomöopathInnen, und auf der Bereitschaft, sich in die Lage der Betroffenen zu versetzen und auf Probleme des Gegenübers einzugehen.

> „Es war a vom ersten Augenblick an bei ihr so. Dieses tiefe Verständnis und irgendwie a bestimmte Menschenkenntnis. Und ein tieferes Wissen, des des des spürt man. Also des hab i so empfunden und des spürt man ganz einfach so bei ihr. Und das alleine äh und dieses ernst genommen werden. Ganz ernst mit deinen Problemen äh oder mit deinem Sein oder ja." (Frau Ortner, 38)

Im Hinblick auf diese Grundhaltung der HomöopathInnen spielt für die Betroffenen eine wichtige Rolle, dass sie sich von den HomöopathInnen als Person, und nicht als „SymptomträgerIn" wahrgenommen fühlen.

> „Und wenn ich mich sozusagen – wenn ich mich als als ganze Person wahrgenommen fühl, dann hab ich den Eindruck diese Person ist empathiefähig. Und das ist halt bei ihr der Fall." (Herr Glaser, 285)

Diese interessierte und zugewendete Grundhaltung der HomöopathInnen lässt sich in den Augen der Betroffenen nicht nur entlang der Differenz Person – Symptom, sondern auch an der Parteilichkeit der HomöopathInnen für ihre Interessen festmachen. Diese Parteilichkeit – ihr wertschätzendes Interesse für ihre Belange – zeigt sich für die Betroffenen entlang der Differenz Person – ökonomische Interessen der behandelnden Ärztinnen/Ärzten.

> „Und das zeichnet bei mir einen Arzt aus, der was auch auf meine Probleme eingeht. Net das I dort eine Karteinummer bin, wie gsagt, dass wenn I hinkomm, dass er nicht einmal gscheit weiß, wie I heiß, net. Der was mich nur als Abrechnungsnummer sieht am Ersten bei der Krankenkasse. Alles andere ist ihm scheißegal, auf gut Deutsch gsagt." (Herr Lugger, 227)

Auch geteilte Erfahrungen spielen nach Ansicht der Betroffenen eine Rolle, wenn es um die Grundhaltung der HomöopathInnen geht. Dieser gemeinsame Erfahrungshintergrund betrifft die Erfahrung von Krankheiten, aber auch allgemeine Lebenserfahrungen und ermöglicht den HomöopathInnen ein empathisches Einfühlen in die Situation der Betroffenen.

Die geteilte Krankheitserfahrung zeigt sich nicht nur vor dem Hintergrund tatsächlich durchlebter Erkrankungen, sie wird für die Betroffenen auch durch die Arzneimittelprüfungen erfüllt, an denen die HomöopathInnen teilnehmen – diese erhöhen die Glaubwürdigkeit der HomöopathInnen, sich in eine bestimmte Problemlage und die Bedürfnisse der Betroffenen einfühlen zu können.

> „Und bei der homöopathischen Ausbildung is es ja so, dass die Schüler – die Homöopathieschüler – an sich selbst Arzneimittelprüfungen machen müssen, genau. Und und um zu wissen, wovon sie sprechen. Und das vermittelt einem auch das Gefühl, also wenn ich mit ihr jetzt über Panikattacken sprech, kennt sie's auch, weil sie a schon Arzneien genommen hat, äh, wo sie diese Symptome bekommen hat." (Frau Ortner, 207)

Auch geteilte Lebenserfahrungen spielen in der Begründung der interessierten und zugewendeten Haltung der HomöopathInnen eine Rolle: In den Augen der Betroffenen können sich die HomöopathInnen in bestimmte Situationen hineinversetzen, ohne dass die Betroffenen ausführliche Erklärungen abgeben müssen. Die geteilte Erfahrung gewisser bedeutender Lebensphasen – oft erwähnt wird von den weiblichen InterviewpartnerInnen die Rolle als Mutter – trägt wiederum dazu bei, dass sich die Betroffenen als Person wahrgenommen fühlen und auch die HomöopathInnen als Person und nicht nur in ihrer Rolle als Ärztin/Arzt wahrgenommen werden.

> „Ja für mich ist es wichtig, dass ich mit der Person auch kann. Ich meine, sie ist selber eine Mutter mit zwei Kindern und hat einfach so da absolutes Verständnis ghabt. Das Wichtigste ist, dass ich mit der Person kann und sie mit mir." (Frau Raab, 96)

Von einigen Betroffenen wird das Phänomen der „Passung" beschrieben. Es stellt sich schon zu Beginn der Betreuung durch die HomöopathInnen ein und scheint darauf zu beruhen, dass im ersten Kontakt Anknüpfungspunkte gefunden wurden und der Beziehung Entwicklungspotential zugeschrieben wird. Letztendlich bleibt dieses Phänomen für die Betroffenen unerklärbar, aber nachvollziehbar, da es schon in anderen gelingenden Beziehungen erlebt wurde.

> „Zum einen ist es einfach so eine eine Interaktion im unserem Umgang miteinander. Wie wir miteinander sprechen – wir haben einfach sehr schnell schon beim ersten Gespräch einen Draht zueinander gehabt, wo ich gemerkt hab das passt einfach. Ist doch bei Menschen immer wieder so es passt oder es passt halt net." (Herr Glaser, 167)

„Passung" bedeutet auch, dass in der Interaktion mit den jeweiligen HomöopathInnen das den Betroffenen entsprechende Maß an Nähe und Distanz gefunden wird.

> „Und äh das hab ich ihr halt geschildert, net. Und war angenehm einmal von der Person überrascht. Was ja mit der Homöopathie nichts zu tun hat, weil sie eine sehr distanzierte und kühle Zuhörerin äh gegeben hat. Wenn jemand also zu aktiv sich plötzlich interessiert und kümmert um meine Person, dann empfinde ich das als unangenehm.
> *Mhm. Und im Gegensatz dazu war die Frau Doktor Turner (I)*
> Die hat also eine gute Wellenlänge sozusagen getroffen, eine gute Frequenz." (Herr Corti, 114-116)

Die „Passung" und das Eingehen der HomöopathInnen auf die Probleme der Betroffenen sind für diese die entscheidenden Kriterien, die Behandlung nach dem Erstkontakt fortzusetzen. Rückblickend wird von den Betroffenen angemerkt, dass durch diese Faktoren die Voraussetzung für die weitere Entwicklung der Beziehungsebene gegeben war.

> „Also das war im Erstgespräch. Sonst wär ich nicht mehr hingegangen wahrscheinlich. Weil das Angebot ist doch groß mittlerweile und man kriegt immer wieder Empfehlungen. Also ich wär dann einfach nicht mehr hingegangen, wenn das nicht gepasst hätte, wenn ich mich nicht wohlgefühlt hätte in dem Gespräch, dann äh dann hätt ich sie nicht mehr konsultiert. Und so merk ich einfach das war eine gute Entscheidung und so eine Arzt Patient Beziehung entwickelt sich ja auch mit der Zeit immer wieder oder immer weiter." (Herr Glaser, 183)

Bedeutsam ist für die Betroffenen auch, dass sie bei den behandelnden HomöopathInnen gemeinsame, geteilte Haltungen und Überzeugungen erkennen können. Das betrifft Konzepte und Vorstellungen zu Gesundheit und Krankheit, zu Lebensstilen und Lebensweisen, die gesundheitsförderlich sind, und zu Behandlungs- und Therapiekonzepten. Diese geteilten Überzeugungen werden für die Betroffenen im Zusammenhang mit Hinweisen der HomöopathInnen zu Lebensstiländerungen, oder in Empfehlungen für Therapiemaßnahmen sichtbar.

Wahrgenommenes Interesse und Zuwendung vonseiten der HomöopathInnen, und geteilte Erfahrungen und Überzeugungen ermöglichen es den Betroffenen, ein von Vertrauen geprägtes Verhältnis zu den HomöopathInnen aufzubauen, dessen Grundstein bereits im ersten Kontakt angelegt ist und welches sich im Verlauf der Betreuung weiterentwickeln kann. Dieses Vertrauensverhältnis ermöglicht und erleichtert nicht nur das Sprechen über die aktuellen Beschwerden und damit verbundene Gefühle wie Ängste und Scham, also jener Probleme, die die Betroffenen zu den jeweiligen HomöopathInnen geführt haben. Auch eine ausführliche Beschreibung des aktuellen Lebenszusammenhangs, die über die Schilderung der aktuellen Beschwerden hinausreicht, wird dadurch für die Betroffenen möglich.

> „Sie wirkt sehr vertrauenswürdig. Sie strahlt Sicherheit, Persönlichkeit aus. Für mich a sehr a sympathischer Mensch. Und äh, im Gespräch, also das Erstgespräch, auch wenn man ihr jetzt übers Leben und alles erzählen soll oder normalerweise denk ich tun soll, wird net für alle Menschen einfach sein. Aber i hab da überhaupt ka Problem ghabt, weil ja. Die war mir vom ersten Augenblick gesehen, sehr sympathisch und i hab gewußt des des wird passen und genau so wars ja." (Herr Opitz, 219)

Die ausführliche Schilderung ihrer Beschwerden stellt für viele Betroffene eine Herausforderung dar: Insbesondere zu Beginn einer homöopathischen Behandlung fällt es nicht leicht, das persönliche Leiden anzusprechen, da es mit Gefühlen der Schwäche und Verletzbarkeit verbunden ist. Auch das Vertrauensverhältnis zur Homöopathin hat noch nicht jene tragfähige Basis erreicht, die den Betroffenen das Ansprechen nahe gehender Themen ermöglicht.

> „Und äh jetzt muss also der Entschluss gefasst werden einer fremden Person darüber zu berichten. Das ist etwas Unangenehmes, nicht. Also wie es unangenehm ist was weiß ich .. sag ich einmal ein ein ein wildes Beispiel, wenn jemand Hämorrhoiden hat und geht zum Proktologen und lässt sich untersuchen ist das nicht angenehm, weil das ist eine Situation der Schwäche der Indiskretion äh der Scham natürlich auch. Und äh wenn jemand also zum ersten Mal zu einem Arzt geht und er erzählt ihm über seine depressive Weltsicht oder sonst irgendwas. Seine ... sein Gefühl der Schwäche, der Unvollkommenheit, Aussichtslosigkeit und so fort, dann ist das irgendwie nicht leicht, na." (Herr Corti, 132)

Der Entscheidung, ob schambesetzte Themen angesprochen werden, geht in manchen Fällen ein längerer Leidensweg voraus. Ein Wendepunkt wird erreicht, wenn in den Augen der Betroffenen durch weiteres Schweigen über ihre Beschwerden für sie eine größere Belastung entsteht als durch die Veröffentlichung ihrer Probleme im Rahmen der homöopathischen Konsultation.

> „Na, es war war eben der Zeitpunkt erreicht, wo die Auffassung es muss jetzt endlich etwas geschehen. Man muss aktiv werden, um die ständig sich verschlechternde Befindlichkeit wie soll man das jetzt sagen? Um diese diese konstante sich entwickelnde Aussichtslosigkeit der Weltsicht abzublocken oder abzubrechen. Den Versuch zu wagen hier was äh zu stoppen nicht." (Herr Corti, 168)

Auch die Schilderung des allgemeinen Befindens, das Ansprechen von Themen, die in den Augen der Betroffenen nicht unmittelbar und vordergründig die aktuellen Beschwerden berühren, bereiten manchen Betroffenen Schwierigkeiten: Nicht alle sind bereit, sich darauf einzulassen.

„Und da hab ich probiert die Mutti hinzubringen und wir waren auch dort und sie hat auch gleich was gekriegt – und das hat auch sofort geholfen. Und dann wärs aber zu dieser Anamnese gekommen und da hat sie gesagt, da geht sie nicht hin, das will sie nicht. Sie will diese Fragen einfach net beantworten. *Mhm. Mhm. Das war ihr zu nah, oder/ (I)* Das war ihr – ja, zu schwierig. Das war ihr zu nah. Genauso." (Frau Ortner, 177)

Im Verlauf der Behandlung und ermutigt durch die Erfahrungen, dass mit ihren Problemen sorgsam umgegangen wird, entwickelt sich eine Vertrauensbasis, die das Ansprechen schwieriger Themen für die Betroffenen erleichtert. Die Besorgnis, dass ihr Leiden nicht ernst genommen werden könnte, dass sie kein Gehör finden könnten und nicht ernst genommen werden, ist aufgrund der positiven Erfahrungen geringer geworden.

„Naja, der primäre Eindruck war also angenehm und hat mich nicht unangenehm berührt gehabt. Und es hat natürlich eine gewisse Bereitschaft hervorgelockt oder bestärkt, dass man im Gespräch eben auch persönlichere Ansichten oder Empfindungen durchaus darlegen kann ohne missverstanden zu werden oder ohne Zurechtweisungen zu erfahren." (Herr Corti, 182)

Auch im weiteren Verlauf der homöopathischen Behandlung stellt sich für die Betroffenen immer wieder die Frage, inwieweit sie bestimmte Themen im Gespräch mit den HomöopathInnen öffentlich machen wollen. Diese Herausforderung, persönliche, nahe gehende u.U. schambesetzte Themen anzusprechen wird – wie bereits zuvor erwähnt –abgewogen gegen den Nutzen, der sich durch diese Offenheit ergibt, was in der Folge das Ansprechen dieser Themen erleichtert.

„Klar gibts gibts Dinge, wo es dann ans Eingemachte geht, aber wo ich mir denk ‚Na, das will ich jetzt net sagen.' Aber dann irgendwann denk ich mir ‚Es ist völlig egal, es ist wichtig und aus, ja.'" (Frau Trummer, 625)

Das von Vertrauen geprägte Verhältnis zwischen Betroffenen und HomöopathInnen erfährt im Laufe der homöopathischen Behandlung vielfältige Bestätigungen. Eine besondere Festigung ergibt sich in als krisenhaft wahrgenommenen Situationen. In diesen Situationen ist die/der HomöopathIn gut erreichbar, sie/er fungiert als zentrale Ansprechperson, gibt fachlichen Rat, beruhigt und ermutigt.

„... also i weiß net wie i viele Dinge überstanden hätt mit meinen eigenen Panikattacken, die wie die Lara zwei war, wieder extrem ausgebrochen sind äh und i des

Gfühl ghabt hab, i kann für mein Kind net sorgen. Wenn die in der Nacht vierzig Fieber ghabt hat, i hab immer des Gfühl ghabt i kipp jetzt um. Also i schalt mi jetzt aus. I möcht davonlaufen i hab mit dem möcht mit dem nix mehr zu tun haben. Und diese Angst, die i ghabt hab. Also wenn i sie da net ghabt hätt. Sie hat mir so gholfen, durch diese Ängste da durch zu gehen und mich zu beruhigen. Und äh, dass ich eigentlich in der Lage war für mein Kind zu sorgen. I hab irgendwie nur so das Gfühl braucht, da ist noch wer, der mir irgendwie beisteht und mi a beruhigt hat und mit gfragt hat. "Also was hats jetzt genau, wie klingt des, wie röchelt sie oder?" Des war also des is unbezahlbar." (Frau Ortner, 177)

Das Vertrauensverhältnis, das sich zwischen Betroffenen und HomöopathInnen entwickelt hat, lässt bei den Betroffenen die Zuversicht wachsen, auch bei künftigen Ereignissen auf die Unterstützung durch die HomöopathInnen zählen zu können.

„Und das ist einfach unbezahlbar, ja. Wennst da wen hast. Wenn man Vertrauen hat zu wem und man weiß man kann den anrufen, egal ob Samstag oder Sonntag oder am Abend oder in der Früh/ Und es wird geholfen, ja." (Frau Trummer, 329)

Resümierend spricht eine Interviewpartnerin von der Homöopathin, die sie betreut, in Worten, die eine länger andauernde stabile Beziehung verdeutlichen.

„Das ist irgendwie – sie ist wie eine gute alte Bekannte für mich, ja also da geht man jetzt hin, da freut man sich schon wieder, dass man sie sieht und aus." (Frau Trummer, 635)

Aufgrund der umfangreichen Auskünfte, die sie über ihre Beschwerden und darüber hinaus über ihre Lebensweise geben, nehmen sich die Betroffenen im Prozess der homöopathischen Behandlung und Betreuung als gleichwertige PartnerInnen der HomöopathInnen wahr, die gemeinsam mit ihnen versuchen, mit den geschilderten Beschwerden umzugehen.

„Ähm, dass das ich dort wirklich als Partner fast irgendwie also praktisch wahrgenommen werd so in der Art, die Ärztin und ich wir kümmern uns jetzt gemeinsam um meine Beschwerden und wir suchen jetzt gemeinsam eine Lösung." (Frau Cerny, 408)

Diese Wahrnehmung, als gleichwertige PartnerInnen im Behandlungsprozess eine wichtige Rolle einzunehmen, löst in vielen Fällen eine andere Erwartung zu Beginn der homöopathischen Betreuung ab: Im Rahmen der ersten Kontakte hegen einige Betroffenen noch die Erwartung, dass ihre Beschwerden möglichst rasch und ohne ihr Zutun gelindert werden. Im Verlauf der Behandlung wächst in ihnen die Erkenntnis, dass eine rasche Heilung nicht möglich ist und ohne ihr

Zutun auch keine entscheidenden Verbesserungen ihrer Beschwerden möglich sein würden. Diese Enttäuschung der Erwartung einer raschen Heilung ist aufseiten der Betroffenen mit der Erkenntnis verknüpft, dass im Zuge der Behandlung auch ihre Rolle eine Veränderung erfahren muss, dass auch sie durch ihr Zutun entscheidend zur Besserung ihrer Beschwerden beitragen können.

Zusammenfassend lässt sich festhalten, dass die Beziehung zwischen Betroffenen und HomöopathInnen auf Vertrauen und gegenseitiger Wertschätzung basiert. Diese sind bereits im Erstkontakt mit den HomöopathInnen angelegt: Sie gründen sich auf die den Betroffenen entgegengebrachte interessierte und zugewendete Haltung der HomöopathInnen, und auf geteilten Erfahrungen, die zur Entwicklung einer tragfähigen Beziehung beitragen. Auch die wahrgenommene Kompetenz der HomöopathInnen als Ärztinnen/Ärzte, die sich in der erfahrenen Linderung von Beschwerden durch die homöopathische Behandlung zeigt, spielt für die Betroffenen eine Rolle.

Gleichzeitig erfordert die Ausbildung von Vertrauen vonseiten der Betroffenen einen Vorschuss an Vertrauen an die HomöopathInnen. Dieser zeigt sich vor allem in Situationen der Unsicherheit: Zu Beginn des Betreuungsverhältnisses und in Situationen, wenn für die Betroffenen problematische Themen angesprochen werden. Diese Situationen stellen somit auch die Bewährungsprobe des Vertrauensverhältnisses dar.

Das Vertrauensverhältnis, das sich im Laufe der Behandlung und Betreuung durch die HomöopathInnen zwischen ihnen und den Betroffenen entwickelt, lässt die HomöopathInnen zu zentralen Ansprechpersonen in gesundheitlichen Belangen werden, die eine hohe Wertschätzung vonseiten ihrer Betroffenen genießen. Die Funktion der Ansprechperson in gesundheitlichen Belangen, auch jenseits von konkreten Anlässen wie akuten Beschwerden, wird von den Betroffenen sehr geschätzt.

Auch ihre eigene Rolle erfährt in der Wahrnehmung der Betroffenen eine Veränderung im Verlauf der homöopathischen Behandlung: Sie erleben sich als gleichwertige PartnerInnen, die mit den HomöopathInnen an der Linderung ihrer gesundheitlichen Beschwerden arbeiten. Auch wenn diese Umdeutung ihrer Rolle sie zunächst verunsichert, schätzen die Betroffenen diese im Laufe der Betreuung erworbene Erweiterung ihrer Kompetenzen.

3.4 Suche nach dem homöopathischen Mittel

Im folgenden Abschnitt soll auf einen in den Augen der Betroffenen zentralen Aspekt in der homöopathischen Behandlung und Betreuung eingegangen werden: Die Suche und Auswahl des homöopathischen Mittels. Die in diesem Zusammenhang ablaufenden Prozesse unterscheiden sich grundsätzlich von der

Auswahl eines Medikaments in der konventionellen medizinischen Behandlung, sowohl was die Auswahl als auch den Weg bis zur Bestimmung des jeweiligen passenden homöopathischen Mittels betrifft. Der vergleichsweise aufwändige Prozess ist nicht zuletzt darauf zurückzuführen, dass gemäß homöopathischer Prinzipien ein „Simile" gefunden werden soll, das die Krankheitszeichen und Symptome der Betroffenen in sich vereinigt.

3.4.1 Eigenschaften und Auswahl homöopathischer Mittel

Homöopathische Mittel unterscheiden sich nicht nur in den für die Bestimmung des passenden Mittels notwendigen Prozessen von herkömmlichen Medikamenten: Ihnen werden von den Betroffenen auch andere Eigenschaften zugeschrieben. Im Gegensatz zu konventionellen Arzneimitteln werden homöopathische Mittel als „aus der Natur kommend" und gleichzeitig „frei von unerwünschten Wirkungen" angesehen und können so an einem subjektiven Bedürfnis nach möglichst schonender Behandlung anschließen.

> „Also ich bin ja auf dem Land aufgewachsen, mir bedeutet die Natur sehr viel, und ich beschäftige mich, also seit zwei, drei Jahren auch mit Kräutern und so. Ich wollt einfach das Natürliche einfach haben. Und hab mir gedacht, immer dieses chemische Zeug. Ja. Ich mein, obwohl ich eh relativ gsund war und – ich mein, diese eitrige Angina okay, aber ja, wenn man einmal im Jahr Antibiotika nimmt okay, net? Also – aber das ist an und für sich so ein Teil von mir, dass ich das Natürliche will." (Frau Raab, 86)

Von großer Bedeutung ist für die Betroffenen auch, dass die homöopathischen Mittel jene individuellen Ressourcen unterstützen, die auch im Falle einer ernsthaften Krankheit vorhanden sind. Symptome werden in diesem Zusammenhang nicht als etwas zu Bekämpfendes, sondern als hilfreiche Zeichen gewertet.

> „Weil's einfach was Natürliches ist und dass man auf den Körper schaut. Und wenn der Körper irgendwas anzeigt, dass man das Symptom ernst nimmt und damit was macht." (Frau Raab, 194)

Wenn die Betroffenen in der vorangegangenen konventionellen medizinischen Behandlung mit nicht intendierten, unangenehmen Wirkungen der Arzneimitteltherapie konfrontiert waren, ist ihnen wichtig, dass durch die homöopathischen Mittel diese belastenden Wirkungen nicht ausgelöst werden.

„Würde sagen, des is doch was Natürliches. Des is ka ka sag ma Gift, wie die anderen Medikamente. Des des, also da hab i ka Angst ich könnte irgendwas anderes kriegen, wann i des nimm." (Frau Lugger, 204)

Die Auswahl der homöopathischen Mittel gründet auf einem Prozess des Erzählens der Beschwerden bzw. der Geschichte(n) des Leidens durch die Betroffenen. Je nach Art der Beschwerde können diese Erzählungen länger oder kürzer ausfallen. Die Erstanamnese erleben die Betroffenen als einen sehr umfangreichen Erzählprozess, unterbrochen von Nachfragen der HomöopathInnen, der im Normalfall zwischen einer und zwei Stunden dauert. Dieser Erzählprozess reicht weit über die Schilderung der aktuellen Beschwerden hinaus: Es werden sowohl die Entwicklung der Beschwerden aus einer historischen Perspektive erfasst, als auch die derzeitigen Lebensumstände und emotionale Aspekte, die mit dem Auftreten der Beschwerden verbunden sind. Insbesondere letzteres ist für die Betroffenen ein neuer und überraschender Aspekt, der ihnen aus den bisher erlebten (konventionell-medizinischen) Anamesegesprächen, Diagnosestellungen und Therapieentscheidungen nicht bekannt war.

Wird ein Mittel für akute Beschwerden gesucht und sind die Betroffenen den HomöopathInnen bereits bekannt, ist dieser Erzählprozess um einiges verkürzt. Im Unterschied zu konventionellen medizinischen Konsultationen beschränkt sich die Anamnese fast ausnahmslos auf das Erzählen der Beschwerden, es werden im Normalfall keine apparativen Hilfsmittel zur Diagnosestellung eingesetzt und auch keine körperliche Untersuchung durchgeführt. In manchen Fällen werden jedoch im Rahmen der homöopathischen Konsultation Befunde von anderen medizinischen Untersuchungen besprochen. Somit ist in der homöopathischen Konsultation vor allem relevant, welche Themen die Betroffenen im Zuge der Kommunikation mit den HomöopathInnen ansprechen. Es ist durchaus üblich, dass die Suche nach dem passenden Mittel von den HomöopathInnen außerhalb der eigentlichen Konsultation fortgesetzt wird – in diesem Fall wird das homöopathische Mittel zu einem späteren Zeitpunkt ausgehändigt. Von den Betroffenen wird diese Vorgangsweise als besondere Sorgfalt der HomöopathInnen interpretiert.

Exemplarisch für den ausführlichen Erzählprozess des sich langsamen Vortastens steht die Suche nach einem Konstitutionsmittel[35]: Dieser lässt sich als ein Wechselspiel aus Erzählungen der Betroffenen und Nachfragen der HomöopathInnen beschreiben. Im Entscheidungsfall, wenn mehr als ein Mittel indiziert

---

35   Konstitutionsmittel sollen gemäß homöopathischer Lehre den Gesamtzustand des Menschen erfassen, wobei unter Konstitution der Gesundheitszustand verstanden wird, welcher von Erbanlagen, Lebensgeschichte und Lebensweise beeinflusst wird. Damit weisen diese Mittel ein breites Spektrum an Wirkungen auf.

erscheint, werden die Fragen der HomöopathInnen detaillierter, sie denken nach, und ziehen homöopathische Literatur zur Entscheidungsfindung heran. Diese umfangreiche und zeitaufwändige Suche nach dem passenden Mittel erleben die Betroffenen als wesentlichen Teil der homöopathischen Betreuung. Obwohl für sie im Detail nicht nachvollziehbar ist, auf welcher Basis die HomöopathInnen letztendlich die Entscheidung für ein bestimmtes Mittel treffen, anerkennen die Betroffenen die Notwendigkeit dieser Vorgangsweise, um aus der Vielzahl der potentiellen homöopathischen Mittel das passende auszuwählen.

> „Also das Fragen ist schon sehr wichtig. Die Leut glauben, wenn sie in die Apotheke gehen und sagen, geben Sie mir die Globuli, dann hat sie's. Das sag ich eh jedem, sag I, das Gespräch ist genauso wichtig wie dann die Medizin. Wie gsagt, wie ich das erste Mal bei ihm war, ich war fast eine Stunde drinnen, was er alles wissen hat wollen. Mir fallt jetzt gar net alles ein, was er mich alles ausgfratschlt hat. Da macht er sich dann Notizen und dann erstellt er erst seine Medizin, so auf die Art. Das ist sehr wichtig." (Herr Lugger, 181)

Art und Inhalt der Fragen, die von den HomöopathInnen zur Ermittlung des homöopathischen Mittels gestellt werden, überraschen aufgrund ihrer Detailliertheit und der angesprochenen Themen fast alle Betroffenen, auch wenn sie – wenn auch meist in eingeschränktem Umfang – über Vorwissen zur Homöopathie verfügen.

Auch konfrontieren diese Fragen Betroffene mit der Tatsache, auf manche Fragen keine Antwort zu haben, da die angesprochenen Themen bisher nicht ihre Aufmerksamkeit gefunden hatten bzw. kein Zusammenhang mit den aktuellen Beschwerden hergestellt wurde. Die Erkenntnis, keine Auskunft geben zu können, zeigt sich besonders zu Beginn der homöopathischen Behandlung während der Erstanamnese.

> „Also das was mich wirklich so fasziniert hat ist, dass eine Anamnese, die dauert zweieinhalb Stunden, und da wird man eigentlich also so genau gefragt, also vom Essen her, vom Schlafen her und all diese Dinge, dass ich eigentlich sagen kann, also der Ehemann, und wir führen wirklich a gute Beziehung, weiß nicht so viel wie die Ärztin nach diesen zweieinhalb Stunden." (Frau Raab, 6)

> „Und ja, da haben ma halt a Gespräch geführt. Was er alles hat wissen wollen, das war ja Wahnsinn. Alles Mögliche, wie ich leb ja wie – was i iß und und wie i schlaf. Also wirklich alles von A bis Z." (Frau Lugger, 19)

Durch diesen von den HomöopathInnen durchgeführten ausführlichen Prozess der Mittelfindung durch Nachfragen, Abwägen, weitere Informationen und Anhaltspunkte vonseiten der Betroffenen einholen und schließlich Entscheiden wird den Betroffenen vermittelt, dass in der Suche nach dem passenden Mittel die Ermittlung ihrer individuellen Bedürfnisse und Beschwerden eine unbedingt notwendige Bedingung für die Verbesserung ihres Zustands ist und dieser daher notwendigerweise möglichst exakt erfasst und bedacht werden muss. Die dabei erhobene Menge an detaillierten Informationen und die aufseiten der HomöopathInnen angewandte Sorgfalt vermittelt den Betroffenen ein Gefühl der Sicherheit, dass das ausgewählte Mittel das für sie und ihre Beschwerden passende ist.

„Und und wie ist das für Sie wenn sie da viel probiert oder so, ist das?(I)
Das ist das, was für mich vertrauenserweckend ist, ja. Dass sie mir net gleich sagt "Und das ist es!" Na, das sie schon zweifelt und das sie schon nachschaut.
Mhm. Also die Zweifel sind auch okay für Sie?(I)
Das ist für mich total wichtig, weil ich selber ein Zweifler bin, weil ich selber Probleme hab – ich hab Probleme, mich zu entscheiden, ja. Und für mich ist das einfach einfach wichtig, dieser Prozess. Nimm ich das, nimm ich das? Warum nimm ich das?
Also auch so ein bissel Zeit haben können und schauen und/(I)
Genau. Ja.
Was was tut jetzt gut oder?(I)
Ja.
Und dann kann es sein, dass eine Entscheidung kommt, wo Sie sagen, dass ist jetzt wahrscheinlich ein Bauchgefühl von ihr gewesen/(I)
Genau. Dass sie jetzt des genommen hat, das .. ja.
Ja. Und wo Sie sagen also das ist wichtig für Sie (I).
Ja. Und auch, dass ich einfach mich drauf verlassen kann, das passt." (Frau Trummer, 1014-1025)

Das homöopathische Mittel unterliegt auch einer ständigen Anpassung an sich ändernde Bedürfnisse und Beschwerden aufseiten der Betroffenen – bei Bedarf wird in Folgekonsultationen durch Nachfragen der HomöopathInnen ein neues, den aktuellen Bedürfnissen und Beschwerden entsprechendes Mittel ausgewählt.

„Und verschiedene Arzneimittel hat er mir da geben.
Und wie war des so in der Zeit dazwischen, habens verschiedene ausprobiert?(I)
Verschiedene, ja. Immer wieder, net. Immer wieder hat a ma dann andere geben. Und hat gsagt jetzt probier ma die. Und dann immer befragt wies ma geht. Is ma jetzt wärmer, is ma kälter, ja. Es war dann immer wieder besser, aber dann hat er wieder was anderes ausprobiert. Und jetzt wie gsagt bei Pulsatilla sind ma geblieben." (Frau Lugger, 59-61)

Die Anpassung des homöopathischen Mittels an ihren aktuellen Gesundheitszustand und ihre aktuellen Bedürfnisse und der notwendige Aufwand, der mit einer erneuten Auswahl notwendig wird, bedeutet für die Betroffenen besondere Aufmerksamkeit gegenüber ihrem Befinden.

„Und das ist das, was ich was ich jetzt sag, dass ist das, was ich schätze, ja. Dass net einfach – das letzte Mal war des und des hat gut geholfen – geben wir wieder das, ja." (Frau Trummer, 539)

Diese individualisierte, auf ihre aktuellen Bedürfnisse abgestimmte Behandlung mit dem homöopathischen Mittel, und die teilweise langwierige Entscheidungsfindung der HomöopathInnen, die dabei für die Betroffenen sichtbar wird, sind ihren Erfahrungen mit konventioneller medizinischer Arzneimitteltherapie diametral entgegengesetzt. Der Prozess der Mittelfindung ist für die Betroffenen die Bestätigung, dass von den HomöopathInnen ein umfassendes Bild ihrer Beschwerden und ihrer Person aufgenommen wurde, und dass das ausgewählte Mittel in der speziellen Situation das einzig passende ist.

„Also für mich ist es auch beruhigend, wenn da drei Bände am Tisch liegen und wenn da immer nachgeschaut wird und nachgelesen wird. Und wenn er da net sagt, da nehmen wir Schmerzmedikament, zak aus, ja.
Also das ist für mich wirklich beruhigend, wenn die Frau Doktor Schmid blättert dann irrsinnig viel in ihren Büchern herum, und dann nimmt sie das fünfte oder sechste Buch und schaut noch einmal nach und noch einmal nach, ja.
Also wo wirklich man das Gefühl hat, das ist jetzt fundiert, ja. Das ist das ist einfach mein Mittel. Das ist nicht irgendein Mittel, was helfen könnte. Sondern, dass ist es jetzt." (Frau Trummer, 151-153)

3.4.2 Vergebliche Suche

In manchen Fällen führt die Suche nach dem passenden homöopathischen Mittel nicht zum erwünschten Ergebnis. Wenn sich für die Betroffenen abzeichnet, dass die erhoffte Besserung des Befindens nach angemessener Zeit nicht eintritt, wird Rücksprache mit den HomöopathInnen gehalten und die Suche nach einem anderen Mittel aufgenommen.

Meist gelingt es, dass die HomöopathInnen unmittelbar im Anlassfall ein anderes Mittel auswählen, das eine Erleichterung der Beschwerden mit sich bringt. Somit bleibt der initiale „Fehlgriff", bleiben die in den Augen der Betroffenen nicht gelungene Kommunikation und Verständigung über die Beschwerden und die daraus folgende nicht passende Mittelwahl ohne gravierende Auswirkungen.

„Das war daneben, ja. Das war einfach das falsche Mittel. Aber das ist korrigieren. Klar, da wird's einem dann zwei Tage schlecht und dann..
Und dann rufen Sie an oder wie?(I)
Dann ruf ich an und sag „Das hat nicht gewirkt". Und dann ist das eh gleich ‚Dann nehmen's das' und aus. Aber das ist nur einmal passiert, ja." (Frau Trummer, 1061-1063)

Anders gelagert ist der Fall, wenn die Mittelsuche auch über die Anwendung mehrerer ausgewählter Mittel hinweg keine Linderung der Beschwerden bringt oder sich diese noch verstärken. Wenn die Beschwerden für die Betroffenen zu belastend sind und sie keine Perspektive der Besserung sehen, wird die homöopathische Behandlung nach mehreren Versuchen, dem passenden Mittel auf die Spur zu kommen, abgebrochen. Dieser Behandlungsabbruch ist mit Enttäuschung über die fehlgeschlagene Suche verbunden, gleichzeitig werden aber die Bemühungen der HomöopathInnen, das passende Mittel ausfindig zu machen, anerkannt.

> „Jetzt hätt ich mir doch eher erwartet, dass man irgendwie nach zwei dreimal dort sein vielleicht doch das richtige Mittel dann findet. Was aber eben leider nicht der Fall war. Also da war ich jetzt dann doch eher enttäuscht, aber ja. Ich will jetzt nicht der Homöopathin die Schuld geben oder so. Ich mein ich denk mir es ist einfach auch total schwer, das richtige zu finden." (Frau Cerny, 138)

Dennoch bleiben die Betroffenen auch in diesem Fall bei ihrer Ansicht, dass es ein ihren individuellen Beschwerden entsprechendes Mittel geben könnte. Dieses konnte aber im Zuge der Mittelsuche trotz Bemühungen der Betroffenen und HomöopathInnen nicht gefunden werden.

> „Es ist mir bewusst, dass das bei der Homöopathie immer schwierig ist, dass man einfach so viele Mittel zur Auswahl hat und dass es schwierig ist, genau das richtige zu finden. Ich glaub aber sehr wohl dran, dass es eben auch jetzt in dem Fall für mich eins eines gäbe, das genau das richtige wäre. Äh, dass wir das aber leider jetzt nicht gefunden haben." (Frau Cerny, 99)

Die Suche nach dem homöopathischen Mittel stellt somit ein zentrales Element der Betreuung durch die HomöopathInnen dar. Hier werden die Erwartungen sichtbar, die die Betroffenen an ein homöopathisches Mittel vor allem vor dem Hintergrund ihrer bisherigen Erfahrungen mit konventionell-medizinischen Medikamenten haben. Im Prozess der Mittelfindung nehmen die Betroffenen ein in der bisherigen konventionellen medizinischen Behandlung nicht erlebtes genaues Eingehen auf ihre Beschwerden in Form der durch die HomöopathInnen angeregten ausführlichen Erzählungen wahr. Das auf dieser Basis ausgewählte bzw. an die jeweilige veränderte Problemlage angepasste homöopathische Mittel erhält in den Augen der Betroffenen eine besondere Bedeutung: Es widerspiegelt die individuellen Beschwerden und kann somit in einzigartiger Weise die Funktion erfüllen, aufgrund des Ähnlichkeitsprinzips, das den Betroffenen bekannt ist, zur Linderung dieser Beschwerden beizutragen. Gleichzeitig erfahren die geschilderten Symptome durch die Betroffenen eine Umdeutung als hilfreiche Zeichen, die auf mögliche Lösungen der zugrunde liegenden Beschwerden hinweisen. Die Suche nach dem passenden Mittel kann sich aber auch als langwierig erweisen, und sie kann auch scheitern, wenn die Betroffenen keine Verbesserung ihrer Beschwerden wahrnehmen.

3.5 Erzählen über das Kranksein

In diesem Abschnitt soll jener Aspekt der homöopathischen Betreuung näher betrachtet werden, der eng mit dem freien Schildern der Beschwerden während der Fallaufnahme oder in Folgekonsultationen zum Zweck der Mittelfindung verbunden ist: Das Sprechen über Krankheit und Beschwerden und wie die Betroffenen dieses wahrnehmen. Die detaillierte Schilderung von Beschwerden und der Beobachtungen, die in Zusammenhang damit stehen, und das Nachfragen der HomöopathInnen dienen im Rahmen der homöopathischen Behandlung der Bestimmung des jeweils passenden homöopathischen Mittels durch die HomöopathInnen, haben aber für die Betroffenen darüber hinaus reichende Bedeutungen, die an dieser Stelle entfaltet werden sollen.

3.5.1 Das Erzählen ermöglichen

Wie bereits beschrieben, ist das Verhältnis zwischen HomöopathInnen und Betroffenen von Vertrauen gekennzeichnet, das bereits im Erstkontakt angelegt ist und sich im Laufe der homöopathischen Betreuung weiterentwickelt. Dieses Vertrauensverhältnis ermöglicht ein Ansprechen der aktuellen Beschwerden und darüber hinausreichend auch jener Themen, die für die Betroffenen problematisch – weil schambesetzt – sein könnten. Die Gesprächssituation im Rahmen der Konsultation erinnert die Betroffenen an ein freies Erzählen, und weniger an ein zum Zweck der Diagnose geführtes Anamnesegespräch, wie es im Rahmen konventioneller medizinischer Behandlung üblich ist.

Ermöglicht wird diese Praxis des Erzählens aus der Perspektive der Betroffenen durch die Rahmenbedingungen der homöopathischen Praxis: Die Dauer der Konsultationen erlaubt es, dass die Betroffenen ausreichend Zeit für die Schilderung ihrer Beschwerden und ihrer Beobachtungen im Verlauf der homöopathischen Behandlung finden. Regelmäßige Kontakte ermöglichen zudem einen kontinuierlichen Austausch zwischen Betroffenen und HomöopathInnen und ein Anknüpfen an und Weiterentwickeln von bereits angesprochenen Themen.

Die Rolle der HomöopathInnen wird von den Betroffenen als die der zugewandten und interessierten, aber neutralen ZuhörerInnen beschrieben, die das Erzählte nicht bewerten. Diese Haltung der HomöopathInnen kann bereits eine Erleichterung für die Betroffenen bedeuten und eröffnet ihnen die Möglichkeit, in einem wertschätzenden Rahmen ihre Beschwerden und Bedürfnisse zu schildern.

„Vielleicht ist das auch schon die erste Hilfe, dass einfach einmal einen Neutralen
hast, der sagt "Geh bitte, ist doch wurscht" oder so. Ja. Aber sonst, wenn man mit
Freundinnen redet ist das natürlich gefärbt, na. Die stehen dann natürlich zu einem
selbst und da ist man natürlich in die andere Richtung gestärkt. Denk ich. Aber das
ist dann sicherlich ein neutralerer Blickwinkel. Vielleicht ist auch das der Unterschied. Ja." (Frau Trummer, 510)

Die Wahrnehmung der HomöopathInnen als zugewandte, interessierte ZuhörerInnen bekommt eine besondere Bedeutung, wenn die Reaktionen des näheren
persönlichen Umfelds auf die geschilderten Beschwerden als belastend erlebt
werden.

„Das Gespräch mit einem Familienangehörigen vermutet man immer wäre leicht
und auf Grund der Nähe beziehungsweise der langen des langen Kennens und der
langen Kontaktnahme der innigen. Und besonders einfach ist es aber nicht, weil die
Familienangehörigen natürlich sich auch kein Blatt vor den Mund nehmen und nicht
scheuen sofort ihre abfällige Meinung oder abfällige Kommentare bis hin zu Zu-
rechtweisung oder Beleidigtsein und ähnliches – mit dem hinter dem Berg zu halten,
nicht." (Herr Corti, 186)

Über die Mühsal, einem anderen Menschen gegenüber Probleme und Beschwerden zu schildern, bemerken die Betroffenen aber auch die Erleichterung, die mit
dem Aussprechen verbunden ist.

„Ja, einerseits, was ich nicht mag ist, dass man auf einen anderen Menschen angewiesen ist, der einem Fragen stellt und dem man sich ja ziemlich öffnen muss. Und
doch hab ich viel daraus gelernt. Ja, offen gegenüber jemand anders zu sein und
auch ruhig mal meine Probleme jemand anders zu erzählen. Ich möcht ja lieber alle
Bücher lesen und selbst machen." (Frau Lang, 41)

Somit ist die von den Betroffenen wahrgenommene Haltung der HomöopathInn-
nen, der inhaltlichen Schilderung ihrer Beschwerden wertschätzend und aufmerksam zu begegnen, eine wichtige Bedingung, sich auf eine ausführliche Erzählung ihrer Krankheitsgeschichte einzulassen und gleichzeitig auch die unmittelbare Wirkung dieses Erzählens wahrzunehmen.

3.5.2 Selbstbeobachtung

Im Rahmen der homöopathischen Behandlung ist die Beobachtung der Reaktionen auf die Gabe eines homöopathischen Mittels durch die Betroffenen ein zentraler Prozess: Die Betroffenen schildern diese Beobachtungen den HomöopathInnen. Für diese sind sie ein wichtiges Kriterium für die Beurteilung der An-

gemessenheit und Wirksamkeit des homöopathischen Mittels. Die Betroffenen werden von den behandelnden HomöopathInnen dazu angehalten, nach Gabe der homöopathischen Arznei Veränderungen zu beobachten, die auf körperlicher, aber auch auf psychischer, sozialer und spiritueller Ebene stattfinden können. An dieser Stelle im Betreuungsprozess werden die Erfahrungen der Betroffenen mit der homöopathischen Behandlung im Alltag sichtbar.

Unter Umständen wird den Betroffenen die homöopathische Arznei von den HomöopathInnen nicht bekannt gegeben, um ihre Beobachtungen unbeeinflusst von eventuellem Wissen über die Wirkungen des jeweiligen Mittels zu erhalten. Dieser Aspekt ist für einige Betroffene zunächst irritierend, im Lauf der Zeit setzt sich aber die Einsicht durch, dass dadurch eine genauere Beobachtung der Veränderungen möglich wird.

> „Jo na, normal will I scho wissen, was ich da nehm oder net, ja. Also schon, ja. Aber es war dann für mich okay. Ich hab mir gedacht, ich lass mich drauf ein, und ich denk mir einfach, sie hat einfach damit auch mich geschult, wie wirkt das wirklich und was tut sich oder was tut sich nicht." (Frau Raab, 120)

Die Aufforderung zur Selbstbeobachtung stellt manche Betroffene zu Beginn der homöopathischen Behandlung vor die Herausforderung, in bisher ungeahntem Ausmaß auch kleine Veränderungen ihres Befindens zu beobachten und mitzuverfolgen, die scheinbar wenig mit den akuten Beschwerden zu tun haben.

> „Also das Fragenstellen war ja an und für sich für mich kein Problem, aber so genau zu fragen, das habe ich nicht beobachtet. Also ob das also eben am Tag schwächer ist oder in der Nacht oder im Liegen besser ist oder also diese genauen Fragestellungen haben mich dann irgendwie überfordert, weil I das gar net beobachtet hab. *Am Anfang jetzt? (I)* Ja, ja, am Anfang." (Frau Raab, 112-114)

Im Verlauf der homöopathischen Behandlung bekommen die Betroffenen eine gewisse Routine, gesundheitliche Veränderungen bei sich wahrzunehmen. Sie passen ihr Beobachtungsvermögen den in den Konsultationen gestellten Fragen an und bemerken bei sich selbst seine gesteigerte Aufmerksamkeit gegenüber ihrem Befinden.

> „Und so die Fragen die dann die sie stellt sind dann doch immer wieder die gleichen oder sehr ähnlich. Und man lernt dann einfach auch ein bissel darauf hinzuschauen und kriegt so eine verbesserte Selbstwahrnehmung." (Her Glaser, 76)

In manchen Fällen ist nicht nur eine verstärkte Aufmerksamkeit gegenüber Veränderungen, sondern auch eine Änderung von Gewohnheiten notwendig, um ein genaues Beobachten zu ermöglichen.

„Also um bei sich dann Veränderungen festzustellen, dauert das. Und sie hat mir zum Beispiel am Anfang den Kaffee musst ich streichen, damit ich das spür." (Frau Raab, 44)

Um die ungewohnte Fülle der Einzelbeobachtungen zu strukturieren und als Erinnerungsstütze führen einige Betroffene schriftliche Aufzeichnungen, auf die sie während der folgenden Konsultation mit den HomöopathInnen zurückgreifen können.

„Na er hat nur gsagt ich soll ihm dann berichten wies mir halt geht, net. Und da i ma gedacht hab, so genau merk i mirs net, hab i ma dann halt Notizen gmacht und bin mit einem Zettel zu ihm gangen oder mit dem Kalender und hab ihm halt des alles erzählt." (Frau Lugger, 240)

Im Verlauf der homöopathischen Behandlung, wenn die Fähigkeit zur Selbstbeobachtung geschult ist, wird in manchen Fällen auf diese Aufzeichnungen verzichtet. Die Aufzeichnungen über die Wirkungen homöopathischer Mittel können jedoch auch zu einer Dokumentation ihres Befindens und von Beschwerden werden und haben somit für die Betroffenen eine Erinnerungsfunktion, auf die bei unklaren Beschwerden zurückgegriffen werden kann.

„Ja, also geschrieben, i hab solche Hefte. I hab a für die Lara ein Buch. Also i hab alles Buch geführt von Anfang an über alle Krankheiten über ihren Krankheitsverlauf, wies ihr dabei gegangen ist, welches Mittel i ihr gegeben hab. Des schau i ma dann a oft an und des hilft mir dann a wenn i, wenn sie wieder was Neues braucht. Ja. Eigentlich schon." (Frau Ortner, 161)

Im Verlauf der homöopathischen Behandlung schreiben die Betroffenen ihrer Fähigkeit zur Selbstbeobachtung einen Wert unabhängig von der Notwendigkeit, während der Konsultationen über ihr Befinden und Veränderungen berichten zu können, zu. Die geschulte Aufmerksamkeit wird auch in anderen Situationen im Alltag genutzt, um gesundheitsrelevante Entscheidungen zu treffen.

„Man muss a bissl auf den Körper einihorchen, was er vertragt und was er net vertragt." (Herr Lugger, 103)

„Und ich glaub, die Homöopathie wirkt deshalb auch so gut, weil einfach so ein Körperbewusstsein entwickelt wird, dass man viel früher schaut und viel früher was macht." (Frau Raab, 20)

Insbesondere werden diese Fähigkeiten eingesetzt, um Krankheitszeichen aufzuspüren. Die geschulte Selbstbeobachtung unterstützt die Betroffenen, früher auf Anzeichen von Beschwerden aufmerksam zu werden.

„Also prinzipiell bin i a sehr genauer Beobachter generell und äh, ich weiß sicher schon zwei bis drei Tage bevor eine Krankheit ausbricht, des merk ich an meinem Kind. Ich seh des an ihrem Verhalten, ich seh des wenn's da sie Augenringe bekommt oder eher müde is oder äh, manchmal weinerlich ist. Also an ihrem Verhalten. Es zeichnet sich ab." (Frau Ortner, 88)

In der Folge nehmen die Betroffenen wahr, dass sie auf sich ankündigende Beschwerden zu einem früheren Zeitpunkt reagieren können. Die geschulte Aufmerksamkeit unterstützt die Betroffenen auch dabei, mit bisher als bedrohlich wahrgenommenen Beschwerden besser umgehen zu können, da die Beschwerden nicht mehr „überfallsartig" auftreten, sondern in ihrer Entwicklung besser vorhersehbar sind.

„Ja, viel seltener, also es i hab a anderes Verhältnis dazu. Also i weiß jetzt, wenn i über mei Grenz geh – i weiß wann ichs krieg. Sie machen mir jetzt, i hab jetzt nimmer mehr so große Angst vor der Angst, weil ich ja, weil i für mi selber ja weiß wann es auftritt und mir denk "Ah, siehst..". I merks eh schon vorher, es is a was, was sich abzeichnet, also." (Frau Ortner, 217)

3.5.3 Symptome als hilfreiche Zeichen

Die Schilderung von Symptomen und Beschwerden erfährt im Rahmen der homöopathischen Konsultation eine Kontextualisierung, da sie in eine umfassende Schilderung des allgemeinen Lebenszusammenhangs der Betroffenen eingebettet sind. Themen, die in den Augen der Betroffenen abseits der aktuellen Beschwerden stehen und keinen direkten Bezug zu diesen aufweisen, wie zum Beispiel Lebensgewohnheiten und Ähnliches erhalten im Rahmen der homöopathischen Konsultation eine besondere Bedeutung und werden von den HomöopathInnen auch explizit nachgefragt.

Durch die Aufmerksamkeit, die diese Erkundungen des alltäglichen Lebens jenseits eines engen, auf eine genau abgegrenzte Beschwerde fokussierenden und defizitorientierten Krankheitsbegriffs erhalten, fühlen sich die Betroffenen als Person wahrgenommen und wertgeschätzt.

„Ja, Wahnsinn. Jetzt wo Sies sagen. Also diese Fragen, die damals gestellt wurden. Was ich gerne esse und wie ich schlafe – auf welcher Seite. Und äh, also des waren Fragen. Des hat mich fasziniert. Des hat mich so fasziniert, dass sich jemand für diese Dinge überhaupt interessiert, jetzt was meine Person betrifft." (Frau Ortner, 50)

Das Sprechen über Beschwerden und Lebensumstände, die Aufforderung zur Mitteilung durch die HomöopathInnen und damit verbunden das Ausformulieren kann für die Betroffenen bereits eine heilende Wirkung im Sinne einer Entlastung haben.

> „Na, wie gesagt. Dadurch dass das Ganze immer so einen – so einen psychologischen Touch hat. Irgendwie tut's auch meistens schon gut einfach nur drüber zu reden. Über das Problem, das man hat." (Frau Cerny, 257)

Eine weitere Erklärung für diese heilende Funktion des Sprechens weist über das wertschätzende Zuhören der HomöopathInnen hinaus und deutet auf eine Umdeutung und Neuauslegung der Signalwirkung von Beschwerden hin: So werden diese nicht nur als negativ im Sinne von schmerzhaft, bedrohlich, oder unangenehm gesehen, sondern können von den Betroffenen auch ressourcenorientiert als hilfreiche Zeichen des Körpers gelesen werden, die bereits auf eine mögliche Lösung hinweisen. Der "Stimme des Körpers" Gehör zu schenken und sie als etwas Sinnvolles zu interpretieren, ist somit in den Augen der Betroffenen ein erster Schritt zu einer möglichen Heilung.

> „Also heilend würd ich mal sagen wirkt, der Sache auf den Grund zu gehen. Also muss ich jetzt aufpassen, wie ich des jetzt formuliere, oder i weiß garnet wie ich's formulieren könnt. Heilend wirkt eben, dass man des Symptom nicht unterdrückt, sondern wahrnimmt. Äh – und mehr oder weniger des Symptom dann auch unterstützt, also dass des a – die Halsschmerzen zum Beispiel, dass die die Berechtigung haben." (Frau Ortner, 312)

3.5.4   Verbindungen suchen

Nicht nur die Auslegung von Symptomen als hilfreiche Zeichen, die in allgemeine Lebenszusammenhänge eingebettet sind, auch das Erzählen über diese Beschwerden erfährt im Rahmen der homöopathischen Betreuung eine für die Betroffenen hilfreiche Bedeutung. Dieses Erzählen wird als prozesshaft wahrgenommen, es hat eine ordnende Funktion, insbesondere wenn Beschwerden massiv in den Lebenszusammenhang eingreifen und nach einem Weg aus der Unsicherheit, einem Hinweis für eine mögliche Lösung gesucht wird.

> „Oder auch dann motiviert wird, weil einfach durch die Homöopathie werden alle Lebenslagen – also bei dieser Anamnese kommt eigentlich das ganze Leben vor. Die eigene Persönlichkeit, der Beruf, die Partnerschaft, das Essen, die Bewegung, ich weiß es nicht, kommt alles vor. Und in dem Sinne gibt's halt dann schon -merkt man, hoppla, da gibt's was, was unstimmig ist." (Frau Raab, 232)

Das Ordnen und Strukturieren der Krankheitserfahrungen, die Einbettung in Lebenszusammenhänge ermöglicht auch ein Nachdenken über mögliche Ursachen der Beschwerden. Die Auseinandersetzung mit auslösenden Faktoren bezieht Aspekte jenseits eines eng umschriebenen Beschwerdebildes mit ein und umfasst auch das allgemeine Befinden, das bis dahin nicht in die Behandlung einbezogen wurde.

> „Dass man sich vielleicht auch mit den mit den Ursachen der Erkrankung vielleicht auch ein bissel mehr auseinandersetzt und nicht nur die Symptome behandelt. Und langfristig ist das sicher die bessere Methode so ein bissel genauer hinzuschauen. *Mhm. War das bei Ihnen so – mit den Ursachen sich auseinandersetzen, oder?(I)* Ja. *Mhm. Das heißt das war über Selbstbeobachtung oder/ (I)* Über Selbstbeobachtung aber auch über Gespräche, die wir führen, die eben auch ein bissel weggehen von den reinen Symptomen. Die auch so in Richtung Befindlichkeit – Gesamtbefindlichkeit gehen in Richtung emotionale Befindlichkeit." (Herr Glaser, 252-256)

Im Austausch mit den HomöopathInnen werden neue Bezüge hergestellt, und Aspekte in den Blick genommen, die den Betroffenen bisher nicht in den Sinn gekommen sind

> „Und irgendwie, dass man das Gefühl hat, vielleicht irgendwie auch auf eine Fährte gesetzt zu werden, was jetzt die Ursache dafür sein könnte. Weil einfach jemand anderer, dem man das erzählt und der davon irgendwie eine Ahnung hat, einen auf neue Gedanken bringt, wo da Zusammenhänge sein könnten." (Frau Cerny, 257)

Das Nachdenken über mögliche Ursachen und Zusammenhänge wird – ähnlich wie bei dem Ansprechen persönlicher Themen – möglich, wenn sich die Betroffenen auf diesen Prozess einlassen wollen, über ihre Beschwerden in einem weiteren Zusammenhang nachzudenken.

> „Zumindest abgefragt werden und bei einer gewissen Bereitschaft des Patienten – also sprich bei mir, dann auch so eine auf so eine Resonanz gestoßen sind diese Fragen. Und mal da ein bissel hinzuschauen und zu überlegen ob es nicht damit auch zusammenhängen kann und äh, das sind die Dinge, ich hab sie erlebt." (Herr Glaser, 262)

Offenheit und die Bereitschaft, über mögliche Verbindungen zwischen Beschwerden und biographischen Ereignissen nachdenken zu wollen, sind insbesondere dann notwendig, wenn für die Betroffenen unangenehme Themen zur Sprache kommen könnten.

„Dinge in meinem Leben, die äh nicht so ganz zu meiner Zufriedenheit laufen. Und die ich aber ganz gern irgendwo in ein Eck schieb, wo ich nicht hinschauen muss. Wenn mich dann jemand drauf stößt und sagt ‚Kann sein, dass das mit Ihrer Erkrankung auch zu tun hat und den Krankheitsverlauf begünstigt im Sinne von leichter krank zu werden zum Beispiel, ja.' Dass das auch Einfluss auf das Immunsystem hat." (Herr Glaser, 274)

3.5.5 Beschwerden und Leiden als Teil der persönlichen Biographie

Die Phasen des Umdeutens und der Neubewertung von Symptomen als hilfreiche Zeichen und des Ordnens und Einordnens weiten den Blick der Betroffenen über die jeweilige Krankheitsepisode hinweg: Letztendlich ermöglicht die Schilderung ihrer Beschwerden den Betroffenen, Krankheit als Teil ihres Lebens zu begreifen, Beschwerden werden auf diese Weise als Phasen in der persönlichen Entwicklung wahrgenommen. Somit steht nicht mehr Heilung definiert als eine Wiederherstellung des Befindens wie vor dem Beginn der Beschwerden im Mittelpunkt der Bestrebungen der Betroffenen, sondern Heilung verstanden als eine Integration der Beschwerden in die individuelle Biographie. In diesem Zusammenhang werden Beschwerden auch als hilfreiche Hinweise gesehen, über die aktuelle Lebensführung nachzudenken.

„Es is anders, es is ganz, also i kanns gar nimmer mehr sagen, es ist a Teil meines Lebens. Und i habs a akzeptiert. Also es is a net so – früher hab i mir dacht "Jetzt geh i in Therapie und dann bin i wieder der Mensch, der i früher war und des is weg." Aber des weiß ich, dass das nicht sein wird, dass das nie so sein wird. Und dass das immer Teil meines Lebens sein wird. Und das des halt ganz einfach ein Schutzmechanismus von meinem Körper ist." (Frau Ortner, 217)

Die Perspektive, Leiden und Beschwerden als Teil der persönlichen Biographie zu sehen, entwickelt sich im Verlauf der homöopathischen Behandlung und Betreuung. Aus anfänglich fragmentarischen Bruchstücken konstruieren die Betroffenen ihre Krankheitsgeschichte und ordnen ihre Erfahrungen. Der Wunsch, Beschwerden und Leiden als Prozesse der persönlichen Entwicklung zu begreifen, kann in den Augen der Betroffenen allerdings im Widerspruch zu wahrgenommenen gesellschaftlichen Ansprüchen stehen, wie mit Krankheiten und Leiden umgegangen werden soll und damit möglicherweise Konflikte verursachen.

„Weil die Gesellschaft heute ist ja nur auf ‚Du musst funktionieren, du musst funktionieren. Und alles schnell unterdrücken, weil dann passt net in des Schema.'" (Frau Ortner, 181)

Zusammenfassend lässt sich festhalten, dass das Erzählen über Beschwerden, aber auch über damit scheinbar wenig verbundene Befindlichkeiten und Ereignisse im alltäglichen Leben für die Betroffenen eine wichtige Funktion im Rahmen der homöopathischen Behandlung und Betreuung einnimmt. Das freie Erzählen hat unterschiedliche Effekte: Es ermöglicht zum einen eine Neubewertung der als belastend wahrgenommenen Beschwerden: Diese werden auch als hilfreiche Zeichen gesehen, die auf krank machende Lebenssituationen hindeuten. Zum anderen erfolgt im Erzählen ein Ordnen der Krankheitsereignisse, das schlussendlich zu Wahrnehmung von Beschwerden als Teil der persönlichen Biographie führt. Unterstützend und das freie Erzählen fördernd wirkt die von den Betroffenen wahrgenommene Haltung der HomöopathInnen, ihren Erzählungen wertschätzend und nicht wertend zu folgen.

3.5.6 Homöopathische Mittel und die Krankheitsgeschichte

Das Erzählen über Probleme und Beschwerden, die oft langwierige Suche nach einem homöopathischen Mittel und schlussendlich die Auswahl des zum jeweiligen Zeitpunkt an die individuellen Beschwerden angepassten homöopathischen Mittels stellen in der Wahrnehmung der Betroffenen eine enge, positiv erlebte Verbindung zwischen ihren Erfahrungen von Krankheit und Leiden und dem jeweiligen von den HomöopathInnen ausgewählten Mittel her: Im betreffenden homöopathischen Mittel ist ein Ausschnitt ihrer individuellen Krankheitsgeschichte eingeschrieben, der ihre aktuellen Beschwerden und die Entstehungsgeschichte derselben integriert und somit auch einen Ausschnitt ihrer Biographie repräsentiert.

„Weil ich denke, also wenn sie sich mit einem Patienten befasst, dann macht sie sich ein Bild drüber. Sie hat mir a net beim ersten Mal, wie i dort war, gleich g'sagt, welche Globuli i nehmen soll, sondern sie hat g'sagt, sie wird mich in zwei bis drei Tagen anrufen. Sie muss sich da erst ein Bild machen, was sie mir verschreiben wird." (Herr Opitz, 229)

Diese Konzeption des homöopathischen Mittels steht in diametralem Gegensatz zu den Einschätzungen, die die Betroffenen von konventionellen Medikamenten haben: Hier beschreiben sie in den meisten Fällen unangenehme Wirkungen und ihre Zweifel an der Wirksamkeit von konventionellen Medikamenten. Das homöopathische Mittel wird dem gegenüber nicht nur als frei von unangenehmen Wirkungen beschrieben, es gibt den Betroffenen darüber hinaus die Zuversicht, dass es aufgrund der „eingeschriebenen Krankheitsgeschichte" im besonderen Maß einen individuellen Heilungsprozess unterstützen kann.

„Ich kann's nicht konkret sagen, aber es ist in dem Sinne, wenn meine Ärztin jetzt irgendwie Arznei sagt und sagt, die Symptome sind da alle bei der Arznei dabei, und ich weiß, dass das hilft, aus." (Frau Raab, 210)

Die homöopathischen Mittel sind Begleiter auf dem Weg zu einer Linderung der Beschwerden. Dieses Grundverständnis impliziert auch einen Mittelwechsel, wenn sich das Beschwerdebild geändert hat.

„Und i hab gspürt es wird besser und wie gsagt immer wieder halt was anderes hat er mir dann geben, jetzt nehm ma des und nehm ma des, weil dann bin i kommen naja jetzt ... Zum Beispiel in den Füßen wärmer oder in den Händen wärmer. Des hat er sich dann notiert und nach dem hat ers gerichtet und hat er ma dann wieder was anderes geben, net. Ja. Oder nicht mehr so verstopfte Nasen. Und hat er mir dann immer wieder was anderes geben." (Frau Lugger, 236)

Damit die homöopathischen Mittel aufgrund der ihnen eingeschriebenen Krankheitsgeschichte eine unterstützende Wirkung entfalten können, ist in den Augen der Betroffenen auch ihre Mitarbeit notwendig: Das kann eine weitreichende Auseinandersetzung mit der Geschichte der Erkrankung und daran anschließend ein Überdenken und gegebenenfalls Ändern ihrer Lebensweise bedeuten. Eine alleinige Einnahme von homöopathischen Mitteln ohne Wahrnehmung der „Signale des Körpers" ist aus diesem Grund in den Augen der Betroffenen nicht ausreichend, um eine Linderung der Beschwerden zu erfahren.

„Man kann net einfach homöopathische Arznei schlucken und die Krankheit übergehen und sie nie niederlegen oder so weitermachen wie bisher." (Frau Raab, 172)

Im Zuge des Einsatzes homöopathischer Mittel erfahren auch konventionell-medizinische Medikamente unter Umständen eine Neubewertung: Sie sollen die erwünschten Wirkungen der homöopathischen Mittel ergänzen und werden dann eingesetzt, wenn homöopathische Mittel nicht (mehr) wirksam sind und die Beschwerden als ernsthaft eingeschätzt werden. Diese Einschätzung treffen die HomöopathInnen gemeinsam mit den Betroffenen. Konventionell-medizinische Medikamente vermitteln den Betroffenen zu Beginn der homöopathischen Behandlung auch Sicherheit, wenn sie im Umgang mit der Selbstbeobachtung und Einschätzung von Beschwerden noch nicht vertraut sind.

„Also da hat sie mir auch Antibiotika verschrieben und hat aber gleichzeitig gesagt, Sie probieren das und das geb ich Ihnen als Glücksbringer mit. Also wenn's so und so schlimm wird, dann können Sie die Antibiotika ruhig nehmen, aber probieren wir mal." (Frau Raab, 16)

Homöopathische Mittel und in geringerem Ausmaß auch konventionell-medizinische Medikamente sind auf diese Weise eng mit der Krankheitsgeschichte der Betroffenen verwoben und erlangen im Kontext dieser Geschichte ihre spezifische Bedeutung.

3.6 Verlauf der Beschwerden

Im folgenden Abschnitt sollen die von den Betroffenen beschriebenen Veränderungen des Befindens und der Verlauf der Beschwerden während der homöopathischen Behandlung und Betreuung nachgezeichnet werden. Neben dem Verlauf der Beschwerden und der Besserung des Befindens spielt auch die Wirkungsqualität, wie sie im Rahmen der homöopathischen Behandlung erfahren wird, eine Rolle – hier werden Veränderungen des Befindens auf unterschiedlichen Ebenen unabhängig von der primären Lokalisation der Beschwerden beschrieben. Die Veränderung des Befindens wird von den Betroffenen in einen direkten Zusammenhang mit der homöopathischen Behandlung und Betreuung und der Anwendung homöopathischer Mittel gebracht.

3.6.1 Wahrnehmbare Veränderungen

Zu Beginn einer homöopathischen Behandlung wird den Betroffenen von den HomöopathInnen mitgeteilt, dass der Weg bis zur Besserung der Beschwerden unter Umständen ein längerer sein kann, gemäß dem theoretischen Verständnis der Homöopathie, dass bei chronischen, bereits länger andauernden Beschwerden voraussichtlich auch ein länger dauernder Weg der Behandlung und Betreuung bis zur Heilung bzw. Linderung der Beschwerden beschritten werden muss. In diesem Fall treffen die HomöopathInnen eine Einschätzung und informieren die Betroffenen über einen möglicherweise längeren Verlauf bis zu einem wahrnehmbaren Behandlungserfolg im Sinne einer positiven Veränderung der Beschwerden.

> „Und da hat er gmeint wir werden des wegkriegen, aber es wird längere Zeit dauern. Und es hat wirklich längere Zeit gedauert." (Frau Lugger, 21)

In den Augen der Betroffenen ist der Weg bis zur Besserung der Beschwerden eine gemeinsame, geteilte Aufgabe zwischen ihnen und den sie betreuenden HomöopathInnen.

> „Und wir haben des in Griff kriegt nach langer langer Zeit haben wir den Schnupfen so in Griff kriegt, dass ma jetzt wirklich gut geht. Mein Niesen is weg." (Frau Lugger, 21)

Die Haltung, dass sie selbst an der Linderung ihrer Beschwerden beteiligt sind und von den HomöopathInnen unterstützt werden, lässt für die Betroffenen die Frage nach der Zeit bis zum Abklingen der Beschwerden insofern in den Hintergrund treten, als dass sie sich in dieser Zeit als aktiv Handelnde erleben.

> „Ich mein, sie hat einfach immer gsagt, wir schauen und machen und ja.
> *Es hat Ihnen also nix gmacht, dass es net gleich sofort so weg ist?(I)*
> Es hat mir nix g'macht, weil I eh einfach g'wusst hab, so, ich bin erstens einmal in Behandlung, ich mach was, und I hab mich drauf eingestellt, und das war für mich in Ordnung." (Frau Raab, 148-150)

Wenn sie auf die unter Umständen längere Dauer bis zur Besserung ihrer Beschwerden im Rahmen der homöopathischen Behandlung zurückblicken, verweisen die Betroffenen auf stetige Verbesserungen, die für sie als Bestätigung der eintretenden Wirkung der Behandlung dienen. Sie stellen auch Vergleiche zu einer konventionellen Arzneimitteltherapie an, die in ihren Augen in manchen Fällen auch eine längere Zeitspanne umfasst hätte, bis tatsächlich Wirkungen beobachtbar wären. Die langsam einsetzenden Wirkungen werden darüber hinaus als eine Bestätigung gesehen, dass die unerwünschte Einnahme von Medikamenten zumindest hinauszögert, wenn nicht sogar ganz verhindern werden kann.

> „Und ich hab g'sehn, es geht in die richtige Richtung und ich hab auch gesehen, ich muss nicht diese schweren Medikamente nehmen. Also das war für mich wichtig, wo I einfach mir gedacht hab, wenn ich Antidepressiva nehm, brauch ich relativ lange, bis die vielleicht wirken und bis die wieder weg sind. Da muss man ja aufbauen und abbauen und das kann I mir ersparen. Und dadurch, dass I g'merkt hab, es wird immer weniger, und diese Ursprungssymptome sind nicht mehr da, das hat mir einfach gereicht." (Frau Raab, 150)

Der Weg bis zur Besserung der Beschwerden verläuft nicht in allen Fällen geradlinig – er ist vielmehr gekennzeichnet durch einen Wechsel von relativ beschwerdefreien und beschwerdereicheren Phasen. Die zwischen HomöopathInnen und Betroffenen geteilte Ansicht eines länger dauernden Heilungsprozesses, der durch das Ausprobieren verschiedener Mittel gekennzeichnet ist, lässt die Betroffenen die zwischenzeitlich auftretenden Beschwerden akzeptieren. Diese Beschwerden werden als Hinweise auf die Wirkungen der verabreichten Mittel interpretiert.

> „Es hat Tage geben, da hab i nur Kopfweh g'habt, dann hat's Tage geben, da hab i da is de Nasen g'ronnen. Dann an Tag Halsschmerzen. Dann a Tag bissl Ohrenschmerzen. Und dann wieder verstopfte Nasen. Leicht Fieber. Das war die Wirkung von dem, was ma er geben hat." (Frau Lugger, 49)

Auch wenn in der homöopathischen Behandlung ein Konstitutionsmittel eingesetzt wird, verläuft die Besserung der Beschwerden in einem länger andauernden
Prozess. Die Betroffenen schildern in diesem Zusammenhang ihre Bereitschaft,
sich auf diesen Prozess einzulassen, im Sinne eines Weges, den es zu beschreiten
gilt. Das Beschreiten dieses Weges und die damit einhergehende Besserung der
Beschwerden deuten die Betroffenen als einen Entwicklungsprozess, den sie im
Laufe der Behandlung durchleben.

> „Aber wie gesagt, des dauert. Des is net was, was von heut auf morgen passiert. Des
> is schon a langer Prozess. Und so ist das mit dieser Zwiebelschale. Das geht wirklich
> step by step. Man ist net g'sund, wenn man jetzt ein Konstitutionsmittel kriegt. Oder
> es is net gleich alles weg. Da muss man sich auf was einlassen." (Frau Ortner, 320)

Wenn die Betroffenen die Wirkungen der homöopathische Behandlung mit jenen
einer konventionell medizinischen Behandlung vergleichen, spielt auf der Ebene
des Wirkprinzips der Vergleich von homöopathischen Mitteln mit konventionellen Medikamenten als wirksame Agentien eine Rolle: Von den Betroffenen wird
dementsprechend auf der Wirksamkeitsebene das homöopathische Mittel gegenüber einem konventionell-medizinischen Medikament bewertet. Auch erfahrene
und mögliche unerwünschte Wirkungen durch konventionell-medizinische Medikamente werden in diese Abwägung mit einbezogen. Die nicht wahrgenommenen bzw. geringen unerwünschten Wirkungen der homöopathischen Mittel
und die Überzeugung, dass die Besserung der Beschwerden an den Ursachen der
Erkrankung angesetzt hat, lassen eine längere Dauer bis zu den erwünschten
Wirkungen einer homöopathischen Behandlung akzeptabel erscheinen.

Die Erfahrung der langsam einsetzenden, teilweise mit Rückschritten verbundenen Verbesserung der Beschwerden nach der Einnahme eines homöopathischen
Mittels lässt sich jedoch nicht verallgemeinern: Anders gelagert ist der Fall, wenn
homöopathische Mittel im Fall akuter Beschwerden eingesetzt werden. Hier beschreiben die Betroffenen einen raschen Wirkungseintritt. Dieser rasche Wirkungseintritt stärkt ihre Zuversicht über die Wirksamkeit homöopathischer Mittel.

> „Also wenn es wirklich das richtige Mittel ist, dann ist es nicht so wie bei einem An-
> tibiotikum, dass Du es drei Tage nehmen musst und dann hilft es. Sondern wenn es
> wirklich passt, dann hilft es innerhalb der nächsten fünf Stunden. Und die Kinder
> kotzen nimmer mehr und haben keinen Durchfall mehr und fiebern ab und das ist
> einfach schön." (Frau Trummer, 962)

3.6.2 Erwünschte Wirkungen und Wirkungsqualitäten

Wirkungsqualitäten der homöopathischen Behandlung und Betreuung werden, wie bereits beschrieben, vorwiegend auf das homöopathische Mittel als eigentliches Agens zurückgeführt. Sie werden von den Betroffenen zunächst in Bezug auf die konkreten Beschwerden, aufgrund derer eine homöopathische Behandlung begonnen wurde beschrieben. Diese betreffen in erster Linie die Besserung körperlicher Beschwerden, in geringerem Ausmaß auch psychische Leiden.

Bei einer homöopathischen Behandlung, in deren Rahmen ein Konstitutionsmittel eingesetzt wird, steht jedoch nicht mehr nur das unmittelbare Beschwerdebild – das in den meisten Fällen, wie bereits erwähnt, von den Betroffenen auf physischer Ebene verortet wird – im Vordergrund der beobachteten Wirkungen: Den Konstitutionsmitteln werden auch darüber hinausgehende Wirkungen auf psychischer und sozialer Ebene im Bereich der Persönlichkeit und Verhaltensweisen zugeschrieben.

> „Also i glaub des hat a viel mit Eigenliebe zu tun und des wird auch geweckt durch die durch die durch das Konstitutionsmittel. Man kommt dann a mehr zur Eigenliebe. Des würd i einmal so jetzt für mich sagen." (Frau Ortner, 316)

> „Ich hab so ein, ja von zu Hause so Arbeit bestimmt das Leben, solche Muster, und einfach die Homöopathie hat mich so weit gebracht, dass ich gesund bin und dass die Kinder g'sund sind und dass ich einfach wesentlich mehr für mich mache. Also ich glaub einfach, dass es an der Psyche des Menschen, egal, welche Dinge da sind, auch etwas bewegt." (Frau Raab, 204)

Um diese oft subtilen Wirkungen des Konstitutionsmittels beobachten zu können, braucht es in den Augen der Betroffenen einige Zeit, in der die Aufmerksamkeit geschult wird.

> „Des eben, des braucht Jahre, deshalb, wie Sie gesagt haben zuerst die Einstellung zur Homöopathie, des hat sich im Laufe der Jahre, des sind Erfahrungswerte, des kann man net gleich, des merkt man a net gleich. Man merkt a oft garnet, da nimmst ein Mittel und denkst da hat sich garnix verändert. Aber ja, oh doch! Plötzlich sag i nein, wenn i wen net treffen will, oder also es sind so viel wirklich kleine verschiedene Dinge, die da mitwirken, dass sich des Ganze dann verändert." (Frau Ortner, 320)

Es ist aber auch möglich, dass eine Wirkung „wider besseren Wissens" beobachtet wird. Hier spielen das Vorwissen der Betroffenen, Vorbehalte gegenüber dem Denkmodell der Homöopathie und Überlegungen zum Wirkmechanismus eine Rolle.

„Ja, also es hat mich überrascht überhaupt eine Wirkung zu beobachten, wie schon gesagt, weil ich äh an die Homöopathie in dem Sinn jetzt einmal pharmakologisch betrachtet nicht glaube, net." (Herr Corti, 213)

3.6.3 Unerwünschte Wirkungen und Zweifel

In manchen Fällen zeigt die homöopathische Behandlung nicht die erwartete, gewünschte Wirkung bzw. verursacht unangenehme Wirkungen. In solchen Situationen steht das Vertrauen, das die Betroffenen in die Wirksamkeit der homöopathischen Behandlung entwickelt haben, auf dem Prüfstand.

Die Betroffenen berichten den HomöopathInnen über die eingetretenen unerwünschten Wirkungen. Die Konsequenzen daraus sind unterschiedlich, abhängig von der Einschätzung der HomöopathInnen: Es wird das Mittel gewechselt, mit der Erklärung vonseiten der HomöopathInnen, dass es nicht das passende gewesen sei. Wenn in der Folge durch die Verabreichung eines anderen homöopathischen Mittels eine Besserung der Beschwerden erreicht wird, tolerieren die Betroffenen die im Zusammenhang mit der Einnahme des ursprünglichen Mittels hervorgerufenen Beschwerden.

Eine weitere Erklärungsmöglichkeit beruft sich auf das homöopathische Konzept der „Erstverschlimmerung" im Rahmen einer homöopathischen Behandlung. Auch wenn die Betroffenen von den HomöopathInnen darüber aufgeklärt wurden, dass eine Verschlechterung der Beschwerden am Beginn der Behandlung mit einem neuen homöopathischen Mittel auftreten kann, kann für die Betroffenen diese Situation mit erheblichen Belastungen verbunden sein, abhängig von der Art der Beschwerden, die behandelt werden.

„Es waren auch Dinge dazwischen, wo i ur wütend auf die Homöopathie war, weil a Verschlechterung, weil plötzlich die totale Verschlechterung gekommen ist. Und i hab zu zweifeln begonnen, hab mir dacht „Na, jetzt gehts ma schlechter als vorher und wieso mach i denn des?" Äh, da hab ich es noch nicht so ganz verstanden, was da alles passiert.
Wurden Sie aufgeklärt über diese Erstverschlimmerungen?(I)
Ja, ja, ja, ja. Ja. Alles.
Schon. Aber Sie haben sich trotzdem geärgert? (I)
I hab mi geärgert. Ja sicher total.
Obwohl Sie ja wussten es gehört eigentlich zum Heilungsprozess dazu.(I)
Ja, es kann sein, es kann sein. Ja. Naja, also geärgert. Sicher geärgert, aber i hab dann zu zweifeln begonnen. Hab ma dacht „Vielleicht is des doch net das Richtige", weil wenn's einem extrem schlecht geht längere Zeit und speziell a mit Panikattacken des also wenn man es net ghabt hat, kennt man es net. Des is schon sehr belastend – lebensbelastend, also das das is a Sache also da überlegt man schon zehnmal." (Frau Ortner, 62-68)

Prinzipien der homöopathischen Behandlung und bisherige Erfahrungen über Verläufe der Erkrankungen und Linderung der Beschwerden im Rahmen der homöopathischen Behandlung und Betreuung können durch unvorhergesehene, als bedrohlich wahrgenommene Erkrankungen infrage gestellt werden. An einem solchen Punkt im Verlauf der homöopathischen Betreuung wird nicht nur die Entscheidung, sich homöopathisch behandeln zu lassen infrage gestellt, es werden auch Grenzen der Homöopathie im Hinblick auf erhoffte zukünftige Wirkungen offenbar.

> „Und das – das war die Erfahrung. Und da hab ich mir eigentlich gedacht "Wie kann's das geben?" Ja. Also da bin ich schon ein bissel dann ins Wanken gekommen. Weil ich mir gedacht hab, na gut aber was was wär wenn ich nicht homöopathisch behandelt hätte? Man weiß es ja nicht. Vielleicht hättest Du was anderes gekriegt. Oder was immer. Also von all diesen Krebsarten, glaub ich, die es gibt, ist das diese die man sich aussuchen könnte, ja. Weil sie einfach net streut. *Was heißt ins Wanken gekommen. War das jetzt in Bezug auf auf auf Homöopathie, oder?(I)* Ja, schon. Also schon einen bestimmten Zweifel, wo ich mir gedacht hab, wie gibts das? Ich geh jetzt seit zehn Jahren, zwölf Jahren, dreizehn Jahren homöopathisch behandeln. Wie kann das sein, dass ich so geschwächt bin, das mich das überhaupt trifft, ja." (Frau Trummer, 229-231)

Unerwünschte Wirkungen können auch zu einem Abbruch der homöopathischen Behandlung führen: Diese Situation tritt besonders zu Beginn einer homöopathischen Behandlung auf, wenn sich auch nach mehrmaligem Wechsel des homöopathischen Mittels keine Verbesserung der Beschwerden abzeichnet. Der Behandlungsabbruch wird von den Betroffenen damit begründet, dass sie aufgrund der kurzen Behandlungsdauer noch kein Vertrauen in die Wirksamkeit der Behandlung hatten bzw. entwickeln konnten, da sie nicht auf einen vorangegangenen erfolgreichen Einsatz homöopathischer Mittel zurückblicken konnten.

3.6.4 Überlegungen zum Wirkungsmechanismus der Homöopathie

Überlegungen der Betroffenen zum Wirkmechanismus der Homöopathie verweisen einerseits auf unterschiedliche Erklärungsmodelle, lassen aber auch Unsicherheiten über mögliche Erklärungen sichtbar werden. Der Wirkmechanismus lässt sich für die Betroffenen nur schwer in Worte fassen, es wird dabei von vielen auf Beschreibungen gemäß der homöopathischen Ähnlichkeitsregel zurückgegriffen: Alle von ihnen angeführten Beschwerden sind im Idealfall im „Arzneimittelbild" des homöopathischen Mittels enthalten, somit erklärt sich auch die Wirksamkeit der homöopathischen Behandlung über die Annahme der Wirkungen des homöopathischen Mittels als Agens der homöopathischen Behandlung. Eine weitere von den Betroffenen angeführte Überlegung zum Wirkmechanismus der homöopathischen Behandlung setzt die homöopathischen Mittel in Beziehung zu einem Bewusstwerdungsprozess für Signale des Körpers, die sich für die Betroffenen zunächst in körperlichen Beschwerden äußern und in der Folge einer erweiterten Wahrnehmung und Interpretation bedürfen. Homöopathische Mittel können hier auf einer psychisch-spirituellen Ebene zur Lösung von Konflikten und somit zur Linderung der Beschwerden beitragen.

> „Dass es äh dass des Symptom einem was sagen möchte. Und das sich das auf Dauer nicht unterdrücken lässt. Und des wirkt heilend. Das des anerkannt wird. Das des verstanden wird und dass eben durch diese durch diese Homöopathie durch diese Arznei auf spiritueller Ebene eben auf diese Verhaltensmuster, die eigentlich dazu führen krank – die krankmachenden Muster äh, die dazu führen, eben dass ich diese Krankheit krieg. Dass des ohne, dass ich jetzt in Psychotherapie gehen müsste, dass des von alleine passiert. Dass eben sich Verhaltensweisen ändern. Dass Emotionen rauskommen. Des wirkt heilend." (Frau Ortner, 312)

Trotz der Schwierigkeiten, Konzepte zum Wirkmechanismus der homöopathischen Behandlung zu formulieren, soll die Wirksamkeit homöopathischer Mittel aber auch nicht angezweifelt werden: Es ist für die Betroffenen auch möglich, dass allein ihre Überzeugung, dass ein homöopathisches Mittel eine heilsame Wirkung ausüben könnte, für die Wirksamkeit verantwortlich ist oder diese zumindest unterstützt.

> „Ob i wirklich so fest dran glaub des weiß i net obs mit dem zu tun hat, dass i fest dran glaub mir hilfts und i geh weiter hin und ja."
> *Haben Sie sich einmal gefragt warum's helfen kann, weil Sie g'sagt haben das Glauben is es vielleicht net? (I)*
> I weiß net. Nein. Warum? I denk ma schon manchmal vielleicht glaub i so fest dran. Ich weiß es nicht. So was des wirklich für a Wirkung hat." (Frau Lugger, 274-276)

Die Überzeugung von der Wirksamkeit der Homöopathie wird von den Betroffenen auch bei den HomöopathInnen als gegeben vorausgesetzt. Sie wird als notwendig angesehen, damit die homöopathischen Mittel ihre Wirkung entfalten können.

> „Also ich glaub, wenn man wenn man als Arzt net dran glaubt, kann man es ja sowieso net machen. Und wenn man dran glaubt, dann nützt man es natürlich auch." (Frau Trummer, 1148)

Vor allem zu Beginn einer Behandlung, wenn Unsicherheit über die Wirksamkeit der Homöopathie besteht, kann eine gewisse Offenheit und ein Sich Einlassen in den Augen der Betroffenen die Wirksamkeit positiv unterstützen.

> „Ich glaub nicht, dass ich das so beantworten kann. Ich – das muss jeder für sich herausfinden. Also ich glaub, dass es schon einmal gut ist, wenn man wenn man sagt man akzeptiert und erkennt es gibt auch noch Alternativen zur üblichen Medizin. Ich glaub es geht nur über ausprobieren. So blöd das ist, aber ich glaub es wirklich."
> (Herr Glaser, 157)

Im Verlauf der homöopathischen Betreuung können dann vorangegangene Erfahrungen der Linderung oder Heilung von Beschwerden die Überzeugung, dass Homöopathie wirksam ist, verstärken.

> „Also wovon ich überzeugt bin, ist, dass eine gute homöopathische Erfahrung schon einmal sehr gut tut.
> *Also ein Erfolgserlebnis?(I)*
> Also ein Erfolgserlebnis wie immer das aussieht, durchaus auch bei jemand anderem." (Herr Glaser, 232-234)

Die Betroffenen schreiben erfahrene Wirkungen aber nicht nur den homöopathischen Mitteln alleine zu: Auch eine vertrauensvolle Beziehung zu den HomöopathInnen kann die Wirksamkeit der Homöopathie unterstützen.

> „Ich glaub wichtig ist Vertrauensverhältnis zwischen Arzt oder Ärztin und Patienten. Wenn das einmal gegeben ist, ist das schon sehr viel. Wenn man sich dort gut aufgehoben fühlt, dann ist das schon trägt das schon sehr viel bei dazu, dass eine Methode auch erfolgreich angewendet werden kann." (Herr Glaser, 163)

Die unterschiedlichen Erklärungsmodelle für die Wirksamkeit der Homöopathie lassen sich für die Betroffenen gut vereinen. Sie betrachten sie als miteinander in Beziehung stehende Konzepte und gliedern sie mit Wirkprinzipien anderer Therapieansätze in eine umfassende Konzeption von Behandlung und Heilung ein.

> „Der Glaube daran ist glaub ich schon auch wichtig. Aber ich glaub, dass er genauso eine Position hat wie dieses Körperbewusstsein, das man entwickelt, wie die Homöopathie selber, und auch diese Hausmittel, dass das so ein Puzzlestein ist." (Frau Raab, 214)

Im Verlauf einer homöopathischen Behandlung, wenn die Betroffenen bereits auf eine längere persönliche Erfahrung mit Homöopathie zurückgreifen können, haben sie unter Umständen elaborierte Erklärungsmodelle über Wirkungen und Wirksamkeit von Homöopathie und über das Zusammenspiel unterschiedlicher Therapieansätze entwickelt. Das Motiv des „seinen Weg Beschreitens", das bereits bei der Beschreibung einer beobachtbaren Wirkung auftritt, spielt hier eine Rolle, wie auch der Bezug zu Verhaltensweisen und der Bedeutung von Emotionen.

> „Und man muss sich des so vorstellen wie eine Zwiebel, ja. Also die erste Schicht, jetzt krieg i mal des erste Konstitutionsmittel. Plötzlich verändert sich was in meinem Leben, meine Verhaltensweise ändert sich. I sag plötzlich zu Dingen nein, wo i immer ja g'sagt hab. Also solche Dinge. Und es nimmt dann seinen Lauf und seinen Weg eben. Du kommst dann in Therapie oder fasst dir den Mut in Therapie zu gehen und nach zwei Jahren hat sich dein Erscheinungsbild geändert. Jetzt ändert sich aber auch des Konstitutionsmittel. Jetzt ist des erste was man bekommen hat, nimmer mehr passend. Und so geht das über Jahre. Man man, es löst sich immer eine Schicht und man kommt immer einen Schritt weiter. Also des is jetzt net so, das diese Dinge plötzlich äh weg sind, man verändert sein Verhalten ganz einfach. Es is a ganz a hochspirituelle Sache. Des geht ganz tief auf Verhaltensmuster eigentlich zurück. Es verändern sich die Verhaltensmuster. Es kommen Emotionen hoch. Man wird wütender zum Beispiel, wo man die Wut unterdrückt hat oder es passieren viel – oder es kommen Tränen hoch, die ganz vergraben waren. Ja, Emotionen ganz einfach. In verschiedenster Art und Weise. Für jeden Anlass. Manche Menschen werden total locker, werden total lustig. Also was auch immer sich vergraben hat, kommt zum Vorschein." (Frau Ortner, 22)

Der Wirkmechanismus der homöopathischen Behandlung kann für manche Betroffene auch unerklärbar bleiben. Auch der Rückgriff auf homöopathische Prinzipien oder die Verknüpfung derselben mit naturwissenschaftlichen Erklärungen, die an eigene subjektive Theorien anschlussfähig wären, ist hier nur bedingt hilfreich. Somit bleibt als letzter Hinweis auf einen existierenden, wenn auch nicht nachvollziehbaren Wirkungsmechanismus die Bezugnahme auf die eigene Beobachtungsfähigkeit, um Wirkungen zu bemerken.

> „Und all diese Erklärungsversuche, was weiß ich, dass irgendwelche Orientierungen auf die Wassermoleküle übertragen werden oder sonst irgendwas, das mit dem kann ich mich nicht auseinandersetzen, aber ich bin objektiv genug festzustellen, wenn irgendwo eine Reaktion festzustellen ist." (Herr Corti, 68)

Dieser Zwiespalt bzw. die Unsicherheit, auf kein gefestigtes Erklärungsmodell zurückgreifen zu können, wird pragmatisch gelöst, indem die beobachtete Wirkung in den Vordergrund gestellt wird, ohne den Wirkmechanismus näher ergründen und verstehen zu wollen.

> „Deshalb ich will damit sagen, ich will eigentlich gar nicht drüber nachdenken wieso es dazu gekommen ist, es genügt mir als Konsument, als Patient, dass ich einen angenehmen Erfolg registriere." (Herr Corti, 489)

Somit bleibt das „Lehrbuchwissen" über die Homöopathie und ihren Wirkungsmechanismus für die Betroffenen mehr oder weniger abstrakt, und wird den beobachteten Wirkungen, die auch persönliche Präferenzen, z.b. das Fehlen unerwünschter Wirkungen ausdrücken, gegenübergestellt.

> „Also ich weiß nicht was es – also ich weiß ungefähr wie diese Kugerln entstehen äh und dass es so ein – so Gleiches mit Gleichem zu behandeln, dieser Grundsatz, der aber halt in einer sehr starken Verdünnung. Aber was wirklich wirkt, das kann ich net beantworten. Weiß ich nicht. Aber ich muss ehrlicherweise sagen, es ist mir wirklich wurscht, ja. Jedenfalls weiß ich, dass Homöopathie dem Körper nicht schadet. Auch höhere Potenzen nicht. Also gut angewandt. Ja, immer so unter der Voraussetzung von einem Arzt oder einer Ärztin gut angewandt. Und dass es keine Nebenwirkungen in dem Sinne gibt, wie eben so wie bei klassischer medizinischer Behandlung. So erleb ich es zumindest. Und daher ist für mich sekundär was jetzt die Wirkstoffe sind oder warum's wirkt. Ja." (Herr Glaser, 240)

Zusammenfassend lässt sich festhalten, dass die Betroffenen den Verlauf der homöopathischen Behandlung als eine sich im Allgemeinen über eine längere Zeitspanne hinziehende Verbesserung ihrer Beschwerden beschreiben, die sie auf den Einsatz homöopathischer Mittel zurückführen. Diese längere Zeitspanne bis zum Wirkungseintritt durch die homöopathischen Mittel ist im Hinblick auf die bereits länger andauernde Geschichte der Beschwerden, auf die wenig zufrieden stellenden Erfahrungen in der konventionellen medizinischen Behandlung und darauf, dass sie sich als aktiv in der Behandlung erleben für die Betroffenen akzeptabel. Die Wirkungsqualitäten der homöopathischen Behandlung werden als Wirkungen der homöopathischen Mittel auf verschiedenen Ebenen, unabhängig von Lokalisierung der ursprünglichen Beschwerden beschrieben. Zum Wirkungsmechanismus existieren teilweise umfangreiche subjektive Theorien, für einige der Betroffenen bleibt der Wirkmechanismus jedoch auch unfassbar und nicht erklärbar.

3.7 Nutzung verschiedener Behandlungs- und Betreuungsformen

Im Rahmen ihrer homöopathischen Behandlung nutzen viele Betroffene auch andere Behandlungsformen, die homöopathische Behandlung steht aber ohne Zweifel im Mittelpunkt des Betreuungskonzepts. Weitere, ergänzende Behandlungsformen werden auf Empfehlung der HomöopathInnen in Anspruch genommen. Teilweise wenden die HomöopathInnen selbst weitere Methoden neben der Homöopathie an, oder sie verweisen zu Ärztinnen/Ärzten bzw. TherapeutInnen, mit denen sie persönlich bekannt sind und die der Homöopathie aufgeschlossen gegenüber stehen.

Diese ergänzenden Behandlungsformen, welche sich von konventioneller Medizin über Psychotherapien bis zu diversen anderen Methoden wie Schamanismus und Reiki erstrecken, erfüllen für die Betroffenen verschiedene Zwecke: Sie werden ergänzend zur homöopathischen Behandlung eingesetzt, oder kommen dann zum Einsatz, wenn die homöopathische Behandlung keinen Erfolg zeigt.

3.7.1 Alternative und komplementäre Methoden

Wenn es um die Ergänzung der homöopathischen Behandlung durch weitere Behandlungsformen geht, werden hauptsächlich Psychotherapie, sowie andere alternative und komplementäre Heilverfahren genannt. Diese decken für die Betroffenen durch ihre unterschiedlichen Ansatzpunkte von der Homöopathie nicht oder wenig berührte Aspekte ihres Beschwerdebilds ab. Sie werden von den Betroffenen abhängig vom zugrunde liegenden Problem genützt.

„Hm. Des is a langer Weg. Also viele Jahre zwölf Jahr Psychotherapie auch und also nicht nur Homöopathie. Es waren verschiedene äh Hilfestellungen, die ich dann in Anspruch genommen habe. Aber immer wieder in Begleitung mit der Homöopathie." (Frau Ortner, 22)

Die Auswahl der jeweiligen Methoden erfolgt in Absprache mit den HomöopathInnen, die die Betroffenen auf ergänzende Behandlungsmöglichkeiten hinweisen.

„Zum Beispiel in Ernährungsfragen verhalt ich mich jetzt sicher anders als früher. Also ich bin ja dann über diesen Homöopathen, der für mich so gut war, auch auf äh in Richtung – wie soll ich sage? Das hat eh schon wieder was mit der chinesischen Ernährungslehre und so zu tun. In Richtung äh geleitet worden, was ist jetzt kühlend, was ist wärmend und was tut mir jetzt gut im Winter und was im Sommer?" (Frau Cerny, 351)

Es kann jedoch auch sein, dass der persönlichen Intuition bei der Auswahl der passenden Methode vertraut wird.

„Und was, Sie haben gesagt, Sie machen also andere Sachen auch noch?(I)
Kinesiologie. Also einen Kinesiologen haben wir, den wir so ab und zu. Den i halt – wie i des Gfühl hab.
Und für welche Sachen sozusagen, also wann wann gehen Sie zum Homöopathen also zu Ihrer Homöopathin und wann zum Kinesiologen? Gibts da irgendwie?(I)
Nein, so kann i des jetzt net sagen. I weiß net, ich entscheid des intuitiv. Kanns jetzt net sagen.
Ist auch eine Antwort, wenn Sie es intuitiv entscheiden.(I)

Ja, ja. Ja. Des – wie i des Gfühl hab, wo i jetzt gern hingehen möchte. Dort geh i
dann hin." (Frau Ortner, 242-247)

Die Nutzung unterschiedlicher weiterer komplementärer Verfahren und von
Psychotherapie parallel zu einer homöopathischen Behandlung ist für die Betroffenen gut zu vereinbaren bzw. wird von ihnen auch angestrebt. In dem meisten Fällen werden diese Verfahren entweder von den behandelnden HomöopathInnen selbst durchgeführt oder zumindest ausgewählt und empfohlen. Eine
Interviewpartnerin berichtet, dass ihre Homöopathin eine explizite Empfehlung
für weitere Therapien ausgesprochen hatte, die sich gemeinsam mit der homöopathischen Behandlung zu einer umfassenden Betreuung ihrer Beschwerden
ergänzen sollten. Entsprechend der Prämisse, die homöopathische Behandlung
durch weitere, geeignete Behandlungsmethoden zu ergänzen, werden von den
Betroffenen auch die Wirkungen dieser unterschiedlichen Ansätze als sich ergänzend wahrgenommen.

Als Einschränkung der Möglichkeit, unterschiedliche Therapien in Anspruch
zu nehmen, wird vom Hinweis mancher HomöopathInnen berichtet, dass eine zu
große Vielfalt an unterschiedlichen Therapiemethoden für die Betroffenen überfordernd sein könnte. Auch aufseiten der Betroffenen kann es Vorbehalte gegen
eine gleichzeitige Nutzung unterschiedlicher Therapien geben: Nicht für alle Betroffenen stellt die Möglichkeit, aus einer Vielzahl an weiteren potentiellen Therapiemöglichkeiten passende Methoden auszuwählen einen gangbaren Weg dar.
Besonders zu Beginn der homöopathischen Behandlung kann sich diese Anregung
als Herausforderung für die Betroffenen herausstellen: In einem Fall berichtet ein
Betroffener, der sich erst seit kurzer Zeit in homöopathischer Behandlung befindet,
dass er sich strikt an die vereinbarte Einnahme des homöopathischen Mittels hält
und keine weiteren Aktivitäten seine Beschwerden betreffend setzt.

„Ich muss ehrlich sagen, ich will da jetzt net experimentieren und ausprobieren. Es
gibt natürlich Leute, die alle drei Monate zu irgendeiner anderen äh Therapiemög-
lichkeit Zuflucht nehmen, aber da seh ich net sehr viel Sinn drinnen. Auch um etwas
wirklich beurteilen zu können in seiner äh Fähigkeit oder Kapazität äh muss ich ja
wohl einmal längere Zeit das versuchen, um mir auch eine abschließende Meinung
bilden zu können. Es ist jedenfalls so, dass ich jetzt keinen Bedarf fühle irgendwas
anderes zu versuchen, ja." (Herr Corti, 262)

3.7.2 Konventionelle medizinische Behandlung und Betreuung

Die konventionelle medizinische Behandlung nimmt bei den meisten Betroffenen eine besondere Stellung ein. Fast alle Betroffenen bleiben auch weiterhin

NutzerInnen konventioneller medizinischer Verfahren, trotz ihrer Vorerfahrungen, dass ihnen konventionelle Medizin nicht die erwartete Besserung ihrer Beschwerden gebracht hat. Die weitere Nutzung ist also für die Betroffenen ambivalent. Konventionelle Medizin wird von den Betroffenen in unterschiedlichem Ausmaß und in unterschiedlichen Behandlungskontexten in Anspruch genommen, auf die im Folgenden näher eingegangen werden soll.

So kommt konventionelle Medizin im Rahmen regelmäßiger Kontroll- und Vorsorgeuntersuchungen zum Einsatz. Die Nutzung dieser Untersuchungen wird von den HomöopathInnen auch unterstützt. Die Ergebnisse dieser Untersuchungen werden von den Betroffenen mit den HomöopathInnen besprochen und es wird über die sich daraus ergebenden Konsequenzen für den weiteren Betreuungsverlauf mit den HomöopathInnen beraten.

In Fällen akuter, ernsthafter Beschwerden wird zunächst versucht, diese mittels homöopathischer Mittel zu behandeln. Diese Strategie des vorzugsweisen Einsatzes homöopathischer Mittel wird solange beibehalten, bis in der Einschätzung der HomöopathInnen die Grenze der Möglichkeiten der Homöopathie erreicht ist und eine konventionelle medizinische Behandlung notwendig wird, um eine Gefährdung der Betroffenen durch einen sich verschlechternden Gesundheitszustand auszuschließen. Diese konventionelle medizinische Therapie geschieht im Akutfall meist durch die Verordnung eines Medikaments durch die HomöopathInnen, in manchen Fällen auch durch die Überweisung zu einer/m konventionell tätigen/m Ärztin/Arzt. Das Muster des Therapieversuchs mittels Homöopathie mit der Option, auf konventionelle Medizin zurückzugreifen zeigt sich vor allem in der Behandlung von Kindern.

> „Aber sie hat dann ab einem bestimmten Zeitpunkt gesagt, so Frau Raab, bis am Abend – er hat hohes Fieber ghabt, nix mehr getrunken und so weiter – zwei, drei Stunden probieren wir das jetzt noch, und dann ab ins Spital. Und das war in dem Fall richtig, sagt sie, das ist jetzt was Heimtückisches, da komm ich nicht an. Und das war für mich auch immer so einfach am Anfang irgendwie beruhigend." (Frau Raab, 18)

Auch in Fällen chronischer Beschwerden, wenn die homöopathische Behandlung nach einer gewissen Zeit keine Wirkung zeigt, wird von den HomöopathInnen empfohlen, zusätzlich eine/n konventionell tätige/n (Fach)Ärztin/Arzt aufzusuchen, um auf diesem Weg der Krankheitsursache auf die Spur zu kommen.

> „Naja, sie hat mir sogar zuerst gesagt, wenns nicht langsam besser wird, sollt ich doch mal zur Hautärztin gehen. Das war sogar ihre Empfehlung irgendwie, weil sie sich auch nicht so sicher war, obs net irgendwie vielleicht eine andere Ursache haben kann oder so." (Frau Cerny, 151)

Eine konventionelle medizinische Behandlung kann auch parallel zur homöopathischen Behandlung angewendet werden, um deren Wirkungen zu unterstützen und zu ergänzen. Insbesondere subtile, nur für sie selbst bemerkbare Verbesserungen des Befindens durch die homöopathische Behandlung werden so in den Augen der Betroffenen durch die konventionelle medizinische Therapie verstärkt.

> „Ich war eigentlich erfreut darüber, dass eine – ein Schritt einmal getan war oder ein Schritt der Besserung für mich natürlich wieder nur sich gezeigt hat.
> *Und wie ist das dann weitergegangen in der Behandlung? (I)*
> Naja weitergegangen ist das dann so. Da haben wir dann ich glaub drei oder vier Monate – hab ich mich in dieser Situation einmal – ja angefreundet oder oder oder also schon etwas erleichtert gefühlt, nicht. Und dann haben wir gesagt, weil immer wieder die Umwelt gesagt hat „Ja, ….“ die Umwelt hat natürlich nicht merken können, dass sich viel für mich geändert hat, weil eine gewonnene Besserung der Entscheidungsfreudigkeit in kleinen Dingen des Alltags, merkt ja niemand, nicht. Denn es hat sich halt in diesem und jenem so abgespielt wie ehedem. Aber großartige Veränderungen für außen erkenntlich oder so, war das also nicht. Ich bin nicht auf den Tisch gesprungen und hab getanzt, nicht. Sondern der Außenstehende ob im Berufsleben oder in der Familie oder sonst irgendwo konnte nicht sehr viel Unterschied feststellen. Die haben mich natürlich dann furchtbar gelämmert, dass das also nichts fruchtet und noch nicht das Beste ist und so weiter. Und dann haben wir den Entschluss gefasst, also jetzt Frau Doktor und ich, dass wir dazu noch ein traditionelles Mittel gegen Depressionen verwenden. Das ist also dieses Antidepressivum, das wir da äh das sie ausgewählt hat. Aber im Prinzip sind die ja alle nach demselben Muster gestrickt, na. Und das hab ich dann auch genommen. Und hab mich auch gebessert gefühlt." (Herr Corti, 252-254)

Auf eine konventionelle medizinische Behandlung wird auch dann zurückgegriffen, wenn die Grenzen homöopathischer Behandlung für die Betroffenen tatsächlich erreicht werden, die Behandlung also in den Augen der Betroffenen wirkungslos bleibt und auch zu keiner Erhellung möglicher Ursachen führt. Die Nutzung konventioneller Medizin ist hier mit einem Wechsel zu einer/m anderen Ärztin/Arzt und der Beendigung der homöopathischen Behandlung verbunden.

> „Naja, nach dem vierten Mal dann abgebrochen, weil sie mir dann ein Mittel gegeben hat, auf das auf das sich alles eben vielmehr noch verschlimmert hat. …. Und wo ich dann echt gesehen hab – also dann hat's mich so verunsichert, dass ich beschlossen hab, ich geh jetzt wirklich zu einer klassischen Hautärztin. Weil wer weiß, was ich jetzt wirklich hab?" (Frau Cerny, 143)

Ein Sonderfall der Nutzung von konventioneller Medizin ist die so genannte „Krankmeldung", also die Bekanntgabe des Krankenstandes: Um eine solche zu erhalten, ist es notwendig, eine/n „Kassenärztin/-arzt", welche/r ein Vertragsverhältnis mit der Sozialen Krankenversicherung hat, aufzusuchen.

Die Kombination von Homöopathie und konventioneller Medizin schätzt die Mehrzahl der Betroffenen als vorteilhaft ein: Dass die HomöopathInnen konventionelle Medizin in ihrem Behandlungskonzept nicht ausschließen, schafft Sicherheit, da in Situationen, in denen die Grenzen homöopathischer Behandlung erreicht werden könnten, auf konventionelle Medizin zurückgegriffen werden kann.

„Und ich glaub einfach, dass also Homöopathie und Schulmedizin sich nicht ausschließt und einfach so die Homöopathie an erster Stelle steht und so als Rückendeckung und wenn's schwer wird, also die Schulmedizin auch da ist. Das ist so meine Linie." (Frau Raab, 232)

Auch zu Beginn der homöopathischen Behandlung ist die Sicherheit, die die jederzeit mögliche Anwendung konventioneller Medizin bietet für die Betroffenen wichtig, da ihnen die Vorgehensweise der homöopathischen Behandlung noch nicht geläufig ist und somit Verunsicherung auslöst.

„Und was also bei meiner Ärztin einfach so phantastisch ist, dass sie einfach die Schulmedizin im Hinterkopf hat. Also die schließt sie nicht aus. Das war für mich vor allem in den Anfängen auch wichtig, weil man einfach dann ka Vertrauen hat. Also wirkt das jetzt wirklich? Und ja." (Frau Raab, 14)

Dass die HomöopathInnen auch ein konventionelles medizinisches Studium durchlaufen haben, somit in der Wahrnehmung der Betroffenen in beiden Medizinsystemen „beheimatet" sind, schafft bei den Betroffenen zusätzliches Vertrauen.

„Und das ist eine – so eine bodenständige Haltung, die die mir imponiert und die ich – das entspricht mir einfach.
Es gibt wahrscheinlich Menschen, die die schreckt das eher ab. Und die brauchen jemanden der der sagt ‚Mit Homöopathie geht alles.'
Mhm. Mhm. Also bei Ihnen ist es so, dass beides möglich?(I)
Mir ist es wichtig, dass – ich glaub dass beides seine Berechtigung hat und mir ist es wichtig, dass sie beides kann." (Herr Glaser, 142-145)

Im Hinblick auf die Information gegenüber den HomöopathInnen und den konventionell tätigen MedizinerInnen über die Nutzung sowohl von konventioneller medizinischer als auch von homöopathischer Betreuung verfolgen die Betroffenen unterschiedliche Strategien: Sollte im Rahmen einer parallelen Nutzung von Homöopathie und konventioneller Medizin die/der konventionell arbeitende Ärztin/Arzt nicht von den behandelnden HomöopathInnen empfohlen worden sein und folglich nichts von der homöopathischen Behandlung wissen, wägen die Betroffenen ab, ob die Information über eine homöopathische Behandlung konfliktreich in ihrer Interaktion mit konventionell tätigen MedizinerInnen sein könnte und entscheiden auf dieser Basis, ob sie über die homöopathische Behandlung berichten. Nicht immer läuft die Kombination von homöopathischer und konventioneller medizinischer Behandlung konfliktfrei ab – insbesondere dann, wenn die Betroffenen ein Nebeneinander von Homöopathie und konventioneller Medizin praktizieren: In manchen Fällen sehen sich die Betroffenen mit dem Widerstand konventionell praktizierender Ärztinnen/Ärzte gegenüber einer homöopathischen Behandlung konfrontiert.

> „Früher mit anderen Ärzten, also .. die anderen Ärzte haben eher .. wie soll i des sagen, fast wütend drauf reagiert. Weil der Arzt, dem ich das sag, also so mir des Gefühl vermittelt, 'Was wollen's von mir. I bin a Arzt. Also wenn's mi jetzt holen, dann müssen's des nehmen, was i Ihnen gib. Und wenn's des net nehmen, dann müssen's woanders hingehen.' Des hat sich net wirklich vereinbaren lassen." (Frau Ortner, 131)

In einem solchen Fall des konfliktreichen Nebeneinanders von homöopathischer und konventionell medizinischer Betreuung ziehen sich die Betroffenen zumeist aus der konventionellen medizinischen Betreuung zurück und beschränken die Kontakte mit konventionell tätigen MedizinerInnen auf das als unbedingt notwendig empfundene Ausmaß, z.B. auf Kontrolluntersuchungen im Kindesalter.

> „Wir haben aufgehört, ja wie die Lara sechs, wie wir eben diese Ärzte gesucht haben. Also mit sechs oder sieben Monaten hab i aufgehört zum Kinderarzt zu gehen. Des is dann alles über die – also wir haben schon diese orthopädischen Untersuchungen, i geh zum Augenarzt i geh zum Ohrenarzt, also diese Untersuchungen machen wir alle." (Frau Ortner, 135)

Gegenüber den HomöopathInnen wird die Nutzung konventioneller Medizin ohne Vorbehalte besprochen.

Aus den Beschreibungen der Betroffenen geht hervor, dass die Behandlung und Betreuung durch HomöopathInnen für sie die zentrale Anlaufstelle im Fall von Beschwerden darstellt. Die homöopathische Behandlung wird ergänzt und erweitert durch unterschiedliche anderen Behandlungsmethoden, die problemspezifisch ausgewählt werden. Die Kombination von homöopathischer Behandlung mit weiteren komplementären Methoden verläuft im Allgemeinen harmonisch. Eine besondere Stellung hat die konventionelle medizinische Behandlung: Sie wird von fast allen Betroffenen, wenn auch in unterschiedlichen Ausmaß, in Anspruch genommen und bietet vor allem Sicherheit, wenn die Grenzen der homöopathischen Behandlung erreicht scheinen. Nicht immer lässt sich jedoch die Kombination von homöopathischer und konventionell medizinischer Behandlung konfliktfrei organisieren.

3.7.3 Wissen über Homöopathie und weitere Behandlungsmöglichkeiten

Im folgenden Abschnitt soll dargestellt werden, welchen Stellenwert für die Betroffenen ihr Wissen über die Homöopathie als Methode und über andere Therapiemöglichkeiten im Rahmen der Behandlung und Betreuung durch die HomöopathInnen einnimmt.

Im Gegensatz zu den ausführlichen Schilderungen über ihre Erfahrungen der Selbstbeobachtung – also mit dem Erlernen einer bestimmten Form von Aufmerksamkeit für physische, psychische, soziale und spirituelle Veränderungen im Verlauf der homöopathischen Behandlung – nimmt das Wissen über die Homöopathie als Methode in den Schilderungen der Betroffenen eine eher randständige Position ein. Zu Behandlungsbeginn sind Vorstellungen über die Homöopathie wie „natürlich", „nicht chemisch" und „sanft" vorherrschend. Die Unbestimmtheit des Wissens wird vonseiten der Betroffenen durch einen Vertrauensvorschuss kompensiert, der sich durch das „Sicheinlassen" in eine homöopathische Behandlung ausdrückt.

> „Weil mein Wissen damals sehr eingeschränkt war, was Homöopathie betrifft. Also ich hab gewusst es is jetzt was Pflanzliches, des is jetzt kein Medikament. Des unterdrückt nicht. Des is a was Spirituelles. Aber mein Wissen war noch sehr, also i hab mi da einmal drauf eingelassen. Sagen wir so." (Frau Ortner, 40)

Im weiteren Verlauf der homöopathischen Behandlung eignen sich die Betroffenen Wissen über die Homöopathie in unterschiedlicher Weise an: Durch Nachlesen von Arzneimittelbildern in homöopathischen Fachbüchern und in Gesprächen mit den behandelnden HomöopathInnen, die zum Teil auch Empfehlungen für Literatur über die Homöopathie aussprechen. Vorwiegend wird auf diese Weise die Wissensbasis der Betroffenen zu Arzneimittelbildern vergrößert, während theoretische Grundlagen zur Homöopathie als Methode eher im Hintergrund bleiben. Das Wissen über Arzneimittelbilder jener homöopathischen Mittel, die in ihrer Behandlung angewendet werden bzw. wurden und über weitere häufig angewendete Mittel ist für die Betroffenen insofern von Nutzen, als dass es in der Selbstbehandlung angewendet werden kann.

Der Zuwachs an Wissen über homöopathische Mittel und die Homöopathie als Methode wird von allen HomöopathInnen unterstützt, wenn auch in unterschiedlichem Ausmaß: Eine als sehr engagiert wahrgenommene Homöopathin bietet Seminare für interessierte Frauen an, damit diese homöopathische Mittel für die Selbstbehandlung kennen lernen können. Diese Seminare haben in den Augen der betroffenen Frauen gegenüber der Lektüre homöopathischer Fachliteratur den Vorteil, sich mit Gleichgesinnten austauschen zu können und ermöglichen so einen gemeinsamen Wissenserwerb.

„Äh und dann durch die Seminare von der Frau Doktor Mugler. Wo wir wirklich von der Pike auf, also wo sie praktisch uns unterrichtet hat. Dass man einmal weiß wie die Zusammensetzung der Arzneien über die Potenzierung über die Anwendung – Konstitutionsmittel, Akutmittel, ja. Also das meiste eigentlich durch die Seminare. Weil in den Büchern ist es so, man liest des zwar, aber man liest's halt. Aber da kann man Frage und Antwort stellen, wenn i dann a Frage hab, kann i gleich fragen. Und wenn i jetzt verschiedene Erfahrungswerte schon mitbringe. Und gezielte Fragen stellen kann, also die Hauptinformationsquelle waren die Seminare." (Frau Ortner, 267)

Unabhängig von einem aktuellen Anwendungskontext vermittelt das erworbene Wissen über homöopathische Mittel den Betroffenen ein Gefühl der Sicherheit und kann sie dabei unterstützen, mit Verunsicherungen beim Auftreten von Beschwerden oder einer allgemeinen Unsicherheit in einer neuen Lebenssituation besser umgehen zu können.

„Ja, also während der Schwangerschaft hab i dann begonnen mit den Seminaren. Weil eben ich ein total ängstlicher Mensch bin von Haus aus und Unwissenheit macht Angst und dann wollt ich halt mehr wissen und wissen und wissen. Und des hat mir halt ein Gefühl der Sicherheit gegeben." (Frau Ortner, 117)

Das Wissen über homöopathische Mittel stellt für die Betroffenen darüber hinaus eine Möglichkeit dar, mehr über die Perspektive der HomöopathInnen auf ihre Beschwerden zu erfahren, wenn sie im Zuge der Behandlung das Arzneimittelbild des aktuellen homöopathischen Mittels nachlesen. Dieser Vorgangsweise sind jedoch insofern Grenzen gesetzt, als dass manche HomöopathInnen das in der Behandlung aktuelle Mittel nicht bekannt geben, um die Beobachtungsfähigkeit der Betroffenen nicht zu beeinflussen. In diesem Zusammenhang – wenn Wissen und Selbstbeobachtung in der homöopathischen Behandlung aufeinander treffen – scheint der Stellenwert des Wissens der Betroffenen über das Arzneimittelbild des aktuellen homöopathischen Mittels zumindest für die HomöopathInnen ambivalent zu sein, wie eine Betroffene schildert.

„Oder manchmal die Sabine *(Anm. der Verfasserin: die Homöopathin)* sagt a ‚Manche Menschen is viel gscheiter, die wissen garnix. Und die kommen her und beschäftigen sich garnet. Und des geht top.'" (Frau Ortner, 320)

Diese Ambivalenz von Wissen und Erfahrung zeigt sich auch auf anderer Ebene, wenn die Betroffenen den Stellenwert wissenschaftlicher Studien zur Wirksamkeit der Homöopathie für ihre persönliche Entscheidung, sich homöopathisch behandeln zu lassen, abschätzen. Auch wenn einige dieser Studien der Homöopathie keine Wirksamkeit bescheinigen, können sie die Entscheidung der Betroffenen für eine homöopathische Behandlung nicht beeinflussen, d.h., ins Wanken bringen.

Die Entscheidung, sich in eine homöopathische Behandlung zu begeben, basiert letztendlich auf persönlichen Erfahrungen bzw. auf Beobachtungen aus dem persönlichen Umfeld der Betroffenen: Die wahrnehmbaren Verbesserungen von Beschwerden infolge einer homöopathischen Behandlung, die von den Betroffenen an sich selbst oder im persönlichen Umfeld beobachtet werden, wirken stärker als die für die Betroffenen abstrakt bleibenden Analysen von kollektiven Behandlungsergebnissen im Rahmen von Studien, die sie als ohne Bezug zu ihrem Lebenszusammenhang wahrnehmen.

Wie auch schon beim Wissenserwerb über die Homöopathie als Heilverfahren und die Anwendung homöopathischer Mittel, ist für die Betroffenen die Hauptauskunftsquelle für weitere Behandlungsoptionen die/der jeweilige HomöopathIn. Diese/r informiert die Betroffenen über konventionelle medizinische Angebote (z.B. Vorsorgeuntersuchungen) und veranlasst die Betroffenen, diese in Anspruch zu nehmen. Die HomöopathInnen weisen auch auf andere Therapiemaßnahmen hin und regen an, diese ergänzend zur homöopathischen Behandlung zu nutzen. Auch der Wissenserwerb der Betroffenen über zusätzliche Maßnahmen, z.B. Lebensstiländerungen, wird von den HomöopathInnen in Form von Literaturempfehlungen angeregt.

Bei den Betroffenen ist die Bereitschaft, diesen Anregungen zu folgen aufgrund der positiven Erfahrungen in der homöopathischen Betreuung hoch. Insbesondere die interviewten Frauen zeigten ein hohes Interesse für alternative und komplementäre Verfahren: Die Hinweise der HomöopathInnen zur Erweiterung des Wissens über zusätzliche Therapieoptionen sind gut an ihre Konzepte und Haltungen zu Gesundheit, Krankheit und Behandlung anschließbar.

Zusammenfassend lässt sich festhalten, dass in Bezug auf den Wissenserwerb der Betroffenen die HomöopathInnen aufgrund des Vertrauensverhältnisses zwischen ihnen und den Betroffenen eine wichtige und zentrale Quelle darstellen: Sie vermitteln auf unterschiedliche Weise – im Beratungsgespräch, durch Seminare, mittels Literaturempfehlungen – Wissen über die Homöopathie und ihre selbständige Anwendung durch die Betroffenen. Auf der Ebene des Behandlungs- und Betreuungssystems geben sie Auskunft über weitere Behandlungsoptionen.

Dem gegenüber behält das von der Erfahrung entkoppelte Wissen für die Betroffenen insbesondere auf der Ebene der Anwendung von Homöopathie und anderen Heilverfahren einen ambivalenten Charakter: Es kann einerseits den Blick auf die Erfahrung verstellen, wie anhand des Beispiels der Selbstbeobachtung deutlich wird. Andererseits kann es die Erfahrung nicht ersetzen – das zeigt sich bei der Ablehnung der Ergebnisse von wissenschaftlichen Studien über die Wirksamkeit von Homöopathie durch die Betroffenen. Auf der Ebene des Wissens über das Behandlungs- und Betreuungssystem ist die/der HomöopathIn die zentrale Ansprechstelle für die Auswahl weiterer Behandlungsoptionen.

3.8 Sorge für sich selbst und andere

Die Möglichkeit der eigenständigen Behandlung von Beschwerden bei sich selbst oder bei anderen, meist nahe stehenden Personen, wird von den Betroffenen als eine besondere Qualität, die ihnen die Auseinandersetzung mit der Homöopathie ermöglicht, geschätzt. Die Praxis der Selbstbeobachtung befähigt die Betroffenen, Veränderungen in ihrem Gesundheitszustand und Befinden umfassend wahrzunehmen und zu Beginn des Auftretens der Beschwerden zu handeln. Gleichzeitig werden sie von den HomöopathInnen unterstützt, eigenständig auf Beschwerden und deren Veränderung zu reagieren. Im folgenden Abschnitt wird beschrieben, wie sich diese Praxis der Selbstbehandlung gestaltet.

3.8.1 Praktiken

Zunächst und im engeren Sinn betrifft die durch die HomöopathInnen vermittelte Anregung zur Selbstbehandlung das verordnete homöopathische Mittel, das gemäß den Einnahmevorschriften der HomöopathInnen eingenommen wird. Die eigenständige Behandlung von wiederkehrenden Beschwerden etabliert sich im Verlauf der homöopathischen Behandlung, wenn die Betroffenen bereits eine gewisse Erfahrung und Routine im Umgang mit homöopathischen Mitteln gewonnen haben: Die jeweiligen homöopathischen Mittel und die erwartbare Besserung der Beschwerden durch ihren Einsatz sind bereits bekannt, somit können die homöopathischen Mittel in weiterer Folge von den Betroffenen auch selbständig und flexibel, also angepasst an die beobachteten Beschwerden eingesetzt werden.

Auch wenn im Fall von bereits bekannten, als nicht bedrohlich wahrgenommenen Beschwerden die dafür passenden homöopathischen Mittel zunächst von den Betroffenen ohne Kontaktaufnahme mit den HomöopathInnen eingesetzt werden, wird dennoch in vielen Fällen Rücksprache mit ihnen gehalten. Diese Rücksprache versichert die Betroffenen über den richtigen Einsatz der homöopathischen Mittel und legt eine Zeitspanne fest, innerhalb derer mit einer Verbesserung zu rechnen ist.

> „Und grundsätzlich versuch ich schon, sie zu kontaktieren und das zumindest in telefonischer Absprache mit ihr zu machen. Weil es mich auch ein bissel – es gibt mir einfach eine gewisse Sicherheit das Richtige zu tun. Wenn sie am Telefon sagt ‚Wunderbar. Das machen wir. Und wenn es in zwei Tagen nicht besser ist, rühren Sie sich oder ich ruf an und dann kommen Sie'." (Herr Glaser, 122)

Gegebenenfalls wird die Entscheidung der Betroffenen für den Einsatz eines bestimmten Mittels von den HomöopathInnen korrigiert, ohne dass diese Korrektur jedoch von den Betroffenen als Maßregeln aufgefasst wird.

„Erzählen Sie Ihr was sie schon probiert haben? (I)
Genau, ja. Was ich gemacht hab und dann sagt sie ‚Na das war ein Blödsinn – das
muss her'. Und dann passt des, ja.
Und haben Sie net das Gefühl – also sie sagt ‚Das war ein Blödsinn' – aber das ist
jetzt net ... (I)
Nein das sagt sie nicht, das würd' sie nie aussprechen. Da sagt sie ‚Probieren Sie
das.' Ja, also. Verbal ist sie schon sehr vorsichtig." (Frau Trummer, 686-689)

Die Selbstbehandlung von Beschwerden durch die Betroffenen kommt auch als
eine Art „Erstversorgung" bis zum Kontakt mit einer/m Ärztin/Arzt zum Einsatz.
Sie vermittelt den Betroffenen das Gefühl, dem akuten Problem nicht hilflos
ausgeliefert zu sein.

„Es geht net immer natürlich. Und wenn wirs net abfangen können, dann kommts
drauf an, äh, welche Symptome es sind. Bei gewissen Dingen äh, behandle ich sie
selber. Manchmal is es gefragt, wenns mitten in der Nacht ist und es is meistens mitten in der Nacht, es is meistens ein Wochenende. Äh, dann versuch ich sie einmal
eben erst zu versorgen. Und dann eben entweder die Frau Doktor Mugler anzurufen.
Wir machens dann telefonisch meisten. Also in Absprache immer, wir sind immer in
Absprache. Oder wenn sie zum Wochenende jetzt net erreichbar ist mit dem homöopathischen Notdienst." (Frau Ortner, 90)

„In einem Akutfall geh ich genauso zu einem andern Arzt oder ins Spital oder sonst
irgendetwas, aber wenn so etwas anfängt und ich hab was in der Hand und weiß, das
oder das oder das kann ich machen." (Frau Raab, 222)

Jene homöopathischen Mittel, die bereits aus früheren Anwendungen bekannt
sind, werden von den Betroffenen aufbewahrt und bei auftretenden Beschwerden
eingesetzt. In manchen Fällen werden auf Anraten der HomöopathInnen bestimmte Mittel in Form einer „homöopathischen Hausapotheke" bereitgehalten.

„Ja, allgemein ja. So der erste Husten und Fieber und solche Zustände, ja. Und was
man so Notfall, so ein kleines Notfall Medizin Paket, ja darüber hat sie ein bisschen
geredet." (Frau Trummer, 52)

Es ist aber auch möglich, dass die Betroffenen ausgewählte homöopathische
Mittel mit sich führen, um im Bedarfsfall unmittelbar handlungsfähig zu sein.

„Aber ja, i ich weiß, was zu geben ist bei verschiedensten Dingen. Also ich geh zum
Beispiel, drei drei Arzneien, hab ich immer dabei. Des is a ähm Aconitum, a Apis, und
a Arnica. Diese drei Dinge ohne die beweg i mich nirgends hin." (Frau Ortner, 90)

Die geschulte Beobachtung und die rasche Verfügbarkeit von homöopathischen Mitteln vermittelt den Betroffenen das Gefühl, zu einem früheren Zeitpunkt als bisher auf Symptome und Beschwerden reagieren zu können.

> „Also ich kann, ich hab jetzt in meiner Handtasche, weiß ich, die Arznei ist für mich aktuell, wenn ich einen Energieabfall hab, irgendwie merk, es geht mir net gut, darf ich mir davon drei Kugerln in einem Glas auflösen. Und das ist natürlich jetzt, es ist egal, ob es Tag oder Nacht ist, Wochenende ist, Ferien ist oder sonst irgendwas, ich beginn mit der Arznei wesentlich früher." (Frau Raab, 26)

Grenzen erfährt diese Form der Selbstsorge dort, wo nicht mehr auf die den Betroffenen bekannten homöopathischen Mittel zurückgegriffen werden kann und zusätzlich in ihren Augen ein fundiertes Wissen über Homöopathie notwendig wäre.

> „Und die die Verschreibung der Arznei, also der der Globuli erfolgt dann eben aufgrund dieser sehr differenzierten Aussagen. Und das kann diese Fähigkeit hab ich nicht bei meiner Tochter. Ich kann nicht diese Anamnese mit ihr machen, die dann mir sagt das ist jetzt – das sind jetzt die Globuli der Wahl. Sondern ich hab halt nur ein Standardrepertoire von weiß ich nicht was da drinnen ist von fünfzehn verschiedenen Röhrchen. Äh und ein paar Schlagworte und man kann das dann geben, aber ich – also mittlerweile lass ich meine Tochter auch bei bei Lobinger behandeln wenn sie was hat und tu da nicht mehr herumexperimentieren." (Herr Glaser, 38)

Über die eigenständige Anwendung von homöopathischen Mitteln bei akuten oder wiederkehrenden bekannten Beschwerden hinaus werden die Betroffenen von den HomöopathInnen ermuntert, Veränderungen in ihrer Lebensweise vorzunehmen: Das Gespräch mit den HomöopathInnen kann die Betroffenen zur Reflexion über ihren Lebensstil anregen und lässt sie diesen überdenken.

> „Ja. I schau jetzt mehr auf meinen Körper. Eben durch das Gespräch mit dem Homöopathen. Und I leb auch viel bewusster." (Herr Lugger, 235)

Auch die genaue Selbstbeobachtung unterstützt die Betroffenen, ihre Lebensweise zu überdenken und gegebenenfalls zu ändern. Insbesondere das Thema „Ruhe finden" spielt hier eine große Rolle als Ausgleich für einen als anstrengend erlebten Alltag.

> „Und dass man mit der Homöopathie einfach dann mehr Körperbewusstsein hat, die Homöopathie die hilft auch, und dass man natürlich durch dieses genaue Schauen auch das Leben umstellt und wirklich auch sich die Ruhephasen auch gönnt." (Frau Raab, 8)

Ein weiterer Aspekt der Selbstsorge betrifft das Interesse für und die Anwendung von tradiertem Heilwissen in Form von Hausmitteln und ähnlichen Praktiken. Zum Teil ist dieses Wissen in der Familie der Betroffenen überliefert worden und wird im Zuge der homöopathischen Behandlung wieder erinnert, wertgeschätzt und aktiviert.

> „Das bei Fieber noch so Essigpatscherln oder Warmwickel oder so – das hab ich schon von zu Hause mitgekriegt, oder einen Ölfleck wenn man Husten hat oder so."
> (Frau Trummer, 457)

3.8.2 Handlungsfähig sein

Die Anwendung verschiedenster Methoden der Selbstbehandlung vermittelt den Betroffenen das Gefühl, in einem zunehmenden Ausmaß mit auftretenden Beschwerden umgehen zu können. Wenn auch zu Beginn einer homöopathischen Behandlung die Aufforderungen der HomöopathInnen, sich aktiv an der Behandlung zu beteiligen, von den Betroffenen aus unterschiedlichen Gründen als Herausforderung erlebt werden, so wächst im Verlauf der homöopathischen Behandlung ihre Kompetenz zur Selbstbehandlung. Die dabei entwickelten Fähigkeiten vermitteln den Betroffenen das Gefühl, in Situationen, wo Beschwerden beobachtet werden, diese einschätzen zu können und in der Folge auch darauf reagieren zu können. Kompetent im Sinne eines selbstständigen Umgangs mit auftretenden Beschwerden fühlen sich die Betroffenen bei jenen Symptomen, die als wenig schwerwiegend eingeschätzt werden.

> „Aber ich kann jegliche Mittelohrentzündungen oder Blasenkatarrh oder Kreislaufkollaps oder so des trau ich mir durchaus zu." (Frau Ortner, 10)

> „Alles geht mit der Homöopathie auch net. Aber die kleinen Wehwehchen, die im Entstehen sind, kann man mit der Homöopathie wunderbar ... wie gesagt." (Herr Lugger, 139)

Unterstützend wirkt, dass die eingesetzten homöopathischen Mittel von den Betroffenen als gut wirksam, aber ohne ernsthafte unerwünschte Wirkungen zu verursachen, eingeschätzt werden. Handlungsfähig sein bedeutet in diesem Zusammenhang auch, schnell und ohne aufwändige Vorbereitungen auf Beschwerden reagieren zu können.

> „Dass es natürlich ist, dass ich selber was in der Hand hab, wo ich schnell reagieren kann." (Frau Raab, 118)

„I hab für – obs jetzt eine Verletzung is, obs a Allergie is, a Wespenstich, obs a Ze-
cke is, obs a Platzwunde is, obs a Panik is, obs a Kreislaufschwäche is, obs Durch-
fall ist – i hab immer was dabei, wo ich weiß äh, i kann sofort Ersthilfe leisten, bis a
Arzt ist oder bis man a im Spital, bis a Arzt kommt oder bis man in einem Spital ist.
Äh, des gibt unheimliche Sicherheit." (Frau Ortner, 181)

Die Überzeugung, bei auftretenden Beschwerden etwas tun zu können wächst
mit zunehmender Erfahrung in der Selbstsorge. Die Betroffenen können sich
darauf verlassen, nachdem sie Beschwerden als wenig schwerwiegend oder bereits bekannt eingeschätzt haben, dass sie mit diesen im Rahmen einer selbständigen Anwendung homöopathischer Mittel umgehen können.

„Also seit fünfzehn Jahren behandle ich mich selbst oder werde behandelt mit homöopathischen Arzneien. Meine Tochter ist nicht geimpft. Die hat auch noch nie äh
ein Medikament bekommen. Wir haben alles bis jetzt homöopathisch behandelt,
egal was es war. Und i hab wirklich einen großen Erfahrungswert, was des betrifft.
Also es werden Verwandte, mein Mann, Schwiegereltern, Freunde, es ist schon ein
großer Kreis, der sich da angeschlossen hat." (Frau Ortner, 4)

Die behandelnden HomöopathInnen unterstützen die Betroffenen insofern, als
dass sie für diese erreichbar sind, um die gewählten Behandlungsversuche zu
begleiten und gegebenenfalls korrigierend einzugreifen. Die HomöopathInnen
unterstützen und fördern die Handlungskompetenz der Betroffenen aber auch
aktiv. Ein eindrückliches Beispiel sind in diesem Zusammenhang die bereits
erwähnten Seminare, die eine Homöopathin anbietet, um die Selbstsorgefähig-
keiten der an diesen Seminaren teilnehmenden Frauen zu erhöhen. Es wird nicht
nur Wissen zu homöopathischen Mitteln und deren Einsatz vermittelt, sondern
die Frauen werden auch in ihrem Selbstvertrauen gestärkt.

„Und auch durch die Seminare auch dieses Vertrauen, was sie in uns gesetzt hat: ‚Ihr
schafft's des, ihr könnt's des allein, Ihr könnt's Eure Kinder allein behandeln.' Sie
sagt immer nur ‚I kann eure Kinder behandeln, aber ich hab sie nicht geboren. Ich
bin nicht 24 Stunden mit euren Kindern zusammen. Ihr habt's den Instinkt vom
Bauch her. I kann euch sagen des Mittel, aber ihr, ihr seid die Mütter!' Also des is,
ja. I kanns jetzt net beschreiben. Des is … wie sollt i sagen.." (Frau Ortner, 181)

Darüber hinaus haben diese Seminare für die teilnehmenden Frauen neben der
Aneignung von Wissen zur Anwendung homöopathischer Mittel auch den Effekt, dass sie „Gleichgesinnte" kennen lernen, mit denen sie sich über ihre Erfahrungen austauschen können und die als Unterstützung in Fragen der Selbstbehandlung wirken. Diese Ressource der emotionalen Unterstützung und Erfahrung
mit Homöopathie durch langjährige Anwenderinnen nehmen vor allem Mütter

mit kleinen Kindern in Anspruch, die sich gegenseitig in der Behandlung ihrer Kinder beraten. Insbesondere in als krisenhaft erlebten Situationen ermöglicht der Kontakt mit befreundeten Frauen eine einfühlende und verstehende Sichtweise auf akute Problemstellungen.

> „Wir haben a viele Frauen kennen gelernt in den Seminaren und da lernt man auch wieder Menschen kennen, die a auf derselben Wellenlinie sind. Und der Austausch is a total wichtig. Und des gibt a – des is a so a Netz, was man dann bildet. Was noch einmal mehr Sicherheit gibt." (Frau Ortner, 281)

Zum Teil knüpfen die betroffenen Frauen auch selbst Kontakte mit Personen in ihrem näheren Umfeld, die an Homöopathie interessiert sind. Diese Kontakte wirken als Netzwerke gegenseitiger Unterstützung.

> „Also jetzt zum Beispiel die eine Freundin vom Haus. Die hat mi vor a paar Wochen vorm Urlaub angerufen und hat gesagt ‚Du entschuldige, ich kann die Frau Doktor Mugler net erreichen. I bin im Spital. Was würdest mit der Stella' – mit ihrem Kind ‚Was würdest Du machen, also Deine Meinung ist mir viel wert und..' Wir tauschen uns aus, also wir rufen uns auch in der Nacht an. Des is für uns total okay. Speziell wir Mütter, wir unterstützen uns – der eine hat des Mittel zu Haus der andere hat des oder eben. ‚Was soll i machen, was meinst Du?' Des is a große Hilfestellung." (Frau Ortner, 281)

In der Zusammenschau ergänzen sich die beschriebenen Strategien der selbständigen Behandlung mit homöopathischen Mitteln, der Nutzung von Hausmitteln und der Lebensstiländerung und bilden für die Betroffenen ein stimmiges Konzept der Selbstbehandlung. Unterstützung erfahren die Betroffenen durch die Rückversicherung bei den HomöopathInnen und durch den Austausch mit anderen AnwenderInnen von Homöopathie.

3.8.3 Verantwortung übernehmen

Im Lauf der homöopathischen Behandlung erleben die Betroffenen, dass sie persönlich gefordert sind, sich an der Behandlung ihrer Beschwerden aktiv zu beteiligen – durch das detaillierte Schildern ihres Befindens und ihrer Beschwerden, indem sie ihre Selbstbeobachtung schulen, vor allem aber durch Selbstbehandlungsaktivitäten auf unterschiedlichen Ebenen. Diese Erfahrungen lassen in den Betroffenen ein Gefühl der Zuständigkeit und Verantwortlichkeit für das eigene Befinden und den Umgang mit Beschwerden entstehen. Gleichzeitig wächst die Zuversicht, im Fall von Beschwerden handlungsfähig zu sein.

„Diese Eigenverantwortung, Selbstverantwortung. Erstens einmal, dass man sich des traut, sich zutraut. Äh und des macht sicher und stark. Also des hat mir soviel Ängste genommen, dass i weiß ja i kann des." (Frau Ortner, 183)

Für viele Betroffene bedeutet die Erfahrung, die sie mit der Änderung ihres Lebensstils im Verlauf der homöopathischen Behandlung gemacht haben, dass sie mit ihrer Lebensweise direkt ihre Gesundheit beeinflussen können – sie fühlen sich in weiterer Folge auch direkt für ihr Wohlbefinden verantwortlich. Dieses Bewusstsein der Verantwortungsübernahme hat für sie positive Effekte, da sie sich durch die bewusste Entscheidung für ein bestimmtes Verhalten in ihrer Handlungsfähigkeit bestärkt erleben.

„Man kann net einfach homöopathische Arznei schlucken und die Krankheit übergehen und sie nie niederlegen oder so weitermachen wie bisher. Also das ist glaub ich auch wichtig, aber was ich im Endeffekt für ganz positiv empfinde, weil es ja einfach so eine gesunde Haltung oder fürs Gesundsein, dass man da Verantwortung übernimmt und dass es net so sein kann, dass man a Mittel schluckt und damit tut man so weiter, wie's geht." (Frau Raab, 172)

Demgegenüber werden jene Verhaltensweisen kritisiert, die die Betroffenen mangelnde Verantwortung bei anderen vermuten lassen.

„Wennst dir des anschaust, was si dort abspielt, weil, entschuldigen'S den Ausdruck, aber der frisst sich auf 150 Kilo auffe beim McDonalds, und dann gibt er dem McDonalds die Schuld und der Richter verurteilt den McDonalds. Na da frag I mi, was haben die für an Gedankengang dort? Dasselbe wenn I jeden Tag zwei Liter Wein sauf, dann kann I den Weinbauern die Schuld geben, wenn I a Leberzirrhose hab?" (Herr Lugger, 101)

Trotz der explizit formulierten Zuständigkeit, was einen die Gesundheit unterstützenden Lebensstil angeht, spielen auch Lebenszusammenhänge jenseits der individuellen Einflussnahme der Betroffenen in ihren Augen eine wichtige Rolle für ihr Wohlbefinden. Insbesondere Belastungen im Zusammenhang mit der beruflichen Tätigkeit lassen oft wenig bis keine Entscheidungsfreiheit und haben Auswirkungen auf körperlicher und psychischer Ebene.

„Ich muss eins sagen auch seit ich halt zu Hause bin. Nimmer berufstätig bin is auch alles leichter. Der Stress is weg. Ich hab bis sechzig gearbeitet, war im Kindergarten als Helferin beschäftigt. Hab viel mit de Kinder zu tuan ghabt. War schon Stress a manchmal. Und des is jetzt auch besser gworden. Also im Allgemeinen is jetzt alles besser geworden – gehts ma besser." (Frau Lugger, 162)

Auch wahrgenommene gesellschaftliche Normen wie der Anspruch des „Funktionieren Müssens" führen den Betroffenen die Grenzen ihres angestrebten selbstverantwortlichen Handelns vor Augen. Die Rolle ihrer Verantwortung reflektieren die Betroffenen auch im Zusammenhang mit einer konventionellen medizinischen Behandlung und ihrer Interaktion mit den dort tätigen Ärztinnen/Ärzten: Hier stellt sich für sie die Frage, welche Rolle sie im Rahmen dieser Behandlung einnehmen möchten bzw. welche Gestaltungsmöglichkeiten sie in diesem Zusammenhang wahrnehmen. Verantwortung zielt hier darauf ab, bereits vor der Konsultation und der Inanspruchnahme professioneller Unterstützung nach Wegen zu suchen, mit den Beschwerden umzugehen. Diagnosen und Behandlungsvorschläge der/s behandelnden Ärztin/Arzt sollten kritisch hinterfragt werden.

„Aber ich denke schon, ja man sollte sich mit sich selber ein bissel auseinandersetzen bevor man überhaupt zum Arzt geht. I denk a man sollt net zu einem Arzt jetzt gehen und der erzählt mir jetzt und ich sag ‚Danke und Auf Wiedersehen.' Sondern da ghört schon ein bissel was hinterfragt find i. Aus eigenen Interessen." (Herr Opitz, 295)

Das Hinterfragen von Therapien und Maßnahmen, wie sie im Rahmen konventioneller medizinischer Betreuung üblich sind, kann jedoch auch erhebliche Konflikte auslösen: Insbesondere dann, wenn in der Folge Handlungsoptionen gewählt werden, die im Kontrast zur konventionell-medizinischen Lehrmeinung stehen. Hier geraten die Betroffenen in ein Spannungsfeld zwischen wahrgenommener Verantwortung gegenüber den von ihnen getroffenen gesundheitsrelevanten Entscheidungen (z.B. eine Behandlungsoption auszuschlagen) und der ihnen vermittelten Sichtweise von Ärztinnen/Ärzten, sich aufgrund dieser Entscheidungen wenig verantwortungsvoll zu verhalten.

Zusammenfassend erleben die Betroffenen durch die erworbene Kompetenz zur Selbstbehandlung, die sie im Rahmen der Betreuung durch die HomöopathInnen entwickeln, ein gesteigertes Bewusstsein für ihre Verantwortlichkeit gegenüber gesundheitsrelevanten Entscheidungen. Diese zeigt sich am stärksten im Bereich der individuellen Lebensweise und ihrer Änderungen, aber auch im Umgang mit Ärztinnen/Ärzten und ihren Behandlungsvorschlägen.

Die Wahrnehmung von Verantwortung ist für die Betroffenen jedoch nicht konfliktfrei, wie am Beispiel des Spannungsverhältnisses Verantwortungsübernahme für die eigenen Lebenszusammenhänge und wahrgenommener, damit im Widerspruch stehender gesellschaftlicher Ansprüche an die Betroffenen sichtbar wird. Auch im Kontext konventionell medizinischer Behandlung verweisen die Betroffenen auf dieses Spannungsfeld, wenn sie vonseiten der MedizinerInnen vorgeschlagene Behandlungen ausschlagen

3.9 Wahrnehmung von Homöopathie im Umfeld der Betroffenen

Die Erfahrungen, die sie im Zuge einer homöopathischen Behandlung machen, veranlassen die Betroffenen zu einer erhöhten Aufmerksamkeit gegenüber Haltungen zur Homöopathie, wie sie sie in ihrem persönlichen Umfeld, im Kontakt mit konventionell arbeitenden Ärztinnen/Ärzten, in der medialen Berichterstattung und im Versorgungssystem wahrnehmen können.

3.9.1 Persönliches Umfeld und Medien

Im persönlichen Umfeld wird den Betroffenen im überwiegenden Ausmaß Verständnis für ihre Entscheidung, eine homöopathische Behandlung in Anspruch zu nehmen entgegengebracht, und zwar unabhängig davon, ob sich die Personen im Umfeld selbst homöopathisch behandeln lassen oder nicht. Zum Teil erweitert sich dieses Verständnis in Richtung Interesse, mehr über Homöopathie und die Erfahrungen der Betroffenen zu erfahren. Im Allgemeinen sind die Betroffenen gerne bereit, ihre Erfahrungen zu schildern, manche möchten damit auch Überzeugungsarbeit für die Wirksamkeit der Homöopathie leisten.

> „Nein, ich erzähls eigentlich schon. Aber i merk ja sofort, ob jetzt wer interessiert ist. Früher wollt i alle bekehren und wollt einem jedem sagen ‚Bitte des musst machen und unbedingt'. Des is wurscht was, also i wollt immer die Leut dort hinbringen und heute ist so, dass i des zwar mitteile, wenn's wenn's gefragt ist, steh i Rede und Antwort. Und wenn des dann nimmer mehr angesprochen wird dann.. Also alle Leute die mi kennen, wissen, wie wir uns behandeln." (Frau Ortner, 279)

Insbesondere wenn Mütter mit ihren Kindern sich homöopathisch behandeln lassen, bildet sich durch die Kontakte zu anderen Müttern ein Kreis von Gleichgesinnten: Ein Teil des persönlichen Umfelds wird „homöopathiefreundlich" gestaltet, es unterstützen sich homöopathieerfahrene Mütter gegenseitig in der Sorge um ihre Kinder.

Sollte jedoch das Interesse von Außenstehenden an einer homöopathischen Behandlung auf in den Augen der Betroffenen möglicherweise unrealistischen Heilungserwartungen basieren, werden die Erfahrungen mit der homöopathischen Behandlung nur bedingt weitergegeben und vor allem die behandelnden HomöopathInnen „abgeschirmt": Sie sollen nicht mit überzogenen Erwartungen konfrontiert werden und die Möglichkeit, dass der Homöopathie unrealistische Heilungserwartungen negativ zugerechnet werden, soll vermieden werden. Kritisiert wird von den Betroffenen auch ein Zugang zur Homöopathie, der in ihren Augen diesem Heilverfahren nicht gerecht wird und simplifizierend ist.

„Die Leut glauben, wenn sie in die Apotheke gehen und sagen, geben Sie mir die Globuli, dann hat sie's. Das sag ich eh jedem, sag I, das Gespräch ist genauso wichtig wie dann die Medizin." (Herr Lugger, 181)

Im starken Gegensatz zu ihrer eigenen Haltung bzw. der ihres Umfelds nehmen die Betroffenen die mediale Berichterstattung zum Thema Homöopathie war. Im Zeitraum, in dem die Interviews für diese Publikation geführt wurden, war ein Anlass besonders prägnant: Ein erneutes Aufflammen der wissenschaftlichen Kontroverse über die Wirksamkeit von Homöopathie, die aufgrund der Vehemenz, mit der die Debatten geführt wurden, auch Eingang in Tageszeitungen fand. Beachtung fand in den Medien vor allem jene Position, die der Homöopathie Unwirksamkeit vorwarf. Vonseiten der Betroffenen wird dieser Berichterstattung geringe Bedeutung zugemessen; zum Teil erwähnen sie, dass sie immer wieder mit homöopathiekritischen Berichten konfrontiert sind und somit für sie bereits eine gewisse Vorhersehbarkeit der Berichterstattung offenbar wird. Im Hinblick auf den Einfluss, den eine homöopathiekritische öffentliche Position auf ihre Behandlungsentscheidungen ausüben könnte, beschreiben die Betroffenen das Abwägen der persönlichen Erfahrungen mit der homöopathischen Behandlung gegenüber kritischen Positionen. Im Endeffekt gibt die Erfahrung, dass Beschwerden gelindert wurden, den Ausschlag dafür, auch weiterhin eine homöopathische Behandlung zu verfolgen. Berichte, die der Homöopathie Unwirksamkeit bescheinigen, können diese Entscheidung nicht ins Wanken bringen. Diese Überzeugung wächst mit der Dauer der homöopathischen Behandlung und der erlebten Linderung von Beschwerden.

„Und ich glaub, dass des einen viel zu schlechten Ruf hat. Und ich weiß es net, wann des war. Vor einem Jahr war doch so eine Kampagne – zumindest im Kurier, wo gestanden ist ‚Ganz schlecht, nicht erwiesen, wissenschaftlich unhaltbar.' Waren drei oder vier Wochen hindurch Artikeln drinnen.
Und ist das – macht das für Sie einen Unterschied oder ist Ihnen das wurscht, wenn so was? (I)
Na gut, persönlich. Es ist mir net egal. Weil wenn ich mir denk, lauter Ahnungslose, aber.. im Prinzip.
Also für Ihre eigene Anwendung, sagen Sie? (I)
Ist es – ist für mich egal." (Frau Trummer, 980-984)

Obwohl die mediale Berichterstattung auf ihre individuellen Entscheidungen, sich homöopathisch behandeln zu lassen, keinen Einfluss nimmt, bedauern die Betroffenen dennoch, dass aufgrund negativer Schlagzeilen oder mangelnder Präsenz des Themas komplementäre und alternative Heilverfahren in den Medien der Bekanntheitsgrad dieser Verfahren in der Allgemeinbevölkerung ihrer Einschätzung nach gering bleibt, ganz im Gegensatz zu besser organisierten

Interessen. Damit bleibt auch die homöopathische Behandlung im Versorgungssystem ein randständiges Verfahren.

> „Wie gsagt, die Medien müssten da präsenter auftreten. Aber sie müssen ihre –
> wennst keinen Körper heut hast als Lobbyist, ka Lobby hinter dir hast, wennst nie-
> manden hinter dir hast, der was dich hält und vorschiebt, ist das schwer da irgendwie
> sich artikulieren und auch Interesse zu wecken unter der Bevölkerung." (Herr Lug-
> ger, 211)

3.9.2 Versorgungssystem

Eine weitere relevante Umwelt, was die Wahrnehmung von Homöopathie betrifft, sind für die Betroffenen konventionell behandelnde Ärztinnen/Ärzte und andere Akteure im Versorgungssystem. In ihrer Wahrnehmung ist das Versorgungssystem gegenüber der Homöopathie, aber auch gegenüber anderen komplementären und alternativen Behandlungsformen sehr kritisch eingestellt. Als Erklärung für diese im Allgemeinen ablehnende Haltung führen die Betroffenen an, dass konventionell tätige MedizinerInnen durch das Erstarken alternativer Behandlungsformen einen Teil ihrer Definitionsmacht verlieren könnten.

> „Denk i mir des san unwissende Leute, die haben keine Ahnung oder schwere Geg-
> ner. .. Des hab i mir immer schon dacht. Weil i hab a früher schon ghört von homö-
> opathischen Erfolgen, ja. Kann jetzt gar nimmer mehr sagen, so hab i des garnet so
> verfolgt, was des war, aber i finds einfach ein Unfug. Und speziell von der Schul-
> medizin, net. Weil die haben des ja immer .. ja total abgelehnt und hingestellt als
> Placebomedikament und ähnliches, na." (Herr Opitz, 401)

Aber auch ökonomische Interessen aufseiten der konventionell tätigen MedizinerInnen können in den Augen der Betroffenen zu einer Ablehnung homöopathischer Behandlung führen. Sichtbar wird dieser Interessenskonflikt am Beispiel der Abgabe von Medikamenten durch Ärztinnen/Ärzte[36], was auch als finanzieller Gewinn für die Ärztinnen und Ärzte gedeutet wird.

> „Es ist eh klar, die Ärzte wehren sich, weil wenn du so an Landarzt anschaust, der
> hat a Apotheke, des Regal ist zweimal so lang wie die Mauer, was der da alles da
> drin hat. Des ist ja sein Geld auch. I versteh des einigermaßen. Der hat jetzt studiert

---

36   In Österreich wird die Versorgung mit Arzneimitteln u.a. durch die „ärztliche Hausapotheke"
     d.h. durch die Abgabe von Medikamenten durch AllgemeinmedizinerInnen sichergestellt – das
     betrifft Regionen, in denen keine öffentliche Apotheke existiert bzw für die Betroffenen in
     nicht zumutbarer Entfernung gelegen ist. Die Einrichtung und Führung von ärztlichen Haus-
     apotheken ist an bestimmte gesetzliche Auflagen gebunden (Apothekenbetriebsordnung).

von mir aus bis zum 30. Lebensjahr hat er, dann macht er sich a Praxis auf, dass er jetzt des alles aufholen will. Dann baut er a Haus, das ist alles mit Schulden belastet. I sieh des aa irgendwie ein." (Herr Lugger, 105)

Wenn auch – wie im obigen Zitat – Verständnis gezeigt wird für die Tatsache, dass Ärztinnen/Ärzte ihren Lebensunterhalt verdienen müssen und somit auch ökonomische Interessen haben, so wird dennoch von den Betroffenen beobachtet und abgewogen, in welchen Fällen ökonomische Interessen der Ärztinnen/Ärzte mit den Interessen der Betroffenen nach einer guten Betreuung in Konflikt geraten. Gleichzeitig wird auch den diese Ärztinnen/Ärzte aufsuchenden Personen ein Teil der Verantwortung, z.b. für einen in den Augen der Betroffenen übermäßigen Konsum an Medikamenten zugeschrieben, in dem sich für die Betroffenen eine kritiklose Übernahme von Behandlungsvorschlägen zeigt.

„Ich wohn net weit weg von dort, wo die Ärztin ordiniert im Gemeindehaus. Ich seh, wenn die älteren Damen aussigehen, Sie glauben, die waren beim Billa einkaufen, so viel drehen's ihnen an dort an Mitteln, an Medikamenten. Und da sind die Leut aa so ungschickt, muss I sagen, da protzen's noch, wer mehr Medikamente nehmen muss am Tag. Die kommen manchmal mit 10, 15 Schachteln manche auße. Da greifst einfach am Kopf, was die verschreiben, manche Ärzte." (Herr Lugger, 85)

Auch im persönlichen Umgang mit konventionell tätigen Ärztinnen/Ärzten stoßen die Betroffenen auf Ablehnung der homöopathischen Behandlung.

„Is net möglich gewesen. Früher mit anderen Ärzten, also .. die anderen Ärzte haben eher .. wie soll i des sagen, fast wütend drauf reagiert. Weil der Arzt, dem ich sag, also so mir des Gefühl vermittel, 'Was wollens von mir. Ich bin a Arzt. Also wenns mi jetzt holen, dann müssens des nehmen, was i Ihnen gib. Und wenns des net nehmen, dann müssens woanders hingehen.' Des hat sich net wirklich vereinbaren lassen." (Frau Ortner, 131)

Hier wird potentiellen Konflikten, die durch eine Ablehnung der homöopathischen Behandlung vonseiten der Ärztinnen/Ärzten entstehen könnten, von den Betroffenen auf unterschiedliche Weise begegnet: Wenn die Ablehnung in der Einschätzung der Betroffenen sehr wahrscheinlich ist, z.B. im Falle einer Entscheidung für oder gegen eine bestimmte Behandlungsmethode, wird die homöopathische Behandlung gegenüber den konventionell tätigen MedizinerInnen nicht erwähnt. In manchen Fällen, vor allem bei routinemäßigen Konsultationen von konventionell tätigen MedizinerInnen im Rahmen von Vorsorgemaßnahmen, ist dieser Konflikt für die Betroffenen nicht evident, da die homöopathische Behandlung keinen unmittelbaren Einfluss auf den Vorgang der Untersuchung hat. Wenn sich die Offenlegung der homöopathischen Behandlung nicht vermeiden lässt bzw. von den Betroffenen auch gewünscht wird, wird eine andere Strategie eingeschlagen: Die der Suche nach homöopathie-aufgeschlossenen Ärztinnen/Ärzten. Zumeist werden solche auch von den behandelnden HomöopathInnen empfohlen, wenn aus ihrer Sicht in Absprache mit den Betroffenen der Bedarf nach einer konventionellen medizinischen Behandlung besteht.

Die Zäsur zwischen konventioneller Medizin und alternativen und komplementären Verfahren bleibt für die Betroffenen auch bei konventionell praktizierenden Ärztinnen/Ärzten, die der Homöopathie wohlwollend gegenüberstehen, erhalten – sie verlagert sich vielmehr auf die Seite dieser Ärztinnen/Ärzten, die mit Ablehnung vonseiten ihrer KollegInnen rechnen müssen.

Diesen von ihnen wahrgenommenen Konfliktlinien entlang unterschiedlicher Interessen und Konzepten von Krankenbehandlung stellen die Betroffenen ein Idealbild von Behandlung und Betreuung gegenüber, welches neben den physischen auch die psychosozialen und spirituellen Bedürfnisse der Betroffenen aufnimmt. Auch der Nutzen interdisziplinärer Zusammenarbeit der beteiligten Berufsgruppen wird thematisiert.

„Man müsste, ich weiß nicht, wär schöner, wenn wenn Ärzte und Homöopathen und Energetiker, wenn die mehr net gegeneinander sondern miteinander arbeiten würden. Des wär des schönste überhaupt. Weil Ärzte braucht ma. Die Frage stellt sich gar nicht. Weil wenn ich heut einen Autounfall hab, dann mach i mit Globuli garnix. Oder wenn i heut einen Blinddarmdurchbruch hab oder einen Herzinfarkt, dann brauch i einen Arzt. Ja, die Ärzte sind total wichtig. Aber es wär schön, wenn des halt eben a so mit der Psychologie da es es wird eh schon. I glaub es is eh der Weg dorthin. I glaub es entwickelt sich eh schon dorthin." (Frau Ortner, 332)

Von den Betroffenen wird auch die kritische bis ablehnende Haltung anderer Akteure im Versorgungssystem gegenüber alternativen und komplementären Heilverfahren thematisiert. Zwei Akteure werden hier hervorgehoben: Die pharmazeutische Industrie und die Soziale Krankenversicherung. Aufseiten der pharmazeutischen Industrie werden ökonomische Interessen für die Ablehnung alternativer und komplementärer Verfahren vermutet. Kritisch wird für die Betroffenen dieser Interessenskonflikt dort, wo er auf die Therapieentscheidungen von Ärztinnen/Ärzten Einfluss nehmen könnte.

„Die Ärztin bei uns in Landdorf, die hat zweimal so ein langes Regal wie die Mauer ist, von unten bis hinauf. Ist eh klar, dass sie – dort verdient sie sich was zusätzlich. Weil vom Krankenschein kriegt sie von der Kassa vorgeschrieben, was sie kassieren darf, net. Und dort, bei Medikamente, ist das große Geld drinnen." (Herr Lugger, 252)

Die Kritik an der Sozialen Krankenversicherung bezieht sich auf die Tatsache, dass Behandlungen mit alternativen und komplementären Methoden nicht im Rahmen der Krankenbehandlung von der Sozialen Krankenversicherung abgegolten werden und nur ein kleiner Prozentsatz der Behandlungskosten nach einem Antrag durch die Betroffenen rückvergütet wird. In ihre Kritik an dieser Praxis beziehen die Betroffenen mit ein, dass sie zwar Beiträge an die Soziale Krankenversicherung leisten, aber aus ihrer Perspektive kaum Leistungen in Anspruch nehmen bzw. dass diejenigen Behandlungsformen, die sie als wirksam erleben, nicht in die Finanzierung von Behandlungsleistungen mit einbezogen werden.

„Also des gfalt mir halt net von der Krankenkasse, dass man da – i würd mi eher da auf die andere Seite lehnen, wo i sag des find i net okay. Weil i zahl, i weiß net wie viel Jahre, zwanzig Jahre Krankenkasse – nehms fast nie in Anspruch. Keine Medikamente, nix. Keinen Spitalsaufenthalt. Ja, grad einmal den Hausarzt vielleicht. Und und denk mir warum muss ich des alles, was i jetzt in Anspruch nehm, was Ganzheitlich ist, selber bezahlen. Des des is schon." (Frau Ortner, 199)

Konsequenzen werden von den Betroffenen auf zwei Ebenen angedacht: Zum einen wird die Grundlage der solidarischen Finanzierung der Sozialen Krankenversicherung in der bisherigen Form infrage gestellt und eine Anpassung der Beitragsleistungen an persönliche Präferenzen überlegt.

„Also eigentlich denk ich mir, wenn ich das alles selbst zahle, dann müsste ich vielleicht net krankenversichert sein. Na, oder in einer anderen Form krankenversichert sein." (Frau Trummer, 863)

Zum anderen wird darauf verwiesen, dass die finanzielle Belastung für manche Personen ein Zugangshindernis zu alternativen und komplementären Verfahren ist, was als ungerecht aufgefasst wird.

„Ich glaub auch nicht, dass es überteuert ist, aber ich seh durchaus ein Problem darin, dass das äh, dass das nicht über die Krankenkasse abgerechnet werden kann. Sondern eben nur ein geringer Kostenbeitrag über die Gebietskrankenkasse. Oder wie das geleistet wird und der Rest privat gezahlt werden muss. Das ist es bleibt damit und das ist so eine soziale Komponente, die mir … die mir wichtig ist, es bleibt damit eine Behandlungsmethode für zumindest obere Mittelschicht aufwärts. Na, nicht jede Familie, die Kinder hat noch dazu kann sich leisten alle Familienmitglieder homöopathisch behandeln zu lassen." (Herr Glaser, 290)

In weiterer Folge wird dafür plädiert, den Menschen größere Verantwortung und mehr Mitsprache bei Behandlungsentscheidungen zuzugestehen und Rahmenbedingungen zu schaffen, damit die Betroffenen die für sie ideale Behandlungsform ohne Zugangshindernisse finanzieller Art wählen können.

„Ich fänd's halt begrüßenswert, wenn man da, wenn es gelingt, uns Patienten ein bisschen mehr Mündigkeit zu geben indem man sagt, gut es gibt eine Art Scheck, Gesundheitsscheck und ob ich den bei einem Homöopathen einlöse oder bei einem klassischen Mediziner obliegt mir. Und ich krieg da von mir aus fünf solche Schecks im Jahr und und der Rest wird dann nur mehr bei klassischen Medizinern abgedeckt oder so. Aber so das hätte auch so ein bissel einen pädagogischen Effekt möglicherweise." (Herr Glaser, 295)

Die Einstellungen im Umfeld der Betroffenen lassen sich wie folgt zusammenfassen: In ihrem persönlichen Umfeld erleben die Betroffenen eine neutrale bis interessierte Grundhaltung gegenüber der Homöopathie. Anders gelagert ist für die Betroffenen die Situation im Falle öffentlicher Medien und im Versorgungssystem: In beiden Bereichen erleben die Betroffenen eine bestenfalls neutrale, generell aber eher reserviert-ablehnende Haltung gegenüber der Homöopathie bzw. komplementären und alternativen Heilverfahren. Einzelne konventionell praktizierende Ärztinnen/Ärzte bilden hier eine Ausnahme und stehen für den Wunsch der Betroffenen nach einer Versorgung, die auch komplementäre und alternative Verfahren integriert.

4 „Heilsames Erzählen"

Als Anspruch dieser Forschungsarbeit formuliert, Erkenntnisse darüber zu generieren, wie Betroffene die homöopathische Behandlung und Betreuung erfahren, welche Bedürfnisse damit erfüllt werden, wie die Rahmenbedingungen für eine homöopathische Behandlung gestaltet sind, und wie sich der Zuspruch zu homöopathischer Behandlung vor dem Hintergrund gesellschaftlicher Entwicklungen erklären lässt. Im vorhergehenden Kapitel 3 wurden nun jene Konzepte beschrieben, die die Sichtweise der Betroffenen, was ihre Behandlung und Betreuung durch HomöopathInnen anbelangt, festhalten. Diese Darstellung eröffnet einen Einblick in die Bandbreite der Erfahrungen, die die Betroffenen im Zuge einer homöopathischen Behandlung gewinnen. Im nun folgenden Abschnitt 4.1. sollen diese Konzepte mit dem Ziel, eine gegenstandsbegründete Theorie zu formulieren, zueinander in Bezug gesetzt werden. Daran anschließend werden in den Abschnitten 4.2. bis 4.7. die einzelnen Konzepte und ihre Beziehung zueinander ausführlicher diskutiert.

4.1 „Heilsames Erzählen" – Überblick über die gegenstandsbegründete Theorie

Die untenstehende Graphik verdeutlicht, wie die einzelnen in Kapitel 3 beschriebenen Konzepte miteinander in Beziehung stehen: Als zentrale Erfahrung beschreiben die Betroffenen die Möglichkeit, im Rahmen der homöopathischen Behandlung und Betreuung über ihre Erfahrungen mit Beschwerden, Krankheit und Leiden zu sprechen – sich also dem Krankheitsgeschehen aus ihrer Perspektive anzunähern. „Heilsames Erzählen" drückt somit die Aneignung der Krankheitserfahrung und damit jene Bedeutung aus, die Erzählungen über das Kranksein für die Betroffenen in der homöopathischen Behandlung und Betreuung einnehmen.

Diese „Aneignung der Krankheitserfahrung" steht in wechselseitiger Beziehung zur „Anerkennung" dieser Narrative im Rahmen der Interaktion mit den HomöopathInnen. Die Interaktion zwischen HomöopathInnen und Betroffenen, welche wiederum wesentlich von der homöopathischen Krankheitstheorie, aber auch von strukturell-organisatorischen Rahmenbedingungen der homöopathischen Praxis im Versorgungssystem beeinflusst wird, ermöglicht und fördert

somit die Entwicklung von Krankheitsnarrativen. Den Kontext für die Möglichkeit der „Aneignung der Krankheitserfahrung" bilden jene Erfahrungen, die die
Betroffenen im Rahmen der konventionellen medizinischen Behandlung vor
Beginn der Betreuung durch HomöopathInnen gemacht haben, und die durch die
„Ausblendung" ihrer Krankheitserfahrung gekennzeichnet sind. Als Konsequenz
der „Aneignung der Krankheitserfahrung" lassen sich Sinnstiftung und die Handlungsfähigkeit der Betroffenen, was ihren Umgang mit Beschwerden betrifft,
beschreiben.

Abbildung 2:   Heilsames Erzählen

Die „Aneignung der Krankheitserfahrung" ist eingebettet in den Kontext konventioneller medizinischer Versorgung. Diese Versorgung nimmt eine zwiespältige Rolle ein: Einerseits formulieren die Betroffenen ihren Widerstand gegenüber der konventionellen medizinischen Versorgung und ihren Rahmenbedingungen, andererseits spielt eben diese Versorgung eine wichtige Rolle in der
Absicherung und Legitimation der homöopathischen Behandlung und Betreuung. Weitere, für die Betroffenen bedeutsame Kontextfaktoren, die die Bedeutung des Versorgungssystems prägen, sind die gesellschaftlichen Rahmenbedingungen, die sich in der Haltung gegenüber der Homöopathie ausdrücken, wie sie
in den Medien, und vom Versorgungssystem vertreten wird. Darüber hinaus

spielt die Haltung von den Betroffenen nahe stehenden Personen gegenüber der Homöopathie eine Rolle.

4.2 Anerkennung und Ausblendung der Krankheitserfahrung

In diesem Abschnitt soll auf den Einfluss zweier wesentlicher, prägender Betreuungskontexte auf die zentrale Kategorie der „Aneignung der Krankheitserfahrung" eingegangen werden: Das homöopathische Setting – die Ausrichtung der homöopathischen Konsultationen und Qualitäten der Interaktion zwischen HomöopathInnen und Betroffenen – bedingt und ermöglicht die „Aneignung der Krankheitserfahrung". Das konventionell-medizinische Setting als Kontext für Behandlung und Betreuung repräsentiert für die Betroffenen in weiten Zügen die „Ausblendung der Krankheitserfahrung" und bildet einen Ausgangspunkt für den Wunsch nach Neugestaltung der Behandlung und Betreuung vonseiten der Betroffenen.

Zunächst soll auf den konventionell-medizinischen Behandlungskontext eingegangen werden. Die Konsultation in der konventionell-medizinischen Behandlung erlebten die Betroffenen als möglichst kurz zu fassende Aufzählung von Symptomen, da die zur Verfügung stehende Zeit mit der/dem Ärztin/Arzt als knapp bemessen wahrgenommen wird. Diese Wahrnehmung gründet sich auf Erfahrungswerte, da explizite Terminvereinbarungen und Aushandlungsprozesse über die zur Verfügung stehende Zeit nicht gängige Praxis sind[37] Diese Schilderung der Beschwerden wird von den behandelnden Ärztinnen/Ärzten während der Konsultation durch zielgerichtetes Nachfragen in konventionell-medizinische diagnostische Kategorien gelenkt, um so die Schilderungen der Betroffenen auf konventionell-medizinisch „verwertbare" Symptome einzugrenzen. Diese Symptome liefern Hinweise, um eine Diagnose zu erstellen, und in der Folge einen Therapieplan zu entwickeln. Manche von den Betroffenen geschilderten Beschwerden lassen sich jedoch unter einem konventionell-medizinischen Blick nicht „verwerten", und werden in der Folge von den Ärztinnen/Ärzten als nicht relevant eingestuft.

Da ihre subjektive Befindlichkeit von Betroffenen in der konventionell-medizinischen Krankheitstheorie weitgehend nicht erkenntnisleitend ist, bleibt

---

37 Dieser implizite enge Zeitrahmen lässt sich wiederum auf die ökonomischen Rahmenbedingungen einer kassenärztlichen Praxis zurückführen, die wesentlich von der Vergütungsordnung der gesetzlichen Krankenkassen geprägt werden: Neben der Anamnese kann von Ärztinnen/Ärzten in einer kassenärztlichen Praxis in Österreich auf Kosten der Sozialen Krankenversicherung die „ausführliche diagnostisch-therapeutische Aussprache zwischen Arzt und Patient als integrierter Therapiebestandteil" verrechnet werden, die normalerweise 10-15 Minuten dauert – jedoch nur innerhalb einer von der Krankenversicherung vorgegebenen kontingentierten Häufigkeit. (vgl. Ludwig Boltzmann Institut Health Technology Assessment 2006, S.7)

den Betroffenen kein Raum für ausführlichere Schilderungen ihres Befindens, die über eine eng gefasste Beschreibung von Symptomen hinausreichend auch ihre Lebensumstände umfassen und unter Umständen auch Gefühle der Verunsicherung, Angst oder Hoffnung beinhalten könnten, die mit den geschilderten Beschwerden in Zusammenhang stehen. Die sich daraus ergebende *Ausblendung ihres subjektiven Krankheitserlebens,* insbesondere der emotionalen Ebene und der Alltagserfahrungen mit einer Erkrankung trägt dazu bei, dass sich die Betroffenen als *SymptomträgerInnen* von überwiegend *somatischen verorteten Beschwerden* und in der Folge als Objekte der Behandlung wahrnehmen. Die von den konventionell praktizierenden Ärztinnen/Ärzten verfolgte Richtung des Schlusses von individuellen Symptomen auf allgemeine Krankheitskategorien hingegen wird von den Betroffenen als *Normierung und Stereotypisierung* ihrer Beschwerden aufgefasst, insbesondere dann, wenn sich die Zuschreibung zu diagnostischen Kategorien nicht mit ihrem Erleben deckt.

Die Konsultationen im Rahmen der konventionell-medizinischen Betreuung werden in den Augen der Betroffenen relativ abrupt durch die behandelnden Ärztinnen/Ärzte beendet; dieses Ende wird meist mit der Verschreibung eines Medikaments signalisiert. Dieses abrupte Ende, und die Kürze der Konsultationen fassen die Betroffenen als zusätzliche Abwertung ihrer Person auf.

Beides, die Ausblendung des subjektiven Krankheitserlebens und die Normierung von Beschwerden, werden von den Betroffenen als *Ausblendung ihrer Krankheitserfahrung* erlebt. Diese Behandlungs- und Betreuungssituation in der konventionellen medizinischen Behandlung erweist sich für die Betroffenen als zunehmend unvereinbar mit ihren Wünschen und Bedürfnissen, insbesondere was die Anerkennung ihres Leidens, und die Auswirkungen des Krankseins im Alltag anbelangt. Gleichzeitig wächst in ihnen die *Unsicherheit gegenüber der zukünftigen Entwicklung* ihrer Beschwerden. Sie nehmen ihre Beschwerden als Hinweise auf Defizite und damit als mehr oder weniger bedrohlich wahr und stehen ihnen hilflos gegenüber, auch weil in der konventionellen medizinischen Behandlung wenige Hinweise auf eigenständiges Handeln gegeben werden und die Therapie nicht den gewünschten Erfolg – das Ende oder zumindest Linderung der Beschwerden – bringt. Die eingeschlagene Behandlungsstrategie symbolisiert für die Betroffenen in gewisser Weise ihre SymptomträgerInnenschaft und die gleichzeitige Ausblendung ihrer Krankheitserfahrung: Sie ist an konventionell-medizinischen diagnostischen Kriterien orientiert, die Beschwerden als Hinweise auf Defizite konzipieren, die das Individuelle und Subjektive ausblenden, und somit die Person hinter den Symptomen verschwinden lassen.

Medikamente als die bei weitem am häufigsten eingesetzter Behandlungsstrategie widerspiegeln die Ausrichtung der konventionellen Medizin, also ihre Orientierung an der Behebung von Funktionsstörungen oder von Störungen einer Organfunktion. Sie werden für die Betroffenen zu *Symbolen* für potentiell schädigende, aber jedenfalls mit unerwünschten Wirkungen behaftete, in Bezug auf die Ursache der Beschwerden wenig wirksame Mittel. In vielen Fällen können sie die Beschwerden nicht heilen, aber sie erinnern die Betroffenen durch die Notwendigkeit der Einnahme ständig an diese und verstärken das Gefühl der *Hilflosigkeit und Unsicherheit*, was die zukünftige Entwicklung der Beschwerden und ihren Krankheitsverlauf anbelangt. Zudem symbolisieren sie für die Betroffenen Aspekte ihrer *Beziehung zu den Ärztinnen/Ärzten*, die, wie bereits ausgeführt, für sie durch die Ausblendung ihrer Person und Bedürfnisse geprägt ist.

Der konventionell-medizinische Blick als Rahmen für eine mögliche Erzählung trennt also die Betroffenen von ihrer Krankheitserfahrung und ihrem Erleben der Krankheit und blendet sie somit auch als Gegenüber in der Interaktion mit den Ärztinnen/Ärzten aus: Bedeutsam ist diese Person im konventionell-medizinischen Kontext als SymptomträgerIn, die/der ihre/seine Beschwerden möglichst losgelöst von ihrem/seinem Befinden und Erleben berichten soll. Verstärkt wird diese wahrgenommene Verobjektivierung durch den engen Zeitrahmen, der für die Interaktion der Betroffenen mit den konventionell-tätigen Ärztinnen/Ärzten zur Verfügung steht und wenig Raum für das Erzählen über das Kranksein lässt. In den Betroffenen wächst so der Zweifel, ob die eingeschlagene Behandlungsstrategie mit ihrem persönlichen Krankheitsverständnis, ihren Wahrnehmungen und Deutungen des Krankseins und ihren Vorstellungen von einer angemessenen Behandlung und Betreuung übereinstimmt.

Diese Defizite in der konventionell-medizinischen Behandlung, die wahrgenommene Depersonalisierung und Verobjektivierung, aber auch die Unsicherheit, was ihr weiteres Leben mit einer Krankheit anbelangt, vergrößern in den Betroffenen das Bedürfnis nach einem Gegenüber, das sie als Person wahrnimmt und ihre Krankheitserfahrung anerkennt und veranlassen sie, nach anderen Möglichkeiten der Behandlung und Betreuung zu suchen, was mit der Metapher *„hellhörig werden"* ausgedrückt werden soll. Dies auch um zu verdeutlichen, dass nicht allein explizite Auswahlkriterien, die mehr oder weniger rational gefasst sind, für die Suche nach Behandlungsalternativen handlungsleitend sind, sondern dass sich die Betroffenen zum Teil auch auf ihre Intuition, und auf Vorerfahrungen von ihnen nahe stehenden Personen verlassen, wenn sie im Zuge einer Neuorientierung den Entschluss fassten, sich homöopathisch behandeln zu lassen.

Im nächsten Schritt sollen Aspekte der *„Anerkennung der Krankheitserfahrung"*, welche in der Interaktion zwischen den Betroffenen und den HomöopathInnen als realisiert werden, näher beleuchtet werden. Diese Interaktion ist durch die zwischen Betroffenen und HomöopathInnen *geteilten Überzeugungen und Haltungen* geprägt, was sich für die Betroffenen vor allem in den mit den HomöopathInnen geteilten Konzepten zur Entstehung von Krankheit und Gesundheit, zum Umgang mit Beschwerden, zu Behandlungsmethoden, und in der Einschätzung der Wirksamkeit verschiedener Behandlungsmethoden zeigt: So sind für viele Betroffene ihre Lebensumstände, insbesondere ihr Arbeitsumfeld, für die Entstehung von Krankheiten, aber auch für den Erhalt und die Förderung von Gesundheit von Bedeutung. Gesundheit zeigt sich darin, wie mit unterschiedlichen Belastungssituationen umgegangen werden kann. Aufgrund ihrer Erfahrungen mit konventionell-medizinischer Behandlung wünschen sich viele Betroffene eine Behandlungsmethode, die weitgehend frei von unangenehmen Nebenwirkungen ist. Konventionell-medizinische Methoden nehmen sie unterschiedlich wahr: Sie können im Fall von lebensbedrohenden Krankheiten sehr gut wirksam sein, sind jedoch wenig effektiv bei chronischen Erkrankungen, wo sie zwar eine Symptomkontrolle, aber keine Heilung ermöglichen, und die bereits erwähnten unangenehmen Nebenwirkungen haben. Ähnliche Haltungen und Überzeugungen, zumindest was Präferenzen für die Behandlung und Betreuung anbelangt, vermuten die Betroffenen auch aufseiten der HomöopathInnen. Ein Indiz für diese Überzeugung ist für sie das Wissen, dass die HomöopathInnen auch bei sich selbst im Krankheitsfall homöopathische Mittel anwenden und von der Homöopathie überzeugt sind.

Wie in der konventionellen medizinischen Behandlung spielt auch in der Interaktion zwischen Betroffenen und HomöopathInnen die zugrunde liegende Krankheitstheorie, in diesem Fall der Homöopathie, eine entscheidende Rolle: Gemäß homöopathischen Konzepten sind die HomöopathInnen mit dem Explorieren der Symptome im Hinblick auf die Erfassung des Arzneimittelbilds und die Benennung eines ein passendenden homöopathischen Mittels beschäftigt – besonders bedeutsam sind in diesem Zusammenhang die subjektiven Schilderungen der Beschwerden durch die Betroffenen, da gerade sie entscheidende Hinweise für das Auffinden des passendenden homöopathischen Mittels enthalten können.

Dieser Zugang, der auch das intuitive Erkennen und Emotionen vonseiten der HomöopathInnen inkludiert, erlaubt somit durch die gesteigerte Aufmerksamkeit der HomöopathInnen auch für Alltagserfahrungen und Emotionen der Betroffenen im Zuge der Erhebung der Beschwerden die Wahrnehmung der *Betroffenen als Person* und ermöglicht einen individuellen und Subjekt-zentrierten Zugang zu Krankheit und Gesundheit.

Anerkennung bedeutet hier, den symptomorientierten Zugang zu Krankheit insofern zu überschreiten, als dass auch das *Leiden* der Betroffenen, ihre *individuellen Wahrnehmungen und Deutungen zu Krankheitsentstehung und Heilung, ihr Erfahrungswissen über das Leben mit Kranksein*, ihr Umgang mit dem *Kranksein im Alltag, und Gefühle, Wünsche und Präferenzen*, die damit verbunden sind, zur Sprache kommen können. Ein weiterer wichtiger Aspekt der Wahrnehmung der Betroffenen als Personen betrifft die Fokussierung auf *Ressourcen der Betroffenen*, was sich ebenfalls aus der homöopathischen Krankheitstheorie, in diesem Fall aus dem Prinzip der „Vitalkraft" erklären lässt. Somit ist die Erweiterung der erkenntnis- und handlungsleitenden Perspektive im Rahmen der

Behandlung und Betreuung durch die HomöopathInnen eine zweifache: Auf die Betroffenen als Personen und ihr Leben mit Kranksein und auf die Ressourcen, die ihnen dafür im Alltag zur Verfügung stehen.

Viele Betroffene sprechen im Hinblick auf ihre Interaktion mit den HomöopathInnen von der *„Passung"*, einer Art intuitivem Verstehen der HomöopathInnen, was ihre Anliegen und Sorgen anbelangt. Im Gegensatz zu konventionellen MedizinerInnen, die von den Betroffenen als desinteressiert gegenüber ihren Beschwerden und abweisend gegenüber den Schilderungen ihres Krankheitserlebens wahrgenommen werden, sind die HomöopathInnen in den Augen der Betroffenen „Menschen wie du und ich", die sich für die Betroffenen als Person interessieren, mit denen man ein offenes Gespräch führen kann und die ähnliche Sorgen und Hoffnungen haben. Sie werden für die Betroffenen gewissermaßen als Personen hinter ihrer Rolle als HomöopathIn sichtbar – Aspekte der zugrunde liegenden, asymmetrisch angelegten Beziehung zwischen Ärztinnen/Ärzten und Betroffenen scheinen eine geringe Rolle zu spielen. So werden die HomöopathInnen in manchen Fällen zu zentralen AnsprechpartnerInnen, die in Zeiten der Unsicherheit während des Krankheitsverlaufs zu Rate gezogen werden. Dieser Aspekt verdeutlicht auch, dass die Wahrnehmung der Betroffenen als Personen, die nicht zuletzt der homöopathischen Krankheitstheorie geschuldet ist, in der Interaktion eine *Begegnung zwischen Personen,* jener der/des Betroffenen und der/des Homöopathin/Homöopathen ermöglicht.

In diesem Zusammenhang ist für die Betroffenen auch bedeutsam, dass die HomöopathInnen als ausschließlich an ihrem Wohl und ihren Interessen orientiert erlebt werden. Dabei spielen auch die rechtlichen Rahmenbedingungen eine Rolle: Im Gegensatz zu konventionell tägigen Ärztinnen/Ärzten, die von den Betroffenen aufgesucht wurden, sind alle HomöopathInnen in privatärztlicher Praxis tätig. Obwohl dieser Umstand für die Betroffenen mit (teilweise erheblich) höheren Kosten verbunden ist, erleben sie in dieser Konstellation, ohne die Soziale Krankenversicherung als „störenden Dritten", ein Idealbild der ausschließlich an ihren Bedürfnissen orientierten Versorgung.[38]

Auch das Betreuungssetting im Rahmen der homöopathischen Behandlung ermöglicht und fördert die Interaktion mit den Betroffenen: Wesentliche Charakteristika dieses Settings sind die *Dauer der Konsultationen,* die *Kontinuität der Betreuung* und die *Erreichbarkeit* der HomöopathInnen in Notfällen. Die auf-

---

38 Vgl. dazu Punkt 3.1.2: Die Einschätzung gegenüber konventionell tätigen Ärztinnen/Ärzten, was andere mögliche Interessenslagen betrifft, die die Beziehung zwischen Betroffenen und Ärztinnen/Ärzten gefährden können, wie private Profitinteressen der Ärztinnen/Ärzten, aber eben auch Interessen (im Sinne von zugrundeliegenden gesetzlichen Vorschriften) der Sozialen Krankenversicherung (z.B. nach einer ökonomischen Behandlung), die sich auf die Betreuung auswirken können.

grund der aufwändigen Fallaufnahme länger dauernden Konsultationen[39] und insbesondere die nichtdirektive, nachfragende Haltung der HomöopathInnen ermöglichen den Betroffenen ein freies Erzählen ihrer Beschwerden. Auch wenn die einzelnen Konsultationen fallweise relativ kurz gehalten sind, ist es für die Betroffenen aufgrund der Haltung der HomöopathInnen und der Wiederaufnahme von bereits besprochenen Themen dennoch möglich, an eine einmal begonnene Erzählung bzw. Schilderung ihres Befindens im Rahmen von Folgekonsultationen anzuschließen. Der Aspekt der Erreichbarkeit verdeutlicht für die Betroffenen, dass die HomöopathInnen ihren Anliegen so große Bedeutung zumessen, dass sie auch außerhalb festgelegter Konsultationstermine und zu ungewöhnlichen Zeiten ansprechbar sind bzw. dafür Sorge tragen, dass die Betroffenen mit ihren Bedürfnissen nicht alleine gelassen werden.

Die gelingende Beziehung zwischen HomöopathInnen und Betroffenen wirkt sich nicht zuletzt darauf aus, welche *Themen im Rahmen der Konsultationen* angesprochen werden können und wie die HomöopathInnen damit umgehen: Die vertrauensvolle und wertschätzende Beziehung zwischen Betroffenen und HomöopathInnen erlaubt den Betroffenen ein freies Sprechen über ihre Beschwerden bzw. trägt dazu bei, dass auch über schambesetzte Themen gesprochen werden kann. Dieses freie Sprechen wird von den HomöopathInnen gefördert, was die Betroffenen als Wertschätzung gegenüber ihrem Anliegen und ihrer Problemsicht erleben.

Während sich also die Betroffenen im konventionell-medizinischen Kontext als SymptomträgerInnen wahrgenommen und durch die damit einhergehende Ausblendung ihrer Person tendenziell abgewertet fühlen, erfahren sie im Rahmen der homöopathischen Behandlung und Betreuung ein unbedingtes Interesse an ihrer Person, und an der Schilderung ihrer individuellen Wahrnehmungen, Erfahrungen und Empfindungen im Zusammenhang mit Krankheit und Beschwerden. Beide Erfahrungen sind, wie bereits angeführt, ursächlich mit den unterschiedlichen Krankheitstheorien von konventioneller Medizin und Homöopathie und den daraus resultierenden Prozessen der Interaktion mit Betroffenen verbunden, und werden von den Rahmenbedingungen der Praxisorganisation beeinflusst.

---

39 Auch hier spielen die ökonomischen Rahmenbedingungen der Praxis eine Rolle: Die Homöo-
    pathInnen praktizieren in privatärztlicher Praxis und sind somit von den (ökonomischen) Be-
    schränkungen der Kostenerstattung durch die Soziale Krankenversicherung nicht berührt, was
    die Dauer der Konsultation und die Abrechenbarkeit von nicht-apparativen Interventionen an-
    belangt. Die Kosten für die Konsultationen werden von Betroffenen getragen.

4.3 Aneignung der Krankheitserfahrung

Heilsames Erzählen meint zunächst, dass die Betroffenen im Rahmen der homöopathischen Behandlung und Betreuung über ihr Kranksein – ihre Wahrnehmungen, und die damit verbundenen Hoffnungen und Befürchtungen – sprechen und damit ihren Beschwerden und Leiden gegenüber den HomöopathInnen *Ausdruck verleihen* können. Gleichzeitig gelingt es den Betroffenen in diesem Erzählen, ihre *Erfahrungen* mit Krankheit an ihr Selbstbild und den Kontext ihrer Lebensumstände *anzubinden* und in diese zu integrieren. In weiterer Folge bedeutet „Heilsames Erzählen", dass die Betroffenen die *Bedeutung ihrer Beschwerden rekonzeptualisieren.*

Thematisch lassen sich in den Narrativen zwei Ausprägungen mit Übergängen zwischen diesen nachvollziehen: Das *krankheitsbezogene Narrativ* mit einer Fokussierung auf einzelne Beschwerden und die *umfassende Erzählung*, die die Lebensumstände und vor allem auch die Ressourcen der Betroffenen in die Schilderung der Beschwerden mit einbezieht. In vielen Fällen werden so die Erfahrungen einzelner Beschwerden in ein sich entwickelndes Narrativ eingefügt. Beide Narrative umfassen – wenn auch in unterschiedlichem Ausmaß – Episoden zu Krankheitszeichen und Symptomen, zum Umgang mit diesen Symptomen im Alltag, zu Erfahrungen mit Behandlung und Betreuung, Überlegungen zur Krankheitsentstehung und zum Erhalt von Gesundheit, und zu damit in Zusammenhang stehenden Erwartungen und Emotionen.

Zu Beginn der homöopathischen Behandlung und Betreuung überwiegt das krankheitsbezogene Narrativ mit einer Schilderung von Beschwerden und beschreibt damit den Anlass, aus dem die/der HomöopathIn aufgesucht wurde. Vor allem bei einer schon länger bestehenden homöopathischen Behandlung und Betreuung werden die Narrative der Betroffenen als umfassende Schilderung von Beschwerden und der damit zusammenhängenden Lebensumstände zunehmend elaborierter. Die Narrative der Betroffenen sind abhängig von den genannten Rahmenbedingungen eher episodenhaft oder als sich entwickelnde Erzählung angelegt. Im weiteren Verlauf der homöopathischen Behandlung und Betreuung und mit dem Zuwachs an Erfahrungen entwickeln die Narrative größere Komplexität und gewinnen an Umfang. Dieser Umstand wird dadurch begünstigt, dass die Betroffenen von den HomöopathInnen entsprechend der homöopathischen Krankheitstheorie aufgefordert werden, nicht nur über ihre Beschwerden, sondern auch über Alltagserfahrungen zu sprechen.

Die Betroffenen erleben sich im Zuge des Erzählens als *Sich-Vertraut-Machende* mit einer neuen Situation, mit Umständen und Ereignissen, die sich bisher ihrer Aufmerksamkeit entzogen haben, weil sie als nicht mit den Beschwerden in ursächlichem Zusammenhang stehend gesehen wurden. Diese Erfahrung steht im Gegensatz zu den zuvor geschilderten Erfahrungen in der konventionell-medizinischen Behandlung, die von einem möglichst emotionslosen Schildern und Kategorisieren von Symptomen gekennzeichnet ist. Das Erzählen über den Alltag, über ihre Gewohnheiten, erscheint den Betroffenen zunächst mühsam und aufwändig. Im Verlauf der Behandlung und Betreuung ändert sich jedoch die Haltung der Betroffenen, und die Erzählungen erweitern sich thematisch und umfassen neben den ursprünglich geschilderten Beschwerden auch Alltagserfahrungen im Umgang mit dem Kranksein. Durch die Aufmerksamkeit, die die HomöopathInnen ihren Erzählungen entgegenbringen, werden diese auch für die Betroffenen wichtig: Die Beschwerden, wie sie von den Betroffenen wahrgenommen werden, bekommen *Geltung und Bedeutung*.

Die durch die HomöopathInnen angestoßene[40] thematische Ausweitung der Erzählungen auf scheinbar „Randständiges", in ihrem bisherigen Verständnis nicht mit den Beschwerden in Zusammenhang Stehendes, hält die Betroffenen dazu an, über die Schilderung ihres Alltags den Kontext ihrer Beschwerden zu rekonstruieren. Die damit in Zusammenhang stehenden „Suchbewegungen", das Ergründen der Auswirkungen der Beschwerden auf ihren Lebensalltag, ermöglichen es ihnen, in einem ersten Schritt ihre Beschwerden in den Kontext ihrer Lebenszusammenhänge einzubetten und die Auswirkungen derselben auf ihren Alltag zu erfassen. Der Schritt der *Kontextualisierung der Beschwerden* stellt für die Betroffenen eine weitere „produktive Verwirrung" dar, da sie in der Praxis der konventionell-medizinischen Versorgung die gegenteilige Vorgangsweise der Dekontextualisierung und damit auch Depersonalisierung erfahren haben. Die Kontextualisierung der Beschwerden ist im Gegensatz dazu auch ein weiterer Schritt der Subjektivierung und Individualisierung.

In der Reflexion dieser, ihre Beschwerden möglicherweise beeinflussenden Kontextfaktoren werden diese von den Betroffenen neu bewertet und die Beschwerden vor dem Hintergrund ihrer Lebensumstände betrachtet. Damit gelingt es den Betroffenen, auch für sie neue, überraschende Verbindungen zwischen Beschwerden und Lebensumständen zu ziehen. Beschwerden werden so zu „*hilfreichen Zeichen*", was den *Deutungswandel der Beschwerden* von bedrohlichen Anzeichen hin zu auf eine mögliche Entwicklung hinweisende Anzeichen umfasst. Im Zuge dieses Deutungswandels der Beschwerden wird auch die dadurch umschriebene Erkrankung zu einem Anstoß für Veränderung: In der Wahrnehmung der Betroffenen lassen sich Krankheiten nicht nur in den Lebenszusammenhang einbetten – sie haben durch ihre Kontextgebundenheit an dieser bestimmten Stelle ihres Auftretens auch etwas zu sagen über eben diesen Lebenszusammenhang, bzw. über das *Verhältnis der Betroffenen zu ihrer jeweiligen Lebenssituation*. Neu oder wiederholt auftretende Beschwerden fordern die

---

40   Dieser Anstoß passiert im Zuge der Nachfragephase während der Konsultation, wenn die „Modalitäten" der Beschwerden nachgefragt werden.

Betroffenen also nicht nur dazu auf, für eine Linderung eben dieser Beschwerden zu sorgen, sondern auch dazu, darüber nachzudenken, welche auslösenden Faktoren es in ihrem Alltag gibt, die ihr Wohlbefinden beeinträchtigen. Unterstützt wird diese Perspektive durch den bereits erwähnten, gemäß der homöopathischen Theorie an den „Vitalkräften" ansetzenden Zugang der HomöopathInnen, der die Betroffenen auf vorhandene *Ressourcen* aufmerksam macht.

Dieses Nachdenken der Betroffenen über möglicherweise „krankmachende" Aspekte in ihrem Leben weist unterschiedliche Ausprägungen auf: Sie reichen von pragmatischen Überlegungen zu Einflüssen der Lebensweise auf das Wohlbefinden bis zu umfangreichen Überlegungen, die Krankheit als Anstoß für einen Prozess der Selbsterfahrung zu verstehen. Auch *geschlechtsspezifische Zugänge zu Gesundsein und Kranksein* werden in dieser Stelle sichtbar: Die befragten Frauen thematisieren vorwiegend jene Aspekte, die Kranksein zu einem Anstoß für persönliche Entwicklung werden lassen. Für die befragten Männer stehen Themen wie Verlust von Leistungsfähigkeit und beruflicher Anerkennung durch das Kranksein stärker im Vordergrund.[41]

Hilfreich ist für die Betroffenen im Zuge der Kontextualisierung und Neubewertung von Beschwerden, dass für sie durch ihre nun bereits geschulte Beobachtungsgabe Zeichen von Krankheit aber auch Gesundheit früher bemerkbar sind, besser interpretiert werden können und damit an ihre bisherigen Erfahrungen anschließbar werden – ausgedrückt durch die Metapher des „*Früher dran Seins*". Der Bedeutungswandel der Beschwerden ermöglicht den Betroffenen auch eine Verschiebung ihrer Aufmerksamkeit von einem defizitorientierten, an der Beseitigung ihrer Beschwerden ansetzenden, hin zu einem ressourcenorientierten, an ihren *Möglichkeiten und Fähigkeiten* und möglichen Selbstheilungskräften ansetzenden Fokus.

Der Anschluss von unmittelbaren Krankheitserfahrungen an die jeweiligen Lebensumstände kann auch retrospektiv erfolgen, wenn die Betroffenen im Zuge ihrer Schilderungen gegenüber den HomöopathInnen zu einer Neubewertung von Krankheitserfahrungen, die in der Vergangenheit liegen, kommen. Auch im Zuge dieses „Neuerzählens" ist es den Betroffenen also möglich, zuvor als einschränkend oder bedrohlich wahrgenommene Symptome oder Krankheitsepiso-

---

41 Z.B.: Die Schilderungen von Herrn Lugger über die „Wiederherstellung" seiner Gesundheit (verstanden als körperliche Leistungsfähigkeit) im Rahmen der homöopathischen Behandlung nach einer starken körperlichen Einschränkung, die als unerwünschte Wirkung einer Impfung erklärt wird. Auch Herr Corti und Herr Glaser haben Verlusterfahrungen in der Vergangenheit und eine ungewisse Zukunft im Blick, wenn sie über die Auswirkungen ihres Krankseins vorwiegend als Einschränkungen ihrer Berufsrolle sprechen. Als „Gegenpol" die Schilderungen von Frau Ortner, die Krankheit, wenn auch belastend, auch als Entwicklungsmodell am Beispiel einer Zwiebel konzipiert, die das Vordringen in „innere Ebenen" mittels Abtragen der Schalen erlaubt und so Zugang zu neuen Erkenntnissen ermöglicht (vgl. Abschnitte 3.5 und 3.7).

den in einem neuen Bedeutungszusammenhang zu sehen. In manchen Fällen kann das für die Betroffenen bedeuten, neben den beschwerlichen Aspekten einer Krankheitsepisode auch retrospektiv Ressourcen zu entdecken.

Dennoch können (für die Betroffenen unerwartete) Erfahrungen mit Krankheiten auftreten, die sich nicht ohne weiteres in das bestehende Narrativ einfügen lassen und eine Überprüfung und Erweiterung des Narrativs um diesen Aspekt bewirken. An diesen *„Bruchstellen"* wird sichtbar, dass die Narrative der Betroffenen nicht eine widerspruchsfreie Aneinanderreihung von Ereignissen nach einem einmal festgelegten „Drehbuch" sind: In manchen Fällen erfordert es der Verlauf der Beschwerden, die Geschichte gemeinsam mit den HomöopathInnen in Teilen neu zu erzählen bzw. um bedeutsame Aspekte zu erweitern und auftretende *Widersprüche* zumindest zeitweise zu balancieren.[42]

So ermöglicht es die Aneignung der Krankheitserfahrung den Betroffenen, zu *„AutorInnen der Krankheit"* zu werden, deren subjektives Erleben im Mittelpunkt steht, und die der Erkrankung *Sinn und Bedeutung* zuschreiben. Erkrankung und Beschwerden erfahren nicht nur Gewicht und Geltung und eine Rückbindung an den Alltag der Betroffenen, sie werden auch aus diesem Zusammenhang heraus als hilfreiche Zeichen interpretierbar. Damit bekommen die Lebensgeschichten der Betroffenen und wie sie diese wahrnehmen, ihre Erfahrungen und Empfindungen eine neue (Be)deutung, und lassen so mögliche Rückschlüsse auf das Auftreten von Beschwerden zu: Beschwerden ergeben sich im Verlauf des Lebens, und sind aus diesem heraus in gewissem Maß interpretierbar – damit wird das Bedürfnis nach der *Erklärung der Krankheit* als einem spezifischen Lebensereignis gestillt. Aufgrund dieser wahrgenommenen Erklärbarkeit beinhalten Beschwerden somit zugleich auch eine Aufforderung, mit ihnen umzugehen.

Die subjektorientierte und individualisierende Zugangsweise der Homöopathie erlaubt im Rahmen der homöopathischen Konsultation eine Begegnung zwischen Personen, weil auch die Betroffenen mit ihren Erfahrungen, Hoffnungen und Empfindungen sichtbar werden. In weiterer Folge wirkt der Prozess der Aneignung der Krankheitserfahrung auch stabilisierend auf die von den Betroffenen als vertrauensvoll empfundene Beziehung zu den HomöopathInnen zurück.

---

42   Z.B.: Die Schilderung von Frau Trummer im Zusammenhang mit ihrer Erkrankung an einem Basaliom. Dieses Ereignis wird schon am Beginn des Interviews erzählt, ein Hinweis auf die Bedeutung, die diese Erkrankung für sie hat. Im weiteren Verlauf des Interviews nimmt Frau Trummer nochmals darauf Bezug: Sie beschreibt die Bedeutung dieses Ereignisses, nun im Zusammenhang mit ihrer Auffassung, dass sie ihrer Meinung nach sehr viel für ihre Gesundheit tut, auch im Rahmen der homöopathischen Behandlung, und sich dadurch „geschützt" gefühlt hat. Diese Einstellung wird mit dem Auftreten des Basalioms von ihr überprüft und in das Narrativ eingepasst, indem sie erklärt, dass es auch schlimmer hätte kommen können, dass die homöopathische Behandlung das Auftreten einer Krebserkrankung zwar nicht verhindern, aber zumindest mildern konnte.

Das Vertrauen, das die Betroffenen im Verlauf der Betreuung durch die HomöopathInnen zu diesen aufgebaut haben und die fachliche Kompetenz, die den HomöopathInnen zugeschrieben wird, werden durch die von den Betroffenen beobachtete Linderung der Beschwerden im Rahmen der homöopathischen Behandlung und Betreuung gestärkt. Wenn die Betroffenen in dieser Hinsicht den HomöopathInnen vertrauen, kann dieses Vertrauen in die Person auch durch fehlgeschlagene Behandlungsversuche nicht erschüttert werden.

Den Betroffenen und den HomöopathInnen eröffnet sich also ein (Be)Hand-
lungsspielraum, innerhalb dessen nicht nur Beschwerden benannt, sondern auch
bestehende Ressourcen erkannt, gestärkt und ausgebaut werden können, neue
Ressourcen erschlossen werden können, oder verschüttete Ressourcen wieder
entdeckt werden. Durch die Konzeption des Krankseins als Teil der persönlichen
Identität, eröffnet sich darüber hinaus auch neue Handlungsmöglichkeiten für
die Betroffenen.

4.4 Mit Kranksein leben lernen

Die Interaktion mit den HomöopathInnen spielt nicht nur in der „Hebung" des
Erfahrungswissens der Betroffenen und in der Konstruktion von sinnstiftenden
Zusammenhängen im Zuge der Aneignung der Krankheitserfahrung eine wichtige Rolle. Durch diese Interaktion wird den Erfahrungen der Betroffenen Bedeutung zugeschrieben, was dazu führt, dass auch zukünftige Erfahrungen von den
Betroffenen als relevant für den Verlauf ihrer Beschwerden und die Entwicklung
ihres Befindens eingeschätzt werden. So verändert sich im Zuge der Aneignung
der Krankheitserfahrung auch die Rolle der Betroffenen: Als AutorInnen ihrer
Krankheitsgeschichte sind sie auch diejenigen, die diese Geschichte am besten
kennen, sie erfahren haben und sie somit – das ist die Hoffnung – als *GestalterInnen* beeinflussen können. Auf diese Weise erleben die Betroffenen eine Auf-
wertung ihrer Fähigkeiten und gleichzeitig eine Erweiterung der Möglichkeiten,
diese einzusetzen. „Mit Kranksein leben lernen" kann für die Betroffenen unterschiedliche Bedeutungen annehmen, abhängig von der Art der Beschwerden und
wie diese von ihnen und den HomöopathInnen eingeschätzt werden. Im Folgenden sollen zwei unterschiedliche Möglichkeiten bzw. Muster des Lebens mit
Beschwerden dargestellt werden.

In vielen Fällen beschreiben die Betroffenen, dass im Behandlungsverlauf
durch die Einnahme homöopathischer Mittel jene konkreten Beschwerden gelindert wurden, wegen derer die HomöopathInnen aufgesucht wurden. Von einigen
Betroffenen wird in diesem Zusammenhang auch die unterstützende Wirkung
des Sprechens über ihre Beschwerden erwähnt. Die Besserung der Beschwerden
tritt nach unterschiedlich langer Zeit auf, und je nach Art der Beschwerden ist in

manchen Fällen eine wiederholte Anwendung homöopathischer Mittel notwendig. Diesen Verlauf konzipieren die Betroffenen als *Heilung im Sinne des Verschwindens der Beschwerden.*

Eine etwas andere Ausgangssituation ergibt sich im Fall von immer wiederkehrenden Beschwerden: Hier ist es den Betroffenen möglich, auf diese frühzeitig in der Entstehung mittels der Einnahme homöopathischer Mittel zu reagieren und in der Folge eine Linderung der Beschwerden zu erfahren. Wenn die Aussicht auf ein vollständiges Abklingen der Beschwerden nicht gegeben ist, bzw. diese immer wieder auftreten, stehen die Betroffenen vor der Herausforderung, mit Einschränkungen und Schmerzen leben zu lernen. Der Gedanke an vollständige Heilung wird aufgegeben und es wird vielmehr versucht, auf die Erfordernisse der Erkrankung zu reagieren und diese in den Lebenszusammenhang zu integrieren.

Diese Integrationsleistung bedeutet, mit Einschränkungen vor allem auf körperlicher Ebene zu leben, sich also seiner *körperlichen Integrität* zu versichern. Darüber hinaus bedeutet diese *Akzeptanz der Beschwerden* auch, sich mit Befürchtungen und Ängsten auseinanderzusetzen, die sich durch ein potentielles Wiederauftreten oder eine Verschlechterung des Krankheitsbildes ergeben können, und im Sinne der *Authentizität* (wieder) Vertrauen in die eigenen Fähigkeiten der Akzeptanz und Transformation zu entwickeln. Die Erfahrung der Krankheit wird also als Teil des Selbstbewusstseins in das sich entwickelnde Narrativ integriert – der Fokus verschiebt sich von einem „Verschwinden der Beschwerden" hin zu einem *Leben mit wiederkehrenden Beschwerden.* Sie sind Teil des Lebens und damit potentiell unvorhersehbar, lassen sich aber gleichzeitig in einem gewissen Ausmaß im Zuge der homöopathischen Behandlung und Betreuung und der Selbstbehandlung „kontrollieren".

Diese Akzeptanz der Krankheitserfahrung wird in den Augen der Betroffenen auch als heilend wahrgenommen, weil sie neue Möglichkeiten der Auseinandersetzung und neue Erkenntnisse über das Leben mit Kranksein ermöglicht, sobald der Fokus auf Beseitigung der Beschwerden als eine Art „Rückkehr zum Ausgangszustand" vor dem Auftreten der Beschwerden aufgegeben wird. Hilfreich ist für die Betroffenen die Begleitung ihrer Geschichte durch die HomöopathInnen, welche nicht zuletzt in der situationsspezifischen Auswahl der homöopathischen Mittel sichtbar wird. Wie bereits erwähnt wurde, gelingt es vor allem den betroffenen Frauen, auf die Herausforderungen des Krankseins flexibel zu reagieren, also auch offen zu sein für mögliche Erkenntnisse, die in der Auseinandersetzung mit dem Kranksein zugänglich werden.

„Mit Kranksein leben lernen" bedeutet jedoch nicht nur, die Erfahrung des Krankseins (geschlechtsspezifisch unterschiedlich) zu akzeptieren, es werden darüber hinaus auch Wege eröffnet, auf der Entscheidungs- und Handlungsebene alternative Möglichkeiten des Lebens mit Kranksein zu beschreiten: Die Betroffenen erleben sich durch die umfassende Beschäftigung mit allen Aspekten ihrer

Beschwerden in gesundheitlichen Belastungs- und Krisensituationen als kompetent und handlungsfähig, vor allem, was ihre individuellen Beschwerdemuster und jene Maßnahmen betrifft, die zur Linderung von als nicht schwerwiegend eingeschätzten Beschwerden und zur Gesunderhaltung eingesetzt werden. Grundlage für diese *„Handlungsfähigkeit"*, die Entscheidungen und konkrete Handlungen umfasst, sind die *Erfahrungen im Umgang mit Beschwerden*, die im Verlauf der homöopathischen Behandlung und Betreuung gemacht werden. Diese Erfahrungen unterscheiden sich grundlegend von jenen in der konventionellen medizinischen Behandlung: Hier wurden Beschwerden als Folge der defizitorientierten, depersonalisierenden Behandlung als bedrohlich aufgefasst, als unerklärlich und die körperliche Integrität, das psychische Wohlbefinden und die sozialen Beziehungen gefährdend. Damit einher ging die Perspektive, wenig Gestaltungsspielraum hinsichtlich relevanter Behandlungsentscheidungen zu haben und als Betroffene/r eine passive Rolle einzunehmen und den Anweisungen der/des Ärztin/Arztes Folge zu leisten. Im Rahmen der homöopathischen Behandlung verschiebt sich – analog dem homöopathischen Prinzip der „Lebenskraft" – der Fokus der Behandlung und Betreuung auf jene Ressourcen, die den Betroffenen zur Verfügung stehen, um mit den Beschwerden umzugehen. Dieser Deutungswandel der Beschwerden wurde im vorigen Abschnitt beschrieben.

Beim Auftreten von Beschwerden wird deren Schweregrad von den Betroffenen eingeschätzt, um entsprechend dieser Einschätzung eine *Selbstbehandlung* vor allem mit homöopathischen Mitteln zu beginnen. Der Verlauf der Selbstbehandlung wird beobachtet und darauf aufbauend entschieden, ob ein Kontakt mit der/dem betreuenden HomöopathIn notwendig erscheint. In vielen Fällen haben die Betroffenen genügend Erfahrungswissen im Sinne von Geschichten über erfolgreiche Behandlungen durch den Einsatz homöopathischer Mittel erworben, um sie ohne Rücksprache mit den HomöopathInnen als „Erstversorgung" zu nutzen. Diese Erfahrungen ermöglichen es den Betroffenen also, gemeinsam mit den HomöopathInnen *Entscheidungen über eine angemessene Behandlung und Betreuung* zu treffen. Diese Entscheidungen können auch konventionell-medizinische Interventionen beinhalten, solange sie den Betroffenen schlüssig erscheinen.

In weiterer Folge bewirkt dieses Erfahrungswissen, dass sich die Betroffenen als kompetent im Zusammenhang mit gesundheitsrelevanten Entscheidungen erleben – von den Betroffenen auch *Änderungen ihrer Lebensweise* vorgenommen, wenn für sie schlüssig ist, dass diese die Beschwerden beeinflussen können und positive Auswirkungen haben. Auch Rückgriffe auf „verschüttetes Wissen" werden möglich, wie es in der *Anwendung traditioneller Heilmittel und -praktiken* sichtbar wird. Diese Selbstsorge der Betroffenen wird von den HomöopathInnen unterstützt und gefördert, indem diese die Betroffenen *zur Selbstsorge ermutigen* und Kenntnisse zur Selbstbehandlung vermitteln.

Gleichzeitig erfahren die Betroffenen in der fortgesetzten genauen und ausführlichen Beobachtung von Beschwerden und Veränderung derselben einen *Zuwachs an Fähigkeiten*: Durch die oben beschriebenen Formen der Selbstbehandlung wird stetig auch das *Erfahrungswissen* der Betroffenen erweitert. Sie erleben, dass ihnen Ressourcen zur Verfügung stehen, die sie nutzen können. Das Erleben der Handlungsfähigkeit schließt auch die Hoffnung ein, bei zukünftig auftretenden Beschwerden mit diesen umgehen zu können, und balanciert so die Ängste, die mit einem Wiederauftreten der Beschwerden verbunden sind.

Die Handlungsfähigkeit der Betroffenen wird auch dadurch unterstützt, dass im Rahmen der Interaktion mit den HomöopathInnen ein Großteil der *Wissensaneignung* der Betroffenen stattfindet, was medizinisch-therapeutisches Wissen im engeren Sinn und Wissen über Behandlungsmöglichkeiten betrifft. Dieses Wissen ist für die Betroffenen aufgrund der Ausgestaltung der homöopathischen Behandlung und Betreuung, die auch eine Thematisierung ihres Lebens mit Kranksein zulässt, sinnvoll in ihre Lebenszusammenhänge einordenbar und damit „lebbar". Es erweitert ihren Handlungsspielraum, z.B. indem sie Änderungen in ihrer Lebensweise vornehmen, oder bestimmte Beschwerden mittels homöopathischer Mittel selbst behandeln können. Die an ihre aktuellen Bedürfnisse angepasste Wissensvermittlung durch die HomöopathInnen lässt die Betroffenen auch nicht nach anderen Informationsquellen unabhängig von den HomöopathInnen Ausschau halten. Hilfreich ist für sie weniger die Vielfalt unterschiedlicher Perspektiven, aus denen sie sich durch Abwägung ihre Meinung bilden können, sondern eine vermittelnde Instanz, die durch die HomöopathInnen verkörpert wird: Diese Instanz weist den Weg im Sinne einer Kontextualisierung und individualisiert das verfügbare Wissen.

Weitere Unterstützung erfahren die Betroffenen durch den Austausch mit anderen Personen, die ihre Einstellungen und Präferenzen zum Umgang mit Kranksein teilen. Diese *„Selbstsorgenetzwerke"* entstehen im Rahmen gemeinsamer Wissensaneignung oder – weniger strukturiert – im Gespräch mit „Gleichgesinnten", also Personen, die ebenfalls Homöopathie in Anspruch nehmen. Diese Unterstützungsaktivitäten fördern über die Wissensaneignung hinaus den Erfahrungsaustausch und gewähren wechselseitigen emotionalen Rückhalt. Von den HomöopathInnen werden diese gemeinsamen Selbstsorgeaktivitäten unterstützt, was wiederum die Betroffenen in ihrem Handeln bestärkt.

Durch die Erweiterung ihres Handlungsspielraums, den die Betroffenen im Verlauf der homöopathischen Behandlung und Betreuung im Zuge ihrer Selbstsorgeaktivitäten erleben, fühlen sie sich für ihr Befinden und den Verlauf ihrer Beschwerden insofern zuständig, was jene Maßnahmen betrifft, die sie selbst setzen können, um zu einer Besserung oder Vermeidung von Beschwerden beizutragen. Zu dieser *Verantwortung* rechnen die Betroffenen auch ihre aktive Beteiligung im Rahmen der homöopathischen Konsultationen, z.B. die genaue

Schilderung ihres Befindens und ihrer Beschwerden. Damit lassen sich als eine wesentliche Grundlage für diese Haltung der Verantwortung die Erfahrungen der Betroffenen im Rahmen der Konsultationen mit den HomöopathInnen benennen. Hier erleben sie sich als auskunftsfähige Personen, deren Aussagen Bedeutung für den weiteren Verlauf der Behandlung und Betreuung zugeschrieben wird. Damit erfahren sie einen Zuwachs an Selbstbewusstsein auf zwei Ebenen: Einerseits durch die Entwicklung ihrer Beobachtungsfähigkeit, auch auf bisher übergangene Zeichen ihres Befindens zu achten und ihnen Bedeutung zuzuschreiben; andererseits in ihrer Rolle als Betroffene, weil sie sich als gleichberechtigte PartnerInnen der HomöopathInnen wahrnehmen, da ohne ihre „Mitarbeit" als diejenigen, die über Beschwerden Auskunft geben können, eine homöopathische Behandlung nicht möglich ist. Diese Haltung der Verantwortung entwickelt sich weiteren Verlauf auch durch Kontakte und wechselseitige Unterstützung mit anderen Personen. Sie basiert auf den Erfahrungen der Selbstsorge und der Unterstützung, die die Betroffenen in ihrem Tun erfahren. In ihrer Ausrichtung zeigt die Wahrnehmung von Verantwortung eine Orientierung in die Zukunft, die in der Selbstsorge als „Sich zuständig fühlen" zum Ausdruck kommt. Im Zuge der Betonung ihrer Handlungsfähigkeit erfährt die in der Aneignung der Krankheitserfahrung bereits angelegte *Veränderung der Rolle der Betroffenen* eine zusätzliche Erweiterung. Zu Beginn erleben einige Betroffene die ihnen von den HomöopathInnen zugedachte „aktive" Rolle im Betreuungskontext als Erzählende und Beobachtende als irritierend, da sie auf keine ähnlich gearteten Erfahrungen zurückblicken können: Die Schilderung subjektiver Befindlichkeit anstatt „objektiver Daten" analog einer Beschreibung von Symptomen in kurzer, sachlicher Form erzeugt Unsicherheit. Die Erwartungen, die sie zu Beginn der homöopathischen Behandlung und Betreuung im Hinblick auf ein einfühlsames Zuhören der HomöopathInnen formuliert hatten, beruhten stark auf ihren Erfahrungen in der konventionellen medizinischen Behandlung. Dass mit einer Veränderung der Rolle der Ärztinnen/Ärzte auch eine Veränderung ihrer Rolle einhergehen würde, dass diese Rolle auch beschwerlich sein könnte und ungewohnte Anforderungen an sie stellen würde, wird vielen Betroffenen erst im Verlauf der homöopathischen Behandlung und Betreuung bewusst.

Dennoch wird die Rolle, die ihnen im Rahmen der Behandlung und Betreuung durch die HomöopathInnen zukommt durchwegs positiv bewertet, da die Betroffenen sich als gestärkt und „wissend" wahrnehmen und auch ein anderes Verhältnis zu ihrem Wohlbefinden entwickeln, Signale, die auf Einschränkungen hindeuten, aufmerksamer beobachten, und früher auf Krankheitszeichen reagieren können. An seine Grenzen stößt das Bild der Verantwortung dort, wo Krankheitsverläufe scheinbar willkürlich und nicht mehr beeinflussbar erscheinen, obwohl „alles getan" wurde. Diese Erfahrungen der Sinnstiftung und Handlungsfähigkeit im Verlauf der homöopathischen Behandlung und Betreuung wiederum bestärken die Betroffenen, dass die umfassende Schilderung ihrer Beschwerden einen bedeutsamen Aspekt ihrer Behandlung und Betreuung darstellt.

Die Interpretation von Sinnstiftung und Handlungsfähigkeit variiert bei den Betroffenen: Wenn die homöopathische Behandlung und Betreuung als umfassende Begleitung gesehen wird, die über eine enge Definition von gesundheitsrelevanten Belangen hinausgeht und auch Fragen zu Identität und sozialer Rolle der Betroffenen berührt, stehen die Interpretation der Bedeutung der Beschwerden im Lebenszusammenhang und die damit eingeschlossenen Hinweise auf Veränderung und Entwicklung im Vordergrund: Wichtig sind hier neben der Behandlung und Betreuung von Erkrankungen persönliches Wachstum und Weiterentwicklung. Diese Betonung wird vor allem von weiblichen InterviewpartnerInnen vertreten und jenen Personen, die sich schon über einen längeren Zeitraum in homöopathischer Behandlung und Betreuung befanden. Kontrastierend dazu (obwohl sich die beiden Positionen nicht ausschließen!) steht die homöopathische Behandlung und Betreuung als intensivierte, kontinuierliche und umfassende Behandlung von Krankheiten. In diesem Zusammenhang werden das Wieder-Frei sein von Beschwerden und die Wiederaufnahme der Alltagsaktivitäten von den Betroffenen stärker akzentuiert. Diese Perspektive steht vor allem bei den männlichen Interviewpartnern im Vordergrund und bei jenen, die erst wenige Monate in homöopathischer Behandlung und Betreuung waren.

Beide Perspektiven stehen auch im engen Zusammenhang mit der *Haltung der Betroffenen zum Verlauf von Krankheiten und Beschwerden*: Während am Beginn der Erkrankung für die Betroffenen vor allem die Suche nach einer Erklärung, und die Hoffnung nach „Wiederherstellung" im Vordergrund stehen, wächst im weiteren Verlauf der Erkrankung die Einsicht, das Kranksein als einen Teil der Identität zu integrieren und im Zuge dieser Integration auch auf neue Perspektiven der Lebensgestaltung aufmerksam zu werden. Die homöopathische Behandlung und Betreuung bietet in beiden Fällen einen Kontext, die Bedürfnisse, die Beschwerden und das Leiden der Betroffenen anzuerkennen, ihnen also eine Stimme zu geben und gemeinsam mit ihnen Strategien zum Leben mit Kranksein zu entwickeln. Diese Erfahrung ist für die Betroffenen umso bedeutsamer, als dass ihnen im Kontext konventionell-medizinischer Versorgung ihre Erfahrungen auf unterschiedliche Weise aberkannt wurden.

4.5 Wechselwirkungen

Die Narrative der Betroffenen stehen im engen Zusammenhang mit der Wirkung der homöopathischen Mittel: Die Betroffenen beobachten den Verlauf ihrer Beschwerden und die Veränderungen derselben, die sie auf die Wirkung der homöopathischen Mittel zurückführen. Gleichzeitig ist in den Augen der Betroffenen die Wirkung der homöopathischen Mittel davon abhängig, ob durch das Erzählen der Krankheitserfahrungen das entsprechende, zu diesem Beschwerdebild passende Mittel gefunden wird. Die homöopathischen Mittel werden somit zu einem *Abbild der Beschwerden der Betroffenen* und stehen gleichzeitig für eine *Mobilisierung jener Ressourcen*, die den Umgang mit diesen Beschwerden erleichtern bzw. die Beschwerden lindern sollen. Diese Bedeutungszuschreibung an die homöopathischen Mittel entsteht in der Interaktion der Betroffenen mit den HomöopathInnen, und ist außerhalb des homöopathischen Settings, insbesondere ohne den Bezug zur Krankheitstheorie der Homöopathie nicht denkbar.

Die Narrative, die den Mitteln eingeschrieben sind, sind somit hoch individualisiert, sie betten die Beschwerden der Betroffenen in die jeweiligen Lebenszusammenhänge ein, und sie verweisen auf die spezifischen biopsychosozialen und spirituellen Zusammenhänge, was Gesundheit und Krankheit der Betroffenen anbelangt. Diese Zusammenhänge orientieren sich nicht nur an Defiziten, sondern zeigen immer auch Ressourcen auf. Besonders deutlich wird dieser Aspekt bei den sogenannten Konstitutionsmitteln, die von den Betroffenen sowohl als Mittel für schon länger andauernde Beschwerden als auch als Unterstützung in Krisensituationen gesehen werden: Sie werden nicht nur bei genau definierten Beschwerdebildern eingesetzt, sondern fungieren über die ihnen eingeschriebene, sich ständig erweiternde Geschichte als allgemeine *„Lebensbegleiter"* und signalisieren (nicht zuletzt über den flexiblen Einnahmemodus) ein gewisses Maß an Kontrolle über die Erkrankung. Dennoch können auch diese Konstitutionsmittel im Verlauf der homöopathischen Behandlung und Betreuung wechseln, wenn sich die Erzählungen der Betroffenen dementsprechend entwickelt und verändert haben und sich nun in einem anderen Mittel wieder finden.

Die Veränderbarkeit der Narrative, ihre Individualität und Situationsabhängigkeit wiederum spiegelt sich auch in der *Anpassung der homöopathischen Mittel* an das jeweilige Beschwerdebild, auch wenn sich diese Beschwerdebilder auf den ersten Blick (in der Wahrnehmung der Betroffenen bzw. in einer konventionell-medizinischen Sichtweise) ähneln mögen. Damit symbolisieren die homöopathischen Mittel sowohl *Kontinuität als auch Veränderung* – sie können eine stetige Entwicklung nachzeichnen, oder auch Brüche in der Erzählung.

Die homöopathischen Mittel werden von den HomöopathInnen im engen Austausch mit den Betroffenen im Rahmen der homöopathischen Konsultationen ausgewählt. Damit verdeutlichen die homöopathischen Mittel durch die ihnen zugeschriebenen Wirkungen auch die gelingende *Beziehung zwischen Betroffenen und HomöopathInnen*: Diese gelingt dann, wenn die Schilderungen der Betroffenen die nötige Aufmerksamkeit und Wertschätzung durch die HomöopathInnen finden und damit durch diese interpretiert werden können. Eine erfolgreiche Interpretation führt zur Auswahl des „passenden", also wirksamen Mittels.

Wie die Betroffenen die Wirkungen homöopathischer Mittel erfahren, weicht prägnant von ihrer Erfahrung einer konventionell-medizinischen medikamentösen Behandlung ab: Neben dem Erleben, dass ihre (Krankheits)Geschichte von den Ärztinnen/Ärzten nicht gehört wird, sie vielmehr von dieser abstrahieren müssen, um der Vorgangsweise während der konventionell-medizinischen Anamnese zu entsprechen, beschreiben die Betroffenen auch die Wirkung der Medikamente als (mögliche hilfreiche Signale des Körpers) unterdrückend und damit potentiell gefährdend.

Die den homöopathischen Mitteln zugeschriebene *„Natürlichkeit"* kann also auf doppelte Weise gesehen werden: Einerseits markiert sie einen Gegenpol zu den unerwünschten Wirkungen der (allopathischen) Medikamente, andererseits unterstreicht diese Bezeichnung die Haltung, dass Gesundheit ein *Gleichgewichtszustand zwischen Person und Umwelt* ist, dem man sich *interpretativ-erzählend* und mit der unterstützenden Wirkung homöopathischer Mittel annähern kann.

Gleichzeitig konstruieren sich die Betroffenen selbst im Rückblick als diejenigen, die in der konventionell-medizinischen Behandlung den Wirkungen der Medikamente ausgeliefert waren und nur durch Widerstand in Form eines Behandlungsabbruchs ihre Situation verbessern konnten. In der Anwendung von homöopathischen Mitteln erleben sie sich als selbstbestimmt und fähig, die früher als belastend erlebten Symptome nun als hilfreiche Zeichen des Körpers und seine Ressourcen zur Selbstheilung zu sehen, die von den homöopathischen Mitteln unterstützt werden. Auf einer symbolischen Ebene verändert sich also auch ihre Rolle von einer des Ausgeliefertseins und der Kompensation von Beschwerden hin zu mehr Selbstbestimmtheit und Selbstvertrauen. Dieses Selbstvertrauen wächst mit der Erfahrung der Wirkungen homöopathischer Mittel, und versichert den Betroffenen gewissermaßen, im Falle von Beschwerden handlungsfähig zu sein – somit sind die homöopathischen Mittel auch *Träger von Hoffnung*.

Auch hier, auf der Ebene der Suche und Auswahl des homöopathischen Mittels, lässt sich in den Narrativen die enge Verknüpfung von Handlungsfähigkeit und individueller Verantwortung erkennen: Von den Betroffenen wird die Auswahl eines wirkungslos bleibenden Mittels nicht in der alleinigen Verantwortung der/des Homöopathin/Homöopathen gesehen, vielmehr erwägen die Betroffenen in solchen Fällen, welchen Anteil sie an der nicht gelingenden Kommunikation durch die Erzählung über ihre Beschwerden haben.

Dass diese von den Betroffenen vorgenommene Verknüpfung von Krankheitsgeschichte und Wirkung der eingesetzten Mittel nicht nur entlang pharmakologisch definierter Unterscheidungen verläuft und erklärbar ist, sondern von den Beteiligten kontextspezifisch vorgenommen wird, lässt sich an der *„Neudeutung" (allopathischer) Medikamente* nachvollziehen: Diese können im Kontext homöopathischer Behandlung und Betreuung die Bedeutung von „Hoffnungsträgern" annehmen, wenn die Grenzen der homöopathischen Behandlung erreicht sind. Mir dieser Interpretation wird ihnen somit eine zusätzliche Geschichte im Sinne einer Bedeutungserweiterung zugeschrieben, und ein flexiblerer Umgang mit diesen zuvor als potentiell schädigend wahrgenommenen Arzneimitteln wird für die Betroffenen möglich.

Als weitere „Materialisierung", die für die Betroffenen die Bedeutsamkeit der Krankheitsgeschichten verdeutlicht und einen narrativen Zugang unterstützt, lässt sich die *Ausgestaltung des räumlichen Settings der homöopathischen Praxis* auffassen, das durch die fehlenden Verweise auf die konventionell-medizinische Praxis und ihre Untersuchungs- und Behandlungsroutinen und Hierarchien (z.B. durch das Nichtvorhandensein medizinischer Gerätschaften oder der Arbeitskleidung) auf die Betroffenen zusätzlich gesprächseinladend wirkt.

4.6 Widersprüchliche Rahmenbedingungen

Die Erfahrung des „Heilsamen Erzählens" in der homöopathischen Behandlung und Betreuung ist eingebettet in den Kontext des konventionell-medizinisch-therapeutischen Versorgungssystems. Dieses Versorgungssystem wird von den Betroffenen ambivalent wahrgenommen: Ein „Heilsames Erzählen" erscheint für die Betroffenen aufgrund ihrer Vorerfahrungen in einem konventionellen medizinischen Setting nur sehr bedingt vorstellbar: Die grundlegende, defizitorientierte Ausrichtung der konventionellen Medizin und die Rahmenbedingungen der Konsultation, wie die Zeitknappheit, und die hohe Anzahl an Betroffenen, die Ärztinnen/Ärzten betreuen, verunmöglichen in den Augen der Betroffenen ein Eingehen auf ihre Beschwerden. In der Folge nehmen die Betroffenen die Art und Weise, wie mit ihren Schilderungen umgegangen wird, *als Ausblendung ihrer Krankheitserfahrung* wahr.

Von den Betroffenen werden im weiteren Verlauf der konventionell-medizinischen Behandlung und Betreuung auch die angebotenen Behandlungsmöglichkeiten – meistens in Form von Medikamenten –abgelehnt. Entsprechend zurückhaltend sind die Betroffenen auch mit der Information konventioneller MedizinerInnen über die homöopathische Behandlung: Diese Information wird sehr selektiv weitergegeben, wenn die Betroffenen wissen, dass die/der jeweilige MedizinerIn der Homöopathie gegenüber aufgeschlossen ist, oder weil es für den Behandlungsverlauf notwendig erscheint.

Die konventionelle medizinische Behandlung nimmt eine *zwiespältige Rolle* ein – denn sie ist auch eine wichtige Instanz der *Legitimation und Absicherung* der homöopathischen Behandlung und Betreuung. Beispielhaft lässt sich dieser Aspekt in der Metapher der *„Grenze"* finden, die von den Betroffenen und den HomöopathInnen in Bezug auf das Verhältnis von homöopathischer zu konventionell medizinischer Versorgung geprägt wird: Die Homöopathie stößt bei bestimmten Symptomen, die von den HomöopathInnen als schwerwiegend eingeschätzt werden, an ihre Grenzen, was die homöopathische Behandlung und Betreuung anbelangt. Jenseits dieser Grenze ist nach Auffassung der HomöopathInnen eine konventionell medizinische Behandlung angebracht. Diese Grenzziehung wird von den Betroffenen nicht infrage gestellt, ebenso wenig wie der Einsatz konventioneller medizinischer Methoden, da diese Grenzziehung in den Augen der Betroffenen gleichzeitig die Möglichkeiten der Homöopathie innerhalb dieser Grenzen verdeutlicht und absichert und somit ihr Vertrauen in diese stärkt.

Die konventionell-medizinische Versorgung als Absicherung der homöopathischen Behandlung und Betreuung wird nur in als solche definierten Notfällen herangezogen, wenn die homöopathische Behandlung keine Wirkung zeigt oder der Krankheitszustand sich verschlechtert. Der Einsatz konventionell-medizinischer Methoden wird zwischen HomöopathInnen und Betroffenen ausverhandelt – damit werden auch die Befürchtungen der Betroffenen und ihre Vorbehalte gegenüber der konventionellen Medizin, die sie aufgrund ihrer Erfahrungen formuliert haben, temporär entkräftet. Indem die HomöopathInnen auf diese Befürchtungen eingehen, gelingt es, eine Brücke zwischen unterschiedlich ausgerichteten Behandlungsansätzen zu schlagen. Diese Art des Brückenbaus durch die HomöopathInnen wird von den Betroffenen sehr geschätzt, und steht für eine *Neuinterpretation der Möglichkeiten der konventionell-medizinischen Behandlung*.

Im Narrativ der „guten Betreuung", das in der homöopathischen Behandlung und Betreuung begründet wurde, wird somit auch die konventionell-medizinische Behandlung eingebunden – diese Integration konventionell-medizinischer Ansätze dient als Absicherung und „letzter Ausweg", wenn die homöopathische Behandlung nicht mehr gangbar erscheint. Die Grenzen der konventionell-medizinischen Behandlung selbst im Hinblick auf lebensbedrohende Erkrankungen werden jedoch von den Betroffenen nicht thematisiert – hier scheint das Versprechen konventioneller Medizin, das Leben potentiell unbeschränkt zu verlängern, angesichts einer fehlenden, unmittelbaren Konfrontation mit diesem Thema noch immer aufrecht.

Die Frage der Neuinterpretation der Möglichkeiten der konventionell-medizinischen Versorgung zeigt sich in ihrer häufigsten Therapieform, der Verordnung von Medikamenten: Medikamente werden von den Betroffenen aus den bereits geschilderten Gründen mit großer Skepsis betrachtet und repräsentieren im Rahmen der konventionellen medizinischen Behandlung eine Defizitorientierung, die sich durch ihren auf die Beseitigung von Krankheitszeichen und Symptomen ausgelegten Zugang ausdrückt. Gleichzeitig bleibt bei den Betroffenen im Zuge des Einsatzes von Medikamenten die Unsicherheit im Hinblick auf den weiteren Verlauf der Erkrankung bestehen.

Im Rahmen der homöopathischen Behandlung und Betreuung ist es den Betroffenen jedoch möglich, einen Bezug zu ihrer Situation bzw. zu ihren Beschwerden herzustellen und unterstützende Aspekte bei Medikamenten im Hinblick auf die Linderung ihrer Beschwerden zu finden, was in der konventionellen medizinischen Behandlung nur eingeschränkt möglich war. Obwohl viele der Betroffenen Medikamenten sehr kritisch gegenüberstehen, können sie einer medikamentösen (und damit konventionell medizinischen) Therapie zustimmen, wenn bestimmte Bedingungen erfüllt sind: Medikamente werden nur dann eingesetzt, wenn zwischen HomöopathInnen und Betroffenen Übereinstimmung besteht, dass die Behandlung mit homöopathischen Mitteln keine Verbesserung der Beschwerden bewirkt und somit an eine Grenze gelangt ist, und Medikamente so kurz als möglich eingenommen werden. In diesem Fall wird die Anwendung von Medikamenten für die Betroffenen zu einem Weg, der gemeinsam mit den HomöopathInnen gefunden wurde. Auch an der Inanspruchnahme von Vorsorgeuntersuchungen lässt sich dieses Muster nachzeichnen: Diese werden im Rahmen der homöopathischen Behandlung und Betreuung als sinnvoll erachtet, liefern weiteres Wissen zum Gesundheitszustand und dienen auf diese Weise auch der Absicherung der homöopathischen Behandlung. Der Aspekt der *„beschränkten Nutzung"*, wie er hier nachgezeichnet wurde, ermöglicht es den Betroffenen, die Widersprüche zwischen konventionell-medizinischer und homöopathischer Krankheitstheorie und den unterschiedlichen Behandlungsansätzen zu balancieren.

Somit gelingt hier eine den Bedürfnissen der Betroffenen *entsprechende Integration konventioneller medizinischer Behandlungsansätze* in die homöopathische Behandlung und Betreuung. Diese Integration wird durch die Kommunikation mit den HomöopathInnen und die dadurch erfolgende Anknüpfung an das „Heilsame Erzählen" möglich. Konventionell-medizinische Methoden stellen nicht länger „Störungen" des „Heilsamen Erzählens" dar oder verunmöglichen es gar, sondern sie ergänzen und ermöglichen es auch in manchen Fällen. Die HomöopathInnen werden so zu *„VermittlerInnen" zwischen unterschiedlichen Behandlungs- und Betreuungsstrategien* und versuchen in ihren Behandlungsstrategien die Balance von Widersprüchen zwischen Bekämpfen von Symptomen und Unterstützen von körpereigenen Ressourcen, zwischen wissenschaftlichem Wissen und individueller Erfahrung zu finden, indem sie konventionell-medizinischen Behandlungsmethoden einen auch in den Augen der Betroffenen angemessenen Platz zuweisen. Deutlich wird bei diesen Aushandlungsprozessen auch, dass für die Betroffenen und die HomöopathInnen (möglicherweise unterschiedliche) relevante Kontexte mitberücksichtigt werden müssen – und somit nicht alle Narrative möglich sind. Aufgrund ihrer Ausbildung und Sozialisation als konventionelle MedizinerInnen beziehen die HomöopathInnen auch ihr konventionell-medizinisches Wissen in ihre Behandlungsvorschläge ein; z.B. wird der Kontext biomedizinischen Wissens im Narrativ der Grenze homöopathischer Behandlung und Betreuung sichtbar.

Andererseits stellt die konventionell-medizinische Behandlungssituation für die Betroffenen eine „Negativfolie" dar, auf Basis derer die homöopathische Behandlung und Betreuung betrachtet wird, vor allem was ihre Aufmerksamkeit für die Bedürfnisse und Leiden der Betroffenen betrifft. Insbesondere die Fragen, wie sich das Kranksein auf das Selbstbild der Betroffenen auswirkt, und welche Folgen die Erkrankung für den Alltag der Betroffenen haben wird, werden in den Augen der Betroffenen im Rahmen der konventionellen medizinischen Behandlung ausgeklammert und führen zu einer Depersonalisierung der Betroffenen und Verobjektivierung ihrer Beschwerden. Daher ist es nicht verwunderlich, wenn sich der Widerstand der Betroffenen auf individueller Ebene vor allem als Widerstand gegen (meist medikamentöse) Therapien wendet: In Form von Therapieabbrüchen wenden sie sich gegen jene Behandlungsansätze, die ihre eigenen Erfahrungen ohne vordergründige Konsequenzen ignorieren können.

Das Zusammenspiel von homöopathischer und konventionell medizinischer Behandlung ist also weder konfliktfrei noch starr in seiner Ausrichtung und wird anlässlich auftretender Beschwerden jeweils neu verhandelt. Die Konflikte zeichnen sich an der ambivalenten Haltung der Betroffenen gegenüber konventioneller medizinischer Behandlung bzw. gegenüber den MedizinerInnen ab und können als ein *situationsgebundenes Abwägen von Widerstand und Akzeptanz* interpretiert werden: Je nach aktueller Problemlage wird der konventionellen Medizin mehr oder weniger Bedeutung zugewiesen. Sie wird nie völlig abgelehnt, da die Möglichkeit besteht, an die Grenzen der Homöopathie zu stoßen, was eine konventionell medizinische Behandlung notwendig macht. Gleichzeitig wird ihr und ihren VertreterInnen wenig Vertrauen entgegengebracht, sich wirklich für die Belange der Betroffenen zu interessieren bzw. für ihre Probleme und Beschwerden angemessene Betreuungsmöglichkeiten zu eröffnen.

Die zwiespältige Wahrnehmung der konventionell-medizinischen Versorgung gründet sich auf unterschiedlichen Kritikpunkten: Zunächst wäre das ambivalente Verhältnis der Betroffenen zu konventionell praktizierenden Ärztinnen und Ärzten zu nennen: Dieses gründet sich in Erwartungen der Betroffenen an das *Rollenverständnis und die professionelle Ethik von MedizinerInnen*, welche vor allem altruistisch am Wohlbefinden der Betroffenen orientiert sein und unbeeinflusst von ökonomischen Interessen (be)handeln sollten. Im Rahmen der kassenärztlichen konventionell-medizinischen Versorgung ist in den Augen der Betroffenen die Balance von ökonomischen Interessen der Ärztinnen/Ärzte mit ihrem Behandlungsauftrag nicht immer gegeben: Die (ökonomisch sinnvolle) „Abfertigung" einer großen Anzahl von Menschen im Rahmen der konventionell-medizinischen Behandlung, wie sie die Betroffenen erlebt haben, verträgt sich nicht mit ihrem Anspruch, den Beruf der/des Ärztin/Arztes als Berufung zu sehen, was das ausschließliche Interesse für die Belange der Betroffenen einschließt.

Auch auf struktureller Ebene üben die Betroffenen *Kritik am Versorgungssystem*. Hier zeigen sich vor allem Konflikte um die Relevanz und Legitimität unterschiedlicher Erklärungsmodelle für Gesundheit und Krankheit, die sich letztendlich um die Frage drehen, wer auf Systemebene als ExpertIn gilt bzw. ob unterschiedliche „Expertisen" als gleichberechtigte Perspektiven berücksichtigt werden – die der Betroffenen mit ihren Alltagserfahrungen über das Kranksein, oder die der Angehörige von Gesundheitsberufen, die auf spezialisiertes Wissen zurückgreifen. Es wird für die Betroffenen deutlich, dass sie in der Wahrnehmung professioneller AkteurInnen nicht den gleichen Status genießen: Konventionell-medizinische Erklärungsmuster werden in der Regel höher bewertet, bzw. werden die Wahrnehmungen der Betroffenen abgewertet. Diese Erfahrung deckt sich mit jenen Erfahrungen, die die Betroffenen in der Interaktion mit konventionellen MedizinerInnen gemacht haben.

Darüber hinaus wird für die Betroffenen auf der Ebene des Versorgungssystems und der darin involvierten gesellschaftlichen Akteure diese Haltung der Missachtung und Abwertung ihrer Perspektive auf das Kranksein und ihrer Erzählungen symbolisch deutlich: An ökonomischen Beschränkungen der Therapievergütung, an mangelnder Anerkennung der HomöopathInnen durch ihre konventionell praktizierenden KollegInnen, usw. Ein weiterer wichtiger Kritikpunkt der Betroffenen an der konventionellen medizinischen Versorgung betrifft das Desinteresse gegenüber bzw. die Ablehnung von alternativen und komplementären Verfahren. Sie sehen in dieser Haltung weniger medizinisch begründbare Ursachen (und verweisen hier auf ihre Behandlungserfahrungen), als vielmehr das Streben der konventionellen Medizin nach Einfluss und (Definitions)Macht. Damit wird die homöopathische Behandlung und Betreuung zu einer „Verbündeten" im Widerstand gegen ein als dominant wahrgenommenes Versorgungssystem. Auf dieser Ebene zeigt sich für die Betroffenen, dass die konventionelle Medizin ein öffentliches Monopol genießt, z.B. durch die Anerkennung ihrer Leistungen durch die Soziale Krankenversicherung. Für die Betroffenen wird somit auch auf struktureller Ebene ein Desinteresse an ihren Bedürfnissen und auch an ihrem Bestreben, für ihre Gesundheit Verantwortung zu übernehmen sichtbar.

Auf individueller Ebene versuchen also die Betroffenen, sich über die Dominanz des konventionell-medizinischen Versorgungssystems und seine naturwissenschaftlich orientierten Deutungen von Krankheit und Gesundheit zumindest teilweise hinwegzusetzen, wenn durch die homöopathische Behandlung und Betreuung Raum für das „Heilsame Erzählen" und damit für alternative Deutungsmöglichkeiten geschaffen wird. Dieser Raum ist jedoch nicht unumstritten und wird je nach Problemlage neu verhandelt, indem der konventionellen Medizin in der individuellen Betreuungssituation durch die HomöopathInnen ein angemessener Platz in Form einer Bedeutungszuschreibung als „letzter Ausweg" zugewiesen wird (ohne jedoch die grundsätzliche Ausrichtung der konventionellen Medizin in Frage zu stellen). Auf struktureller Ebene bleibt die Dominanz der durch die konventionelle Medizin vertretenen Deutungsmuster jedoch erhalten, wenn sie auch im „Alltag" der homöopathischen Behandlung und Betreuung etwas in den Hintergrund rückt.

Gesellschaftliche Haltungen und Werte, ausgedrückt durch die Einstellung von nahe stehenden Personen zur Homöopathie und durch die mediale Berichterstattung, rahmen den Kontext des medizinisch-therapeutischen Versorgungssystems und stehen mit diesem in wechselseitiger Beeinflussung. Auch die Beschreibung dieser Einflussfaktoren durch die Betroffenen entwirft ein ambivalentes Bild: Sie wirken einerseits unterstützend, indem sie alternative Möglichkeiten der Behandlung und Betreuung jenseits konventionell-medizinischer Ansätze befürworten (eine Haltung, die insbesondere durch den Betroffenen nahe stehende Personen eingenommen wird), andererseits drücken manche gesellschaftliche AkteurInnen Zweifel und Ablehnung gegenüber jenen Zugängen aus, die von konventionell-medizinischen Verfahren abweichen (als Beispiel sei hier die mediale Berichterstattung genannt). Im *persönlichen Nahbereich* werden vor allem Unterstützungsangebote realisiert, sei es durch den Austausch von Erfahrungen mit Homöopathie, oder durch die Organisation von kleinräumigen Unterstützungsnetzwerken, wie es das Beispiel der Homöopathie-Seminare und der daraus folgenden Kontakte zwischen den teilnehmenden Frauen zeigt.

In den verschiedenen Ausprägungen dieser Kontextbedingungen und in der Art und Weise, wie sich die Betroffenen dazu verhalten, lässt sich als gemeinsamer Bezug die *Verhandlung unterschiedlicher Konzeptionen von Krankheit und Gesundheit, von Versorgungsansätzen und der Stellenwert derselben in der Gesellschaft* erkennen. Die homöopathische Behandlung und Betreuung, mit ihrem das Individuum und seine subjektive Perspektive in den Mittelpunkt des Erkenntnisinteresses stellenden Zugang, ist Teil und unterstützt jene gesellschaftlichen Strömungen, die der Selbstbestimmung als Ausdruck der subjektiven Befindlichkeit gegenüber der Fremdbestimmtheit durch potentiell normierende Zuschreibungen z.B. in Form von konventionell-medizinischen Diagnosen einen hohen Wert zuweisen. Insbesondere in jenen Phasen des Lebens, die durch Neuorientierung gekennzeichnet sind, ist die Frage nach dem Individuellen von Bedeutung, wie es am Beispiel des Lebens mit einer Erkrankung verdeutlicht wird. Die Betroffenen positionieren sich in diesem Feld unter dem Titel „AnhängerInnen von Homöopathie" als handlungsfähige AkteurInnen, die die (Rahmen)bedingungen von Behandlung und Betreuung in gewissem Ausmaß mitgestalten (wollen). Die homöopathische Behandlung und Betreuung repräsentiert somit für die Betroffenen den Bezug zu Individualität und Subjektivität und für eine Begleitung im Kranksein durch die HomöopathInnen – dieser Bezug stößt im Versorgungskontext, aber auch auf gesamtgesellschaftlicher Ebene auf Widerstand und erzeugt ein Spannungsverhältnis, das von den Betroffenen balanciert werden muss.

4.7 Zusammenfassung

Für die Betroffenen eröffnet sich im Rahmen der Behandlung und Betreuung durch die HomöopathInnen die Möglichkeit, ihre individuelle Krankheitsgeschichte zu entwickeln, indem sie sich ihre Krankheitserfahrung (wieder) aneignen. Diese Entwicklung wird durch die Interaktion mit den HomöopathInnen, die ein Eingehen auf die Perspektive der Betroffenen erlaubt und diese als Personen sichtbar werden lässt, ermöglicht und durch die Rahmenbedingungen der homöopathischen Behandlung und Betreuung –Ressourcenorientierung, Betreuungskontinuität, das vertrauensvolle Verhältnis zwischen Betroffenen und HomöopathInnen – unterstützt. Wesentliche Konsequenzen der Entwicklung der Krankheitsgeschichte finden sich auf der Ebene der Sinnstiftung und der Handlungsfähigkeit, welche es den Betroffenen ermöglichen, ihre Krankheitserfahrungen neu zu interpretieren, mit den Konsequenzen einer (chronischen) Erkrankung umzugehen und mit Kranksein leben zu lernen.

Im Verlauf der Behandlung und Betreuung durch die HomöopathInnen gelingt es auch, die zuvor abgelehnte oder mit großer Skepsis betrachtete konventionell-medizinische Behandlung mit ihrer naturwissenschaftlich-somatischen Ausrichtung in bestimmten Aspekten zu integrieren bzw. sie als Ergänzung und Absicherung der homöopathischen Behandlung und Betreuung wertzuschätzen. Wenn auch die gesellschaftlichen Rahmenbedingungen für alternative Versorgungsformen, die sich in Konzepten und Haltungen zum Teil von einer konventionell-medizinischen Versorgung unterscheiden, als erschwerend angesehen werden, erhoffen die Betroffenen in der Zukunft dennoch eine breitere Akzeptanz für diese Art der Behandlung und Betreuung, die sich für sie als eine angemessene Form der Versorgung herauskristallisiert hat. Die von den Betroffenen als kritisch wahrgenommene Haltung gegenüber der Homöopathie verweist auf die dahinter liegenden Fragen, wem Expertise in Bezug auf Krankheit (und Gesundheit) und den Umgang damit zugeschrieben wird, wie sich Individualität in der Auseinandersetzung mit chronischen Krankheiten realisieren lässt und wie ein personenorientierter Zugang in der Versorgung ermöglicht werden kann.

5 Zur Bedeutung von Narrativen

Die Ausführungen in Abschnitt 4 haben gezeigt, wie eng die Betroffenen ihre Erfahrungen einer guten Versorgung im Rahmen der homöopathischen Behandlung und Betreuung an die Erfahrung des Erzählens, des Schilderns ihres Befindens anbinden. Dieses Erzählen manifestiert sich zunächst in der Aneignung der Krankheitserfahrung, die es den Betroffenen ermöglicht, sich mit ihren Beschwerden auseinanderzusetzen, nach möglichen Ursachen zu forschen und sinnstiftende Erklärungsmodelle zu entwickeln. Wesentlich für diese Aneignung der Krankheitserfahrung ist die Anerkennung derselben vonseiten der HomöopathInnen. In weiterer Folge gelingt es den Betroffenen, mit ihrem Kranksein leben zu lernen, also dieses in ihre Lebenszusammenhänge zu integrieren, eine Balance zu finden innerhalb der widersprüchlichen Voraussetzungen des Versorgungssystems, wie mit den Beschwerden umzugehen ist, und sich schlussendlich als handlungsfähige AkteurInnen zu beschreiben.

Der folgende Abschnitt soll die in Abschnitt 4 dargelegte gegenstandsbegründete Theorie des „Heilsamen Erzählens" daher an die Forschungslandschaft im Bereich Narrative über das Kranksein (bzw. Gesundsein) anbinden. Einleitend wird auf die Bedeutung von Narrativen als eine grundlegende Form der „Lebenserfahrung" verwiesen. Darauf folgt eine Darstellung jener Aspekte, die sich vor allem mit Narrativen im Zusammenhang mit Gesundheit und Krankheit, den Rahmenbedingungen der Entstehung dieser Narrative und ihren Konsequenzen beschäftigen: Abschnitt 5.1. leitet mit grundsätzliche Überlegungen zu Narrativen ein. Im Abschnitt 5.2 wird auf theoretische Aspekte zu Krankheitsnarrativen eingegangen. Der Abschnitt 5.3 schließt an diese Ausführungen an und stellt dar, welchen Einflüssen diese Narrative im Kontext der konventionellen medizinischen Behandlung ausgesetzt sind. Anschließend werden die empirischen Ergebnisse, wie sie in den Abschnitten 3 und 4 dargestellt wurden, im Abschnitt 5.4 nochmals in ihren zentralen Aussagen reflektiert und an diese Überlegungen angebunden.

5.1 Grundsätzliches zu Narrativen

„The person is not simply a storyteller, but a passionate storyteller" (Hermans 1999, S. 1193)

Das Erzählen von Geschichten[43] – ob nun krankheitsspezifisch oder nicht – ist
ein universelles Phänomen: Geschichten und Sprache bilden nicht nur den Alltag
der ErzählerInnen ab und stellen somit die Verbindung zwischen unterschiedlichen Erfahrungen her, sie dienen im wesentlichen auch der Schaffung und Wiederherstellung von Sinn. Insbesondere dann, wenn durch unvorhergesehene Ereignisse (z.B.: Krankheit, aber auch andere Veränderungen der Lebensumstände
wie Heirat, Ende der beruflichen Tätigkeit) die Identität der Betroffenen gefährdet scheint, sind persönliche Narrative – in Form einer Überprüfung oder Neuer-
zählung – ein Versuch, das bedrohte Selbstgefühl wiederherzustellen (Bury
2001, S. 264; Garcia-Lorenzo & Nolas & de Zeeuw 2007, S. 17).

Narrative weisen einige gemeinsame Kennzeichen auf: Sie umfassen eine be-
grenzte Zeitachse – mit Anfang, einer Folge von Ereignissen und (meistens auch)
ein Ende; sie sind auf eine/n bestimmten/n ZuhörerIn ausgerichtet und damit kontextspezifisch; und sie sind Ausdruck der individuellen Lebenswelten der Erzähler-
Innen, handeln also nicht nur davon, was geschieht, sondern vor allem auch davon, wie sich die Betreffenden fühlen, bzw. wie sie Ereignisse interpretieren. Eine
der hervorstechendsten Eigenschaften von Narrativen ist jedoch, dass sie zu Interpretationen auffordern. (Greenhalgh & Hurwitz 2005, S. 19f)

Von einigen AutorInnen wird die Form des Narrativs als universelle Form
der Selbst- und Welterfahrung beschrieben (vgl. Taylor 1989, zitiert nach Bury
2001, S. 264). In Form von Narrativen gelingt es den Menschen, die Umwelt und
soziale Strukturen kennen zu lernen, zu verstehen und Sinn zu finden (Somers
1994 zitiert nach Hyden 1997, S. 50; Donald 2005, S. 40). Zur Universalität von
Narrativen meint Mehl-Madrona (2007, S. 85), dass alle Erfahrungen narrativ
sind; Narrative sind somit nicht nur auf den Bereich Kranksein beschränkt, sondern betreffen unseren gesamten Alltag, z.B. wenn wir Geschichten über FreundInnen erzählen, über einen Kinofilm sprechen etc. Diese Erfahrung – „immer-
sed in story" (Mehl-Madrona 2007, S. 85) – ist eine wichtige Ressource für das
Verstehen der Narrative, weil wir durch unsere (narrativen) Alltagserfahrungen
ExpertInnen für die Darstellung und Interpretation von Geschichten sind. Ville
und Khlat (2007, S. 1004) beschreiben das Erzählen von Geschichten als „...an
act of meaning, ..., a human activity par excellence, (that) allows us to create
order from disorder, to make sense of the chaos resulting from the flow of situa-
tions in which we find ourselves." Ähnlich argumentieren Garro und Mattingly
(2000, S. 31), wenn sie darauf hinweisen, dass das menschliche Bedürfnis, Ge-

---

43 Anders als im Deutschen ist im Englischen eine eindeutige Unterscheidung zwischen „Geschich-
    te" – „history" und „Geschichten" – „stories" möglich. Geschichte im Sinn von „history" meint
    dabei ein lineares Geschehen auf einem Zeitstrahl. Geschichten im Sinn von „stories" werden aus
    der Position der Gegenwart erzählt, wobei Erlebtes mitgeteilt wird und Vergangenes und Zukünf-
    tiges zur Sprache kommen kann. (vgl. Deppeler 2003; Kalitzkus, Wilm & Matthiessen 2009)

schichten zu erzählen vor allem in Situationen, die verstörend wirken, die als moralisch zwiespältig oder problematisch angesehen werden, ausgeprägt ist: Diese kritischen Lebensereignisse umfassen eine Reihe von unterschiedlichen Erfahrungen, beeinflussen dementsprechend mehrere Teilbereiche des alltäglichen Lebens und lassen sich nicht scharf abgrenzen.

In Form von Narrativen gelingt es also, unsere Handlungen und den Verlauf unseres Lebens wahrzunehmen und zu beurteilen und ihnen Bedeutung zuzuweisen (Hyden 1997, S. 49): „The beauty of a narrative is that it allows us to tie all of the changes in our life into a broad comprehensive story" (Pennebaker & Seagal 1999, S. 1250). Narrative konstituieren damit unser Selbstbild: Dieses manifestiert sich quasi nach außen gewandt in den „kleinen Geschichten des Alltags" (Lucius-Hoene 2008, S. 92), die wir mit den ZuhörerInnen teilen und nach innen gewandt in der Reflexion, wenn wir unsere Erfahrungen in eine narrative Struktur bringen.

Das Erlebte in eine Geschichte (erzählt oder verschriftlicht) zu fassen ist ein Versuch, diese Erfahrungen zu verstehen, indem danach gefragt wird, warum bestimmte Ereignisse eingetreten sind und wie damit umgegangen werden kann. Die ErzählerInnen sind somit AkteurInnen, die von ihren Erfahrungen, die in unterschiedliche interpersonelle, strukturelle und symbolische Kontexte eingebettet sind, Sinn ableiten. Sie sind also nicht passiv erduldend, wenn sie z.b. mit Krankheit und Leiden konfrontiert sind, sondern versuchen vielmehr, Kontinuität zwischen ihrer Vergangenheit, Gegenwart und Zukunft herzustellen – zum Teil auch durch Neubewertungen und Umdeutungen von Erlebtem (Ville et al. 2007, S. 1004; Stiles et al. 1999, S. 1214f). Narrative eröffnen so den Betroffenen die Möglichkeit, Ereignisse mit ihren Lebensumständen in Verbindung zu setzen und damit darüber zu reflektieren, wie diese Ereignisse in Verbindung zu ihrer aktuellen Lebenssituation und zu ihrer Zukunft gesehen werden können (Frid et al. 2000, S. 697).

Dennoch soll der Aspekt der Kohärenz in Narrativen nicht überbewertet werden: Nicht alle Narrative sind automatisch kohärent, jedenfalls weniger, als allgemein angenommen. (Krankheits)narrative entfalten sich; in dieser Hinsicht scheint es, dass kohärente Narrative weniger „nahe" an der persönlichen Erfahrung angelegt sind als jene, die stärker fragmentiert erscheinen. (Wikan 2000, S. 230)

Narrative sind jedoch nicht nur ein Medium, um über Erfahrungen zu berichten, sie liefern durch ihre Präsentation und Organisation auch Anhaltspunkte über das Selbstbild, das die Erzählenden den ZuhörerInnen (im Fall einer mündlichen Erzählung) vermitteln wollen (Hyden 1997, S. 50). In einem wechselseitigen Prozess werden zwischen ErzählerInnen und ihrem Gegenüber ständig Selbst- und Fremdpositionierungen ausgetauscht, aufeinander bezogen und verhandelt (Lucius-Hoene & Deppermann 2004, o.S.). In diesem Prozess sind jedoch auch Spannungsfelder angelegt, die sich aus dem Wechselspiel zwischen

Identitätsbildung als unabhängiges Subjekt und Anerkennung durch andere erge-ben (Benjamin 1988, zitiert nach Scott 2001, S. 4).

Aus der Perspektive der Betroffenen vergleicht Mehl-Madrona (2007, S. 84) diesen Vorgang der Dar- und Herstellung des Selbstbilds mit dem Weben eines Fadens, der die oftmals widersprüchlichen Stimmen in unserem Inneren zu einem kohärenten Ganzen zusammenfassen kann. Anders gesagt, versuchen Menschen, ihre Lebensgeschichte widerspruchsfrei zu formulieren, indem sie ständig das Handlungsschema der Narrative anpassen, um neu auftretende Ereig-nisse einbauen zu können. Somit ist das Selbstbild eine (sinnhafte) Anordnung von Ereignissen in einem historischen Zusammenhang, das nicht nur eine Aus-sage darüber macht, was war, sondern auch einen Vorgriff darauf macht, wer man in Zukunft sein wird (Ville et al. 2007, S. 1004). Das Selbstbild der Be-troffenen wurde im Hinblick auf diese Integrationsleistungen auch als in einem Spannungsfeld stehend zwischen einem unabhängigen, beständigen Anteil und einem eher fragmentierten Anteil, der die Individualität ausmacht, konzipiert (Frid et al. 2000, S. 696).

Wenn man diese Gedanken weiter verfolgt, sind der Sinn des Lebens (vgl. Frankl 1959) und Kohärenz (vgl. Antonovsky 1987) keine Eigenschaften von Personen, die Erlebnissen wie z.B. dem Auftreten einer chronischen Krankheit, vorausgehen, sondern werden vielmehr von den Betroffenen in Form ihrer Narrati-ve in Auseinandersetzung mit eben diesen Ereignissen entwickelt. Das geschieht oftmals in mehreren „Anläufen" durch das wiederholte Erzählen des Ereignisses, indem die Erzählungen an Dichte, was das erzählte Ereignis und die damit verbun-denen Gefühle betrifft, gewinnen (Ville et al. 2007, S. 1004 f). Die Beschreibun-gen, die in Form von Narrativen gegeben werden, müssen immer als zeitlich be-grenzt angesehen werden. Sie stellen einen Versuch der Erzählenden dar, in einer konkreten Situation in der Gegenwart Ereignisse in der Vergangenheit erzählend sinnhaft und kohärent aufeinander zu beziehen und beinhalten gleichzeitig einen Blick in die Zukunft. (Ricoeur 1984, zitiert nach Bury 2001, S. 264)

Die Feststellung, dass Narrative unsere Alltagserfahrungen strukturieren und vermitteln, dass sie also thematisch nicht eingegrenzt sind und potentiell jedes Ereignis aufnehmen können, und darüber hinaus aufgrund ihrer Situiertheit als zeitlich beschränkt gesehen werden müssen, wirft die Frage nach dem Stel-lenwert der Wahrheit in Narrativen bzw. zur Funktion von Narrativen auf.

Narrative vermitteln eine Wahrheit, wenn auch nicht im objektiven aus der Perspektive Dritter überprüfbaren Sinn, sondern im Sinn von subjektiver Erfah-rung. Dem folgend repräsentiert die Form einer Erzählung die Erfahrung der/des Erzählenden, inwieweit also sie oder er imstande war, einem bestimmten Ereignis Bedeutung zuzuweisen und es in die eigene Biographie zu integrieren (Riessman 1993, zitiert nach Ville et al. 2007, S. 1005; Bingley et al. 2008, S. 655; Lucius-

Hoene 2008, S. 92). Narrative sind also transformativ, das heißt, dass sie eine Reflexion der Alltagserfahrungen ermöglichen, sie verbinden gewissermaßen die Ereignisse mit persönlichen Reaktionen, welche wiederum von sozialen und individuellen Deutungen beeinflusst werden: „It is through narrativity that we come to know, understand, and make sense of the social world" (Somers 1994, zitiert nach Hyden 1997, S. 50). Auch Frank (2006, S. 436) bezieht sich in seinen Überlegungen zur ethischen Bedeutung von Narrativen auf deren transformative Wirkung und skizziert die Möglichkeiten, die eine solche transformative Wirkung beinhaltet: „Ethics, rather than seeking to legislate on which strings people ought to have, begins by describing how people move, once certain strings are attached. The most important ethical task of narrative analysis is neither to seek to uncover the truth of stories, nor to legislate which stories are normatively good, but rather to put more stories into circulation."

Im Falle wiederholter Erzählungen von Ereignissen verändern sich diese Erzählungen inhaltlich insofern, als dass vor allem jene Aspekte, die mit dem Thema des Narrativs kongruent sind, eher erinnert und wiedergegeben werden. Außerdem haben Menschen die Tendenz, Lücken in Geschichten „aufzufüllen", um sie umfassend und zusammenhängend zu gestalten. (Pennebaker & Seagal 1999, S. 1251)

In ihren Konsequenzen sind Narrative auch performativ – sie schaffen Wirklichkeit und eröffnen den Betroffenen neue Perspektiven und Handlungsfelder. In weiterer Folge können Narrative auch normierend wirken, indem sie bestimmte Haltungen und Handlungsanleitungen vorgeben bzw. präferieren.

Auch das Gegenüber – die LeserInnen oder ZuhörerInnen (ev. auch ZuseherInnen) – interpretieren das ihnen dargebotene Narrativ (Frank, zitiert nach Bingley et al. 2008, S. 656; Ricoeur, zitiert nach Bingley et al. 2008, S. 656). Somit kann das Narrativ niemals ein exaktes Abbild, ein Spiegel „der Welt da draußen" sein, da es immer in Diskurse (therapeutische, wissenschaftliche, usw.) eingebunden ist (Riesman, zitiert nach Bingley et al. 2008, S. 656). Damit scheint verständlich, dass nicht nur der Inhalt, sondern auch der Prozess des Erzählens Beachtung verdient (Garcia-Lorenzo et al. 2007, S. 17).

Garro und Mattingly (2000, S. 22) haben das Erzählen wie folgt beschrieben: „Telling a story, enacting one, or listening to one is a constructive process, grounded in a specific cultural setting, interaction, and history. Text, context and meaning are intertwined." Damit fassen sie die vielfältigen Einflussfaktoren, die Prozesshaftigkeit von Narrativen zusammen. Dennoch soll an dieser Stelle darauf verwiesen werden, dass die Bedeutungen von Narrativen sehr unterschiedlich eingeschätzt werden können: Sie reichen von Narrativen als einer Reflexion der „wahren Gefühle" der/des Erzählenden, Narrativen als einer Aufzählung von Ereignissen bis hin zur eben erwähnten Auffassung, dass Narrative durch einen Prozess kontextabhängiger gemeinsamer Herstellung von Betroffenen und Gegenüber gekennzeichnet sind (Paley & Eva 2005, S. 83).

5.2 Narrative über das Kranksein und Gesundsein

"Whether ill people want to tell stories or not, illness calls for stories." (Frank A. 1995, S. 54)

Im folgenden Abschnitt soll auf jene Narrative eingegangen werden, die eine konkrete Alltagserfahrung aufnehmen: Das Ereignis der Krankheit. Auge (1983, zitiert nach Förster 1993, S. 9) bezeichnet Krankheit als eine „elementare Form des Ereignisses", als ein individuelles (biologisches) Ereignis, das nach einer Interpretation verlangt, damit ihm Sinn zugewiesen werden kann. In dieser Hinsicht kommt Krankheit als individuelle und soziale Wirklichkeit Geburt und Tod am nächsten.

Krankheit ist also mehr als eine Kombination von Symptomen, sie ist immer auch ein Ereignis, das unser Leben bedroht oder unwiederbringlich verändert. Krankheit betrifft einen der grundlegenden Aspekte des Lebens, die Zeitlichkeit[44]: Die Erfahrung von Kontinuität wird durch ein mehr oder weniger unvorhergesehenes Ereignis infrage gestellt, besonders weil auch der Bezug zu zurückliegenden Ereignissen fehlt[45]. Aus diesem Grund verlangt Krankheit nach einer Erklärung, die über den individuellen Körper hinausweist und die Frage nach dem Sinn, nach der Bedeutung stellt – daher wird versucht, in Form von Erklärungen durch Benennung und Einordnen in kulturelle Interpretationsangebote die beängstigende Wirkung von Krankheit einzugrenzen. (Hyden 1997, S. 53; Herzlich 1995, S. 160; Quinn 2003, S. 164; Göpel 1990, S. 8)[46]

---

44 Carr (1991) unterscheidet hier drei Ebenen: Die Zeitlichkeit der Erfahrung, des Handelns und der Identität.

45 Zum Phänomen der Zeitlichkeit meint Dreier (2000, S. 240), dass Narrative als Modell sozialer Interaktion eventuell überbewertet werden in ihrer Betonung der Zeitlichkeit, da Narrative die komplexe Einbettung des alltäglichen Lebens in unterschiedliche Kontexte unterbewerten. Es existiert nicht nur eine zeitliche Dimension, vielmehr spielt sich das Leben in unterschiedlichen Kontexten und innerhalb unterschiedlicher sozialer Strukturen mit eigenen Regeln und Erwartungen ab, durch die wir uns auch bewegen.

46 Vgl. dazu psychosomatische Konzepte von Krankheit und Gesundheit, exemplarisch die Heidelberger Internistische Schule: Hier wird der kranke Mensch als „pathisches Subjekt" verstanden, das in den Mittelpunkt des ärztlichen Handelns rücken soll. Viele Krankheiten können dementsprechend nur im Zusammenhang mit der Biographie der Betroffenen als Ausdruck eines konflikthaften Lebens bezogen auf sich selbst und zur Umwelt verstanden werden, das sich in zunächst seelischen und in der Folge körperlichen Störungen manifestieren kann. Krankheiten sind somit nicht auf rein körperlicher Ebene lokalisierbar, sondern „Ausdruck der inneren und äußeren Lebensgeschichte". (zit. nach Eibach, Ewig & Zwirner 2010, S. 16)

Krankheit erweist sich also als soziokulturell konstruiertes Phänomen, und nicht als eindeutig (also unabhängig von einer BeobachterInnenposition) festzulegende, quasi „naturgegebene" Kategorie. Die Frage der Wahrnehmung von Krankheit ist damit auch eine Frage der Perspektive: Eisenberg (1997, zitiert nach Förster 1993, S. 73) hat eine grundlegende Unterscheidung mittels der Begriffe „illness" und „disease" versucht. „Illness" oder „Kranksein" beschreibt Krankheit als soziokulturellen Begriff, also die Erfahrung von Krankheit aus der Perspektive der Betroffenen, als Veränderungen im Selbstbild und in den sozialen Beziehungen. „Disease" oder „Krankheit" umfasst jene Beschreibungen von Abweichungen von Körperorganen und Systemen, wie sie in der konventionellen Medizin verwendet werden.[47] Die Disease-Illness Dichotomie wurde im Hinblick auf die Bedeutung von sozialen Beziehungen für die Hervorbringungen von Krankheit um den Begriff „sickness" erweitert. „Sickness" bezeichnet die Definition von beunruhigenden Zeichen körperlicher oder verhaltensmäßiger Natur als Symptome, und stellt so die soziale Kontextualisierung und Bedingtheit von disease und illness dar (Young 1982, zitiert nach Förster 1993, S. 75). Zusammenfassend lässt sich festhalten, dass eine eindeutige, naturwissenschaftlich basierte Festlegung dessen, was als krank oder gesund bezeichnet wird, nicht möglich ist, da jede Festlegung dieser Art immer auch von gesellschaftlichen Wertvorstellungen beeinflusst wird und das Erleben der Krankheit wesentlich auch von Alter, Geschlecht und individuellen Lebensumständen der Betroffenen abhängt. Wenn im Folgenden der Begriff „Kranksein" verwendet wird, geht es darum, auf die Wahrnehmungen der Betroffenen zu verweisen und diese zu akzentuieren. Dennoch sollte im Auge behalten werden, dass Betroffene als Kranke handeln, wenn sie sich krank fühlen, und nicht, wenn sie krank „sind" (Förster 1993, S. 76).

Die Wahrnehmung von Krankheit ist also ein interpretativer, individuell gebundener Prozess, der aber nur in seinem soziokulturellen Zusammenhang verstanden werden kann. In den kollektiven Konzeptionen von Krankheit wird das Verhältnis des Individuums zur Gesellschaft sichtbar, sie widerspiegeln somit eine Herausforderung an die soziale Ordnung.[48] Damit sind kollektive Diskurse/Narrative nicht nur eine Auflistung von Symptomen oder Prozessen, denn diese Symptome erfahren ihre Bedeutung, indem sie Veränderungen im Leben und im Selbstbild der Betroffenen hervorrufen. Auf dieser Basis – der Veränderungen im Leben der Betroffenen – werden auch der Schweregrad der Krankheit

---

47 Zur theoretischen Unschärfe der Begrifflichkeiten hinsichtlich der Unterscheidung ethnographische Beschreibung oder analytische Kategorie, vgl Förster (1993, S. 74). Die Unterscheidung von Disease und Illness wurde laut Förster sowohl übernommen, wie auch kritisiert. Diese Kritik betrifft vor allem die Verwendung des Begriffes Disease als quasi vor der Erfahrung existierende Einheit. (vgl. dazu Förster 1993, S. 75 ff.)

48 Gleichzeitig ermöglicht das Kranksein auch eine veränderte „Weltsicht": „Erst das Krankheitserleben führt uns die Unsicherheit dieser Welt, deren Teil wir sind, vor Augen." (Lanzerath 2005)

und Sinn und Bedeutung der Krankheitserfahrung festgelegt. (Förster 1993, S. 78; Wikan 2000, S. 218; Herzlich 1995, S. 161)[49]

Narrative bieten in dieser Situation des „Herausgerissen seins" aus alltäglichen Lebensbezügen, die mit einem Kontrollverlust verbunden sein kann, die Möglichkeit, einen neuen Kontext für die Erfahrung der Krankheit zu schaffen und damit die unterbrochene Kontinuität zu überbrücken (Frank A. 2000, S. 137; Kohler Riessman 1990, S. 1195; Aujoulat & Luminet & Deccache 2007, S. 782). Gleichzeitig ermöglichen sie den Betroffenen, zu neuen Sichtweisen und Interpretationen der Erkrankung zu kommen: „(N)arratives serve as arenas or forums for presenting, discussing and negotiating illness and how we relate to illness. By means of the narrative mode it becomes possible to articulate various events and to discuss their meaning." (Hyden 1997, S. 53)

Interpretationen des Ereignisses Krankheit gründen sich auf Beobachtungen über Symptome und Bedingungen der Krankheit; und sie handeln vom Individuum, also von den individuellen Aussagen zu diesem Ereignis, und von der Gesellschaft, also von den sozialen Ursachen der Krankheit (Auge 1983, zitiert nach Förster 1993, S. 9). So kann die Krankheitserfahrung befreiend wirken, wenn sie eine Lösung aus einer sozialer Rolle ermöglicht, sie kann als die Identität gefährdend wahrgenommen werden, und sie kann über die Zuschreibung der Krankenrolle als einer sozialen Rolle soziale Integration vermitteln (Herzlich 1995, S. 161).

Im Folgenden sollen zunächst Narrative über Gesundheit und Krankheit näher betrachtet werden – im Allgemeinen werden diese unter dem Begriff „Krankheitsnarrative" gefasst. Bury (2001) unterscheidet drei unterschiedliche Narrative, das Kranksein betreffend: Contingent Narratives, Moral Narratives, und Core Narratives. Diese drei Formen werden im Hinblick auf formale und inhaltliche Aspekte, ihre Bedeutung im Rahmen der Krankenversorgung und im Hinblick auf soziokulturelle Einflüsse skizziert und in Bezug zu weiteren konzeptuellen Überlegungen zum Thema Krankheitsnarrative gestellt.

„Contingent Narratives" (Bury 2001, S. 268) handeln von persönlichen Vorstellungen und (medizinischem) Wissen über Entstehungsbedingungen von Krankheiten, von Symptomen, und von Auswirkungen der Erkrankung auf Körper, Psyche und soziales Leben. In einer groben Unterscheidung könnte man sagen, dass eine „kategoriale" Vorstellung von Gesundheit und Krankheit eher einem konventionellen medizinischen Zugang zugerechnet werden kann, wäh-

---

49   Grundsätzlich stellt sich für Wikan (2000, S. 218) auch die Frage der Bedeutsamkeit von Krankheitsnarrativen generell. Sie meint dazu, dass die drängendsten Probleme der Betroffenen jenseits der Erfahrung von Krankheit liegen können, auch wenn eine Krankheit einen wichtigen Aspekt im Leben der Betroffenen ausmacht. Sie weist darauf hin, dass Krankheit auch in größeren Zusammenhängen, z.B. mit den sozialen Beziehungen, oder ökonomischen Lebensverhältnissen der Betroffenen gesehen werden muss.

rend eine „spektrale" Sichtweise auf Gesundheit und Krankheit, die Gesundheit und Krankheit mehr im Zusammenhang mit der Erfüllung sozialer Rollen verortet sieht, eher der Perspektive der Betroffenen zuzurechnen ist, obwohl in den Narrativen der Betroffen zumeist beide Perspektiven vertreten sind[50].

Ein Leitmotiv im Zusammenhang mit dem Auftreten einer Erkrankung ist die Beeinträchtigung der Lebensführung („biographical disruption", Bury 1982), die zu einer Neubewertung von Lebensumständen führt, und auch zu einer zunehmenden Vertrautheit mit medizinischem Wissen.[51] Charmaz (1983, S. 177) konzipiert dieses Faktum als „loss of self" und beschreibt die vielfältigen Veränderungen, mit denen die Betroffenen besonders im Fall einer chronischen Erkrankung konfrontiert sind. Sakalys (2003, S. 229) spricht von einem „ontological assault", der die Handlungsfähigkeit einschränkt, Distanz zum Körper schafft und Beziehungen und Erwartungen an die Zukunft verändert. Dworkin (1993, zitiert nach Frank A., 1995, S. 54) spricht von der erkrankten Person als einem „narrative wreck" als Folge dessen, den Faden zu verlieren, verunsichert zu sein, und sich (zumindest temporär) nicht mehr erzählend sich selbst vergewissern zu können.

Ein weiteres Thema der „Contingent Narratives", das sich relativ rasch nach dem Eintritt der Krankheit entwickelt, behandelt den Umgang mit Krankheit, also was in Bezug auf die Auswirkungen der Erkrankung getan werden kann. Die Frage nach dem Umgang mit einer Krankheit ist nach Bury von zentraler Bedeutung, sie umfasst Aspekte der „Normalisierung", des Copings und des „strategischen Managements".

„Normalisierung" (Bury 2001, S. 268) meint in diesem Zusammenhang, dass Betroffene einerseits versuchen, ihre Lebensweise vor Ausbruch der Krankheit beizubehalten, andererseits aber auch ihre Lebensweise den Erfordernissen der Krankheit entsprechend anzupassen. „Ein normales Leben führen" heißt somit, die Erfahrung der Krankheit in die eigene Biographie zu integrieren. Diese Integration kann auf unterschiedliche Weise erfolgen: So kann Krankheit als Zäsur wahrgenommen werden oder als biographische Konstanz (Richter 2009, S. 188).

50　Bury verweist bezugnehmend auf Davison (Davison, 1992, zitiert nach Bury 2001, S. 271) auf den Umstand, dass diese „Contingent Narratives" der Betroffenen ein wichtiges Korrektiv zur oft mechanistischen Sicht von Krankheit und Risiko aus professioneller Perspektve darstellen, weil sie Erfahrungswissen z.B. zur sozialen Bedingtheit von Krankheit einbringen. Herman (1993, zitiert nach Brown et al. 1996, S. 1574) verweist auf die Bedeutung von medizinischen Narrativen für die Selbstsorge der Betroffenen und nennt sie „medizinischen Haftungsausschluss"

51　Einige AutorInnen haben darauf hingewiesen, dass sich dieser Bruch in der Biographie ganz unterschiedlich gestalten kann, je nachdem, in welchem Alter eine bestimmte Krankheit auftritt, ob sie in gewisser Weise aufgrund der Erfahrungen im Umfeld der Betroffenen vorhergesehen wurde und ob die Betroffenen bereits andere Krankheitserfahrungen gemacht haben. Auch soziale, ökonomische, politische und historische Rahmenbedingungen und Normen (z.B. was Geschlechterrollen betrifft), und die Beziehungsstrukturen, innerhalb derer die Betroffenen leben, beeinflussen das Krankheitserleben (vgl. Lawton 2003; Pierret 2003)

Im Rahmen des „Copings" (Bury 2001, S. 268) werden alltägliche und moralische Aspekte des Erzählens miteinander in Verbindung gebracht. Durch die Art und Weise, wie Symptome beschrieben werden oder welche Beschreibungen Betroffene von ihren Strategien zur Krankheitsbewältigung geben, versuchen die Betroffenen ihren Selbstwert zu bewahren. Es geht in diesem Zusammenhang also weniger darum, was erzählt wird, sondern wie es erzählt wird. Das Narrativ wirkt in diesem Zusammenhang performativ im Hinblick darauf, wie sich die Person der Umwelt gegenüber darstellt.

Der Aspekt des „Strategic Management" hingegen fokussiert auf konkrete Handlungen und deren Rahmenbedingungen, die gesetzt werden, um Ressourcen zu mobilisieren, und grenzt sich so von der psychosozialen Thematik des Copings und der „Normalisierung" ab (Bury 2001, S. 268).

Zusammenfassend behandeln „Contingent Narratives" im Zusammenhang mit Krankheit Ereignisse, ihre möglichen Ursachen und die sich entwickelnden Konsequenzen; dies nicht nur beschreibend, sondern auch, indem sich die Betroffenen als GestalterInnen ihrer Geschichte präsentieren.

Hyden (1997, S. 55) identifiziert fünf zentrale Funktionen von Narrativen. Vier davon können im Wesentlichen zu den „Contingent Narratives" gerechnet werden: Narrative helfen, die Erfahrung von Krankheit zu transformieren und schreiben ihnen aus der Perspektive der Betroffenen Bedeutung zu. Sie rekonstruieren die Identität und die Lebensgeschichte der Betroffenen (Bury erwähnt diesen Aspekt unter dem Thema „biographical disruption"), wenn diese durch Krankheit infrage gestellt sind. Hyden (1997, S. 55) formuliert im Hinblick auf das Gegenüber die strategische Funktion von Narrativen, wenn diese eingesetzt werden, um eine bestimmte Haltung oder Handlung beim Gegenüber auszulösen. Schlussendlich können Narrative eine individuelle Erfahrung zu einer kollektiven Erfahrung werden lassen.

In Lucius-Hoenes (2008, S. 92) Charakterisierung werden „Contingent Narratives" unter „Krankheitserzählung als narrative Heilung" gefasst. Sie führt hier die Funktion des „empathischen Gegenübers" als wichtige Hilfe bei der Bewältigung von Krankheit und Leiden ein.

Innerhalb der „Moral Narratives" (Bury 2001, S. 274) wird das Verhältnis des Individuums zur Umwelt bewertet. Krankheit erfordert in vielen Fällen eine Neuordnung der Erfahrung der Betroffenen, die auch Bewertungen dieser Erfahrungen enthalten und die Betroffenen dabei unterstützen sollen, ihre Identität zu bewahren bzw. die Möglichkeiten, die die Krankheitserfahrung für die persönliche Entwicklung birgt, herauszustreichen. Krankheit als Beeinträchtigung der Lebensführung kann so für die Betroffenen zu einem Moment der Selbsterfahrung transformiert werden[52], und konterkariert damit das allgemeine, statische und negative Bild von Krankheit. Hunt (2000, S. 102) spricht in diesem Zusammenhang von Narrativen als „micropolitical tools", die helfen, die Identität der Betroffenen wiederherzustellen bzw. zu transformieren, indem soziale Rollen, die krankheitsbedingt nicht mehr erfüllt werden (können), neu verhandelt werden.[53]

Im Zusammenhang mit der Entwicklungsperspektive weißt Hawkins (1990, zitiert nach Hyden 1997, S. 60) auf einen wahrscheinlichen Ursprung dieser Narrative, die sie „pathographies" nennt hin, der in Erzählungen über religiöse Bekehrungen liegt.[54] Narrative sind somit eine der elaboriertesten Formen, um das Leiden und damit zusammenhängende Erfahrungen auszudrücken – eine Möglichkeit, über die biomedizinische Narrative[55] nicht verfügen (Hyden 1997, S. 49). Frank A. (2004, S. 5) hebt hervor, dass trotz dieser Möglichkeiten Narrative über das Leiden, über Schmerzen und Hoffnungslosigkeit des Öfteren durch zugrunde liegende Normen und Werte, die in der Erzählsituation wirken, verhindert und ausgeblendet werden; vor allem dann, wenn Hoffnung und eine positive Grundhaltung von den Betroffenen eingefordert werden.

Gleichzeitig warnt Bury (2001, S. 275) vor einer fokussierten Sichtweise der „Moral Narratives" auf das Individuum (sein Leiden und die Überwindung bzw. Transformation dieses Leidens), welche die gesellschaftlichen Zusammenhänge zugunsten einer Überbetonung der individuellen Narrative außer Acht lässt und somit reproduziert. Den Aspekt der Ausblendung und Neutralisierung gesellschaftlicher Strukturen, die Krankheit und Gesundheit beeinflussen greift auch Crossley (2000, zitiert nach Bissel & Ryan & Morecroft 2006, S. 56) auf:

---

52   Als ein Beispiel für diese Form des Narrativs nennt Bury die Arbeiten von Frank und Charmaz (vgl. Bury 2001, S. 277) mit ihrer Betonung des persönlichen Wachstums durch die Erfahrung von Krankheit.

53   Bezugnehmend auf die Bedeutung von Narrativen für Menschen, die von einer Krebserkrankung betroffen sind, meint Hunt (2000, S. 98): „It is perhaps counterintuitive to think of becoming a cancer patient as a means of empowerment, but this was a striking feature of these case examples."

54   Dieser Zusammenhang verweist auf die enge Verwobenheit von Krankheit und Sinnsuche im Kontext monotheistischer Religionen: Hier sind Menschen von ihrem Heil durch die Erbsünde isoliert. Krankheit verfolgt einen Sinn und kann Strafe, Bewahrung vor Sünde oder göttlicher Gnadenerweis sein. Das Leiden fungiert als Prüfung und Läuterung und ermöglicht es den Betroffenen, Verdienste für die Zeit nach dem Jüngsten Gericht zu gewinnen. Krankheit wird also von den Absichten Gottes her interpretiert. Heilung bedeutet demgemäß nicht Freisein von Krankheit, da Schmerzen die Abbuße von Schuld ermöglichen; Voraussetzung für Heilung sind die Annahme der Krankheit und die Klärung des Verhältnisses zu Gott. Dementsprechend ist die Rettung der Seele bedeutsamer als die Rettung des Körpers. (vgl. Göpel 1990, S. 13 f.)

55   Vgl. die Ausführung zu biomedizinischen Narrativen in Abschnitt 5.2. Dein (2002) beschreibt den selektiven Bezug auf biomedizinische und religiöse Narrative am Beispiel einer Gruppe der Chabad Chassidim: Die Frage des „Warum?" der Erkrankung wurde mittels religiöser, die Frage des „Wie?" der Behandlung mittels biomedizinischer Erklärungsansätze bearbeitet.

Der Fokus auf Narrative, die die individuelle Entwicklung in den Mittelpunkt rücken und positiv herausstreichen kann dazu führen, dass gesellschaftliche Rahmenbedingungen und ihr Einfluss auf Gesundheit und Krankheit aus dem Blick rücken, und damit auch die Frage der Weiterentwicklung sozialer, politischer und ökonomischer Strukturen vernachlässigt wird. Narrative können so zu einer „Entpolitisierung" gesellschaftlich wichtiger Anliegen beitragen, indem sie einzig auf individueller Ebene ansetzen und hier die für die einzelnen Betroffenen positiven Aspekte hervorstreichen.

Die Funktionen von „Moral Narratives" nimmt Hyden (1997, S. 58) auf, wenn er die Funktion von Narrativen beschreibt, Krankheit zu erklären und zu verstehen, bzw. mögliche (kulturelle) Erklärungen zu diskutieren, um dadurch einen Weg zu finden, mit der Krankheit zu leben und sie gleichzeitig zu einem Teil der gemeinsamen Kultur zu machen. In diesem Zusammenhang spielen auch moralische Bewertungen eine Rolle.

Lucius-Hoene (2008, S. 93) spricht an dieser Stelle von „Krankheitserzählungen als soziales Medium und moralische Praktik": Krankheitserfahrungen berühren immer auch das Weltbild der Betroffenen und ihre moralischen Kategorien, was Fragen nach der Ursache der Krankheit, nach einem angemessen Umgang mit Krankheit, und mit Gefühlen wie Scham, Bedürftigkeit und Schwäche betrifft. Darüber hinaus sehen sich die Betroffenen mit ihren eigenen normativen Vorstellungen und jenen der Umwelt konfrontiert. Diese Faktoren erfordern von den Betroffenen eine moralische Positionierung und narrative Selbstdarstellung. Diese Notwendigkeit wird besonders deutlich, wenn es sich um sozial stigmatisierte Krankheitserfahrungen handelt.[56]

Dementsprechend sind Narrative nicht nur eine Reflexion der Krankheitserfahrungen, durch Worte „bewegen" sie auch etwas: „One of the things that these narrative constructions do is demarcate the parameters of appropriate responses to deal with illness." (Garro & Mattingly 2000, S. 261)

„Core Narratives" (Bury 2001, S. 277) verweisen auf den Umstand, dass Narrative über das Kranksein in relevanten soziokulturellen Zusammenhängen geschaffen und präsentiert werden. Gleichzeitig werden dadurch bestimmte Möglichkeiten und Einschränkungen gesetzt, in welcher Form Geschichten erzählt werden können. Diese Rahmungen betreffen sprachliche Formen, aber auch die Auswahl der Inhalte und ihre Darstellung. Narrative von Betroffenen widerspiegeln diese soziokulturellen Rahmenbedingungen, und zeigen zugleich auf,

---

56 Lucius-Hoene (2008, S. 93) weist auch auf die Konsequenzen des Missverstehens solcher moralischer Selbstpositionierungen der Betroffenen hin, z.B. wenn ein/e Ärztin/Arzt die Befolgung gesundheitlicher Maßnahmen als übertriebene Beschäftigung der Betroffenen mit der Krankheit interpretiert, während die Betroffenen diese als moralischen Auftrag interpretiert haben: daraus können Kränkungen und Vertrauensverlust resultieren.

wie kulturelle und soziale Interpretationsangebote und Deutungen die Erfahrung von Kranksein prägen und damit identitätsstiftend wirken[57] (Sakalys 2000, S. 1470). So lassen sich verschiedene „Genres"[58] (z.b. ironisch, tragisch, heldenhaft, didaktisch, vgl. Kelly 1994, zitiert nach Bury 2001, S. 278) und „Drehbücher" (stabil, progressiv oder regressiv in Bezug auf persönliche Ziele der ErzählerInnen; vgl. Gergen et al. 1986, zitiert nach Bury 2001, S. 280) unterscheiden, die den Narrativen zugrunde liegen.

Frank A. (1995) unterscheidet „Restitution Narratives", „Chaos Narratives" und „Quest Narratives". „Restitution Narratives" erzählen eine Geschichte der Wiederherstellung, kurz und vereinfacht gefasst die Abfolge „gestern war ich gesund, heute bin ich krank, morgen bin ich wieder gesund", dementsprechend beschreiben sie oft die Erfahrung akuter Erkrankungen. „Chaos Narratives" werden von jenen erzählt, die von ihrer Erkrankung überwältigt sind und diese Erfahrung mitteilen. „Quest Narratives" handeln von der Transformation des Leidens und suchen nach alternativen Möglichkeiten, mit der Krankheit zu leben. Diese unterschiedlichen Typen von Narrativen erfüllen nach Frank A. (1995) drei wesentliche Aufgaben: Sie dienen dazu, eine individuelle Erfahrung öffentlich zu machen, um so die Verbindung zwischen Individuellem und Kollektivem herzustellen, weiters helfen sie, sich gegenüber anderen Narrativen (besonders jenen im medizinischen Kontext) durchzusetzen, und schlussendlich unterstützen sie die Balance von Krankheitserfahrung und Lebensentwurf.[59]

„Core Narratives" ermöglichen es also, dass die Betroffenen relevante Ereignisse aufgreifen können und diese gleichzeitig so präsentieren, wie sie ihrer Auffassung nach zu ihnen selbst und zu ihrer Umwelt in Bezug stehen, welche Bedeutung sie also für sie selbst haben. Abhängig davon, in welchem Kontext und mit welcher Intention die Narrative präsentiert werden, können sich „Genre" und „Drehbuch" verändern. (Bury 2001, S. 278f)

Im Zusammenhang mit „Core Narratives" erwähnt Lucius-Hoene (2008, S. 93) „Krankheitsnarrative von Betroffenen als Stimme der Lebenswelt". Sie greift hiermit die Charakterisierung von Mishler (1984)[60] auf und betont gleichzeitig

---

57   Sichtbar wird dies z.B. in den Konfliktlinien zwischen individueller Krankheitsbewältigung und der Versorgungskultur; ein weiterer Effekt wäre in diesem Zusammenhang die Kritik an herrschenden Versorgungsparadigmen (Sakalys 2000, S. 1470).

58   Hawkins (1990, zitiert nach Hyden 1997, S. 60) verweist im Zusammenhang mit „pathographies" auf das Genre der der (religiösen) Bekehrung und Läuterung, und die Verbreitung und Zugänglichkeit desselben.

59   Garden (2010) weist auf hin, wie eng gesellschaftliche Konventionen im Sinne von gestaltenden Rahmenbedingungen und narrative Typologien miteinander verbunden sind, und welche Auswirkungen dies auf die Betroffenen hat; und zeigt dies am Beispiel der „recovery narrative" (diese entspricht der „restitution narrative" bei Frank) auf.

60   Zu Mishlers Perspektive, siehe Abschnitt 5.3.

die zweifache Wirkung dieser Narrative: Einerseits dienen sie der eigenen Krankheitsbewältigung, andererseits dienen sie auch als Identifikationsfigur für andere Betroffene.

Hyden (1997, S. 54) schlägt eine Typologie von Narrativen vor, die sich auf das Verhältnis von ErzählerIn, Krankheit und Erzähltem bezieht: „Illness as Narrative" beschreibt die Situation einer Person, die über ihre Erkrankung spricht. In Burys Charakterisierung entspricht diese Form dem „Contingent Narrative". „Narrative about Illness" beschreibt die Situation, wenn andere (Ärztinnen/Ärzten, TherapeutInnen) über die Erkrankung der/des Betroffenen sprechen und so Wissen darüber austauschen bzw. neues Wissen generieren, wenn die Beschreibung sich keiner bekannten Kategorisierung zuordnen lässt. „Narrative as Illness" beschreibt die Situation, wenn eine (unvollständige) Erzählung Krankheit hervorruft, z.B. weil die Erfahrung der Erkrankung nicht ausgedrückt werden kann.

Auf das zentrale Problem des „Nicht enden Wollens" hat Hyden (1997, S. 61) im Zusammenhang mit Krankheitsnarrativen hingewiesen und die Konsequenzen davon diskutiert: Durch das fehlende Ende werden das Verständnis und die Deutung der Symptome und Ereignisse im Zusammenhang mit der Erkrankung erschwert, weil der zeitliche Horizont für eine solche Bewertung fehlt. Im Falle einer erzählten Geschichte behelfen sich Erzählende und Zuhörende damit, gemeinsam einen Ablauf zu entwickeln, der die Ereignisse in einem sinnvollen Zusammenhang erscheinen lässt, also mit einer narrativen Modellierung – „emplotment" (Mattingly 1994, zitiert nach Hyden 1997, S. 61).

Eine weitere, mit dem fehlenden Ende von Krankheitsnarrativen verbundene Schwierigkeit ist für Hyden (1997, S. 61) die konstante Suche nach Sinn: Krankheitsnarrative beruhen auf der Möglichkeit eines sich verändernden Schlusses, sie müssen also zwangsläufig vage und mehrdeutig bleiben. So wird der Inhalt dieser Narrative konstant verhandelt, abhängig von sich verändernden Symptomen, aber auch von sich verändernden Perspektiven der Beteiligten am Entstehungsprozess. Diese konstante Verhandlung über einen sinnvollen Zusammenhang von Krankheitssymptomen und Ereignissen hat aber auch einen wichtigen therapeutischen Effekt, indem sie die Neubewertung von Ereignissen ermöglicht und ihnen Bedeutung zuschreibt.

Auch Corbin und Strauss (1988, zitiert nach Ville et al. 2007, S. 1004) vertreten diese Position, wenn sie die Arbeit an der eigenen Biographie in Zusammenhang mit dem Auftreten von chronischer Krankheit als niemals endende Aufgabe beschreiben.[61] Diese Aufgabe kann unter vorteilhaften Rahmenbedin-

---

61 Vgl. dazu auch die wissenssoziologischen Ausführungen zu biographischem Wissen in Richter (2009, S. 47 ff): im Anlassfall wird biographisches Erfahrungswissen überarbeitet und wirkt damit auf aktuelle Handlungen bzw. Planungen. Somit stellt biographisches Wissen eine Verbindung zwischen Vergangenheit und Zukunft dar.

gungen dazu führen, dass die Betroffenen die mit ihren Beschwerden verbundenen Erfahrungen des Verlusts überwinden und zu einer stärkeren Selbstachtung gelangen (1988, zitiert nach Ville et al. 2007, S. 1004). Die Kontinuität eines Gegenübers, das über ausreichend Zeit verfügt, kann eine solche Rahmenbedingung sein: Beide Aspekte verdeutlichen den Betroffenen, dass sie soziale Unterstützung erfahren, dass sie gehört werden (Cartwright et al. 2005, S. 563).

Mit Blick in die Zukunft kann das bedeuten, dass Gefühle der Angst durch Hoffnung ergänzt werden und so eine Distanzierung von den Bedrohungen durch eine Krankheit erlauben (Murray 1997, zitiert nach Ville et al. 2007, S. 1004), insbesondere dann, wenn die Erfahrung der Krankheit in bestimmte Rahmenbedingungen und Gesetzmäßigkeiten einordenbar erscheint und ein Grund für die Erkrankung gefunden werden kann (Lee & Poole 2005, S. 347). Hyden (1997, S. 51) fasst zusammen, dass Narrative jenen Erlebnissen, die eine Zäsur im Leben markieren, z.b. ausgelöst durch eine chronische Krankheit, vor dem Hintergrund der eigenen Biographie Bedeutung und Sinn geben. Narrative sind somit eine wirkmächtige Form, Leiden und die Erfahrungen, die mit diesem Leiden verbunden sind, auszudrücken und gleichzeitig ein Versuch, das Normale, Sinnhafte und Unhinterfragte des Alltags wiederherzustellen.

Zuletzt erwähnt Hyden (1997, S. 62) im Zusammenhang mit dem Problem des fehlenden Endes von Krankheitsnarrativen den Wechsel der Erzählperspektive: Jedes Krankheitsnarrativ kann aus einer Innen- und einer Außenperspektive erzählt werden: Aus der Innenperspektive der/des Leidenden, die/der sich mit der Krankheit und dem Leiden identifiziert, und aus der Außenperspektive der/des Gesunden, die/der über die Krankheit als etwas von außen Kommendes oder als etwas, dass sie/ihn bereits früh getroffen hat erzählt. Die Schwierigkeit, die Perspektive zwischen innen und außen zu finden, deutet auf das Problem der Definition des Endes des Narrativs hin.

Narrative von Betroffenen vereinen in sich moralische, politische, und soziale Ansätze, um die Erfahrung des Krankseins zu erhellen – insofern wird die Erfahrung des Krankseins eingebettet in die jeweilige Lebenssituation, welche wiederum durch gesellschaftliche Rahmenbedingungen beeinflusst wird (Williams 1984, S. 197). In den beschriebenen Formen „wirken" sie also auf unterschiedlichen Ebenen, sie beeinflussen das Leben mit Kranksein: Sie können zur Akzeptanz von Kranksein und Leiden führen (Frid et al. 2000), sie unterstützen über die Neubewertung von Krankheitserfahrungen die Sinnfindung[62] (Lee et al. 2005; Salvatore et al. 2004; Williams 1984) und die Verarbeitung traumatisie-

---

62   Z.B. darüber, dass über den Vergleich des Lebensstils vor und nach Eintritt der Erkrankung die Wertschätzung der Betroffenen gegenüber ihrem aktuellen Lebensstil und den (eingeschränkten) Möglichkeiten gestiegen ist, indem zuvor Selbstverständliches eine neue Bedeutung bekommt oder Einschränkungen als Voraussetzung für neue, positiv bewertete Erfahrungen werden.

render Erfahrungen (Pennebaker & Seagal 1999), sie thematisieren den Umgang mit den Auswirkungen von Krankheit und was getan werden kann[63] (Lee et al. 2005), sie dienen der Rekonstruktion der Identität (Kelly & Dickinson 1997; Lee et al. 2005), sie führen in der Interaktion mit Betroffenen zu einem besseren Verständnis ihrer Situation und ihrer Erfahrungen und dienen so als Ausgangspunkt für Behandlung und Betreuung (Kirkpatrick 2008). Sie helfen, Zusammenhänge zwischen individuellem Kranksein und gesellschaftlichen Rahmenbedingungen in ihrer Komplexität zu fassen (Kirkpatrick 2008; Sakalys 2000), sie dienen der Selbstdarstellung und der Wiedererlangung von Selbstwert, besonders in Krisensituationen[64] (Riessman 1990; Cartwright & Torr 2005).

Zusammenfassend gesehen haben Narrative drei wesentliche Funktionen: Sie weisen der Erfahrung des Krankseins Sinn zu, sie rekonstruieren die Biographie der Betroffenen, indem sie die Krankheitserfahrung in diese integrieren, und sie transformieren die Krankheitserfahrung von einem individuellen zu einem geteilten, kollektiven Phänomen. Sakalys (2003, S. 228) erwähnt als eine weitere Funktion von Krankheitsnarrativen, dass sie die Erfahrung der Krankheit, das Kranksein, aus dem Einflussbereich medizinischer Metanarrative zurückfordern und den Betroffenen eine Stimme geben. Sie verweist damit auf die Kontextgebundenheit von Narrativen und die Auswirkungen dieser Kontextgebundenheit. Frank A. (1997, 2006, S. 422) betont die Ressource, die unterschiedliche Erzählungen für Betroffene darstellen können und plädiert dafür, als Betroffene/r nicht nur die eigene „Stimme", sondern auch jene der anderen zu hören, um dann selbstbewusst die eigene Geschichte erzählen zu können.

Obwohl die hier beschriebenen Wirkungen des Erzählens von Krankheitserfahrungen zunächst von einer krankheits- und damit unter Umständen vorwiegend defizitorientierten Sichtweise ausgehen, wird dennoch deutlich, dass sich durch das Erzählen den Betroffenen in vielen Fällen Ressourcen erschließen, die eine Neubewertung des Lebens mit Kranksein und mit potentiellen Einschränkungen erlauben.[65] Somit können diese Narrative über das Kranksein, das den

---

63   Auch im Hinblick auf Personen mit ähnlichen Leiden, die unterstützt werden können.

64   Im Zusammenhang mit der Frage der Selbstdarstellung verweist Paley (2009, S. 29) auf die besondere Wirkungsweise jener Narrative, die quasi „vom Ende her" auf eine Auflösung hin gerichtet erzählt werden, also auf eine bestimmte Wirkung abzielen: sie sollen „gute Gefühle" erzeugen, das Bild einer gerechten Welt erwecken, Sympathie für den zentralen Charakter hervorrufen. Insbesondere bei Krankheitsnarrativen kann die Darstellung der Betroffenen als „narrative HeldInnen" und die der Ärztinnen/Ärzte als „narrative Bösewichte" ausfallen (Atkinson 1997, zitiert nach Paley 2009, S. 25)

65   Thorne (1999, S. 401) bemerkt dazu, dass sich Forschungsinteressen im Zusammenhang mit der Erfahrung chronischer Krankheit von den Themen Verlust, Last, Stigma und Bruch des Lebenszusammenhangs hin zur Berücksichtigung von Themen wie Transformation und Widerstandskräfte gewandelt haben – auch vom Allgemeinen, Vordergründigen hin zum Individuellen, Einzigartigen. Gersie (1997, zitiert nach Roberts 2000, S. 440) warnt davor, Leiden an bestimmte Erfahrungen zu binden, da damit eine Kultur der Viktimisierung gefördert wird.

Ausgangspunkt für das Erzählen darstellt, auch als Narrative über das Gesundsein bzw. –werden aufgefasst werden, das als nur über Umwege beschreibbar erscheint, eben in jenen Momenten, in denen Wohlbefinden vermisst wird[66]. Diese Narrative entfalten ihre transformative Wirkung somit auch dann, wenn das Gesundsein nicht explizit benannt wird.

5.3 Narrative im Kontext konventioneller Medizin

> „In the end, Dr. P. diagnosed me with Brief Psychotic Disorder, also known as Brief Reactive Psychosis, which means that you are genuinely crazy but not for long. If it goes on for more than one month, you need another label." (Siri Husvedt, The Summer without Men)

Narrative über das Kranksein und Gesundsein finden sich in einer Reihe von Kontexten: Das können Alltagssituationen sein, z.B. wenn Betroffene mit nahe stehenden Personen über ihr Kranksein sprechen, Forschungskontexte, wenn Betroffene in einer Interviewsituation über ihre Erfahrungen mit Gesundsein und Kranksein sprechen, oder verschiedene Formen von institutionellen Kontexten, z.B. im Rahmen einer medizinischen Konsultation. Die Beachtung der Kontexte, das heißt, die Situierung von Narrativen in sozialen und kulturellen Zusammenhängen ist bedeutsam, da diese Kontexte (und ihre historische Veränderung) die Form der Narrative, ihre Präsentation und Interpretation beeinflussen (Hyden 1997, S. 62; Garro & Mattingly 2000, S. 263; vgl. auch die Ausführungen zu „Core Narratives" in Abschnitt 5.2.). In diesem Sinn können Narrative als ein Ausdruck der Erfahrungen der Betroffenen und als Referenz auf den Erzählkontext interpretiert werden (Frid et al. 2000, S. 700).

Im Kontext von konventionell-medizinischer Behandlung und Betreuung[67], um den es im folgenden gehen soll, haben Narrative von Betroffenen traditionell eine zwiespältige Rolle inne: Sie wurden und werden spätestens seit dem Auf-

---

66 Vgl. dazu Gadamer (1993, S. 143) über die Verborgenheit der Gesundheit, die sich als Wohlgefühl und daraus folgend um Unternehmensfreude, Erlebnisoffenheit und Selbstvergessenheit äußert. In einem ähnlichen Zusammenhang, über die Herstellbarkeit von Gesundheit, meint Dörner: „Natürlich kann man real unendlich viel für seine Gesundheit tun; das hat aber nicht viel, oft sogar gar nichts damit zu tun, ob und in welchem Maße man sich als gesund empfindet – und letzteres zählt. So kann das Paradox zustande kommen: je mehr ich für meine Gesundheit tue, desto weniger gesund fühle ich mich. In diesem Sinne ist Gesundheit eben nicht machbar, nicht herstellbar, stellt sich vielmehr selbst her, kommt wie ein Geschenk von anderswo her; vergleichbar dem berühmten Satz von Rimbaud: ‚Das wahre Leben ist anderswo'." (Dörner 2002, o.S.)

67 Hyden (1997, S. 64) spricht hier von einer individualisierten narrativen Situation, im Gegensatz zu Siuationen, in denen kollektive Narrative entstehen und Erfahrungen vergesellschaftet werden.

schwung der modernen Medizin mit Skepsis betrachtet, was ihren Aussagewert anbelangt, auch wenn sie für Behandlung und Betreuung, beginnend mit der Diagnosestellung, unabdingbar sein sollten, da Krankheit, wie bereits erwähnt, immer auch eine Form von menschlichem Erleben ist (Hyden 1997, S. 48; Frank A. 1995, S. 7)[68].

Die Ursachen für die skeptische Haltung der konventionellen Medizin gegenüber den Narrativen der Betroffenen sind vielfältig: Durch den Aufstieg der modernen (konventionellen) Medizin wurden die Erfahrungen von Betroffenen, die zuvor die einzige Auskunftsquelle für Ärztinnen/Ärzten waren, weniger wichtig: Die Untersuchung und Erforschung von Krankheiten hatte sich von der Person der/des Kranken gelöst, die Aufgabe von Ärztinnen/Ärzten, ihren Aussagen Aufmerksamkeit zu schenken, wurde damit dahingehend reduziert, die Aussagen der Betroffenen in eine Diagnose zu übersetzen. (Bury 2001, S. 265; Clark-Grill 2010, S. 79)

Doch auch die konventionelle Medizin ist als soziale Praxis nicht frei von Narrativen. Auf kollektiver Ebene finden sich Metanarrative, die dominante Überzeugungen, Praktiken und Strukturen widerspiegeln und bestehende Werte reproduzieren.[69] Diese Metanarrative vereinigen in sich soziale, institutionelle und wissenschaftliche Diskurse und definieren damit Gesundheit und Krankheit[70], sie entwerfen ein Bild von Versorgung, und sie festigen die Vormachtstellung der Medizin, was die Definitionsmacht über Krankheiten anbelangt.[71] Ärztinnen/Ärzte stellen in diesem Zusammenhang eine symbolische Institution dar, an der sich Zuschreibungen wie Hoffnung, Vertrauen und Autorität festmachen

---

68   Frank (1995) unterscheidet hier eine vormoderne Zeit, in der Alltagserfahrungen noch nicht durch technische Expertise überholt wurden, von der Moderne, die von einer Dominanz medizinischer Narrative gekennzeichnet ist, und der Postmoderne, die zu einem Wiederaufleben von Narrativen von Betroffenen führt.

69   Rappaport (1995, S. 803) spricht hier von „dominant cultural narratives" und definiert diese als „those overlearned stories communicated through mass media or social institutions that touch the lives of most people..... These narratives are known by most people in a given society and serve as an influential backdrop against which more localized community narratives and personal stories are told. They may communicate stereotypes ..... (and) for some people, these dominant cultural narratives, even if they are very negative, remain so powerful that despite their own desire to escape from them it is difficult to find alternative personal or community stories to replace them."

70   Z.B. in der Festlegung dessen, was als Krankheit gilt. Dies lässt sich gut an der Aufnahme bestimmter Beschwerdebilder in die „International Classification of Diseases" feststellen, die Donald (2005, S. 43) als „Verzeichnis der erfolgreichen medizinischen Metaphern" bezeichnet hat. Lanzerath (2005) spricht in Bezug auf die Klassifikation von Krankheiten von „gestaltendem Erkennen".

71   Damit in Zusammenhang steht auch die zunehmende Spezialisierung von (natur)wissenschaftlichem Wissen, was auch eine Distanzierung vom Allgemeinwissen (der Betroffene, aber auch der Ärztinnen/Ärzten) zur Folge hat (vgl. Richter 2009, S. 51).

und die Erwartungen, Entscheidungen und Handlungen von betroffenen Personen beeinflussen.

Metanarrative erheben den Anspruch auf Wahrheit und Objektivität, wirken normierend und vereinnahmend und marginalisieren damit diejenigen, die den festgelegten Definitionen nicht entsprechen. Allgemein gesprochen verobjektivieren Metanarrative durch ihre vorherrschende Stellung subjektive Erfahrungen von Betroffenen (Sakalys 2000, S. 1470). Dieser Einschätzung schließt sich auch Frank A. (1995, S. 7) an, wenn er feststellt, dass biomedizinische Metanarrative normative soziale, wissenschaftliche und kulturelle Narrative sind, die die Bedeutung von Erfahrungen der Betroffenen gestalten. Krankheit, Gesundheit, Behandlung und Betreuung, und die Rolle der Betroffenen werden auf biomedizinische Krankheitszustände bezogen beschrieben. Die Subjektivität und Einmaligkeit der Krankheitserfahrung werden damit unterdrückt, und die Betroffenen durch verobjektivierende Zuschreibungen zu „PatientInnen" gemacht: „In the modern period the medical story has pride of place. Other stories become, as non-medical healers are called, 'alternative', meaning secondary." (Frank A. 1995, S. 7)

Das in der modernen Medizin vorherrschende biomedizinisch orientierte Paradigma zeichnet sich dadurch aus, dass es vom cartesianischen Dualismus geprägt ist, der zwischen der „Res extensa", dem ausgedehnten Sein, und der „Res cogitans" unterscheidet, wobei die „Res extensa" als seelenlose Maschine zum Vorbild der Beschreibung des Körpers und für körperliche Vorgänge wird. Der funktional interpretierbare Körper der Naturwissenschaften wird von der subjektiv erfahrbaren Körperlichkeit differenziert, wobei der als Maschinenmodell gedeutete Körper zu Sache der Medizin wird (von Uexküll & Wesiak 2011, S. 4).[72] Subjektive Erfahrungen werden in der Folge zu unspezifischen Faktoren erklärt und aus dem Prozess des (naturwissenschaftlichen) Erkenntnisgewinns ausgeschlossen, wie auch alle anderen Phänomene, die auf diese Weise nicht erklärbar sind: Dadurch, dass Krankheitsursachen im Körper lokalisiert werden können, rücken psychosoziale Einflussfaktoren in den Hintergrund. Gleichzeitig leitet dieser Dualismus auch die Systematisierung von Krankheiten an: Diese können räumlich lokalisiert, isoliert und kategorisiert werden.

In diesem Paradigma spielt die Diagnose als Ausgangspunkt von Behandlung und Betreuung eine entscheidende Rolle. Diese wird in der konventionell-medizinischen Behandlung krankheitsspezifisch und weitgehend unabhängig von

---

72 Von Uexküll und Wesiak (2011, S. 4) weisen auch auf die weitgehende Unhinterfragtheit dieses Modells des Körpers als Maschine hin (z.B. in medizinischen Lehrbüchern), was den Eindruck entstehen lässt, dass es einer Theorie der Medizin nicht bedarf. Ihrer Ansicht nach ist dieses Modell nicht zuletzt deshalb so erfolgeich, weil es ein räumliches Ordnungsschema und daraus abgeleitet Anweisungen für Eingriffe am und in den Körper zur Verfügung stellt.

der Person der/des Betroffenen verfasst, wobei Krankheit vor allem als naturwissenschaftlich fassbare Dimension und als Folge gestörter somatischer Prozesse konzipiert wird, die durch Symptome sichtbar wird. Diese Symptome verweisen auf einen spezifischen körperlichen Defekt, auf eine Fehlfunktion, die es zu beheben gilt – Krankheit wird zu einem „Betriebsschaden im menschlichen Körper" (von Uexküll & Wesiak 2011, S. 4). Dem Defekt liegt auch eine eindeutige Ursache bzw. ein Muster von Ursachen zugrunde, die identifiziert werden müssen, um die zugrunde liegende Krankheit mit einer spezifischen Therapie – v.a. mittels Medikamenten oder eines chirurgischen Eingriffs – zu bekämpfen.

Gleichzeitig rückt die „medizintechnische Machbarkeit" (Lanzerath 2005) in den Mittelpunkt der Bemühungen, die moderne Medizin läuft so Gefahr, zur „Anthropotechnik" zu werden, da für das Handeln potentiell keine Grenzen bestehen: „Kontingenz und Sterblichkeit als Kennzeichen für die Natürlichkeit des Menschen werden letztlich verdrängt." (Lanzerath 2005). Auch wenn man sich die Frage stellen muss, was die hier angesprochene Natürlichkeit des Menschen letztendlich ausmacht, so lässt sich doch nachvollziehen, dass der Glaube an die medizintechnische Machbarkeit zu einer Medikalisierung vieler Lebensbereiche führt, die konsequenterweise auch in einer Medikalisierung des Todes gipfelt, der mit allen Mitteln bekämpft werden muss.

Diese Sichtweise und Konkretisierung von Krankheit und die daraus abgeleiteten Handlungsprämissen für die Praxis der Medizin haben weitreichende Folgen: Das pathogenetische, einseitig an Krankheiten orientierte Paradigma der modernen Medizin führt zu teilweise monokausalen Vorstellungen von Krankheit und Gesundheit, einer einseitigen Orientierung an Risikofaktoren, einer tendenziellen Betonung somatischer Ursachen, und einer auf Reparatur ausgerichteten Handlungspraxis, die sich an Störungen orientiert und zur Benennung der Ursachen dafür in einer immer stärkeren Fragmentierung des Körpers fortschreitet.

Eine folgenreiche Konsequenz, die sich aus diesem verobjektivierenden, reduktionistischen Zugang ergibt, ist das Verschwinden der Person der Betroffenen hinter dem/n defekten, reparaturbedürftigen Körper(teilen): Das subjektive Erleben von Krankheit erscheint in diesem Reparaturparadigma nicht bedeutend, weil nicht erkenntnis- und handlungsleitend. Dementsprechend können Krankheitsbegriffe und –deutungen der Betroffenen, ihr Krankheitserleben, psychische Aspekte von Krankheit wie Emotionen, und der Einfluss der (sozialen und natürlichen) Umwelt auf die Entstehung und das Leben mit Kranksein ausgeblendet werden (Klemperer 2000, S. 2; Sakalys 2000, S. 1471).[73] Die moderne Medizin geht also fälschlicherweise davon aus „that there is no epistemologically relevant

---

73   So werden psychische und sozial ausgelöste Erkrankungen als Sondergruppen von Beschwerdebildern in neuen Spezialdisziplinen gefasst (von Uexküll & Wesiak 2011, S. 4)

difference between knowledge of disease and knowledge of the patient" (Szawarski 2004, S. 190).[74] Kleinman (1995, zitiert nach Engel et al. 2008, S. 33) hat darauf hingewiesen, dass westliche kulturelle Traditionen wie der Monotheismus das biomedizinische Paradigma mit seiner Konzeption von Krankheit und Gesundheit und den weiteren darin vorkommenden Dualismen (z.b. zwischen Natur und Kultur, Individuum und Gesellschaft, Geist und Körper, Frauen und Männern) befördern.[75] Darüber hinaus fördert diese Kultur auch die Suche nach den zugrunde liegenden Ursachen einer Erkrankung, die freigelegt und präzise benannt werden wollen, und die Unterscheidung und Wertung von medizinischen Disziplinen, die an „harten Fakten" orientiert sind (z.b. technologieaffine wie Chirurgie), von jenen Disziplinen, die an „weichen Fakten" orientiert sind (z.B. Allgemeinmedizin). Zugleich steht dieses Narrativ als Teil einer westlichen, säkularen Kultur auch dafür, mythische oder religiöse Erklärungsmodelle von Gesundheit und Krankheit weniger prominent werden zu lassen (Williams 1984, S. 197).[76]

Darüber sollte nicht vergessen werden, dass konventionell-medizinische Diagnosen immer auch die Konstruktion einer sozialen Situation sind, die als Abweichung charakterisiert ist: Abweichungen vom gewohnten Zustand der/des Einzelnen werden damit Abweichungen von einer Norm, die von einem statistischen Mittelwert bestimmt ist (Bury 2001, S. 265).[77] Somit übersetzt ein/e Ärztin/Arzt nicht eine offensichtliche Krankheit in Worte, sondern sie/er schafft sie

---

74 Szawarski verweist auf das Spannungsfeld zwischen (Natur)wissenschaft, deren Wissen per Definition immer abstrakt und universell ist, und der Situation, in der Menschen, mit ihren individuellen Lebensgeschichten und Problemlagen und Leiden, medizinische Hilfe suchen. Theoretisches Wissen über Krankheitsentstehung ist somit nur ein Teil von medizinischem Wissen, der zweite – für Szawarski wichtigere – Teil ist das „klinische Wissen": „It originates at the bed of a sick person who wants to see her doctor because she feels ill, unhappy, and is suffering" (Szawarski 2004, S. 190). Dieses Wissen entsteht im Rahmen der Fallaufnahme, wenn die Krankheitsgeschichte zur Sprache kommt. In der Folge kommt es darauf an (Szawarski spricht hier von einer/m „weisen Ärztin/Arzt") zu wissen, welche allgemeinen Behandlungsprinzipien relevant und für diese Person geeignet und anwendbar sind, in Anbetracht der spezifischen Situation, in der sich diese Person befindet. Es ist somit illusorisch anzunehmen, dass allein medizinisches Wissen eine heilende Wirkung haben kann. Erst kombiniert mit klinischem Wissen, mit Erfahrung und mit Verständnis für die Betroffenen kann es eine heilend wirken. Gleichzeitig sollten sich Ärztinnen/Ärzte ihrer Grenzen – der Grenzen ihres Wissens und Könnens – bewusst sein.

75 Scott (1998, S. 94) hat als die umfassendste und gleichzeitig spezifischste Form dieses Dualismus die Aneignung des Körpers genannt, der als passiver Gebrauchsgegenstand, welcher vom rationalen Willen beherrscht wird, konzeptualisiert wird.

76 Von Uexküll und Wesiak (2011, S. 4) verweisen auch auf den zeitlichen Zusammenhang des Aufkommens des Maschinenmodells des Körpers mit der (beginnenden) Industrialisierung.

77 Dass diese Konzeption von Krankheit in naturwissenschaftlich gefassten Konzepten nicht reibungslos gelingt, belegt unter anderem die Diskussion über die Ausrichtung der konventionellen Medizin als (Natur)wissenschaft oder als „Handlungskunst". (Förster 1993, S. 68).

auch, indem sie/er die Aufmerksamkeit darauf lenkt, dass eine Abweichung von einer Norm vorliegt.[78] In der Benennung der biologischen Abweichung wird eine soziale Abweichung konstruiert (Herzlich 1995, S. 156). Damit wird auch die Position der Ärztinnen/Ärzten markiert: „Disease ‚belongs' to the doctor, in that the doctor has the responsibility and privilege to name, predict and treat it." (Salmon & Hall 2003, S. 1971)

Die in der konventionell-medizinischen Behandlung gängige Konzeption von Krankheit und ihrer Feststellbarkeit, die sich von den lebensweltlichen Bedeutungen getrennt hat, hat wie bereits angedeutet auch Konsequenzen für die Betroffenen: „Der Kranke selbst ist mit seinem Körper zwar der Ort der Krankheit, aber er ist eigentlich auch derjenige, der das Geschehen am wenigsten beurteilen kann." (Förster 1993, S. 203)[79] Die Betroffenen sind also damit konfrontiert, sich das Kranksein wieder anzueignen, und in weiterer Folge, die Auswirkungen der Krankheit auf das alltägliche Leben zu rekonstruieren.

Ein für die Betroffenen bedeutsames Metanarrativ im Kontext konventioneller medizinischer Behandlung und Betreuung, das eng mit der Konzeption des biomedizinischen Paradigmas und der darin liegenden Vorgangsweise bei der Diagnose in Beziehung steht, ist jenes über die Krankenrolle, wie sie Parsons aus strukturfunktionalistischer Perspektive beschrieben hat[80]: Diese Rolle, die Betroffene einnehmen sollen, ist in eine allgemeinere Diskussion über soziale Kontrolle verwoben. Während es der/dem Ärztin/Arzt obliegt, Krankheit nach den oben beschriebenen Kriterien und Maßstäben „festzustellen", ist es die Aufgabe der/des Patientin/Patienten, sich gemäß den Anweisungen der/des Ärztin/Arztes zu verhalten. Beide Rollen können nur unter generalisierten Rollenerwartungen erfüllt werden: PatientInnen müssen darauf vertrauen können, dass Ärztinnen/Ärzte vorrangig an ihrer Heilung interessiert sind, dass ihre Körper als Organsysteme betrachtet werden und dass die Rollenzuschreibung eindeutig ist. Ärztinnen/Ärzte hingegen vertrauen darauf, dass PatientInnen wieder gesund werden wollen. Im Falle einer Erkrankung sind die PatientInnen temporär von ihren Rollenverpflichtungen (z.B. Erwerbsarbeit) entbunden, und ihr – in der

---

78 Vgl. dazu die Diskussion zu illness, disease und sickness in Abschnitt 5.2.

79 Zur historischen Entwicklung dieser Perspektive vgl. z.B. Barbara Dudens Studie (1987) „Geschichte unter der Haut. Ein Eisenacher Arzt und seine Patientinnen um 1730". Auch Sherwin (1992) hat auf die Konsequenzen des biomedizinischen Modells und der sozialen Konstruktion von Krankheit für das Wohlbefinden von Frauen hingewiesen.

80 Vgl. dazu Parsons (1954) Konzeption der Krankenrolle und der Arztrolle. Zur Erläuterung dieses Konzepts wird hier auf die Begrifflichkeit „PatientIn", wie sie im Original verwendet wird, zurückgegriffen. Parsons Konzeption der Interaktion zwischen Ärztin/Arzt und PatientInnen hat erstmals die soziale Dimension dieser Beziehung sichtbar gemacht, ist aber auch kritisiert worden, u.a., wegen der Ausblendung inhärenter Interessenskonflikte auszwischen Professionellen und PatientInnen und der impliziten Moralvorstellungen, was die Rollenerwartungen an PatientInnen betrifft.

Diktion dieses Konzepts – „abweichendes Verhalten" wird legitimiert.[81] „Aufgabe" der PatientInnen ist es, alles zur Gesundung beizutragen, auch durch Befolgung von Anweisungen durch (meistens) Ärztinnen/Ärzte, um wieder ihre ursprüngliche Rolle in der Gesellschaft einnehmen zu können. Auch wenn diese Konzeption der Krankenrolle umstritten ist, insbesondere was ihre Handhabbarkeit im Falle chronischer Erkrankungen betrifft, ist sie dennoch wirkmächtig in einer ihrer Kernaussagen: Dass PatientInnen im Fall einer Erkrankung die Entscheidungsfindung, wie mit dieser Situation umgegangen werden kann, weitgehend Professionellen überlassen und den daraus resultierenden Anweisungen Folge leisten[82] (Sakalys 2000, S. 1471). In dieser Rollenzuschreibung verbleiben die PatientInnen getrennt von ihrer Krankheitserfahrung, vielmehr werden sie zu ErfüllungsgehilfInnen der am biomedizinischen Paradigma orientierten Reparatur- bzw. Risikominimierungsstrategien, die an einem individualisierten, dekontextualisierten kranken Körper ansetzen (vgl. Scott 1998, S. 92).[83]

Kleinman (1988) hat darauf hingewiesen, dass Medizinsysteme über eine spezielle Sprache und Rhetorik verfügen, die ihre Praktiken legitimieren. Die konventionelle (Bio)medizin vermittelt ein warenförmiges Verständnis von Sorge (Care), und interpretiert Leiden als ein technisches Problem. So wird das Leiden der Betroffenen in eine medizinisch-technische Sprache transformiert. Diese Transformation kann auch deshalb gelingen, da die machtvolle Narrative im Kontext konventionell-medizinischer Behandlung diese Transformation zulassen und unterstützen.[84]

Trotz der beschriebenen zunächst schwierigen Rahmenbedingungen im medizinischen Kontext gewinnen Narrative von Betroffenen in letzter Zeit an Bedeutung. Bury (2001 S. 267 ff) führt dafür mehrere Ursachen an: Einerseits die rückläufige Bedeutung von Infektionskrankheiten, die als eine Erfolgsgeschichte

---

81 Frank A. (2002) hat darauf hingewiesen, welche weiteren Wirkungen diese Entbindung aus Rollenverpflichtungen haben kann: „Illness excuses people from their normal responsibilities, but the cost of being excused is greater than it appears at first. An excuse is also an exclusion. When an ill person is told, ‚All you have to do is to get well,‘ he is also being told that all he *can* do is to be ill." (Frank A. 2002, S. 123, Hervorhebung im Original)

82 Die Fokussierung auf dieses Metanarrativ blendet wiederum andere, mögliche Narrative aus: Krankheit als Bedrohung der Identität und sozialen Integration, und Krankheit als Befreiung aus einer soialen Rolle (vgl. Augé & Herzlich 1991, S. 161)

83 Die hier beschriebene PatientInnenrolle in Verbindung mit der immer spezialisierteren Feststellung und Benennung von am Körper mittels Diagnosen festmachbaren „Krankheiten"kann aber auch vorteilhaft für die Betroffenen sein: Sie erlaubt es, dass sich die Betroffenen als „heil" wahrnehmen und bewahrt sie gleichzeitig vor moralischen Diskursen über z.B. ihr als abweichend beschriebenes und bewertetes Verhalten. (Salmon & Hall 2003, S. 1971)

84 Frank A. (2009, S. 163) verweist mit Blick auf die von Bury (2001) beschriebene „biographical disruption" darauf, dass die Betroffenen eine zweite Diskontinuität erfahren, wenn sie sich die Sprache der Medizin aneignen müssen, die über Symptome und Behandlungen spricht.

der konventionellen Medizin gesehen werden (dieser Aussage ist mit Vorbehalt zuzustimmen, vgl. z.b. zu sozialen Auswirkungen von HIV/AIDS in Namibia bei Gronemeyer 2005), andererseits die zunehmende Bedeutung von chronischen Erkrankungen, die viele der Prämissen des biomedizinischen Paradigmas als wirkungslos erscheinen lassen. Mit dieser Verschiebung wird eine längerfristige Versorgung und Pflege (im Sinne von „care") gegenüber der kurzfristigen Behandlung und Heilung (im Sinne von „cure") wichtiger, da sich im Leben mit einer chronischen Erkrankung Einschränkungen im Alltag am deutlichsten zeigen. Weiters führt Bury an, dass die konventionelle medizinische Versorgung immer kostspieliger wird, was Fragen nach ihrer Wirksamkeit laut werden lässt, gemeinsam mit der Forderung, die Primärversorgung zu stärken. In der Primärversorgung wurde mit den Überlegungen von Balint (vgl. Balint 1955, zitiert nach Bury 2001, S. 267) schon relativ früh eine Möglichkeit geschaffen, Narrative der Betroffenen in die Behandlung und Betreuung mit einzubeziehen.

Auch die gesellschaftlichen Rahmenbedingungen medizinischer Versorgung haben sich hin zu einer demokratischeren Praxis verändert, was zu einer Abschwächung hierarchischer Beziehungen auch im Kontext medizinischer Versorgung geführt hat. Hinzu kommt, dass Betroffene zunehmend mehr und leichteren Zugang zu Informationen über Gesundheit und Krankheit haben, was einerseits zu einer Relativierung der (medizinischen) Autorität führt und andererseits den Betroffenen Zugang zu einer Vielzahl an unterschiedlichen Narrativen eröffnet.

Dennoch sollte nicht vergessen werden: Wer eine Geschichte erzählen „darf", d.h., wessen Geschichte auch gehört wird, wird auch durch die soziale Position der/des Erzählenden bestimmt und spiegelt diese wider. Die Position, die hier eingenommen wird, trifft eine Aussage über die soziokulturelle Zugehörigkeit, wie professioneller Status, Geschlecht usw., aber auch darüber, wie sich ein individuelles Narrativ zu einer kollektiven Erzählung verhält (Garro & Mattingly 2000, S. 18).[85]

Ein Anzeichen für die zunehmende Aufmerksamkeit gegenüber Narrativen ist die Verschiebung des Fokus von Krankheiten auf das Leiden der Betroffenen.[86]. Auf diese Weise könnte das von den Betroffenen wahrgenommene Miss-

---

85 Symbolisch lässt sich die Bedeutung unterschiedlicher Narrative auch an den räumlichen Gegebenheiten festmachen: Die Allgegenwärtigkeit von medizinischen Instrumenten und Vorrichtungen in der konventionell-medizinischen Praxis, und der vergleichsweise unscheinbare Ort für die Kommunikation zwischen Betroffenen und Ärztinnen/Ärzten. Diese Symbolik erscheint in der homöopathischen Praxis als Umkehrversion, wenn diese Praxis von den Betroffenen als „heimelig" und „nicht medizinisch" beschrieben wird.

86 Die skeptische Haltung gegenüber Narrativen wurde zunächst auch von den Sozialwissenschaften in ihren Studien zum Medizinsystem als soziales System und zum Kranksein übernommen, wie Hyden anmerkt. Erst das Aufbrechen dieser Perspektive, beginnend mit der Unterscheidung von „Disease" und „Illness", hat es ermöglicht, die „Stimme der PatientInnen" als integ-

verhältnis zwischen ihren geschilderten Erfahrungen und den institutionell legitimierten Berichten darüber aufgehoben werden (Frank A. 2006, S. 422). Bury (2001, S. 282) stellt im Zusammenhang mit dem verstärkten Interesse an Narrativen im Betreuungskontext fest: „Despite the religious overones of such sentiments they also stem from a secular desire to limit the sometimes dehumanising effects of a medicalised society, and the effects of forms of medical practice that deliver increasing technical sophistication but fail to ‚comfort and care' for patients as whole human beings."

Mehl Madrona (2007, S. 83) meint zur Bedeutung von Narrativen (von Betroffenen) in der medizinischen Behandlung und Betreuung: „Narrative approaches lie more on the experience and resourcefulness of the sufferer than does conventional medicine, which relies on the expertise of the practitioner." Auch wenn Mehl-Madrona hier die konventionell-medizinische Versorgung als gleichsam frei von Narrativen darstellt, so verweist er doch auf einen entscheidenden Aspekt, der die Beschäftigung mit Narrativen der Betroffenen so bedeutsam macht: In Form von Narrativen wird nicht nur das Leiden der Betroffenen sichtbar; es werden vielmehr auch ihre Ressourcen und Erfahrungen im Leben mit Beschwerden benannt, die entscheidend für eine angemessene Behandlung und Betreuung sind.

Diese Narrative der Betroffenen treffen auf individueller Ebene auf Narrative der Medizin in Form der Fallgeschichten. Diese weisen wie die Narrative von Betroffenen einen zeitlichen Verlauf auf und verfolgen ein bestimmtes Ziel: Sie sammeln und ordnen Krankheitsereignisse bzw. Symptome mit dem Ziel, Aussagen über Diagnose, Prognose und Therapie treffen zu können. Diese Narrative werden entsprechend dem biomedizinischen Paradigma verfasst und widerspiegeln damit Erwartungen: In den Konventionen, die mit diesem Paradigma verbunden sind, liegt auch der Gewinn für Ärztinnen/Ärzte, die sich auf bestimmte Konzepte, Darstellungsarten und Inhalte verlassen können, die ihnen die Behandlung und Betreuung erleichtern sollen: Sie sollen aufgrund ihrer Inhalte eine exakte Aussage über die physiologische Verfassung der Betroffenen ermöglichen und somit den Weg für Interventionen ebenen, sind also handlungsanleitend. (Haidet & Paterniti 2003, S. 1135)

Gleichzeitig werden die Erfahrungen der Betroffenen abstrahiert, dekontextualisiert und damit unpersönlich. Das individuelle Leiden der Betroffenen, ihre Befindlichkeiten werden zu Konzepten zusammengefasst, die die Erfahrungen der Betroffenen verobjektivieren und gleichmachen. (Engel et al. 2008, S. 25) Was daraus folgt, nennen Engel et al. „Fallacy of misplaced concreteness" (S. 26) – dass nämlich die Abstraktionen als die Realität interpretiert werden und

---

ralen Teil des Krankheitsverlaufs zu konzipieren (1997, S. 48). Zur Problematik der Zentriertheit dieser Unterscheidung auf konventionelle Medizin, vgl. Förster (1993, S. 206f)

dementsprechend gehandelt wird. Anders gesagt, regiert in diesem Zusammenhang der Befund über das Befinden, werden nicht Geschichten über das Kranksein, sondern über die Krankheit erzählt, die in solchem Ausmaß depersonalisiert und abstrahiert werden, dass sie von den Betroffenen nicht mehr verstanden werden können (Heller 2010, S. 13).

Diese unter Professionellen geteilten Narrative reproduzieren sich selbst, was auch ihre Dauerhaftigkeit erklären mag (Garro & Mattingly 2000, S. 261). Narrative sind also auch auf professioneller Seite allgegenwärtig: „Narratives precede and authorize medical endeavours, with the official story subsuming consequent developments as either sucessful or failed technical interventions. Being a good doctor means being able to construct narratives that persuade others of an ordered reality requiring identifiable curative actions." (Garro & Mattingly 2000, S. 262) Nicht übersehen werden sollte, dass den Fallgeschichten eine Hierarchisierung zugrunde liegt, dass also manche Geschichten mehr Beachtung und Anerkennung unter Ärztinnen/Ärzten finden als andere: Biomedizinisch erklärbare Beschwerden rangieren höher als nicht erklärbare.

Robinson (1990, S. 1173) verweist auf die Engführung von Fallgeschichten, wenn er argumentiert, dass auch Fallgeschichten als Narrative der Medizin nicht ohne Bezug auf ihren Kontext interpretiert werden können. Die Alltagspraxis der Behandlung und Betreuung scheint in vielen Fällen von diesem Ziel abzuweichen: „Within orthodox biomedical practice, narratives a reviewed as the fiction from which the fact must be distilled and reshaped into another more reliable story – the clinical (hi)story – which, in reality, is just another ‚fiction' without social context or a humane dimension." (Bissel et al. 2006, S. 58). Ein weiterer Aspekt, der die Engführung der Interpretation von Fallgeschichten berührt, ist ihre Blindheit für vorhandene Ressourcen, die durch einen pathogenetisch-defizitorientierten Blick bedingt wird. Hier geht es also auch darum, den Blick zu erweitern, „der Gesundwerden als aktive Leistung begreift und versucht, im Krankheitsgeschehen ein vorhandenes oder zu stimulierendes Gesundheitspotential zu erkennen und für die Therapie fruchtbar zu machen." (Matthiessen 2006, S. 137)[87]

In diesem Zusammenhang lassen sich die Narrative der Betroffenen als Gegenposition – „counter narratives" (Bamberg 2004, zitiert nach Lucius-Hoene 2008, S. 93) – verstehen, die sich den institutionellen und von Professionellen

---

87   Matthiessen (2006, S. 137) weist auch darauf hin, dass Fallgeschichten mehrere Handlungsmöglichkeiten beinhalten: „Der Einzelfall charakterisiert sich so durch seine Janusgesichtigkeit: In der Herausarbeitung von Typologien wird er zum potentiellen Sprungbrett für generalisierende Forschung, zugleich ist er aber auch Ausgangspunkt für ein idiographisches Vorgehen, das – über die (biologische und psychologische) Eigengesetzlichkeit von Krankheitsverläufen hinaus nach der geschichtlichen Dimension des Menschen in Gesundheit und Krankheit fragt, worunter sich der Blick auf die Krankheits'geschichte' um denjenigen auf die Kranken- und darüber hinaus auf die Lebensgeschichte eines Menschen erweitert."

geprägten Narrativen widersetzen, ihre „Deckungsungleichheit" und die „Kolonisierung" der Erfahrungen der Betroffenen durch medizinische Narrative (Frank A. 2006, S. 422) thematisieren.[88]
Dieser Widerspruch, mit dem sich die Betroffenen auseinandersetzen, betrifft Versprechungen über den Krankheitsverlauf, damit verbundene Aufforderungen zu Änderungen der Lebensweise, und andere Eingriffe in das Selbstbild (Lucius-Hoene 2008, S. 93). Charon (2006, S. 20ff) hat vier Aspekte identifiziert, die die Narrative von Betroffenen und Ärztinnen/Ärzten voneinander trennen und distanzieren: Es sind dies das Verhältnis zum Tod, der Kontext des Krankseins, Konzepte über die Krankheitsentstehung und Emotionen wie Scham, Sorge, Angst und Schuld. Narrative von Betroffenen stellen in allen Aspekten der Perspektive der Ärztinnen/Ärzten die Perspektive des „erlebten und gelebten Krankseins" (Matthiessen 2006, S. 137) zur Seite.
Vielfach werden konventionell-medizinisch verfasste Narrative über Krankheiten und ihre Entstehung von den Betroffenen zurückgewiesen, wenn diese nicht an ihre persönlichen Erfahrungen anschließen und diese aufnehmen.[89] In diesem Fall werden von den Betroffenen alternative Deutungsmöglichkeiten entwickelt, die an ihre Erfahrungen, aber auch an die oben erwähnten kulturell vermittelten Wissensbestände in Form von Narrativen anschließen. Somit wirken diese Wissensbestände nicht deterministisch, sondern erlauben den Betroffenen eine gewisse Flexibilität in der Konstruktion von Narrativen, die ihre individuellen Haltungen, und Erklärungsversuche wiedergeben (Good & DelVecchio Good 2000).[90] Nicht übersehen werden sollte jedoch, dass nicht alle Narrative gleiche

---

88 Hunter (1991, zitiert nach Werner & Maltrud 2003, S. 1417) beschreibt das Verhältnis von Narrativen aus der Perspektive von Ärztinnen/Ärzten und Betroffenen als „fundamentally, irreducibly different narratives".

89 Baumann (2005, zitiert nach Richter 2009, S. 52 f.) hat aus wissenssoziologischer Perspektive auf eine weitere Problematik des professionellen Wissens, wie es in den jeweiligen Narrativen transportiert wird, hingewiesen: Das entstehende Fachwissen erzeugt ständig das Bedürfnis nach mehr Fachwissen. Fachwissen als Ersatz für handlungsleitendes Erfahrungswissen bedeutet nicht nur die Bereitstellung von scheinbar effektiverem Wissen, sondern schafft auch eine potentiell unbegrenzte Vielzahl von neuen Problemen, welche wiederum das Fachwissen notwendig erscheinen lassen. Dadurch, dass das Wissen vom Handeln und die Professionellen von den Betroffenen getrennt erscheinen, wird im Alltag durch das vermittelnde Fachwissen permanent Unsicherheit erzeugt. Es erfolgt also keine Verkleinerung der Anzahl von Problemen, im Gegenteil wird die Anzahl erhöht, indem spezifische Problemlösungen Umwelteffekte erzeugen, die als neue Problemstellungen gefasst werden können.

90 Felt et al. (2009a) beschreiben eine ähnliche, sich an soziokulturell vorhandenen Narrativen orientierende Konstruktion von Narrativen durch Betroffene im Zusammenhang mit „Informed Consent" und zeigen auf, welche Komplexität die Entscheidungsfindung der Betroffenen im Zusammenhang mit einer Einwilligung zur Organspende aufweist, und wie Informationen situationsspezifisch und abhängig vom wahrgenommenen Kontext der Entscheidungsfindung interpretiert werden. Diese Komplexität wird in bioethischen Narrativen über „automone PatientInnen" nur marginal erfasst und berücksichtigt.

„Autorität" genießen: Argumente und (konventionell-medizinische) Theorien rangieren gewöhnlich über Alltagsgeschichten. (Frank A. 1995, S.10)
    Mishler (1984, zitiert nach Hyden 1997, S. 63) spricht in diesem Zusammenhang von der „voice of medicine"[91] und der „voice of lifeworld", um auf die unterschiedlichen Interpretationen des Ereignisses Krankheit und das Verhältnis dieser beiden „Stimmen" zueinander hinzuweisen, das mit dem Machtgefälle in der Beziehung zwischen Ärztinnen/Ärzten und PatientInnen zu tun hat – die „Stimme der Medizin" wiegt im Kontext der konventionell-medizinischen Behandlung stärker als die „Stimme der Lebenswelt". Man könnte auch sagen, dass Betroffene über biographisch und lebensweltlich geformtes Alltagswissen und das Medizinsystem als Expertensystem über ein lehrgebäudeartig organisiertes professionelles Wissen verfügen. Nach Mishler führt die Ausklammerung der Perspektive der Betroffenen zu einer inhumanen, wenig effektiven Versorgung.[92]
    Kirkmeyer (2000, S.156) beschreibt die Situation des Aufeinandertreffens unterschiedlicher Narrative als eine, in der „various agents with their own perspectives and their own stakes try to shape therapeutic time to further their peculiar concerns, tending to get in each other's way in the process of doing so". Die Interaktion zwischen Professionellen und Betroffenen weist also einen fragilen und umstrittenen Charakter auf. An diesem Punkt, wenn diese beiden „Stimmen"

---

91   Engelhardt (1986, zitiert nach Sherwin 1992, S. 192) liefert eine differenzierte Beschreibung und spricht von den beschreibenden, evaluierenden, erklärenden und benennenden Interessen der Medizin.

92   Dieser radikale Standpunkt von Mishler wurde insofern kritisiert, als dass auch Betroffene in der Stimme der Medizin sprechen. Insbesondere wenn Betroffene unter akuten Beschwerden leiden, kann die beidseitige (Betroffene und Ärztinnen/Ärzte) Nutzung „Stimme der Medizin" auch hilfreich für die Betroffenen sein. (Barry et al. 2001, S. 501). Hyden (1997, S. 63) weist darauf hin, dass die Konstruktion von Narrativen durch die Betroffenen im Betreuungskontext zwei unterschiedliche Ausprägungen aufweist: Einerseits wird eine Abfolge von Ereignissen (also Symptome u.ä.) erzählt, andererseits nehmen die Betroffenen in ihren Narrativen Bezug auf ihr Handeln und das Erleben des Krankseins. Hyden sieht dies als eine Balance des Konflikts zwischen der „Stimme der Medizin", die Narrative über die Krankheit fördert, also über Symptome und Krankheitszeichen und ihr Auftreten im Zeitverlauf, und der „Stimme der Lebenswelt", der er den Aspekt Kranksein als Geschichte zuordnet, also das Erzählen über die Auswirkungen der Erkrankung auf die Lebensumstände und Deutungen über mögliche Ursachen. Dieser Balance wird durch unterschiedliche Formen von Narrativen durch die Betroffenen Rechnung getragen (vgl dazu Hydens Charaktisierung von Narrativen in Abschnitt 4.2.1.). Illich (1995, S. 123) meint in diesem Zusammenhang: „Bevor das wissenschaftliche Kauderwelsch die vom Körper handelnde Sprache zu beherrschen begann, war der Wortschatz der Alltagssprache in dieser Hinsicht außerordentlich reich." Er spricht damit an, dass auch das Sprechen über den Körper und seine Beschwerden erst wieder gelernt werden muss, da aufgrund der allgegenwärtigen medizinischen Fachtermini den Betroffenen regelrecht die Sprache fehlt, ihre Empfindungen auszudrücken. (Dass die Nutzung medizinischer Fachausdrücke auch eine Form der temporär notwendigen Distanzierung von Leiden und Schmerz sein kann, sei hier auch erwähnt.)

in der Behandlung und Betreuung zum Tragen kommen, ist es entscheidend, wie sich Betreuende (Ärztinnen/Ärzte, TherapeutInnen) zu diesen verhalten. In Anbetracht des medizinischen Kontexts, der die „Stimme der Medizin" und damit verbundene Narrative befördert[93], wird eine Gleichwertigkeit beider „Stimmen" dadurch hergestellt, wie Betreuende (Ärztinnen/Ärzte, TherapeutInnen) sich zu jenen Narrativen verhalten, die die „Stimme der Lebenswelt" repräsentieren. „Verhalten" kann in diesem Zusammenhang als das Zusammenspiel von „Erklären" und „Verstehen" interpretiert werden. Dieses wird oft als Widerspruch gedeutet, kann jedoch auch als dialektisches Verhältnis gesehen werden (Ricoeur 1991, zitiert nach Frid et al. 2000, S. 698): Erklären und Verstehen setzen sich wechselseitig fort und bedingen einander, und sind somit Vorbedingungen für gehaltvolle Interpretationen. Von der unterschiedlich gewichteten Aufmerksamkeit gegenüber der „Stimme der Lebenswelt" und der „Stimme der Medizin" zu Beginn (also bei der Diagnosestellung) wiederum hängt auch der weitere Verlauf der Behandlung und Betreuung ab (Hyden 1997, S 63).

Diese Form der dialogischen Praxis beinhaltet einige Voraussetzungen: Die Aufmerksamkeit gegenüber der Unterordnung von Narrativen der Betroffenen im Verhältnis zu (medizinischen) Metanarrativen im Zuge der medizinischen Versorgung, was auch eine Reflexion darüber inkludiert, inwieweit diese Metanarrative die Narrative der Betroffenen prägen; die Wertschätzung der Perspektive der Betroffenen, was impliziert, dass sich Professionelle nicht als alleinige „ExpertInnen" wahrnehmen; die Reflexion der eigenen Annahmen, Haltungen und Werte, wie sie in Narrativen der Professionellen ausgedrückt werden, und die Anerkennung der Tatsache, dass kein einzelnes Narrativ den Anspruch erheben kann, die Wahrheit zu vertreten.

Aufmerksamkeit gegenüber Narrativen der Betroffenen bedeutet jedoch nicht, Betroffene als passive ErzählerInnen und Professionelle als aktive InterpretInnen zu konzipieren, sondern meint vielmehr einen Dialog und eine Annäherung zwischen notwendigerweise unterschiedlichen Perspektiven, der auf empathischem Zuhören und der Kokonstruktion von Narrativen beruht: Dabei ermöglicht empathisches Zuhören den Betroffenen, ihre Erfahrungen in eigenen Worten und nicht in medizinischen Fachausdrücken zu erzählen. Die Kokonstruktion von Narrativen ergibt sich, wenn unterschiedliche Narrative aufeinander bezogen werden (was nicht meint, dass Widersprüche aufgelöst werden sollen!). Auch auf gesellschaftlicher Ebene können solche Formen des Dialogs Wirkung zeigen, wenn sie einer Pluralität von Perspektiven zum Durchbruch verhelfen (Sakalys 2000, S. 1474).

---

93   Anders hingegen der alltägliche Kontext, im Rahmen dessen die „Stimme der Lebenswelt" prägend ist, in dem also vor allem über Schmerz und Leiden, und mögliche Ursachen gesprochen wird (vgl. Hyden 1997, S. 63).

Frank A. (1995) ist in seiner Interpretation der Bedeutung von Narrativen von Betroffenen im Behandlungs- und Betreuungskontext am radikalsten: Er betont, dass eben diese Narrative die bedeutsamsten in der Behandlung und Betreuung sind und aus diesem Grund eine privilegierte Stellung einnehmen sollen. Die hier beschriebene Situation gewinnt noch an Komplexität, wenn man berücksichtigt, dass Narrative nicht nur in der Begegnung zwischen Betroffenen und Betreuenden, sondern auch an anderen „Orten" (ko)konstruiert werden: So wird das Internet als Ort, an dem Wissen über das Krankheit und Gesundheit prozessiert wird, zunehmend bedeutender. Hier lassen sich einerseits eine Multiplizierung der „Stimmen" und Geschichten beobachten (die auch verunsichernd wirken kann), und andererseits Versuche, diese Geschichten bzw. die darin steckenden Informationen entlang bestimmter Kriterien zu „zähmen". Die schwere Fassbarkeit der Ziele unterschiedlicher Gruppen von AkteurInnen und der selektive Zugang zu Informationen die im Internet auftreten, macht es dabei ungleich schwerer, Interessen dieser Gruppen zu fassen und kritisch zu hinterfragen, auch wenn sich Parallelen der sozialen Ordnung zwischen „online" und „offline" Welt finden. (Felt 2008, S. 21f.)

Dennoch zeigen sich auch im Falle der Wissensgenerierung im Internet weitere Parallelen zur direkten Interaktion von Betroffenen mit Betreuenden, denn „(w)issenschaftliche Information wird von Menschen immer in Beziehung erlebt und nach ihrer Passform mit eigenem Wissen und Erfahrungen beurteilt." (Felt 2008, S. 22) Damit stellt sich nicht die Frage, wie den Betroffenen das „richtige Wissen" vermittelt werden kann, vielmehr ist danach zu fragen, wie sich die Betroffenen Wissen aneignen, und mit welchen Herausforderungen vonseiten unterschiedlicher Akteursgruppen sie dabei konfrontiert sind (Felt 2008, S. 22) Anders gesagt: Auch das Internet trägt als sozialer Raum zur Konstruktion von Narrativen bei, wobei nicht vorab festgelegt werden kann, ob diese Narrative die Erfahrungen der Betroffenen aufnehmen oder ignorieren.

Trotz der dargestellten Problematik, der Betroffene mit ihren Erzählungen in der konventionellen medizinischen Behandlung und auch im virtuellen Raum gegenüberstehen, haben Narrative von Betroffenen in den letzten Jahren eine gewisse Bedeutung in manchen Bereichen der Medizin jenseits der Behandlung und Betreuung erlangt[94]: Sie werden vielfach in der Ausbildung von Betreuenden (Ärztinnen/Ärzten, PflegerInnen, TherapeutInnen, etc.) eingesetzt, um die Perspektive der Betroffenen zu vermitteln und so der dominierenden biomedizinischen Perspektive eine Alternative entgegenzusetzen, die den Professionellen Verstehen und Verständnis ermöglicht und ihnen die Sicht der Betroffenen nahe bringt (Frid et al. S. 696; Gaydos 2004, S. 258; Haidet & Paterniti 2003, S. 1138;

---

94   Brown et al. (1996, S. 1570) sprechen hier vom „Narrative Turn", von dem auch Berufe im Versorgungssystem erfasst wurden.

Konitzer et al. 2002, S. 566; Sierpina et al. 2007, S. 627; Skott, 2001, S. 252; Charon 2006; Greenhalgh & Hurwitz 2005; Kalitzus et al. 2009). Gleichzeitig soll auf diese Weise der Blick der in der Versorgung Tätigen für unterschiedliche Wissensformen geweitet werden, damit eine kritische Reflexion naturwissenschaftlichen Wissens und seiner Anwendung in der Behandlung und Betreuung möglich wird (Bleakley 2005, S. 538; Brown et al. 1996, S. 1569).[95]

5.4 „Heilsames Erzählen" ermöglichen – Reflexion zentraler Ergebnisse

In Abschnitt 5.2. wurde aufgearbeitet, welche Bedeutung Narrative für die Erfahrung des Krankseins haben, insofern als sich Betroffene dem Ereignis Krankheit erzählend annähern. Krankheit wurde als eine Zäsur beschrieben, die das Verhältnis der/des Einzelnen zur Gesellschaft thematisiert, das Herausgerissen sein aus soziokulturellen Bezügen markiert und die bisher erlebte Kontinuität unterbricht. Die Betroffenen sind durch ihr Kranksein aufgefordert, die verlorene Kontinuität wiederherzustellen, Interpretationen für das Ereignis Krankheit zu suchen, dem Ereignis Bedeutung zuzuschreiben und für ihre Integrität Sorge zu tragen. Dieser Prozess ist in vielen Fällen niemals abgeschlossen und bleibt offen für Interpretationen und Neubewertungen.

Die Ausführungen in Abschnitt 5.3. haben nachgezeichnet, vor welchen Herausforderungen die Integration der Narrative von Betroffenen im konventionell-medizinischen Setting steht, und welche Ursachen sich dafür benennen lassen: Narrative von Betroffenen bleiben im biomedizinischen Paradigma weitgehend ausgeschlossen, wie auch in der Folge die Betroffenen selbst als Personen in der Interaktion mit Professionellen. Metanarrative der konventionellen medizinischen Versorgung, wie das der Krankenrolle, aber auch Narrative auf individueller Ebene wie die Krankengeschichte weisen den Narrativen der Betroffenen einen eng umschriebenen Raum zu. Jene als „Krisen in der Versorgung"[96] bezeichneten Entwicklungen sollen eine neue Wertschätzung der Perspektive der Betroffenen ermöglichen, die sich in einer verstärkten Aufmerksamkeit für Narrative der Betroffenen äußert. Im folgenden Abschnitt soll nun detaillierter auf jene zentralen Aspekte, die das „Heilsame Erzählen" umfassen, eingegangen werden, um so die Bedeutung von Narrativen im Prozess der Aneignung der

---

95 Solomon (2008) hat kritisch angemerkt, dass eine Trennung zwischen „Wissenschaft" und „Kunst" und die damit verbundene Trennung von (bio)medizinischem Wissen und Praxiswissen im Bereich Medizin nicht sinnvoll erscheint.

96 Der Begriff der „Krise", was die bedürfnisorientierte Behandlung und Betreuung angeht, bezieht sich hier auf eine „außermedizinische" Perspektive, jene der Betroffenen (und ihnen nahe stehende Personen): Aus „innermedizinscher" Perspektive befindet sich die konventionelle Medizin nicht in einer Krise.

Krankheitserfahrung nachzuzeichnen und Perspektiven für die Integration von Narrativen von Betroffenen in die Behandlung und Betreuung zu skizzieren.

5.4.1 „Hellhörig werden" – Standortbestimmung und Aufbruch

Ausgangspunkt für die Aufnahme der homöopathischen Behandlung und Betreuung sind für die Betroffenen die Erfahrungen, die sie im Rahmen einer konventionellen medizinischen Behandlung machen: Sie erleben dort die Bedeutungslosigkeit ihrer subjektiven Krankheitserfahrung bzw. die selektive Wahrnehmung und Kategorisierung derselben innerhalb des konventionell-medizinischen Erklärungsrahmens. In dieser Situation sind sie damit konfrontiert, dass ihre Versuche, mit Beschwerden umzugehen, also ihre Krankheitsgeschichte zu entwickeln, ins Leere laufen, und dass sie auf wenig Unterstützung vonseiten der Ärztinnen/Ärzte zählen können, mit Kranksein leben zu lernen. Diese Ausblendung der Krankheitsnarrative lässt sich nicht nur auf der Ebene der Interaktion zwischen Betroffenen und Ärztinnen/Ärzten feststellen: Vielmehr wird sie, wie bereits beschrieben, durch die Metanarrative der konventionellen Medizin ermöglicht und gefördert. Diese Metanarrative erschweren es den Betroffenen, alternative Erzählungen zu entwickeln, die ihre Identitätsentwicklung anerkennen, bzw. den Anschluss an Metanarrative zu finden, die ihren Bedürfnissen angemessen sind (Rappaport 1995, S. 803; Sointu 2006, S. 504).[97]

Diese Position der Betroffenen resultiert weniger daher, dass sie in einer machtlosen Position sind, sondern vielmehr daher, dass ihnen keine Optionen offen stehen, eine sozial geschätzte Rolle einzunehmen (Solomon, 1976, zitiert nach Summerson Carr 2003, S. 13). Sie markiert auch den Ausgangspunkt für eine kritische Reflexion ihrer Lage: Diese umfasst ihre individuellen Erfahrungen in der konventionell-medizinischen Behandlung, z.B. wenn die Betroffenen über die mangelnde Kommunikation und Aufmerksamkeit für ihre Beschwerden berichten, aber auch strukturelle Faktoren, wenn sie Versorgungslogiken der konventionellen Medizin infrage stellen. Auf diese Weise verbinden sie individuelle Erfahrungen mit Rahmenbedingungen der konventionell-medizinischen Versorgung (Summerson Carr 2003, S. 16).

---

97   Als eine weitere Herausforderung könnte die zunehmende Akzeptanz und Nutzung von IKT (Informations- und Kommunikationstechnologien) im Bereich der Behandlung und Betreuung gesehen werden, wie sie Felt & Gugglberger & Mager (2009) anhand von Diskursen in den Medien und im Politikbereich nachzeichnen: Betroffene werden (wenn auch mit Vorbehalten, was ihre tatsächliche Handlungsfähigkeit angeht) als verantwortungsvolle und informierte PartnerInnen der Ärztinnen/Ärzte und als KonsumentInnen von Gesundheitsdienstleistungen konstruiert, während sie gleichzeitig hauptsächlich als Datenfiles „existieren" sollen.

Diese Erfahrungen sind – im Verbund mit der Unterstützung, die sie in ihrem persönlichen Umfeld erfahren – zugleich eine Herausforderung und ein „Katalysator", der ihre Veränderungsbereitschaft angestoßen hat (Neufeld et al. 2008, S. 309). Sie werden aufmerksam für Alternativen zur konventionellen medizinischen Behandlung und sind bereit, über ihre Haltungen und Handlungen zu reflektieren, Anregungen aus ihrem Umfeld aufzunehmen und auf ihre Anwendbarkeit zu prüfen. An dieser Stelle ist mit dem Aufbau kritischen Bewusstseins ein wichtiger Schritt erreicht: Die Betroffenen sind nicht länger bereit, die Narrative der Medizin, die ihre Erfahrungen und Bedürfnisse ignorieren und sie als Personen durch die Diagnosestellung verobjektivieren und hinter den Beschwerden unsichtbar werden lassen, zu akzeptieren. Vielmehr blicken sie nun auf die Geschichten ihrer eigenen Erfahrungen und wertschätzen diese, nehmen also nicht länger hin, dass diese durch (Meta)narrative der konventionellen Medizin ausgeblendet werden (Frank A. 1995).

Gleichzeitig bewirkt diese Reflexion, dass die Betroffenen beginnen, nach Möglichkeiten Ausschau zu halten, die ihren Bedürfnissen angemessener erscheinen – sie werden hellhörig für Erzählungen aus ihrem Umfeld, die eine Alternative zu ihren Erfahrungen beschreiben und gleichzeitig an ihre Bedürfnisse anschließen können: Sie nehmen die Vielstimmigkeit potentieller alternativer Erzählungen wahr (Frank A. 1995). Diese Suche nach Alternativen, die man als Suche nach alternativen Erzählungen fassen könnte, beinhaltet auch, dass sich die Betroffenen – wenn auch zunächst noch implizit – als handlungsfähige Individuen erfahren, die eine andere Position als die der SymptomträgerInnen einnehmen können: Sie können somit die Zuschreibungen im Rahmen der konventionellen medizinischen Versorgung kritisch reflektieren und überwinden.

Aus diesem Wechselspiel zwischen der Reflexion ihrer Position in der konventionellen medizinischen Versorgung und den Erwartungen an eine ihren Bedürfnissen angemesseneren Behandlung und Betreuung entsteht ein Prozess des aktiven Suchens nach einer alternativen Erzählung. Diese Suche nach alternativen Erzählungen ist jedoch keineswegs einfach, da konventionell-medizinische Metanarrative wirkmächtig sind, auch wenn sie von den Betroffenen als wenig hilfreich erlebt werden (vgl. Rappaport 1995) bzw. aufgrund ihrer Allgegenwärtigkeit auch unhinterfragt bleiben. Zum Teil bleiben diese Narrative auch weiterhin in den Erzählungen der Betroffenen erhalten, wenn auch mit veränderter Akzentuierung: Ihnen wird nicht mehr eine zentrale Stellung zugewiesen, vielmehr werden sie kritisch hinterfragt.

Zusammenfassend wirkt also die Erfahrung der Ausblendung ihrer Krankheitserfahrung, wie sie die Betroffenen auf individueller und struktureller Ebene im Rahmen der konventionellen medizinischen Versorgung erleben, als mobilisierende Erfahrung, ausgehend von einer Position der relativen Machtlosigkeit nach alternativen Erzählungen zu suchen und diese zu entwickeln. Insbesondere

Frank A. (1995) betont die inhärente Kritik an Machtverhältnissen in Betreuungsstrukturen und -kulturen, die mit der Selbstpositionierung der Betroffenen einhergeht, wenn durch Narrative die dominante Vorstellung von Passivität (der Betroffenen) hin zu einer ZeugInnenschaft mit moralischen Ansprüchen verschoben werden. Die Betroffenen als ErzählerInnen sind somit AkteurInnen, die „an der Schnittstelle zwischen makrosozialen Kräften und ihrer persönlichen Geschichte auf Mikroebene" (Fiske 1992, zitiert nach Sakalys 2000, S. 1472) situiert sind.

5.4.2 Homöopathie als Interpretationsrahmen für das Leiden der Betroffenen

Der Aspekt der Kokonstruktion von Narrativen verweist darauf, dass Narrative in einem sozialen Kontext entstehen, der für den Entstehungsprozess und die Inhalte dieser Narrative prägend ist. Auf die Einflussfaktoren, die insbesondere das konventionell-medizinische Setting auszeichnen wurde bereits in Abschnitt 5.3 eingegangen. An dieser Stelle soll versucht werden, anhand der empirischen Ergebnisse aus dem Abschnitt 4 nochmals jene Einflussfaktoren nachzuzeichnen, die im Rahmen der homöopathischen Behandlung und Betreuung die Kokonstruktion von jenen Narrativen erleichtern, die von den Betroffenen als hilfreich und unterstützend wahrgenommen werden.

Bezugnehmend auf die Entstehung von Narrativen und die Rolle, die Ärztinnen/Ärzte dabei einnehmen, meint Mehl-Madrona (2007, S. 84): „Stories are made for audiences, and that ist the role of the physician – to be a good audience, to help rewrite the story toward one in which healing seems to be more plausible to the patient." Insofern ist die Gegenwart einer/s ZuhörerIn unabdingbar für einen Prozess der Selbsterkenntnis, der Entlastung und Solidarität: Das Leiden der Betroffenen wird anerkannt und geteilt – in einer für sie belastenden Situation, in der sie neben ihren unmittelbaren Beschwerden auch durch einen drohenden Verlust von Würde und Selbstachtung besonders verwundbar sind.

Die Anerkennung der Narrative der Betroffenen wird in der homöopathischen Behandlung und Betreuung durch eine wesentliche Verschiebung der Schwerpunktsetzung zugunsten der „Stimme der Lebenswelt" ermöglicht, da die Betroffenen als zentrale Auskunftspersonen über ihre subjektive Krankheitserfahrungen gemäß der homöopathischen Krankheitstheorie unersetzbar für den Erkenntnisgewinn der HomöopathInnen sind (Thompson 2005). Die Betroffenen werden somit auch als Personen sichtbar, die über ihr Leiden und ihre Beschwerden Auskunft geben können, ganz im Gegensatz zur konventionellen medizinischen Versorgung, das die Betroffenen gemäß dem konventionell-medizinischen Narrativ auf ihre SymptomträgerInnenschaft reduzieren kann.

In der homöopathischen Behandlung und Betreuung ist – vor allem in der Phase der homöopathischen Fallaufnahme – vonseiten der HomöopathInnen ein Vorgehen notwendig, dass sich stark am subjektiven Empfinden der Betroffenen orientiert und dem Ausdruck dieses Empfindens eine exklusive Stellung zuweist. Die Betroffenen sprechen in ihrer Alltagssprache über ihre Beschwerden, über ihr Denken und Fühlen, aber auch über (scheinbar) nicht unmittelbar mit den Beschwerden zusammenhängende Erfahrungen aus ihrer Lebenswelt. Aufseiten der Betroffenen fördert die Aufforderung der HomöopathInnen, möglichst detailreich über ihr Befinden zu sprechen, eine besondere Aufmerksamkeit für das Auftreten von Beschwerden und den Kontext, innerhalb dessen sie wahrnehmbar sind.

Die subjektive Wahrnehmung von Beschwerden hat in der Homöopathie einen vollkommen anderen Stellenwert als in der konventionell-medizinischen Behandlung: Sie gilt nicht als Verschleierung der medizinisch feststellbaren Symptome, die somit „bearbeitet" werden muss, um zu Erkenntnissen über die zugrunde liegende Krankheit zu gelangen, sondern als Zugang zum Wesen der Erkrankung. Dementsprechend sind die von den Betroffenen geschilderten Beschwerden nicht Verfälschungen einer medizinisch feststellbaren Tatsache, die sich – wie in der konventionellen Medizin – erst in der Bearbeitung der Schilderungen, sprich in der Auseinandersetzung mit naturwissenschaftlich erklärbaren Symptomen als Krankheit zeigen kann, sondern die geschilderten Beschwerden repräsentieren ein Gesamtbild, das erst dann bearbeitet wird, wenn ein im Zuge der Arzneimittelfindung die Symptome hierarchisiert werden (Förster 1993, S. 226ff). Vonseiten der HomöopathInnen wird auch dem genauen Wortlaut dieser Erzählungen Bedeutung zugemessen, da die subjektive Wahrnehmung von Beschwerden nicht von diesen zu trennen ist und beides für die Auswahl des homöopathischen Mittels bedeutsam ist.[98] Damit ist der Grundstein nicht nur für eine subjektive, sondern auch für eine individualisierte Betrachtung der Leiden der Betroffenen gelegt. Innerhalb dieses Prozesses sind sie als Erzählende ständig als Person präsent.

Ein weiterer Aspekt, der an dieser Stelle bedeutsam ist, ist die in der homöopathischen Behandlung und Betreuung vermittelte Ressourcenorientierung. Ihr liegt die in der homöopathischen Krankheitstheorie postulierte „Vitalkraft" zugrunde, die letztendlich das Lebendige ausmacht. Krankheit als deren Schwächung äußert sich äußerlich in Symptomen und Krankheitszeichen. Homöopathie versteht sich hier als Regulationstherapie, die mittels der Gabe eines Simile, dessen Auswahl an den äußerlich wahrnehmbaren Beschwerden orientiert ist, die

---

98 Zur Frage der unterschiedlichen erkenntnistheoretischen Stellung von Symptomen in der konventionellen Medizin und in der Homöopathie, vgl. Förster (1993, S. 227 f.).

Selbstheilungskräfte durch einen künstlichen Krankheitsreiz im Körper anregen
soll und die Gesamtkonstitution stärken kann.[99]
Aufgrund der geschilderten Aspekte hinsichtlich der Bedeutung der Äußerungen der Betroffenen und der Ausrichtung der Homöopathie an die Ressourcen
der Betroffenen, die in der homöopathischen Krankheitstheorie als Vitalkraft
konzipiert werden, erscheint der Abstand zwischen beiden „Stimmen" – jener
der Medizin und der Lebenswelt – weniger gravierend, weil die Homöopathie in
ihren erkenntnisleitenden Konzepten dem Erleben der Betroffenen sehr viel
näher ist als die konventionelle Medizin (Förster 1993, S. 195). Die Homöopathie[100] verfolgt einen phänomenologischen Zugang[101] zu den geschilderten Beschwerden der Betroffenen, versucht also, diese nicht zu zergliedern und sie
anhand von daraus abgeleiteten definierten Symptomen Krankheiten zuzuschreiben (bzw. zu ignorieren, wenn diese Zuschreibung nicht gelingt), sondern die
Gesamtheit der Beschwerden wahrzunehmen.[102]
Somit bietet die homöopathische Krankheitslehre die Voraussetzungen für ein
Metanarrativ, das sich grundsätzlich von jenem in der konventionellen Medizin
vorherrschenden Metanarrativ der Defizit- und Reparaturorientierung unterscheidet. Dieses Metanarrativ konzipiert Krankheit als individuellen, die ganze Person
erfassenden, subjektiv beschreibbaren Zustand, der sich in der Schwächung einer
als Ressource beschriebenen „Vitalkraft" äußert. Damit ist Krankheit immer auch
mit einem Erkenntnisgewinn verbunden, wie diese Ressource im Verlauf der Behandlung und Betreuung gestärkt werden kann und ermöglicht das Leben mit
Kranksein; ganz im Gegensatz zu konventionell-medizinischen Narrativen, die das

---

99   In gewissem Sinne trifft hier die homöopathische Konzeption von (individuellen) Ressourcen
     als Vitalkraft auf jene Aspekte von subjektiven Gesundheitsvorstellungen, die die Bedingungen
     von Gesundheit vorwiegend auf individueller Ebene z.B. jener der Lebensstile festmachen. So-
     ziale Rahmenbedingungen wie z.B. gesellschaftliche Lebensumstände werden demgegenüber
     von den Betroffenen i.A. in geringerem Ausmaß thematisiert. (vgl. Hradil 2009)
100 Dass ein phänomenologisch orientierter Ansatz auch in der Praxis der konventionellen Medizin
     nicht ausgeschlossen ist, soll hier nochmals betont werden. Es geht an dieser Stelle darum zu
     markieren, welche Orientierung vorherrschend ist.
101 Vgl. dazu auch Konzepte der Homöopathie wie das oben angeführte Gesamtbild der Be-
     schwerden und die Auffindung des entsprechenden Arzneimittelbildes, bzw. die damit in Zu-
     sammenhang stehenden Problematiken der „Sinnhaftigkeit" und „Abschattung". Z.T. wird
     auch von den Betroffenen auf phänomenologisch orientierte Beschreibungen zurückgegriffen.
102 An den Ausführungen zu beiden Aspekten lässt sich auch erkennen, dass sich die Homöopathie
     als soziale Praxis auch entsprechend soziokultureller Rahmenbedingungen verändert hat: So ist
     die ausführliche Schilderung der Lebensgeschichte und –umstände durch die Betroffenen we-
     niger der homöopathischen Erkenntnisfindung im engeren Sinn zuzuschreiben, als vielmehr ei-
     ner Anpassung und Orientierung an Konzepten der Psychosomatik und Psychotherapie, die an
     die Konzeptionen der Homöopathie gut anschließbar sind und diese erweitern können (vgl.
     Förster 1993, S. 228). Diese Erweiterungen kommen darüber hinaus auch den Bedürfnissen der
     Betroffenen entgegen.

Bekämpfen von Krankheit(ssymptomen) als vorherrschende Orientierung explizit oder implizit verfolgen. Das ressourcenorientierte Metanarrativ der Homöopathie verbindet mit dieser Konzeption von Krankheit auch eine Konzeption der Rolle von Betroffenen, die ihnen als Person eine wesentliche Rolle im Prozess der Behandlung und Betreuung zuschreibt, da nur sie auskunftsfähig über ihr Befinden sind, ihre Erzählungen also „zählen": „Alternative and complementary medicine treats people desiring to be seen as authentic, knowledgeable and valid individuals and as unique, empowered and informed agents whose experiences, interpretations and feelings matter." (Sointu 2006, S. 500)

Diese Verschiebung und Akzentuierung der Krankheitsnarrative wie oben beschrieben wird jedoch erst dann möglich, wenn auch konventionell-medizinischen Narrative ihren Platz im Versorgungskontext zugewiesen bekommen. So erklärt sich die Zuschreibung von Kontrolle und Absicherung an die konventionelle medizinische Versorgung durch die Betroffenen. Diese Versorgung wird einerseits als sichernder Rahmen der homöopathischen Betreuung gesehen, was in anderen Worten heißt: Sie (die konventionelle medizinische Versorgung) erlaubt die Fokussierung auf das „Heilsame Erzählen", ohne Gefahr zu laufen, die Grenzen und Möglichkeiten der Homöopathie zu überschreiten. Trotz dieses „Vorteils" bleibt der Zwiespalt erhalten, dass ein Auskommen ohne diese ungeliebte Form der Versorgung scheinbar nicht möglich ist – anders formuliert: Die Metanarrative der konventionellen Medizin und Narrative über die Krankheit, mit ihrer Schilderung von Symptomen, ohne das individuelle Befinden ausdrücken zu können, bleiben, wenn auch in der Peripherie angesiedelt, weiterhin wirkmächtig.[103]

Somit bietet die homöopathische Behandlung und Betreuung einen Interpretationsrahmen für die Beschwerden und das Leiden der Betroffenen, der sowohl die Bedeutung von Beschwerden als auch deren Wahrnehmung gänzlich anders als die konventionelle medizinische Behandlung konzipiert. Damit eröffnen sich für die Betroffenen auch neue Möglichkeiten, was ihre Rolle im Betreuungsgeschehen betrifft: Ihnen wird eine zentrale Position als auskunftsfähige und handlungsfähige Subjekte in diesem Betreuungsverhältnis zugewiesen. Diese Möglichkeit der Neuinterpretation von Beschwerden und Neukonzeption der Rolle von Betroffenen wird mit den Anforderungen eines konventionell-medizinisch organisierten Versorgungssystems balanciert.

---

103 Brown et al. (1996) haben bezogen auf Psychiatrie und Psychotherapie davor gewarnt, Narrative von Betroffenen als reine Selbstverwirklichung zu interpretieren, da diese Narrative u.a. von professionellen Narrativen mitbestimmt werden, die das erwünschte Empowerment der Betroffenen untergraben könnten.

5.4.3 Die Krankheitserfahrung anerkennen: HomöopathInnen als Gegenüber

Die oben erwähnten Voraussetzungen für die Verschiebung hin zur „Stimme der Lebenswelt" werden von den Betroffenen als geteilte Überzeugungen, die die Betroffenen in der Interaktion mit den HomöopathInnen finden, und die für sie auf gemeinsame Erklärungsmodelle hindeuten, interpretiert.[104] Diese Erklärungsmodelle betreffen Konzepte zu Gesundheit und Krankheit und zu angemessener Behandlung und Betreuung.[105] Zum Teil spiegeln sich die geteilten Überzeugungen auch in den Erwartungen wieder, die die Betroffenen zu Beginn der Behandlung und Betreuung an die HomöopathInnen hatten.[106]

Viele Betroffene weisen darauf hin, dass die HomöopathInnen ein besonderes Verständnis für ihre Bedürfnisse aufbringen können, da sie ähnliche Erfahrungen gemacht haben bzw. in ähnlichen Lebenszusammenhängen stehen. Diese Erfahrungen betreffen, wie bereits beschrieben, nicht nur Krankheitserfahrungen, sondern auch andere zentrale identitätsstiftende Erfahrungen. Zum Beispiel haben sich einige der interviewten Frauen direkt darauf bezogen, dass die behandelnde Homöopathin ebenfalls Mutter ist und so für ihre Sorgen um die Gesundheit der Kinder ein besonderes Verständnis hat.

Sointu (2006, S. 503) stellt den Aspekt der geteilten Erfahrungen in einen weiteren soziopolitischen Rahmen und nennt diese geteilten Erfahrungen und ihre Anerkennung im Rahmen der homöopathischen Behandlung und Betreuung „mutual recognition from the margins". Sie beschreibt damit die sich ähnelnden Erfahrungen, die HomöopathInnen und Betroffene im gesellschaftlichen Umfeld machen und weist darauf hin, dass die geteilte Erfahrung sich auch darauf beziehen kann, dass Anerkennung versagt wurde, dass also beide, HomöopathInnen wie Betroffene, insbesondere die (status- und genderabhängige) Erfahrung der Nichtanerkennung teilen. Alternative und komplementäre Heilverfahren, die die Wahrnehmung mangelnden Wohlbefindens aufnehmen „involve the misrecognized turning to discourses and practices that are capable of offering them a sense of self-worth, acceptance and understanding, often through an implicit sense of shared marginality." (Sointu 2006, S. 507; vgl. auch Fisher & Owen 2008, S. 2070) Mit geteilten Erfahrungen und Überzeugungen hängt jene „Pas-

---

104   Zu einem ähnlichen Ergebnis kommen Cartwright und Torr (2005) in ihrer Studie zu Sinnfindung und alternativen und komplementären Heilverfahren.

105   Zur Problematik unterschiedlicher Erklärungsmodelle und der „Anpassung" der Erklärungsmodelle von Betroffenen an jene der Ärztinnen/Ärzte, und zur Bedeutung, die das Eingehen auf die Erklärungsmodelle von Betroffenen hat, vgl. Haugli et al. 2004.

106   Zu diesem Schluss kommen auch Little et al. (2001) in einer quantitativen Studie zur PatientInnenorientierung in der Primärversorgung.

sung"[107] zusammen, wie sie von den Betroffenen beschrieben wurde: Die Anerkennung der geteilten Erfahrungen, und Überzeugungen, worauf Gesundheit und Wohlbefinden beruhen, aber auch von Unterschieden, ermöglichen ein gewisses spontan entstehendes Ausmaß an Verbundenheit und Vertrautheit, das weiter entwickelt werden kann – kurz gesagt, der Aufbau einer gemeinsamen Wirklichkeit (Fisher 2008, S. 595; Schröder 2010, 2010a).[108]

Unzufriedenheit in der Beziehung zwischen Betroffenen und Ärztinnen/Ärzten entsteht vor allem dann, wenn die Betroffenen Wertschätzung und Anerkennung aufseiten der Ärztinnen/Ärzte vermissen: Die Ärztinnen/Ärzte müssen in den Augen der Betroffenen in der Lage sein, emotionale und existentielle Aspekte des Krankseins aufzunehmen und anzusprechen.[109] Die Beziehung

107 Das Phänomen der Passung wird von von Uexküll (2002) als sich ständig neu gestaltendes Verhältnis von Organismus und Umwelt beschrieben: Zirkuläre Prozesse zwischen Organismus und Umwelt konstruieren eine zu den Bedürfnissen des Organismus passende Umwelt. Veränderungen bei Organismus und/oder Umwelt führen zu Passungsstörungen, die wieder in einen Zustand der Passung übergeführt werden müssen. Von Uexküll bezieht sich in Bezug auf die ablaufenden Prozesse auf das dreiteilige Zeichensystem von C.S. Peirce und hält fest, dass in der Medizin vor allem auf indexikalische Zeichen zur Wirklichkeitskonstruktion zurückgegriffen wird. Er nennt diese Realitätskonstruktion „pragmatische Realität" und macht an ihr den Erfolg der Biomedizin fest. Wenig hilfreich ist dieses Modell z.B. bei chronischen Erkrankungen, die nach einer „kommunikativen Realität" verlangen, da das Erleben der Betroffenen in ikonographische Zeichen gefasst ist. Beide Realitäten sind jedoch für die Passung notwendig: Das pragmatische Realitätsprinzip trivialisiert Umgebungsaspekte, um zielgerichtet handeln zu können, während das kommunikative Realitätsprinzip die Entwicklung einer gemeinsamen Wirklichkeit, im speziellen Fall zwischen Betroffenen und Ärztinnen/Ärzten, ermöglicht. Als Passungsstörungen wird der Verlust des dynamischen Wechsels zwischen pragmatischem und kommunikativem Realitätsprinzip bezeichnet. Insbesondere im Forschungsfeld der Primärversorgung wurden Phänomene beschrieben, die an das Phänomen der Passung erinnern, z.B. bei Balint der „Flash", bei McWhinney die „connectional moments", oder der „epiphany" bei Saultz (vgl. Konitzer, Döring & Fischer 2002, S. 567).
108 Sointu (2006, S. 505) beschreibt auch die weiterführenden Konsequenzen, die diese Vertrautheit und Verbundenheit auch für den körperlichen Kontakt während der Konsultation haben: Körperliche Berührungen durch die Ärztinnen/Ärzten werden dementsprechend von den Frauen als nichtobjektivierend wahrgenommen, da sie auch ähnliche leiblich verankerte Erfahrungen teilen. „This apparently non-objectifying character attributed to the touch of another woman enables experiences of recognition; the body may be the object to be touched, but the construction of the practitioner as someone seeing, hearing, feeling the client in their authenticity (Hervorhebung im Original) beyond the body, makes it possible fort he client to feel recognized as a subject rather than as an object." Auf die Gefahren der affektiven Anerkennung hat Thesen (2005, S. 52) verwiesen: es mag Ärztinnen/Ärzten leichter gelingen, ihr Gegenüber als Person wahrzunehmen, wenn das Gegenüber Ähnlichkeiten mit einem selbst aufweist (z.B. Alter, familiärer Hintergrund), und es ist möglich, dass gerade Personen, die stigmatisiert oder diskriminiert werden, diese Anerkennung versagt bleibt.
109 Prinz (1993) weist darauf hin, dass die Nichtanerkennung des individuellen Leidens im konventionell-medizinischen Kontext, das durch die naturwissenschaftliche Orientierung quasi legitimiert wird, zumindest durch die kulturelle und soziale Nähe von Ärztinnen/Ärzten und Be-

zwischen Ärztinnen/Ärzten und PatientInnen beschreibt Schei (2006, S. 397) auch als ein Abkommen zum Zweck der Heilung. Dem wäre hinzuzufügen, dass Heilung nicht ausschließlich im biomedizinischen Verständnis als Kuration gefasst werden darf.

Ein weiterer wichtiger Aspekt der Beziehung zu den HomöopathInnen, der eine gemeinsame Konstruktion von Narrativen ermöglicht, ist das Vertrauen, das ihnen von den Betroffenen entgegengebracht wird. Ungeachtet anderer Aspekte, die für die Beziehung zu den HomöopathInnen bedeutsam sind, spielt das ihnen entgegengebrachte Vertrauen eine zentrale Rolle (Cartwright et al. 2005, S. 563). In einer für sie schwierigen Situation, wenn grundlegende Sicherheiten und Routinen durch das Kranksein gefährdet erscheinen, sind die Betroffenen auch darauf angewiesen, ihrem Gegenüber – als konventionell tätige/r Ärztin/Arzt oder HomöopathIn – zu vertrauen, was ihr Wissen und ihre Fähigkeiten, aber auch ihre Zuwendung und Aufmerksamkeit betrifft (Zaner 2000, S. 271). Darüber hinaus müssen die Betroffenen darauf vertrauen können, dass die HomöopathInnen bzw. konventionell tätigen Ärztinnen/Ärzte im Interesse der Betroffenen handeln, und nicht damit in Konflikt stehende Anliegen vertreten. Dieses Vertrauen ist insbesondere dann unumgänglich, wenn eine tragfähige, länger andauernde Beziehung zwischen Betroffenen und Ärztinnen/Ärzten entstehen soll (Szawarski 2004, S. 192; Geisler 2002, S. 220; Lupton 1997, S. 380). Bedeutsam für den Aufbau von Vertrauen ist auch die Tatsache, dass die Mehrzahl der Betroffenen eine Empfehlung von ihnen nahestehenden Personen für eine/n bestimmte/n HomöopathIn bekam. Damit ist ein Vertrauensvorschuss gegeben, der von den HomöopathInnen auch eingelöst wurde.[110]

Aus den empirischen Ergebnissen lässt sich ableiten, dass die Betroffenen sehr sensibel auf vermutete Brüche des Vertrauens reagieren, z.B. wenn sie vermuten, dass die sie behandelnden konventionell tätigen Ärztinnen/Ärzte ökonomische Interessen über ihre Bedürfnisse stellen. Dieser partielle Verlust des Vertrauens zeigt sich auch in einem größeren Zusammenhang, wenn die Vergütungsmechanismen der Sozialen Krankenversicherung als Grund für die mangelnde Wahrnehmung der Interessen der Betroffenen durch die behandelnden Ärztinnen/Ärzte genannt werden.

---

troffenen noch gemildert werden kann (z.B. durch unbewusstes Erfassen), wohingegen es für Personengruppen, die nicht diese Nähe aufweisen (Prinz führt in seinem Beispiel MigrantInnen an), sehr beschwerlich bis unmöglich sein kann, Anerkennung für ihre Leiden zu finden.

110 Wellmann (2002, o.S.) kommt zu dem Schluss, dass Personen mit einem verzweigten, vielschichtigen sozialen Netzwerk mehr Kontakt zu alternativen und komplementären Heilverfahren haben, weil ihnen durch diese Netzwerke mehrere Handlungsoptionen eröffnet werden. Sie schließt damit an Studien von Friedson zum „lay referral network", und von Kleinman zum Einfluss der „popular sphere" für Behandlungsentscheidungen an.

Aus den Schilderungen der Betroffenen zu fehlgeschlagenen homöopathischen Behandlungen wiederum lässt sich ableiten, dass das Vertrauen zu Ärztinnen/Ärzten weniger durch eine wirkungslos bleibende Behandlung bedroht wird. Vielmehr geht das Vertrauen der Betroffenen zu den behandelnden Ärztinnen/Ärzten dann verloren, wenn sie sich von diesen emotional nicht verstanden und wahrgenommen fühlen, und wenn die Betroffenen nicht als Menschen im Mittelpunkt der Behandlung und Betreuung stehen.

Für die Entwicklung der Interaktion zwischen Betroffenen und HomöopathInnen spielt auch die Kontinuität in der Behandlung und Betreuung eine wichtige Rolle. Ausgangspunkt für die Entwicklung dieser Kontinuität ist für die Betroffenen, wie bereits ausgeführt, dass die HomöopathInnen sie als Person wahrnehmen, und dass sie idealerweise eine gemeinsame Geschichte haben, also über geteilte Erfahrungen verfügen (vgl. dazu Bogelund Frederiksen & Kragstrup & Dehlholm-Lambertsen 2009, o.S.; Heath 2005, S. 123). Formal und organisatorisch wird die Kontinuität in regelmäßigen Kontakten mit den HomöopathInnen hergestellt, die von den Betroffenen gemeinsam mit den HomöopathInnen organisiert werden.

Die zuvor genannten Bedingungen beeinflussen, inwiefern die Betroffenen eine Anerkennung ihrer Krankheitserfahrung in Form ihrer Erzählungen durch die behandelnden Ärztinnen/Ärzte erleben. Diese Anerkennung ist insofern bedeutsam, als dass die Betroffenen für die Anerkennung ihrer Krankheitserfahrung vor Beginn der homöopathischen Behandlung und Betreuung auf ein Gegenüber in ihrer Lebenswelt angewiesen waren, während die konventionell-medizinische Interaktion von einer weitgehenden Ausblendung ihrer Krankheitserfahrung bestimmt war.[111] Die sich entwickelnden Narrative schaffen in den Augen der Betroffenen ein Gefühl der Gegenseitigkeit und Gemeinsamkeit gegenüber den HomöopathInnen. (Connelly 2005, S. 87; Finset 2010, S. 55, Sakalys 2003, S. 232)

An dieser Stelle soll noch einmal betont werden, dass die Betroffenen nicht passiv-abwartend der Anerkennung ihrer Erfahrungen durch die betreuenden Ärztinnen/Ärzten harren, vielmehr lässt sich ihr Standpunkt nach Sakalys (2003,

---

111 Vgl. hierzu eine kritische Position von Schütz (1971, zitiert nach Richter 2009, S. 50), der von der Idealisierung der Reziprozität der auf Erfahrungen beruhenden Perspektiven durch die Betroffenen spricht: dem entsprechend sind mögliche unterschiedliche Sichtweisen im Anlassfall nicht relevant. Diese Haltung ist insofern nachvollziehbar, als dass sich unter ähnlichen Lebensumständen die Lebenswelten der Betroffenen ähneln (Honer 2003, zitiert nach Richter 2009, S. 51). Möglicherweise spielt hier auch eine Rolle, dass die Betroffenen aus ihren Erfahrungen die Interaktion mit den HomöopathInnen betreffend unangenehme bzw. diesem positiven Bild nicht entsprechende Erlebnisse ausblenden, während sie die Interaktion mit den konventionell tätigen Ärztinnen/Ärzten vor dem Hintergrund ihrer Erfahrungen möglicherweise kritischer erinnern.

S. 232), die diese Haltung mit „Join me in my experience. Let's go throught this together." benannt hat, als Einladung und Aufforderung begreifen.[112]

Die Rolle von Ärztinnen/Ärzten als Gegenüber in der Anerkennung von Krankheitsnarrativen ist unterschiedlich benannt worden, je nachdem, welche Aspekte in der Vordergrund rücken: Dörner (2003, S. 45) betont hier grundsätzlich die Haltung von Ärztinnen/Ärzten, die „unendlich langes Hören" ermöglicht und so die Betroffenen unterstützt, im Erzählen selbst zu erkennen, woran sie leiden, welche Bedürfnisse sie haben und was zu tun ist. Mit Blick auf das Setting der ärztlichen Praxis und die knapp bemessene Zeit für Konsultationen schlagen Bally und Litschgi das Bild der „Gastfreundlichkeit" vor, das auch die Asymmetrie der Beziehung zwischen Betroffenen und Ärztinnen/Ärzten aufnimmt (Bally & Litschgi 2010, S. 32). Lanzerath (2005) verweist mit Bezug auf Sartre darauf, dass „der Blick des Anderen … eine wichtige Größe bei der Auslegung der eigenen Krankheitssituation (ist)." Aneignung und Anerkennung der Krankheitserfahrung bedingen also einander und werden in der Beziehung zwischen Betroffenen und HomöopathInnen realisiert. Anhand der empirischen Befunde sollen unterschiedliche Aspekte des Gegenübers in der Anerkennung der Krankheitserfahrung, wie sie in der Literatur beschrieben werden, verdeutlicht werden.

HomöopathInnen sind zunächst „KoautorInnen", die gemeinsam mit den Betroffenen eine tragfähige Version der Krankheitsgeschichte entwickeln und die Bedeutung und den Sinn der Ereignisse rekonstruieren (Garro & Mattingly 2000, S. 7; Quinn 2003, S. 169; Thorne 1999, S. 401) – sie geben gewissermaßen eine „hermeneutische Hilfestellung" (Lanzerath 2005)[113]. Dennoch sollte nicht vernachlässigt werden, dass HomöopathInnen als KoautorInnen nicht nur „pattern-finder", sondern auch „pattern-maker" (Spence 1982, zitiert nach Garro & Mattingly 2000, S. 8) bzw. „editorial catalysts" (Parry & Doan 1994, zitiert

---

112 Salmon und Hall (2003) schlagen eine alternative Sichtweise vor, die sich in der konventionellen medizinischen Versorgung und der in diesem Zusammenhang diskutierten Frage der Verantwortungsübernahme im Falle nicht heilbarer (im Sinne von Cure) Beschwerden gründet: Ärztinnen/Ärzte fungieren ihrer Ansicht nach als DetektivInnen oder KämpferInnen im Angesicht einer krankhaften Entität – sie können also nur versuchen, dieser Entität habhaft zu werden. Ihre Verantwortlichkeit ist das Versuchen, nicht das Reparieren (wie man etwa ein Auto reparieren kann), und sie können eine Allianz mit den Betroffenen gegen die Krankheit schließen. Dementsprechend werden sie von den Betroffenen, die an im konventionell-medizinischen Sinn unerklärbaren Symptomen leiden, nach ihrer Fähigkeit, Allianzen zu schließen bewertet, unabhängig davon, ob die Behandlung im medizinischen Sinn „erfolgreich" ist. Dem wäre hinzuzufügen, dass die Fähigkeit, sich auf die Perspektive der Betroffenen einzulassen, bereits heilend im Sinne von Care wirkt, bzw. bestätigt die Annahme von Salmon und Hall diese These.

113 Kamps (2004, S. 442) meint dazu: „Sprechen ist wie tanzen."; und weiter: „In diesem Tanz kann man aus einer Position des „Noch nicht Wissens" einen Schritt vor und einen Schritt zurück tun, um eine gemeinsames Wissen zu erarbeiten in dem zugänglichen Raum."

nach Brown et al. 1996, S. 1576) wirken, die die Narrative der Betroffenen an bestehende Theorien und Ideologien anknüpfen. Anders gesagt bieten sie den Betroffenen jene Metanarrative an, die im vorangegangenen Abschnitt als konstituierend für den Interpretationsrahmen der Homöopathie beschrieben wurden (vgl. Rappaport 1995, S. 804). Daher ist auch eine naive Auslegung der Narrative der Betroffenen, indem sie als alleinige AutorInnen wahrgenommen werden nicht angemessen (Harden 2000, S. 511). Von den Ärztinnen/Ärzten fordert ihre KoautorInnenschaft im Sinne professioneller Reflexion, die Position der Betroffenen zu stärken und sich ihrer eigenen Machtposition bewusst zu sein (Kamps 2004, S. 441).[114]

In die Erzählung der Betroffenen fließen, wie bereits erwähnt, auch Erfahrungen und Überzeugungen von HomoöpathInnen ein; sie werden so aufgrund ihrer eigenen Betroffenheit zu „ZeugInnen" (Garro & Mattingly 2000, S. 21; Sayantani, Irvine & Spiegel, 2009 S. 41; Charon 2006) der Erfahrungen der Betroffenen.[115] Nach Frank A. (2004, S. 2) ist das Elementare der medizinischen Versorgung zunächst die Begegnung zwischen zwei Menschen, noch bevor von medizinischen Interventionen oder den Kontexten dieser Interventionen gesprochen wird. Diese Begegnung wirkt tröstend, und sie lässt darauf hoffen, dass das Leiden enden wird.

„ZeugInnenschaft" kann dann gelingen, wenn die Betroffenen ihr Gegenüber trotz der ihr/ihm zugeschriebenen Macht als sorgend und nichturteilend wahrnehmen, wenn der Ausdruck von Leid, Verwundbarkeit, Abhängigkeit möglich ist und gehört wird (Schei 2006, S. 400; Singer 2005, S. 274; Halpern 2003 S. 672; Kynuk & Olsen 2001, S. 323; Cartwright et al. 2005, S. 563). Mit diesem Gehört werden verbindet sich für die Betroffenen auch die Anerkennung

---

114 Von Gadow wurde in der Pflegeethik der Begriff „relational narrative" für die vielfältige „AutorInnenschaft" und das aus ihren unterschiedlichen, aber hierarchisch gleichwertigen Perspektiven gespeiste Narrativ geprägt. Gadow schlägt hier eine alternative ethische Orientierung für Sorgebeziehungen vor, und kritisiert vorherrschende (biomedizinische) Narrative. (vgl. dazu Hess 2003, S. 137 ff.). Im Bereich der Medizin hat Brody für die von Betroffenen und Ärztinnen/Ärzten gemeinsam konstruierten Narrative den Begriff „shared stories" eingeführt und die dafür grundlegende Gleichverteilung von Macht den Begriff „relational ethics" verwendet. Frank geht über das Versorgungssetting hinaus und verankert narrative Ethik in der Lebenswelt der Betroffenen. (vgl. dazu Hudson Jones 1997, S. 1244; Konitzer, Doering & Fischer 2002, S. 567)

115 Baker (2001, zitiert nach Schei 2006, S. 401) meint dazu: „skillful improvisation based on empathic understanding of the other's perceived reality is always the core of doctoring". Einer ähnlichen Idee folgt die Konzeption von Empathie als Sorge (empathy as caring im Original), vgl. Kynuk und Olsen 2001. Diese Beobachtung lässt sich auch anhand der Aussagen, die die im Rahmen des Projekts interviewten HomoöpathInnen getroffen haben, verifizieren: Die Mehrzahl berichtete von persönlichen Erfahrungen mit Homöopathie, die der Anstoß für eine homöopathische Ausbildung waren. (vgl. Plunger & Wenzel 2007)

ihrer Würde als Person.[116] Frank A. (2000) spricht aus der Perspektive der Betroffenen in diesem Zusammenhang von einer autobiographischen Arbeit, die ein dialogisches Vorgehen mit einem Gegenüber erfordert. Die Haltung der Professionellen, den Geschichten der Betroffenen empathische Aufmerksamkeit zu schenken, auf Zwischentöne zu achten, entspricht einem „empathic witnessing" (Kleinman 1988, S. 54), einer Offenheit speziell gegenüber der emotionalen Perspektive der Betroffenen (Halpern 2007, S. 696).

ZeugInnen zu sein wird so zu einer wesentlichen Haltung, die die HomöopathInnen im Zuge der Anerkennung der Krankheitserfahrung der Betroffenen einnehmen. Diese Haltung ist umso bedeutender, wenn man mit einbezieht, dass die Anerkennung der/des Anderen, der Respekt vor der unterschiedlichen Perspektive, den unterschiedlichen Erfahrungen der/des Anderen, ein wesentlicher Prozess der Identitätsbildung ist, in einer Zeit, in der Identitätsbildung größtenteils auf individueller Ebene verhandelt wird, weil traditionelle identitätsstiftende Institutionen nicht länger wirksam sind.[117] Somit wirkt diese Haltung unmittelbar heilsam, indem affektive Reaktionen und Emotionen von Betroffenen wie z.B. Ängste und Zufriedenheit von Betroffenen beeinflusst werden und sich die Betroffenen handlungsfähig fühlen (Cartwright et al. 2005, S. 569; Halpern 2003, S. 672; Larson & Yao 2005, S. 1101; Kim & Kaplowitz & Johnston 2004, S. 247; Mercer & Reynolds 2002, S. 9; Mercer & Reilly & Watt 2002, S. 903; Mercer & Reilly 2004, S. 15).

So wird auch verständlich, warum Missachtung ihrer Person und ihrer Bedürfnisse durch Professionelle, wie sie auch vonseiten der Betroffenen in der Beschreibung ihrer Interaktion mit konventionell tätigen Ärztinnen/Ärzten beschrieben wurde, als eine Verletzung der Identität der Betroffenen zu sehen ist.

---

116 Werner und Malterud (2005) beschreiben die „Anerkennungsarbeit", die Frauen mit biomedizinisch nicht erklärbaren Schmerzen leisten: Im Zentrum stehen die Balance von Widersprüchen und der Versuch, mit normativen biomedizinischen Erwartungen übereinzustimmen. Es geht in dieser Anerkennungsarbeit nicht nur um Glaubwürdigkeit, sondern auch um die Aufrechterhaltung von Selbstbewusstsein und Würde.

117 Auf eine Unterscheidung, was Anerkennung anbelangt, verweisen Haugli et al. (2004) in einer Studie, die untersuchte, wie Menschen mit einer rheumatischen Erkrankung bzw ausgedehnten Schmerzen die Beziehung zu Ärztinnen/Ärzten wahrgenommen haben: Für Betroffene mit einer rheumatischen Erkrankung war vor allem die Anerkennung ihrer Individualität wichtig, für Betroffene mit ausgedehnten Schmerzen vor allem, als PatientInnen wahrgenommen zu werden und eine somatisch begründeten Diagnose für ihre Schmerzen zu erhalten. Haugli et al. sprechen hier von „to be seen" und „to be believed" als zwei Ausprägungen von Anerkennung, mit unterschiedlichen Ausgestaltungen, die diese beiden Aspekte je nach Beschwerde annehmen können. Zur Bedeutung von Anerkennung meinen Haugli et al. (2004, S. 173): „One paradox seems to be that whereas the patients with a defined disease emphasized the need to be recognized as an individual and not as a disease entity, the patients without a clear diagnosis primarily wanted to be recognized by getting a clear diagnosis." Sie schlussfolgern daraus, dass das Eingehen der Ärztinnen/Ärzte auf die Belange der Betroffenen entscheidend ist.

Dieses Faktum wirkt umso stärker, wenn sich die Betroffenen verwundbar fühlen, durch ihr Kranksein verunsichert sind oder sich um ihre Gesundheit sorgen
(vgl. dazu auch Little et al. 2001). Diese Missachtung kann auch unbeabsichtigt
erfolgen, da die Versachlichung der Beziehung zwischen Betroffenen und Ärz-
tinnen/Ärzten von professioneller Seite anerkannt und legitimiert wird (vgl. Bogelund Fredriksen et al.2009; Halpern 2003).[118]
        Roberts (2000, S. 440) beschreibt das Spannungsfeld, in dem sich die Bezi-
ehung zwischen HomöopathInnen und Betroffenen befindet, wenn er meint: „Relationships between doctors and patients constantly negotiate intimacy and detach-
ment, subjectivity and objectivity: each of these is needed, and there are risks of
overemphazising, or losing, any of them."[119] Welches Ausmaß an Nähe und Distanz zwischen Betroffenen und HomöopathInnen ausverhandelt wird, hängt auch
von der Dauer der Behandlung und Betreuung ab.[120] In den Augen der Betroffenen
ist die empfundene Nähe jedoch ein weitaus wichtigeres Thema als eine mögliche
Distanz – manche sprechen von einem freundschaftlichen Verhältnis mit den HomöopathInnen. Freundschaft bedeutet hier nicht nur wechselseitige Anerkennung.
Sie ermöglicht es auch, sich einzulassen auf die Betreuung durch die HomöopathInnen, da sich die Betroffenen darauf verlassen können, dass die HomöopathInnen ihr Wissen gewissenhaft einsetzen (Sointu 2006, S. 505).[121]
        Die HomöopathInnen agieren auch als „BrückenbauerInnen zwischen Erfah-
rung und Evidenz" (Roberts, 2000, S. 440), wenn sie unterschiedliche Narrative
einschätzen und wertschätzen.[122] Ärztinnen/Ärzte sind also gefordert, „die wissenschaftliche Fallperspektive mit der Perspektive des Patienten als Person in Ein-

---

118 Auch die Diskussion um unterschiedliche Modelle der Entscheidungsfindung weist in eine
        ähnliche Richtung, nämlich Beziehungen zu versachlichen bzw. zu ökonomisieren (vgl. Büchi
        et al. 2000; Wirtz, Cribb & Barber 2006).

119 Bezeichnenderweise befassen sich vor allem ForscherInnen im Bereich Primärversorgung mit
        einer beziehungsbasierten Behandlung und Betreuung (relationship-centered care) und ihren
        Auswirkungen (vgl. Buetow et al. 2009). Zur Bedeutung von Palliative Care im Hinblick auf
        beziehungsbasierte Behandlung und Betreuung, vgl. Yedidia (2007).

120 Für konzeptuelle Überlegungen zum Thema Nähe und Distanz in der Beziehung zwischen
        Betroffenen und Ärztinnen/Ärzten, basierend auf Edith Steins Konzept von Empathie, siehe
        Määttä (2006).

121 Ruusuvuori (2007, S. 617) diskutiert die Problematik der Integration von Empathie und Prob-
        lemlösungsstrategien als eine Frage von Nähe und Distanz auch am Beispiel einer Interaktion
        von HomöopathIn und Betroffener/m und weist darauf hin, dass eine zu rasche Anbindung der
        Problemlösestrategie an eine für die/den Betroffene/n schwierige Situation (in diesem Fall:
        Auswahl eines homöopathischen Mittels mit dem Hinweis darauf, dass die Beschwerden in das
        Arzneimittelbild passen) auch als ein Akt der Überredens interpretiert werden kann.

122 Luban-Plozza (1994, S. 157) meint in diesem Zusammenhang: „Als Ärzte werden wir nämlich
        zu stark als Detektive und zu wenig als Dolmetscher ausgebildet."

klang zu bringen" (Langenbach & Koerfer 2006, S. 194).[123] Sie folgen darin zwei unterschiedlichen Orientierungen: Einer naturwissenschaftlichen Orientierung, und einer Orientierung an den Betroffenen als Individuen. In der Praxis lassen sich beide Orientierungen nicht scharf voneinander trennen; die Aufgabe von Ärztinnen/Ärzten liegt darin, aus diesen unterschiedlichen Perspektiven zu „übersetzen" (Matthiessen 2006, S. 138; Thomas 2006, S. 453) und somit sowohl die/den Betroffene/n als Person, als auch die Erkrankung im Blick zu haben.[124]

Besonders deutlich wird diese Übersetzungsleistung, die im Austausch zwischen Betroffenen und Ärztinnen/Ärzten erfolgt, im Rahmen der biomedizinisch orientierten Diagnose, wenn allgemeine Krankheitszeichen individuellen Personen zugeordnet werden, und damit eine prognostische Perspektive im Hinblick auf Möglichkeiten der Behandlung und Betreuung eingenommen wird. Im weiteren Verlauf der Behandlung und Betreuung kann auch ein Anpassen der Diagnose notwendig werden; therapeutische Handlungen und Diagnosestellung sind somit eng verbunden. (Matthiessen 1998, S. 60)[125] Ein weiterer Aspekt, der an dieser Stelle Beachtung verdient, betrifft jene Situationen, wenn eine konventionell-medizinische Diagnose nicht gestellt werden kann: Hier gilt es, als „ÜbersetzerInnen" die Grenzen der konventionellen Medizin aufzuzeigen und nicht das Versagen bei den Betroffenen zu suchen, bzw. ihnen die Verantwortung für „ungeklärte Beschwerden" zuzuschieben, sondern die Beschwerden anzuerkennen (Werner & Malterud 2005, S. 45).

Auch in der homöopathischen Behandlung und Betreuung wird diese enge Verschränkung zwischen Diagnose bzw. Fallaufnahme und Behandlungsansätzen sichtbar. Für die Betroffenen ergibt sich der wesentliche Unterschied zu einer konventionell-medizinischen Behandlung darin, dass ihre Perspektive für die Festlegung dessen, was zu tun ist und wie es zu tun ist, bedeutsam ist: Sie haben im Rahmen der Behandlung und Betreuung die Möglichkeit, ausführlich ihre Krankheitsgeschichte darzustellen und können somit die Verschränkung mit einem eventuell auch biomedizinisch orientierten Narrativ akzeptieren. Szawarski (2004, S. 192) spricht hier von Ärztinnen/Ärzten, die fähig sind, theoretisches Wissen über Krankheiten mit praktischem Wissen über die Betroffenen zu

---

123 Skott (2001, S. 250) hat in diesem Zusammenhang auf die Rolle von Pflegepersonen hingewiesen: „The nurse is often required to take on a role as a interpreter and mediator when linguistic order of medicine meets the personal experience of sickness clothed in narrative language".
124 Hudson Jones (1997, S. 1244) verweist darauf, dass diese Übersetzungsleistungen, das Sich-Beziehen auf unterschiedliche Narrative biomedizinischen Wissens und Erfahrungswissens der Betroffenen erst Fallstudien in der Medizin ermöglicht.
125 Trotz ihrer Bedeutung werden Informationen über Symptome und ihre Auswirkungen in Form der Diagnose und Prognose in den Augen der Betroffenen oftmals unzureichend kommuniziert, auch wenn Ärztinnen/Ärzte der Ansicht sind, ausreichend kommuniziert zu haben (Jackson 2005).

verbinden. Schei (2006, S. 394) ergänzt diese Feststellung insofern, als dass er die Fähigkeiten der Ärztinnen/Ärzte betont, in der Beziehung den Betroffenen empathisch zu begegnen und dabei ihre emotionalen Fähigkeiten zu nutzen.

Die angesprochenen Aspekte der Beziehung zwischen Betroffenen und HomöopathInnen finden sich „materialisiert" in den homöopathischen Mitteln, und in einem geringeren Ausmaß auch in den konventionell-medizinischen Medikamenten, die von den HomöopathInnen verordnet werden: Die passenden Mittel bzw. Medikamente lindern nicht nur Beschwerden, sie verstärken auch Beziehungen: „The express and confirm friendship, dedication and concern, particularily in the meeting between patient and his/her doctor." (van der Geest 2010, S. 16)

Die Ausgestaltung der Beziehung zwischen HomöopathInnen und Betroffenen verändert im Verlauf der Behandlung und Betreuung auch die Rollenbilder und –zuschreibungen beider AkteurInnen: Mit zunehmender Erfahrung sehen sich die Betroffenen auch als ExpertInnen (ihrer eigenen Krankheitsgeschichte), ihre Expertise und die Expertise der HomöopathInnen ergänzen einander. Die Betroffenen können mit den HomöopathInnen „auf Augenhöhe" interagieren. Gleichzeitig fühlen sich die Betroffenen in ihrer veränderten Rolle auch stärker verantwortlich für die Entscheidungen, die im Verlauf der Behandlung und Betreuung getroffen werden (Cartwright et al. 2005, S. 569).[126]

Mit dieser Wahrnehmung ihres eigenen ExpertInnenstatus verändert sich auch der Blick der Betroffenen auf konventionell praktizierende Ärztinnen/Ärzte: Sie sehen auch diese nicht länger als alleinige ExpertInnen an (Cartwright et al. 2005, S. 569).[127] Im Gegensatz zur Interaktion mit den HomöopathInnen wird eine mögliche Interaktion auf gleicher Ebene mit konventionell praktizierenden Ärztinnen/Ärzten als eher problematisch beschrieben, da den Narrativen der Betroffenen – also ihrem Wissen und ihrer Erfahrung, vor allem aber ihren Gefühlen, was ihr Kranksein betrifft – in diesem Zusammenhang nicht derselben Stellenwert eingeräumt wird wie in der homöopathischen Behandlung

---

126 Buetow et al. (2009) sprechen im Zusammenhang mit der sich verändernden Rolle von Betroffenen von einem Effekt der Moderne und von einer Rollenkonvergenz der Rollen von Ärztinnen/Ärzten und Betroffenen. Lupton (1997) verweist auf den zunehmenden Verlust von Definitionsmacht durch die Medizin, warnt aber gleichzeitig davor, Betroffene als nur KonsumentInnen von Gesundheitsleistungen wahrzunehmen, da manche wertvolle Aspekte der Beziehung zwischen Betroffenen und Ärztinnen/Ärzten (z.B. Vertrauen, Hoffnung) dadurch verloren gehen könnten und die Betroffenen in größerer Unsicherheit zurücklassen würden. Auch Oeseburg und Abma (2006) schließen sich diesem Standpunkt an und schlagen vor, Betroffene nicht allein als informierte, autonome ExpertInnen und aktive EntscheidungsträgerInnen zu sehen, sondern auch den Blick auf Behandlung und Betreuung als ein gemeinsames Bestreben („mutual endeavour" im Original) zu werfen, in dem die Sorgeorientierung der Professionellen und die Verletzlichkeit der Betroffenen in den Mittelpunkt rücken.

127 Zur Problematik Diskussion um „Compliance" und der Nichteinbindung von Betroffenen in die Behandlung und Betreuung, vgl. Simon (2003)

und Betreuung. Die Unzufriedenheit und Enttäuschung mit der konventionell-medizinischen Behandlung beruht somit auch darauf, dass die Betroffenen emotionale und kommunikative Aspekte in der Beziehung zu konventionell tätigen Ärztinnen/Ärzten vermissen und somit ihre Erfahrungen mit dem Kranksein nicht ansprechen können (Schei 2006, S. 397)[128].

Die Nichtanerkennung der Krankheitserfahrung vonseiten der konventionell tätigen Ärztinnen/Ärzte findet ihren Widerhall in der Nichtanerkennung der Ärztinnen/Ärzte durch die Betroffenen: Sie werden als emotional distanziert, wenig interessiert an den Leiden den Betroffenen und teilweise mehr orientiert an ihrem ökonomischen Profit beschrieben.

Im Vergleich der Beschreibungen der Anerkennung ihrer Krankheitserfahrung, die auch eine Beschreibung von Beziehungserfahrungen ist – jener zu konventionell praktizierenden Ärztinnen/Ärzten und jener zu HomöopathInnen – fällt auf, dass hier von den Betroffenen Zuschreibungen von homogenen Identitäten getroffen werden, die dazu einladen, Differenzen zu betonen bzw. Eigenschaften an einer gewissen Gruppe festzumachen. Der Beziehung zu den HomöopathInnen wird vorwiegend die Anerkennung der Krankheitserfahrung zugeschrieben, während die Behandlungserfahrung im konventionell-medizinischen Setting für die Ausblendung der Krankheitserfahrung der Betroffenen steht. Dennoch bleiben, wenn man von solchen (aus der Perspektive der Betroffenen nachvollziehbaren) Zuschreibungen absieht, jene Aspekte der Rolle von Betreuenden wichtig, die die Anerkennung der Krankheitserfahrung unterstützen, und die als KoautorInnen, ZeugInnen und ÜbersetzerInnen beschrieben wurden.

Man könnte also die Anerkennung der Krankheitserfahrung im Rahmen der Beziehung zwischen Betroffenen und Betreuenden bzw. Ärztinnen/Ärzten als einen wechselseitigen Akt der Interpretation (Schei 2006, S. 398) bezeichnen. In diesem Zusammenhang spielt das Verständnis der Betreuenden für die Betroffenen, und ihre Lebenswelt eine Rolle, welches sich nicht nur in rationalem, sondern auch in emotionalem Verstehen äußert (Gottschlich 2007, S. 212; Sointu 2006, S. 500). Die Beziehung zu den Betroffenen beinhaltet also immer kognitive und emotionale Aspekte (Beach & Inui 2006, S. 4).

Im Rahmen dieser Beziehung wird es den Betroffenen gemeinsam mit den Ärztinnen/Ärzten möglich, ihre Krankheitserfahrung zu (re)konstruieren, in Narrativen über das Kranksein ihre Identität zu entwickeln und Hoffnung,

---

128 Schei (2006, S. 397) spricht in diesem Zusammenhang auch von einer Tendenz, dass Ärztinnen/Ärzte ihre Verantwortung im Rahmen der Beziehung zu den Betroffenen leugnen und sich als reine ÜbermittlerInnen von Informationen sehen, ohne zu beachten, welche Auswirkungen das Kranksein auf die Betroffenen (und ihre Angehörigen) hat, und wie Gespräche mit Betroffenen ihr Wohlbefinden beeinflussen. Als Grund hinterfragt er die Annahme der Ärztinnen/Ärzte, Betroffene nur als rationale, gut informierte Individuen zu sehen, was insbesondere im Fall einer ernsthaften Erkrankung nicht zielführend sein muss.

Selbstvertrauen und Handlungsfähigkeit zu gewinnen, um so mit Kranksein leben zu lernen. In vielen Fällen werden damit biomedizinische Kategorien von Krankheit und Gesundheit in ihrer Bedeutung für die Ausgestaltung der Behandlung und Betreuung infrage gestellt. Aber auch die Nichtanerkennung der Krankheitserfahrung im persönlichen Umfeld der Betroffenen, die wiederum weitere gesellschaftliche Normen und Werte, was Krankheit und Gesundheit bedeuten, widerspiegelt, kann im Rahmen der homöopathischen Behandlung und Betreuung zu Sprache kommen. Cassel (2004, zitiert nach Schei 2006, S. 400) beschreibt diese Art der Beziehung als eine heilsame, wenn es den Betroffenen möglich wird, die durch Krankheit verlorene Autonomie wiederzufinden.[129]

Anders gesagt: Wenn man in Betracht zieht, dass Wissen, das in Form von Narrativen entsteht, nicht eine reine Tatsachenbeschreibung ist, sondern realitätskonstituierend wirkt, dann ist die Konstruktion dieser Narrative auch ein soziopolitischer Akt, in dem es darum geht, dominante (Be)deutungen zu etablieren. Die Konstruktion von Narrativen ist somit ein aktiv betriebener Prozess, und Macht bedeutet hier, Sinn und Bedeutung beeinflussen zu können. Garro & Mattingly (2000, S. 17) sprechen in Bezug auf die Konstruktion von Narrativen von Krankheit und Heilung als einem „cultural drama", indem Ereignisse und Erfahrungen durch die komplexe Interaktion zwischen unterschiedlichen AkteurInnen, die unterschiedliche soziale Positionen und Perspektiven einnehmen und über unterschiedliche Machtreserven verfügen, konstruiert werden. In diesem Zusammenhang sind interpretative und praktische Anstrengungen notwendig. Vonseiten der Betroffenen erfordert dies, dass sie über gewisse kommunikative Fähigkeiten verfügen. Gleichzeitig muss ihnen auch zugestanden werden, den Prozess der Sinn- und Bedeutungsentwicklung zu beeinflussen. Vielleicht ist dieser Aspekt die bedeutendste Erfahrung, die die Betroffenen im Rahmen der Behandlung und Betreuung machen können: Dass ihren Erfahrungen, Haltungen und Emotionen in der Interaktion mit den Ärztinnen/Ärzten von diesen Bedeutung zugesprochen wird und sie sich als ermächtigt erleben, über diese Erfahrungen zu sprechen und in dieser Beziehung ein Krankheitsnarrativ zu konstruieren.

Aus den beschriebenen Haltungen, die die HomöopathInnen gegenüber den Narrativen der Betroffenen und ihrer Stellung im Zusammenhang mit homöopathischer und konventionell-medizinischer Behandlung und Betreuung einnehmen – als KoautorIn, als ZeugIn, als ÜbersetzerIn – lässt sich erkennen, dass sich HomöopathInnen und Betroffene in einem Spannungsfeld befinden, das um die Frage kreist, wie Anerkennung und Aneignung der Krankheitsgeschichte mög-

---

129 Wie sehr der Aspekt, dass Beziehung heilsam sein kann, (noch) umstritten ist, beweist (auch sprachlich) ein Kommentar im Editorial von „Clinical Medicine": „It is humbing to believe that the doctor's effectiveness in alleviating symptoms may depend as much on the bedside manner as on the medication he may dispense." (Watkins 2005, S. 309)

lich werden: Welche Geschichten erzählt werden können, wer welche Erzählungen legitimiert, und wie Erzählungen von wem modifiziert werden: „If narratives are understood as resources, we are able to see that who controls that resource, that is who gives stories social value, is at the heart of a tension between freedom and social control, opression and liberation, and empowerment versus disenfranchisement (Rappaport 1995, S. 805).

5.4.4 Mit Kranksein leben lernen: Sinn und Handlungsfähigkeit

Die Suche nach Sinn ist für die Betroffenen eine sich fraglos ergebende Konsequenz des Krankseins, wenn die Erfahrung, dass das Kranksein das Leben verändert hat, immer stärker wird (Herzlich 1995, S. 161; Ville & Khlat 2007 S. 1011; Frick 2006, S.91): „Die verborgene Harmonie meines Gesundseins, dieses undefinierbaren Zustandes des selbstvergessenen Weggegeben seins an meine diversen Lebensvollzüge fehlt mir so sehr, dass ich mich statt dessen ständig selbst thematisieren muss – im Schmerz, im Sich-komisch-oder-anders-oder-fremd-fühlen, in Selbstsorge." (Dörner 2003, S. 53; mit Bezug auf Gadamer 1993)[130]

Diese Sinnsuche wird zunächst in der unmittelbaren Krankheitserfahrung gelebt, aber auch rückblickend, wenn Erfahrungen geordnet, miteinander in Bezug gesetzt und in das Selbstbild integriert werden sollen. Sinn ist somit dynamisch und wird im Kontext des individuellen Lebens konstruiert (Taylor 1991, zitiert nach Thorne 1999, S. 400; Summerson Carr 2003, S. 17); aus einer „wilden", ungeordneten Erfahrung soll eine geordnete, (rituell) kontrollierte und daher kulturelle Erfahrung entstehen (Kleinmann 1988, zitiert nach Thorne 1999, S. 398)[131]. Dieser Prozess der Selbsterkenntnis wird im Erzählen entwickelt und weitergeführt: „It is through narrativity that we come to know, understand, and make sense of the social world" (Somers 1994, zitiert nach Hyden 1997, S 50).[132]

Diese Sinnsuche ist im konventionell-medizinischen Kontext nur eingeschränkt möglich und für die Betroffenen beinahe unvorstellbar, da die gängigen Narrative der konventionellen Medizin die Sinnsuche der Betroffenen zumindest erschweren, wenn nicht gar verunmöglichen: Auch wenn sich den Betroffenen der Sinn der Erkrankung zunächst logisch erschließen mag, werden diese (beginnenden) Erzählungen ignoriert bzw. durch ein in diesem Kontext wirkmächtige-

---

130 Diese Sinnzuschreibung ist auch für die Gesellschaft bedeutend, um verschiedene Erkrankungen erklären zu können und sie so zu einem überschaubaren Ereignis machen zu machen. (Förster 1993, S. 200)

131 Barker (2001, zitiert nach Schei 2006, S. 400) spricht hier von der emergierenden Struktur eines Systems, in dem Ordnung immer wieder zusammenbricht.

132 Roberts (2000, S. 439) warnt vor einer zu „glatten" Erzählung, die auf den ersten Blick sinnhaft erscheint und überzeugend wirkt.

res Narrativ verdrängt. Dieses Narrativ der konventionellen Medizin expliziert pointiert gesagt das Konkrete, am Körper der Betroffenen durch diagnostische Hilfsmittel Festschreibbare, wie körperliche Einschränkungen, Schmerzgrade und Funktionseinschränkungen. Gleichzeitig ignoriert und unterdrückt dieses Narrativ das Leiden der Betroffenen als unmittelbare Erfahrungen, indem es diesem Leiden keine Relevanz für die weitere Behandlung und Betreuung zuspricht. Darüber hinaus wirkt das Metanarrativ der Patientenrolle, das den Betroffenen bestimmte Verhaltensweisen nahe legt, wie sie mit der Krankheit – nicht mit dem Kranksein! – umgehen sollen. Zusammenfassend kann in Zusammenhang mit der konventionellen medizinischen Versorgung von einer Tendenz zur Nichtanerkennung der Erfahrungen der Betroffenen gesprochen werden (Fisher & Owen 2008, S. 2068).

Thorne (1999, S. 398) meint dazu, dass die konventionelle Medizin dazu tendiert, „not to think about sick people as having dreams and ambitions, or as dealing with illness by confronting feelings of inferiority, competitiveness or morality." Auf diese Weise entwickeln sich Narrative, die die Bedeutung von Sinn in der Krankheitserfahrung nicht gänzlich ausklammern, ihr jedoch einen eng definierten Raum zuweisen und damit festlegen, wann Sinnfragen im Rahmen der Behandlung und Betreuung angemessen sind. Diese Festlegung ist in ihren Konsequenzen beobachtbar: So erscheint Hoffnung dann legitim, wenn die medizinische Prognose positiv ausfällt, weniger jedoch, wenn sie unsicher ist. Schmerz ist dann angemessen, wenn körperliche Verletzungen als sichtbare Zeichen vorliegen, weniger jedoch, wenn keine sichtbaren Zeichen vorhanden sind. Angst vor einer Operation ist verstehbar, Angst vor einer sogenannten „Routineuntersuchung" jedoch weniger. Somit entstehen Bedeutungszuschreibungen, die stereotypisierend und objektivierend wirken und die Lebensrealität der Betroffenen ausklammern. (Thorne 1999, S. 399)

Die Ausklammerung von Sinnfragen, und das Beharren auf Narrativen in Form von medizinischen Diagnosen, die hier einen Ersatz leisten sollen, können diese Sinnfragen jedoch nicht unterdrücken: Auch der medizinisch-technische Fortschritt wirkt hier nicht kompensierend, sondern lässt Fragen nach dem Sinn der Erkrankung umso drängender wirken. Diese Sinnfragen kommen nicht nur dann ins Spiel, wenn konventionell-medizinische Maßnahmen versagen, sondern stellen eine eigene Logik parallel zu den medizinischen Narrativen dar. (Herzlich 1995, S. 160)

Über die hier angeführten Bedeutungszuschreibungen hinaus wirken sich die Ausklammerung von Sinnfragen, und der Legitimationsdruck für „unangemessene" Gefühle indirekt auch auf den Heilungsverlauf aus, weil Gefühle der Hoffnung, Angst usw. auch die Entscheidungsfindung im Verlauf der Behandlung und Betreuung beeinflussen. Entscheidungsfindungsprozesse sind mehr oder minder kognitiv zugänglich und werden durch Gedanken und Gefühle mitgestaltet (Belle Brown et al. 2002, S. 229). Auch wenn gefühlsmäßige Anteile oftmals vernachlässigt und ausgeblendet werden, sind sie dennoch für eine „gute Entscheidung" unabdingbar, wenn die Konsequenzen dieser Entscheidung von den Betroffenen getragen werden (Feudtner 2005, S. 25; Caspi et al. 2003 S. 72; Samerski 2002, o.S.; Street et al. 2009, S. 298). Für die Betroffenen sind Informationen, die ihnen im Laufe der Behandlung und Betreuung vermittelt werden, eben nur vor dem Hintergrund ihrer Geschichte, die narrativ gefasst ist, einordenbar und entscheidbar (Lucius-Hoene 2008, S. 90).

Viele dieser verobjektivierenden Bedeutungszuschreibungen, aber auch der Ausblendung von Gefühlen im Rahmen von Entscheidungsfindungsprozessen, finden sich in den Schilderungen der Betroffenen über ihre Erfahrungen in der konventionell-medizinischen Behandlung. Die Betroffenen finden sich vielfach in einem Konflikt gefangen, angehalten zu sein, einerseits alles für ihre Gesundung zu tun, andererseits aber enge Grenzen gesetzt zu bekommen, was eine angemessene Haltung gegenüber ihren Beschwerden wäre (vgl. Fisher & Owen 2008, S. 2064). Das Unverständnis für ihre Bedürfnisse veranlasst die Betroffenen in der Folge, diese Form der Behandlung und Betreuung als „sinnlos" abzulehnen.[133]

Garro und Mattingly (2000, S. 7) weisen darauf hin, dass bereits die Entscheidung, eine/n Ärztin/Arzt aufzusuchen, das Ansinnen nach einer Interpretation der Krankheitserfahrung widerspiegelt, dass also Ärztinnen/Ärzte und Betroffene gemeinsam die Bedeutung der Ereignisse rekonstruieren (sollen). Das führt dazu, dass Erfahrung und Interpretation sich überschneiden, dass die Betroffenen eine Erklärung für ihre Erfahrungen gefunden haben, die sie nicht länger als Opfer unerklärbarer und unkontrollierbarer Ereignisse zurücklässt. Damit werden auch die Symptome anders bewertet.

Im Rahmen der homöopathischen Behandlung und Betreuung gelingt es den Betroffenen, gemeinsam mit den HomöopathInnen eine alternative Erzählung zu entwickeln, die der Ausblendung der Krankheitserfahrung im Kontext der konventionell-medizinischen Versorgung entgegenwirkt. Diese alternative Erzählung ermöglicht den Betroffenen durch die Aneignung der Krankheitserfahrung neue Einsichten, ein neues Selbstbewusstsein, und auch einen neuen Blick auf Beziehungen zu anderen Personen – kurz gefasst könnte man diese Wissensform als „knowledge of awareness" (Garcia-Lorenzo et al. 2007, S. 16) bezeichnen. Somit wird nicht nur die Vergangenheit neu erzählt, und im Erzählen das Auftre-

---

133 Thorne (1999, S 402) schlägt dazu eine alternative Deutung vor: Die Ablehnung des konventionell-medizinischen Versorgungssystems könnte auch ein Produkt der Besorgnis und Beunruhigung über die Krankheit sein. Es ist also schwierig zu entscheiden, ob ein Behandlungsabbruch eher eine Form der Ablehnung als vielmehr eine strategische Antwort auf eine lebensbedrohliche Krankheit ist. Alternative und komplementäre Heilverfahren wären dementsprechend entweder als Form magischen Denkens, oder als realistische Einschätzung der Grenzen der konventionell-medizinischen Versorgung zu sehen.

ten von Krankheit als sinnhaft interpretiert; es eröffnen sich auch Zukunftsper-spektiven im Hinblick darauf, wie die Betroffenen sich ein Leben mit Kranksein vorstellen.[134] Insbesondere dieser Blick auf Ressourcen, und nicht nur auf Defizi-te ist ein entscheidender Effekt des „Heilsamen Erzählens", der Sicherheit und Zuversicht vermitteln kann (Aujoulat & Luminet & Deccache 2007, S. 783; Aujoulat et al. 2008, S. 1236; Thesen 2005, S. 51).

Die Narrative des „Heilsamen Erzählens" in der homöopathischen Behand-lung und Betreuung verbinden darüber hinaus individuelle Erfahrungen mit kol-lektiven, kulturell übermittelten Erwartungen und Einsichten, z.b. wenn von den Betroffenen auf die Bedeutung von bestimmten Lebensstilen (wie Erholung und Ruhe) für ihr Wohlbefinden eingegangen wird. Sie ermöglichen so die Teilhabe an sozialen Netzwerken von „Gleichgesinnten", was von den Betroffenen als unterstützend wahrgenommen wird. Gleichzeitig erfahren die Betroffenen auf diese Weise Anerkennung für ihre Haltungen und ihr Handeln (Rappaport 1995, S. 805).[135]

Frick (2006, S. 94) verweist darauf, dass die Suche nach Sinn entgegen gängigen Annahmen nicht konfliktfrei verlaufen muss und trotzdem für die per-sönliche Entwicklung wertvoll ist. Ähnliches lässt sich aus den Schilderungen der Betroffenen ableiten, wenn diese nicht nur von der Schwierigkeit des Sich-Erinnerns, sondern auch von der Schwierigkeit des Sprechens über konflikthafte, schambesetzte Themen und ihr Leiden berichten. Ein weiterer, entscheidender Schritt ist für die Betroffenen anzuerkennen, dass eine vollständige Heilung, also eine Rückkehr in den Zustand vor der Erkrankung nicht möglich war. Sie stehen also vor der Herausforderung, einerseits nicht vollständig von der Erkrankung gefangen genommen zu werden, andererseits aber angehalten zu sein, eben diese Erkrankung in ihr Leben zu integrieren (Aujoulat et al. 2008, S. 1236). Erleich-ternd wirkt in diesem Zusammenhang die Haltung der HomöopathInnen, für die Geschichten der Betroffenen offen zu sein, und keine „vorgefertigte Geschichte" (im Sinne einer Passung in das konventionell-medizinische Metanarrativ) bereit-zuhalten, die gerade in diesen Situationen das „Heilsame Erzählen" erschwert.

Sinnfindung kann zusammenfassend als „re-authoring" (Roberts 2000, S. 435) verstanden werden, als ein Weg, persönliche Geschichten anzuerkennen, zu verstehen und Wege zu finden, diese – erzählend – zu gestalten und zu verän-dern. Anders gesagt: Es geht darum, das „Subjekt der Erkrankung" zur/m „we-

---

134 Man könnte diesen in die Zukunft gerichteten Blick als einen Aspekt „gelingenden Lebens" fassen, der das Wünschen und Hoffen umfasst.

135 Fisher & Owen (2008, S. 2069) verweisen darauf, dass Verstehen und Einsichten untrennbar mit einem anerkennenden Gegenüber verbunden sind, und wie schwierig diese Anerkennung im öffentlichen Leben zu erreichen ist, das sich gegenwärtig durch Separierung und Konkur-renzdenken auszeichnet.

sentlichen AkteurIn der Heilung" werden zu lassen, und damit die Bedeutung individueller Sinnfindung aufgrund biographischer Erfahrungen für den Heilungsprozess anzuerkennen (Langenbach & Koerfer 2006, S. 195; Hohn & Hanses 2008, Absatz 19).

Die Anerkennung ihrer Krankheitserfahrung und die gemeinsam mit den HomöopathInnen entwickelte Erzählung der Betroffenen über ihre Leiden und Beschwerden lassen sie diese nicht nur in ihr Selbstbild integrieren, sie ermöglichen ihnen darüber hinaus, sich selbst (wieder) als handlungsfähig zu begreifen (Eldh, Ekman & Ehnfors, 2008). Selbstfürsorge und Handlungsfähigkeit wurden als Sorge um sich selbst und andere beschrieben und umfassen einen Prozess, Ressourcen zu heben, die im Leben mit der Krankheit unterstützend wirken und sich neue Fähigkeiten anzueignen. Entscheidend scheint hier, dass es den Betroffenen möglich ist, „ihren eigenen Weg zu finden", dass ihnen also nicht vermittelt wird, handlungsfähig nur auf eine Intervention von außen hin zu werden, auch wenn die HomöopathInnen diese Schritte begleiten und unterstützen. (Aujoulat & d'Hoore & Deccache 2007, S. 17; Anderson & Funnell 2009, S. 5; Anderson 1996 S. 698)[136] Handlungsfähigkeit kann auch implizieren, manche Vorschläge, die von professioneller Seite gemacht werden, zurückzuweisen, wie das am Beispiel der selektiven Akzeptanz konventionell-medizinischer Behandlungsmethoden durch die Betroffenen gezeigt wurde (Hollnagel & Malterud 2000, S. 262).

Handlungsfähigkeit entsteht zunächst aus dem Erfahrungswissen, das die Betroffenen im Verlauf der homöopathischen Behandlung und Betreuung erwerben. Sie „erleben", dass sie selbst über Ressourcen verfügen bzw. Fähigkeiten entwickeln können, um mit Beschwerden umgehen zu können. Darüber hinaus eignen sich die Betroffenen Wissen über Behandlungsmöglichkeiten und unterschiedliche Heilverfahren an. Die Neuinterpretation ihrer Beschwerden betrifft die Deutung der Krankheitszeichen – bedrohliche Symptome oder hilfreiche Zeichen, die Gründe für die Beschwerden, welche Handlungsoptionen ihnen im Umgang mit den Beschwerden offen stehen, und die Auswirkungen der Beschwerden auf ihre Lebensumstände (Leventhal & Cameron 1987, zitiert nach Lau-Walker 2006, S. 105).

Bedeutsam für die Entwicklung der Handlungsfähigkeit der Betroffenen ist somit nicht nur die Aneignung und die Verbindung unterschiedlicher Wissensarten, sondern auch der Anschluss dieses Wissens an die Bedürfnisse und Lebensumstände der Betroffenen. Das Erzählen, das Einbinden und die Kontextualisie-

---

136 Aujoulat et al. (2007, S. 15) verweisen in diesem Zusammenhang darauf, dass z.B. viele Empowerment-orientierte Interventionen eher die zu erreichenden Ziele als den Prozess selbst im Auge haben. Sie schließen daraus, dass die Ziele und Ergebnisse von Empowerment mit den Betroffenen, die mit einer chronischen Erkrankung leben, ausgehandelt werden müssen. Diese Prozessorientierung betont auch die partizipative Gesundheitsforschung (vgl. Wright 2012)

rung unterschiedlicher Wissensbestände bilden hier die gemeinsame Ebene. Letztendlich ermöglicht es diese Anbindung, dass das in der Behandlung und Betreuung in Form von Narrativen generierte Wissen handlungsrelevant werden kann: Narrative entfalten somit die Möglichkeit, etwas in Gang zu setzen (Stehr 2006, zitiert nach Richter 2009, S. 42).

Scott (2001, S. 11f) spricht hier von einer Wandlung des Körpers als ein Objekt der Schmerzen hin zu einem Körper als Geschichtenerzähler. Sie verweist darauf, dass diese Betrachtung in der homöopathischen Behandlung und Betreuung dadurch ermöglicht wird, dass die Homöopathie nicht mit einem Konzept des Körpers als „Objekt", sondern mit einem phänomenologischen Konzept des Körpers arbeitet. Dieser Körper ist durch Symptome und ihre Veränderungen (Modalitäten) gekennzeichnet, welche erst durch die Beobachtungen der Betroffenen und ihre geschulte Aufmerksamkeit zugänglich werden. Insbesondere letzteres, dass die Betroffenen zu einer Neuinterpretation ihrer Beschwerden gelangen und darauf aufbauend Strategien entwickeln, wie mit diesen Zeichen umgegangen werden kann, ist entscheidend für ihre Wahrnehmung der Handlungsfähigkeit.[137] Gleichzeitig werden die Betroffenen von den HomöopathInnen dazu angehalten, im Fall von Beschwerden zumindest in einem gewissen Rahmen, eventuell nach Rücksprache mit den HomöopathInnen selbstständig zu handeln, z.b. indem auf bereits bekannte homöopathische Mittel zurückgegriffen wird. Dieses Erfahrungswissen formt das Narrativ der Handlungsfähigkeit.[138]

Die Betroffenen fühlen sich in weiterer Folge auch verantwortlich für ihre Handlungen und Entscheidungen. Diese Verantwortlichkeit hängt eng mit den im Verlauf der Behandlung und Betreuung gebildeten Narrativen über die Erfahrung der Handlungsfähigkeit und der Rekonzeptualisierung der Beschwerden als hilfreiche Zeichen zusammen. Die Betroffenen erleben sich in den meisten Fäl-

---

137 Zu ähnlichen Ergebnissen kommen auch Eldh et al. (Eldh & Ehnfors & Ekman 2004, S. 244; Eldh & Ehnfors & Ekman 2006, S.51) in einer Studie zu Beteiligung von Betroffenen in der Behandlung und Betreuung von chronischer Herzkrankheit: Beteiligung bedeutete für die Betroffenen, dass das ihnen vermittelten Wissen anschlussfähig an ihre Erfahrungen war, dass sie ihren Fähigkeiten vertrauten, und dass sie das Gefühl hatten, der Krankheit nicht ausgeliefert zu sein. Im Gegensatz dazu die Bedeutungen von Nichtteilhabe: Ausgeliefert sein, nicht verstehen, nicht verantwortlich gemacht werden, und eine mangelnde Beziehung zu Professionellen. Insbesondere bei Nichtteilhabe unterschieden sich die Wahrnehmungen von Betroffenen und Professionellen (letztere interpretierten Nichtteilhabe als mangelnde Akzeptanz). Thorne et al. (Thorne & Paterson & Russell & Schultz 2002) betonen den engen Zusammenhang von empfundener Handlungsfähigkeit und Verantwortungsübernahme und der Beobachtung körperlicher Zeichen durch die Betroffenen, die komplementäre und alternative Heilverfahren nutzten.

138 Haidet et al. (Haidet & Kroll & Sharf 2006) konnten unterschiedliche Ausprägungen von Strategien, mit Krankheit umzugehen beschreiben – Passivität/Fatalismus, Suche, Adhärenz, Motivation zur Veränderung, und verhandeltes Empowerment – die in engem Zusammenhang mit der Bedeutsamkeit der Erkrankung für die Betroffenen und mit ihren Aktivitäten in Bezug auf die Erkrankung standen.

len als gestaltungsfähig und übernehmen auch die Verantwortung für Konsequenzen ihrer Entscheidungen und Handlungen.[139] Gesundheit bzw. der Umgang mit Kranksein werden so als Verantwortung der/des Einzelnen konzipiert. Diese Konzeption schafft neue Perspektiven, weil sie ein Gegenbild zur als Abhängigkeit erlebten Betreuungssituation in der konventionell-medizinischen Behandlung entwirft; gleichzeitig kann die so individualisierte Verantwortung auch überfordernd wirken, insbesondere dann, wenn Entscheidungssituationen an die Betroffenen herangetragen werden, in denen sie quasi „Unentscheidbares", weil mit widersprüchlichen Informationen verbunden, entscheiden sollen bzw. müssen.

Unterstützung finden einige Betroffene im Austausch mit Gleichgesinnten, wie es am Beispiel jener Frauen deutlich wird, die sich im Rahmen eines Homöopathieseminars kennengelernt haben und weiterhin in Kontakt bleiben, um sich in Fragen des Einsatzes homöopathischer Mittel gegenseitig zu beraten. In diesem Zusammenhang scheint bedeutsam zu sein, dass durch unterschiedliche erzählte Erfahrungen mehrere Perspektiven sichtbar werden und so der eigene Blick der Betroffenen erweitert werden kann[140]. Deutlich gemacht wird dieser Zusammenhang z.B. durch Frau Ortner in der Beschreibung der Wirkung der Seminare und der sich daraus bildenden Beziehungen zwischen den Frauen, die den betroffenen Frauen einen Rückgriff auf weitere Erfahrungen ermöglichen, die ihr „Alleinsein mit einer Krisensituation" durchbrechen und ihnen so Sicherheit in ihrem Handeln vermitteln, indem sie unmittelbar an ihre Erfahrungen anschließbar sind: „What is necessary is to create the resources that maintain awareness of others as sources of variation one might collaborate with to enrich our understanding of our own experiences." (Garcia-Lorenzo et al. 2007, S. 17) Diese Situationen der gegenseitigen Unterstützung erinnert auch an die von Frank A. (1995) eingeforderte „Vielstimmigkeit", sich Perspektiven von ebenfalls Betroffenen zunutze zu machen und damit die eigene Perspektive zu erweitern (auch wenn es in diesem Fall nicht, wie bei Frank A., das eigene Kranksein betrifft). Gleichzeitig zeigt diese Situation, wie eine gemeinsame Erzählung die

---

139 vgl. dazu Banduras (1997) Theorie der Selbstwirksamkeit. Sontag (1990) sieht die Thematik der Selbstverantwortung kritisch und argumentiert, dass in gegenwärtigen Krankheitsmetaphern den Betroffenen die Verantwortung für ihr Kranksein zugeschrieben und diese somit individualisiert wird. Sie sieht diese Entwicklung nicht als Selbstermächtigung, sondern als repressive, moralisierende Strategie.

140 Hohn und Hanses (2008, o.S.) beschreiben einen ähnlichen Zusammenhang, bzw. setzen noch einen Schritt vor der Wertschätzung unterschiedlicher Perspektiven an: Frauen wird die Thematisierung ihrer Gewalterfahrungen in einer therapeutischen Gruppe dadurch möglich, dass andere GruppenteilnehmerInnen darüber sprechen: das „Inssprechenkommen" durch die Erzählungen anderer betroffener Frauen mit ähnlichen Erfahrungen.

enge Verwobenheit von individuellen Wahrnehmungen, Emotionen und Handlungen und gesellschaftlichen Rahmenbedingungen reflektieren kann[141].

In einigen Fällen kann jedoch auch die/der HomöopathIn vorübergehend die Verantwortung für den Verlauf der Behandlung und Betreuung übernehmen. Dies ist vor allem am Beginn der homöopathischen Behandlung der Fall, wenn manchen Betroffenen der Verlauf der Konsultationen und ihre Rolle darin noch fremd erscheint, und bei als akut und schwerwiegend wahrgenommenen Beschwerden, für die noch kein „Handlungsvorbild" im Sinne von Erfahrung existiert.[142]

Die Förderung der Handlungsfähigkeit und Selbstsorge der Betroffenen erscheint umso bedeutsamer, wenn man bedenkt, dass viele von ihnen in einem Zustand „bedingter Gesundheit" leben, weil sie an chronischen oder immer wiederkehrenden Beschwerden leiden. Nach Frank A. (1995, S. 8) zeichnet die „remission society" aus, dass ihre Mitglieder sich gewissermaßen gesund fühlen, aber niemals als geheilt angesehen werden können: „In the remission society the foreground and background of sickness and health constantly shade into each other." (Frank A. 1995, S. 9)

Mit der Unbestimmtheit und Unvorhersehbarkeit ihrer Rolle – krank und bedingt gesund – können die Betroffenen besser umgehen, weil die dafür notwendigen Fähigkeiten im Rahmen der homöopathischen Behandlung und Betreuung unterstützt und gestärkt werden und ihre Emotionen wie Angst und Hoffnung berücksichtigt werden. (Lau-Walker & Thompson 2009, S. 291; de Haes 2006). Nicht zuletzt wirkt in diesem Zusammenhang unterstützend, dass die HomöopathInnen als erste AnsprechpartnerInnen auch für potentiell unklare und zunächst noch schwer benennbare Beschwerden zur Verfügung stehen und somit eine langwierige und belastende Suche nach einem Gegenüber im Versorgungssystem umgangen wird.

Eine weitere Folge des Narrativs der Suchenden und sich aktiv Kümmernden, die Verantwortung für ihr Wohlbefinden übernehmen, und die Erfahrung der Krankheit für eine persönliche Weiterentwicklung nutzen lernen, ist die potentielle Abwertung aller derjenigen, die sich nicht auf diesen Weg machen wollen oder können, also jener, die in den Augen der Betroffenen scheitern. Sichtbar

---

141   Bei den Seminargruppen ist die Gesundheit der Kinder der interviewten Frauen ein bedeutendes Thema. Gerade in der Situation, für andere entscheiden zu müssen, wiegt die individuelle Erfahrung am schwersten, bzw. schafft die meisten Ambivalenzen.

142   In einem Vergleich von zwei Gruppen von Betroffenen, die entweder in einer konventionell-medizinischen Behandlung waren oder alternative Heilverfahren in Anspruch genommen haben, kommen Kellner und Wellman (1997) zu dem Schluss, dass der auffälligste Unterschied zwischen beiden Gruppen von Betroffenen in der Wahrnehmung ihrer Rolle lag: Jene, die konventionell-medizinisch behandelt wurden, sahen die/den Ärztin/Arzt als verantwortlich für Behandlung und Betreuung, während jene, die alternative Heilverfahren nutzten, die Hauptverantwortung für eine wirksame Behandlung und Betreuung bei sich selbst sahen.

wird dieses Narrativ in den Erzählungen der Betroffenen über Personen, die sich in konventionell-medizinische Behandlung begeben und ohne Widerspruch die medikamentöse Behandlung mit einer Vielzahl von unterschiedlichen Medikamenten akzeptieren.[143] In diesem Zusammenhang merkt Bury mit Bezug auf Sennett (Sennett 1999, zitiert nach Bury 2001, S. 277) an, dass eines der großen Tabus der Moderne das Scheitern ist. Somit sind diese Narrative zweischneidig: Sie transportieren einerseits Geschichten über persönliches Wachstum und Entwicklung, haben aber auch das Potential, jene zu kritisieren, die in dieser Hinsicht nicht „erfolgreich" waren, in einer Gesellschaft, die die Bedeutung von Erfolg in allen Lebensbereichen hervorhebt.

Die Erfahrung der Handlungsfähigkeit impliziert, wenn auch von den Betroffenen nicht explizit angesprochen (im Gegensatz zur Thematik der Verantwortung), eine Rekonzeptualisierung von Macht innerhalb der Beziehung zwischen Betroffenen und HomöopathInnen. Rekonzeptualisierung deshalb, weil es sich in den Schilderungen der Betroffenen zeigt, dass sie im Rahmen der konventionellen medizinischen Behandlung mit deren Definitionsmacht über Gesundheit und Krankheit konfrontiert waren, die sie als ausschließend wahrgenommen haben: Sichtbar wird dieses Ungleichgewicht z.b. in den Schilderungen über mangelnde Informationsweitergabe seitens der Ärztinnen/Ärzte, und über die ihnen zugedachte passive Rolle im Rahmen der Behandlung, und – vor allem – in der Tatsache, dass sie als Person ignoriert werden können. Dieses Ungleichgewicht scheint sich mit der im Rahmen der homöopathischen Behandlung und Betreuung erfahrenen Handlungsfähigkeit auszugleichen. Ein Anhaltspunkt dafür ist, dass sich die Betroffenen als gleichwertige PartnerInnen in der Behandlung und Betreuung empfinden – Professionelle wie in diesem Fall die HomöopathInnen werden so zu BegleiterInnen, die Prozesse der Ressourcenaneignung erleichtern (Anderson 1996, S. 698).

Handlungsfähigkeit bedeutet also, nicht nur in der aktuellen Situation, beim Auftreten von Beschwerden seinen Weg zu finden, an Ressourcen anzusetzen und sich neue Fähigkeiten anzueignen.[144] Weitere Aspekte der Handlungsfähig-

---

143   Beispielhaft die Äußerung von Herrn Lugger im Hinblick auf die symbolische Bedeutung von Medikamenten in der konventionell-medizinischen Behandlung: „Sie glauben, die waren beim Billa einkaufen, so viel drehen's ihnen an dort an Mitteln, an Medikamenten. Und da sind die Leut aa so ungeschickt, muss I sagen, da protzens noch, wer mehr Medikamente nehmen muss am Tag. Die kommen manchmal mit 10, 15 Schachteln manche außee." (85). Vgl. dazu auch die Überlegungen von Thoun Northrup (1993) zur Konsumkultur, die sich auch im Gesundheitswesen findet und sich damit erklären lässt, dass sich Betroffene nicht länger auf eigene Ressourcen und ihre Urteilsfähigkeit verlassen können.

144   Anderson (1996) liefert eine kritische Diskussion von unterschiedlichen Ansätzen zum Empowerment von Betroffenen. Sie sieht im Gesundheitsbereich vorwiegend Ansätze, die an der individuellen Ebene, bei den Betroffenen ansetzen, und kritisiert diese Ansätze dahingehend, dass Machtunterschiede und unterschiedlicher sozioökonomischer Status der Betroffenen aus-

keit bzw. deren Folgewirkungen betreffen auch eine strukturelle Ebene: Indem sich die Betroffenen als handlungsfähig verstehen, stellen sie asymmetrische Beziehungen zu Professionellen infrage, und hinterfragen auch Versorgungsstrukturen, die sie als wenig an ihren Bedürfnissen orientiert erleben und tauschen sich mit Gleichgesinnten aus.[145]

Dennoch sollte nicht unterschätzt werden, dass sich die Betroffenen auch innerhalb eines Spannungsfelds bewegen: Ihre Handlungsfähigkeit definiert sich nicht allein darüber, dass sie auf Basis der Anerkennung ihrer Bedürfnisse und Ressourcen im Rahmen der homöopathischen Behandlung und Betreuung Entscheidungen über ihren Umgang mit Beschwerden treffen. Beeinflusst werden diese Entscheidungen auch durch Einflüsse der konventionellen Medizin, die es zu berücksichtigen gilt. (vgl. Fisher 2008): So geht es einerseits darum, die Selbstbestimmung der Betroffenen im Leben mit Kranksein, wie sie sich in Sinnfindung und Handlungsfähigkeit ausdrückt, zu unterstützen. Gleichzeitig wirken aber auch gesellschaftliche Normen und Werte, die das Leben mit Kranksein betreffen und nach (An)passung verlangen. Diese können in der Suche nach Sinn und in der Entwicklung von Handlungsfähigkeit nicht ausgeklammert werden, sind aber zum Teil offen für Interpretationen.

5.4.5 Heilung und Krankheitsbewältigung

An dieser Stelle soll darauf eingegangen werden, welche unterschiedlichen Bedeutungen Heilung im Kontext homöopathischer Behandlung und Betreuung annehmen kann. Damit sollen die Ausführungen zu den Themen Sinn und Handlungsfähigkeit an das Erleben der Beschwerden durch die Betroffenen rückgebunden werden.[146] Aus den Ausführungen zu den Themen Sinn und Handlungs-

---

geblendet werden. Am bedeutsamsten erscheint ihr, dass strukturelle Benachteiligungen im Versorgungssystem auf diese Weise aus dem Blick geraten.

145 Gleichzeitig gibt es auf professioneller Ebene Ansätze, die Selbstsorge der Betroffenen zu stärken: vgl. dazu an Konzepten von Dorothea Orem orientierte pflegewissenschaftliche Ausführungen (Bekel & Panfil & Scupin 2005), bzw. jene am Selbstmanagement der Betroffenen ansetzenden Überlegungen (Haslbeck & Schaeffer 2007). Auch die Thematik der Selbsthilfe bzw. Selbsthilfegruppen wird in diesem Zusammenhang thematisiert, wenn auch weniger im Sinne einer bedürfnisorientierten Umgestaltung der (konventionell-medizinischen) Behandlung und Betreuung, als eher unter dem Aspekt der „Ergänzung" eben dieser (vgl. Borgetto & von dem Knesebeck 2009). Thoun Northrup (1993) hat auf die potentiellen (gesellschafts)politischen Implikationen der Förderung von Selbstsorge hingewiesen indem sie aufzeigt, dass die (zunehmende) Verankerung von Selbstsorge auf individueller Ebene bestehende Machtverhältnisse stärkt bzw. verschleiert und die Selbstsorge ihres (früheren) emanzipatorischen Potentials beraubt.

146 Es geht hier also nicht darum, Veränderungen von biomedizinisch feststellbaren Parametern zu beschreiben, wie z.B. eine Senkung des Blutdrucks, usw. Vielmehr soll an dieser Stelle festge-

fähigkeit wird klar, dass auch das Thema Heilung nicht auf ein Verschwinden der Symptome reduziert werden kann und im Lichte des Lebens mit Kranksein nach einer erweiterten Perspektive verlangt.

Heilung, als zentraler Aspekt jeder Behandlung, unabhängig von der zugrunde liegenden Theorie, umfasst immer einen Transformationsprozess von Krankheit zu Gesundheit und Wohlbefinden, der durch kulturell gebundene, prägnante, metaphorische Handlungen vermittelt wird, z.b. das Einnehmen von Arzneimitteln, aber auch durch Operationen, Rituale, usw. Durch Heilungsrituale verändert sich die Qualität der Wahrnehmung der Betroffenen, aber auch ihre Identität. Dabei korrespondieren die konkreten Handlungen, die zum Zweck der Heilung gesetzt werden, mit der zugrunde liegenden Krankheitstheorie – wenn Kranksein als eine Beschädigung des Körpers verstanden wird, werden Maßnahmen am Körper ergriffen, wenn Kranksein jedoch als ein Aus-der-Balance-sein interpretiert wird, werden Maßnahmen ergriffen, die eben jene Balance durch Hinzufügen eines Stoffes oder Steigern eines Prozesses wiederherstellen können. (Kirkmayer 2004, S. 34; Dow 1986) Szawarski (2004, S. 187) beschreibt Heilung als „a system of medical practices and procedures which aim to restore health and well being of the patient ... to restore the physical and mental integrity of the patient and re-establish the delicate balance between the patient and his environment."

Wenn man die Beschreibungen der Betroffenen, was ihre Beschwerden anbelangt, betrachtet, können grob zwei Szenarien unterschieden werden: Im ersten Fall verschwinden die Beschwerden im Verlauf der homöopathischen Behandlung und Betreuung; im zweiten Fall kehren sie immer wieder. Klassischerweise (insbesondere im konventionell-medizinischen Setting) spricht man im ersten Fall von einer Ausprägung von Heilung, die mit dem Begriff „Curing" beschrieben wird. Im zweiten Fall treten die Beschwerden in unterschiedlichem Ausmaß immer wieder auf, allerdings mit einem entscheidenden Unterschied: Das Erleben der Betroffenen, was ihre Beschwerden betrifft, hat sich verändert: Diese werden akzeptiert, und die Betroffenen versuchen, bestmöglich mit den Beschwerden zu leben. Dieser Aspekt deutet eine weitere Interpretation von Heilung an: Jene im Sinne von „Healing".[147] „Healing" wird dann möglich, wenn

---

halten werden, wie sich das subjektive Erleben der Betroffenen in Bezug auf ihre Beschwerden verändert.

147 Moermann (1979, zitiert nach Förster 1993, S. 207) präsentiert hierzu ein Modell des symbolischen Heilens: Diesem zufolge zeichnen sich alle medizinischen Systeme durch eine symbolische Komponente aus und „wirken" auf zweifache Weise: Als spezifische medizinische Behandlung, und als allgemeine medizinische Behandlung: Insbesondere letztere ist für die Wirkung entscheidend, da sie ein System von Bedeutungen anbietet. Moermann führt als Beispiel für die konventionelle Medizin ihren Aktivismus an. Diese von Moermann implizierte Spaltung in physiologische Effekte durch Manipulationen am Körper und psychosoziale Effekte

die Beschwerden kontextualisiert werden können und im Lebenszusammenhang betrachtet werden.[148]
Diese Interpretation von Heilung weißt über ein enges Reparaturverständnis hinaus: Nach Roberts (2000, S. 100) beinhaltet das Gesundwerden „a restoration of hope, agency, self-determination and a way of adjusting to living with both the reality of the past and the continuing altered experiences of ‚illness'.‟ In diesem Zusammenhang wird verständlich, warum Heilung in einem konventionell-medizinischen Verständnis als Kuration, die ihre Zuständigkeit vorwiegend am Körper der Betroffenen sieht, nicht (mehr) das Hauptanliegen der Betroffenen ist. Heilung im Sinne von Krankheitsbewältigung überschreitet diese Grenzen des (physiologischen) Körpers und wird vielmehr dadurch erfahren, dass sinnhafte Erklärungen für Beschwerden angeboten werden, Hoffnung vermittelt wird und somit das Leben mit Kranksein vorstellbar wird (Chez & Jonas 2005, S. 5; Turnquist et al. 1996, zitiert nach Cartwright et al. 2005, S. 569; Schei 2006, S. 396). Auch der Äußerung von Leiden kommt eine zentrale Bedeutung zu, da die Erfahrung des Leidens oft schambesetzt ist und damit unterdrückt wird (Fredriksson & Lindström 2002, S. 402).[149]

Gleichzeitig zeigt sich in dem sich entwickelnden Narrativ im Rahmen der homöopathischen Behandlung und Betreuung eine veränderte Perspektive auf Krankheit, Beschwerden und auch Gesundheit in Sinne einer Ressourcenorientierung (vgl. Steinsbekk et al. 2005, S. 15): Beschwerden erleben einen Bedeutungswandel, werden in einem erweiterten Verständnisrahmen gesehen und in der Folge als hilfreiche Signale des Körpers interpretiert, die auf bevorstehende Probleme hindeuten können und handlungsrelevant wirken können. Sie werden so für die Betroffenen auch zu hilfreichen Zeichen des Körpers, die auf ein Ungleichgewicht

---

durch die symbolische Komponente wurde zunehmend kritisiert, z.B. anhand der Ergebnisse der Placeboforschung; vgl. z.B. Kirkmeyer 2004.

148 Vielfach wurden auch die Wirkungen von Homöopathie und anderen alternativen und komplementären Heilverfahren beschrieben, meist mit Betonung der Tatsache, dass die Betroffenen eine Vielzahl unterschiedlicher Wirkungen angeben: auf der interpersonalen, der physischen und psychischen, der affektiven und kognitiven Ebene. Als mögliche Ursache für diese Vielfalt an beobachteten Wirkungen werden die Beziehung zwischen Betroffenen und TherapeutInnen und geteilte Erklärungsmodelle angeführt. (vgl. z.B.: Bishop et al. 2010; Günther 1999; Steinsbekk et al. 2005; Hyland 2005; Cartwright et al. 2005; Correa-Velez et al. 2005; Gilbar et al. 2001; Söllner et al. 2000)

149 Ähnliche Effekte komplementärer und alternativer Heilverfahren beschreibt z.B. Cassidy (1988, zitiert nach Cartwright 2005, S. 561) als „expanded effects of care" auf psychosozialer Ebene (Wohlbefinden, Selbstbewusstsein, Energie und Entspannung) und als eine Reduktion der Medikation. Gould & MacPharson (2001, zitiert nach Cartwright 2005, S. 561) weisen in ihrer Studie zu komplementären und alternativen Heilverfahren darauf hin, dass für die Betroffenen die psychosozialen Auswirkungen der Behandlung am wichtigsten waren, auch wenn zu Beginn der Behandlung der Fokus der Betroffenen auf körperliche Beschwerden gerichtet war. Zu Auswirkung von Narrativen auf Schmerzen vgl. Cepeda et al. 2008.

hinweisen und zu einem Ausgleich durch die Stärkung der körpereigenen Ressourcen aufrufen.[150] Dieser Perspektivenwechsel bedingt auch einen veränderten Umgang mit Beschwerden und trägt so zu einem gesteigerten Wohlbefinden der Betroffenen bei (vgl. auch Cartwright et al. 2005, S. 565; Feste & Anderson 1995,
S. 142). In dieser Sichtweise zeigt sich ein Verständnis von Gesundheit und
Krankheit, das eng an Konzepte der Heterostase angelehnt ist (vgl. Franke 2006, S.
39): Heilwerden bedeutet in diesem Zusammenhang, flexibel zu sein, den Anforderungen des Lebens zu begegnen, sich weiterzuentwickeln.[151]

Das „Heilsame Erzählen" ermöglicht es den Betroffenen darüber hinaus, ihre Krankheitserfahrungen in ihre Biographie aufzunehmen und wirkt identitätsstiftend. Kranksein wird somit zu einem Aspekt des Lebens der Betroffenen, der
in das Selbstbild integriert werden kann und dem Sinn zugeschrieben wird: es
geht also nicht nur darum, Wissen über das Krankheitsbild anzusammeln, sondern auch darum, dem Kranksein Bedeutung zu geben (Aujoulat et al. 2008,
S. 1236). Darüber hinaus ermöglicht es diese Integration auch, die Dualität von
„krank versus gesund", wie sie in der konventionell-medizinischen Behandlung
mitschwingt, insofern zu überschreiten, indem hier eine Anerkennung der Vielfalt und Unterschiedlichkeit des Befindens der Betroffenen ermöglicht wird (vgl.
Fisher 2008).

Heilung wird somit auch zu einer Frage der Identitätskonstruktion. Sointu
(2006, S. 496) verweist im Zusammenhang mit Krankheit und Identitätskonstruktion darauf, welcher Herausforderung diese Identitätskonstruktionen in der
Gegenwart unterliegen: Sie werden einerseits eingefordert, also, dass man fähig
und quasi verpflichtet ist, verantwortungsvoll und produktiv zu sein, auch was
Fragen der Gesundheit betrifft. Andererseits ist die Anerkennung der Identität
zunehmend problematisch: In modernen Gesellschaften, in denen identitätsstiftende soziale Institutionen und Hierarchien zunehmend an Bedeutung verlieren,
sind Menschen darauf verwiesen, die Anerkennung ihrer Identität von anderen
zu erlangen, ohne dass klar ist, an welchen Zeichen eine erfolgreiche Identitätsstiftung erkennbar wäre. Identität wird also quasi gesellschaftlich eingefordert,
bleibt aber letztendlich ohne Bestätigung. Dies erscheint umso problematischer
und herausfordernder, als dass idealerweise Identität über verschiedene soziale
Kontexte hinweg konstruiert und integriert werden sollte. Die so fragmentierte
Identität verlangt nach ständiger Aktualisierung in Form von Anerkennung.

---

150 Paterson et al. (2009) verweisen auf die Problematik des Konzepts der „health outcomes",
     wenn es um die Evaluation komplexer Interventionen geht und schlagen vor, die Ressourcen
     der Betroffenen und nicht nur Interventionen als kausale Fakoren zu berücksichtigen.
151 Franke weist in diesem Zusammenhang darauf hin, dass der Aspekt der Flexibilität in der
     Medizin (gemeint ist wohl die konventionelle Medizin, Anmerkung der Autorin) eher vernach-
     lässigt wird, während Flexibilitätsmodelle in der Psychologie große Bedeutung haben, z.B. als
     Selbstaktualisierung (Franke 2006, S.40).

Homöopathische Mittel fungieren in dieser Situation, wie bereits erwähnt, als Träger von Geschichten.[152] Die Geschichten, die den homöopathischen Mitteln eingeschrieben sind, beschreiben die Betroffenen mit ihren Leiden und Beschwerden, und mit ihren darüber hinaus reichenden Wünschen und Präferenzen. Sie repräsentieren eine Haltung, ein spezielles „In der Welt Sein" (Jackson 1983, zitiert nach Scott 2001, S. 13). Die homöopathischen Mittel haben darüber hinaus aufgrund der ihnen zugrunde liegenden Substanz und des damit verbundenen Arzneimittelbildes eine eigene Geschichte, sind eingebunden in „Familien" mit weiteren Geschichten (Scott 2001, S. 13). Sie wirken also als eine bedeutende Ressource, um die idiosynkratrischen Erzählungen der Betroffenen an kulturell geteilte Narrative anzubinden. Realisiert wird diese Anbindung, wenn sich die Betroffenen die Arzneimittelbilder der verabreichten homöopathischen Mittel informieren.

Die Erzählungen der Betroffenen über ihr Kranksein finden sich so in den homöopathischen Mitteln wieder, werden durch diese in manchen Aspekten (z.B. Ressourcen) verstärkt und mit anderen Erzählungen verbunden. Gleichzeitig schreiben die Betroffenen in Form ihrer Erfahrungen mit diesen Mitteln die Geschichten von Wirkungen und Unterstützung in speziellen Situationen weiter, individualisieren also die Mittel und ihre Eigenschaften in einem gewissen Ausmaß. Die Rahmenbedingungen der homöopathischen Behandlung und Betreuung und die HomöopathInnen als Gegenüber ermöglichen durch die Betonung und Anerkennung individueller Krankheitserfahrungen diese (Fort)schreibung von Narrativen: „A ,commonplace' is established, in which the patient's body, the therapeutc relationship, the social and physical environment, the remedies used and the patient's conciousness begin collaborating to materialize a biographical narrative." (Scott 2001, S. 13)

Unter diesem Blickwinkel wird verständlich, dass die weitreichenden, über die zugrunde liegenden Beschwerden hinausweisenden Wirkungen, die die Betroffenen im Rahmen der homöopathischen Behandlung und Betreuung erleben, mit der Konzeptualisierung der homöopathischen Mittel als „eigenständige AkteurInnen" (Scott 2001, S. 11) und TrägerInnen von Geschichten in Verbindung gebracht werden können.

Heilung bedeutet also im Rahmen der homöopathischen Behandlung und Betreuung, zunächst Beschwerden als hilfreiche Zeichen zu interpretieren und an den Ressourcen der Betroffenen anzusetzen. Heilung wird von den Betroffenen unterschiedlich interpretiert: Nicht nur Beschwerdefreiheit, sondern auch der Umstand, im Zuge der Krankheitsbewältigung mit den Beschwerden leben zu lernen, wird von den Betroffenen als heilsam wahrgenommen. Besonders letzteres zeigt auf, welche Bedeutung das „Heilsame Erzählen" für identitätskonstituierende Prozesse im Fall von Krankheit hat.

---

152 Haraway (2000, zitiert nach Frank A. 2006, S. 430) spricht hier von „frozen stories"

5.4.6   Heilsames Erzählen als Allheilmittel? Kritische Anmerkungen

Trotz aller für die Betroffenen positiven Aspekte, die ihnen die homöopathische Behandlung und Betreuung bietet, sollte nicht aus den Augen verloren werden, dass auch die Praxis des „Heilsamen Erzählens" Gefährdungen ausgesetzt ist bzw. nicht kritiklos als „Allheilmittel" akzeptiert werden kann. Im Folgenden sollen jene Aspekte reflektiert werden, die in umittelbarem Zusammenhang mit der (Ko)konstruktion von Narrativen stehen und dementsprechend die Ausgestaltung und Konsequenzen auf das Selbstbewusstsein der Betroffenen mitbestimmen.

Das homöopathische Setting bietet den Betroffenen nicht jenen voraussetzungsfreien Raum als Projektionsfläche an, in dem sie sich unbeschadet weiterer Einflüsse durch das Erzählen selbstverwirklichen können: Die Narrative der Betroffenen, bzw. die Möglichkeit des „Heilsamen Erzählens", sind, wie ausgeführt wurde, eingebettet in eine Reihe von soziokulturellen Rahmenbedingungen, die diese Erzählungen und ihre Inhalte und Aussagen mitbestimmen. Eine wichtige Position nehmen hier die Ausgestaltung der Beziehung zwischen Betroffenen und HomöopathInnen und die durch die HomöopathInnen vertretenen Haltungen und Überzeugungen ein, die die Kokonstruktion der Narrative mitbestimmen.

Ihre Beziehung zu den HomöopathInnen wird von den Betroffenen als vertrauensvoll und wertschätzend beschrieben. Scott (1998, S. 99) weist im Zusammenhang mit der Behandlung und Betreuung durch feministische Homöopathinnen darauf hin, dass z.B. das unter HomöopathInnen verbreitete Konzept des „wounded healer" unterschiedlich interpretiert werden kann: Als Möglichkeit für die Homöopathinnen, über ihre Machtansprüche in der Behandlung und Betreuung zu reflektieren, oder als Möglichkeit der spirituellen Teilhabe am Leiden der Betroffenen, mit je unterschiedlichen Konsequenzen.

Gerade die Betonung der individuellen Erfahrung, das Sich beziehen der HomöopathInnen auf die Erzählungen der Betroffenen als wichtigste Auskunftsquelle könnte ungewollte Folgen haben. Erzählungen von Betroffenen reflektieren eben nicht ein „natürliches", quasi präsoziales Selbst. Auf die Einflüsse biomedizinischer Konzepte wurde bereits hingewiesen, doch auch die scheinbar davon nicht berührten Schilderungen der Krankheitserfahrungen der Betroffenen können einschränkende Lebensbedingungen und ihre Folgen ausblenden, wenn den Betroffenen diese Umstände nicht bewusst sind und die HomöopathInnen bewusst oder unbewusst diese Ausblendung unterstützen. Die HomöopathInnen werden von den Betroffenen als unterstützend und engagiert beschrieben, dennoch kann nicht ausgeschlossen werden, dass manche Narrative durch die HomöopathInnen als Gegenüber nicht erzählbar sind, während andere besonders begrüßt und befördert wurden.

Brown et al. (1996, S. 1576) haben für den Bereich Psychotherapie auf die vielfältigen Einflussmöglichkeiten, denen Narrative von Betroffenen unterliegen, hingewiesen und betonen die Rolle der TherapeutInnen, die bewusst oder unbewusst diese Narrative mitgestalten. Erzählen bedeutet also nicht automatisch, dass Betroffene und TherapeutInnen sich auf gleicher Ebene begegnen, noch, dass wechselseitige Aufmerksamkeit vorhanden ist, und damit auch nicht automatisch Empowerment von Betroffenen als Entwicklung von Sinn und Handlungsfähigkeit. Alleine aufgrund der Tatsache, dass TherapeutInnen die Erzählungen der Betroffenen interpretieren, sollte der Kokonstruktion von Narrativen mehr Aufmerksamkeit geschenkt werden.

Roberts (2000, S. 439) weist darauf hin, dass Betroffene wie auch Ärztinnen/Ärzte bzw. TherapeutInnen sich zu sehr auf überzeugende, schlüssig erscheinende Narrative stützen könnten, und damit der Erkenntnis eher entgegenarbeiten: „There are risks in weaving too close a fabric of meaning and in creating a smoothly flowing and persuasive narrative, such that the process of seeking the truth is overwhelmed and lost in the onwards flow of plot and character." In diesem Fall wird das Bestreben nach Klarheit und Einfachheit des Verstehens zu einem Hindernis, dass die Komplexität von Lebenserfahrungen ausblendet, den Erwartungen und Präferenzen der Beteiligten vorschnell nachgibt. Krankheit ist demgemäß „profoundly meaningful and simultaneously meaningless." (Roberts 2000, S. 440)

Auch eine besondere Aufmerksamkeit der HomöopathInnen gegenüber den Erzählungen als Ausdruck der individuellen Erfahrungen der Betroffenen ist also keine Garantie dafür, dass das medizinische Narrativ als Faktor sozialer Kontrolle ausgeschlossen werden kann. Dieser Problematik versuchen sich einige HomöopathInnen anzunähern, indem sie der in der homöopathischen Lehre wichtigen „Vitalkraft" besondere Aufmerksamkeit schenken. Das entspricht der Forderung, dass sich die HomöopathInnen gemäß der homöopathischen Krankheitstheorie in letzter Konsequenz weniger auf die Erzählungen der Betroffenen, als vielmehr auf den Ausdruck der „Vitalkraft", der durch den Körper der Betroffenen widergespiegelt wird, verlassen sollten (Tubb 1993, zitiert nach Scott 1998, S. 208). Damit kommen die HomöopathInnen in die einflussreiche Rolle, die Erzählungen der Betroffenen vor dem Hintergrund sozialer und politischer Einflüsse neu zu interpretieren und diese Interpretationen auf den Ausdruck der „Vitalkraft" durch beobachtete körperliche Zeichen zurückzuführen, ohne auf die Schilderungen der Betroffenen zurückgreifen zu müssen.

Das Prinzip der „Vitalkraft" hat aber auch Auswirkungen auf die Wahrnehmung der Betroffenen: Die „Vitalkraft" weist auf individuelle Ressourcen hin, und verbindet gleichzeitig die Betroffenen mit ursprünglichen, zusammenhängenden, „gütigen" und sinnstiftenden Kräften – sie kann somit die Bedrohung des Krankseins für die Betroffenen verringern und ihr Erleben der Handlungsfähigkeit unterstützen; ebenso aber kann sie die Betroffenen blind machen für Konsequenzen ihres Handelns (Kaptchuk et al. 1998, S. 1063). Die Bandbreite

der möglichen Einflüsse dieses Prinzips deutet darauf hin, dass die „Vitalkraft"
zugleich unbestimmt und damit interpretationsoffen bleibt, und nicht per se eine
emanzipatorische Konzeption darstellt, sondern erst in ihrer Auslegung und Interpretation durch Betroffene und Ärztinnen/Ärzte und andere Beteiligte dahingehend überprüft werden kann.

Die homöopathische Praxis definiert sich darüber, den Beschwerden und
den Leiden der Betroffenen entsprechende homöopathische Mittel zu finden,
deren Arzneimittelbild diese Krankheitszeichen prägnant widerspiegelt. Damit
kann eine Praxis ähnlich der Medikalisierung in der konventionell-medizinischen
Behandlung gefördert werden, indem Probleme, die eine soziale Ursache haben,
im Rahmen der homöopathischen Behandlung und Betreuung individualisiert
und mittels eines homöopathischen Mittels behandelt werden (Ruusuvuori 2007,
S. 618)[153]. Dem wäre entgegenzuhalten, dass eine Kommunikation zwischen
Betroffenen und HomöopathInnen, die sich nicht nur an den Defiziten, sondern
vor allem auch an den Ressourcen der Betroffenen orientiert, dieser Medikalisierung entgegenwirken könnte (Hollnagel & Malterud 2000, S. 262). Als einen
möglichen Weg aus dem Dilemma der Medikalisierung schlägt Roberts (2000,
S. 437) vor, Fachliteratur mit den Betroffenen zu teilen, um so das therapeutische
Wissen zu entmystifizieren. Ähnliche Wege beschreiten manche HomöopathInnen, wenn sie die Betroffenen auf relevante Literatur hinweisen bzw. ihnen die
ausgewählten homöopathischen Mittel mitteilen und so akzeptieren, dass die
Betroffenen die Arzneimittelbilder nachlesen und Rückschlüsse auf die Interpretationen der HomöopathInnen ziehen können, eventuell diese infrage stellen und
mit ihnen diskutieren (was in der Praxis eher selten vorzukommen scheint).

Auch die Betonung der Verantwortung im Rahmen der homöopathischen
Behandlung und Betreuung, wie sie von den Betroffenen geschildert wurde,
kann auf zweifache Weise interpretiert werden: Als Privatisierung und Individualisierung kollektiver Verantwortlichkeiten, oder als Versuch, jene Strukturen
und Praktiken im Kontext der Versorgung zu verändern, die Ungleichheit fördern und die Teilhabe von Betroffenen unterdrücken. (Scott 1998, S. 200; zur
Problematik Geschlechterrollen und (Vor)sorge vgl. Mauerer 2010)

Darüber hinaus können die Betonung von (Selbst)sorge und individueller
Handlungsfähigkeit und die damit in Verbindung stehende Verantwortungsdis-

---

153 Ruusuvuori (2007, S. 618) erwähnt auch eine alternative Interpretationsmöglichkeit: Dass diese
      Individualisierung von den Betroffenen impliziert wird, wenn sie sich für eine homöopathische
      Behandlung und Betreuung entscheiden. Über diesen Zusammenhang hinaus wurde allgemein auf
      die Problematik des „Healthism" und einer Medikalisierung vieler Lebensbereiche, beruhend auf
      einen Risikofaktorenansatz, hingewiesen: Diese verankern das Kranksein wie auch das Gesund-
      sein auf die individuelle Ebene, und dementsprechend sind auch Lösungsansätze auf dieser Ebene
      angelegt, was zu apolitischen und letztendlich wenig hilfreichen Konzeptionen von Gesundheit
      und Krankheit führt (Crawford1980, S. 366; Hollnagel & Malterud 2000, S. 262).

kussion auch bestehende Machtverhältnisse in der Versorgung verfestigen, indem Verbindungen zwischen Erkrankungen und ihren sozialen und politischen Rahmenbedingungen ignoriert werden und somit die Trennung des Persönlichen vom Politischen fortschreiben. Einen Ausweg aus diesem Dilemma weisen Ansätze, die (Selbst)sorge mit weitergehenden Veränderungen auf sozialer und politischer Ebene verbinden und das Bewusstsein der Betroffenen für die Notwendigkeit dieser Veränderungen entwickeln. (Thoun Northrup 1993, S. 65; Kieffer 1984, S. 31; Riger 1993, S. 290; Rissel 1994, S. 44; Wilson & Kendall & Brooks 2007, S. 434)

Auf die Kritik der Betroffenen an der konventionellen medizinischen Versorgung wurde bereits eingegangen, an dieser Stelle soll darauf hingewiesen werden, dass auch diese Kritik als Infragestellung der Machtposition der konventionellen Medizin gelesen werden kann. Diese Kritik berührt zunächst und offensichtlich die Definitionsmacht der konventionellen Medizin über Gesundheit, Krankheit und angemessene Behandlung und Betreuung, die die Betroffenen in letzter Konsequenz auf eine Rolle als SymptomträgerInnen festschreibt. Aber auch die Ausgestaltung der traditionellen Betreuungsverhältnisse als Folge dieser Konzeptionen wird von den Betroffenen infrage gestellt: Dass vor allem Ärztinnen/Ärzte die ExpertInnen für Gesundheit und Krankheit sind, und sie somit den Zugang zu Behandlung und Betreuung mitbestimmen können, und dass „PatientInnen" im Idealfall ihre Anweisungen befolgen und darauf bezogen selbständig für ihre Gesundheit sorgen (Thorne et al. 2000, zitiert nach Wilson 2001, S. 138). Damit einhergehend können die Betroffenen unterschiedliche Formen der Diskriminierung erfahren, die sowohl auf individueller als auch auf struktureller Ebene angesiedelt sind und von der Verobjektivierung ihrer Beschwerden über Vorurteile und Diskriminierung bis zur Marginalisierung der Betroffenen reichen können (Thesen 2005, S. 49). Förster (1993, S. 238) verweist darauf, dass auch die Ablehnung der konventionellen Medizin durch die Betroffenen als Zurückweisung des gesellschaftlichen Zugriffs auf Persönliches gedeutet werden kann. Diese indirekte Kritik an der Monopolstellung der konventionellen Medizin könnte somit auch als Vertrauensverlust in die Institution der medizinischen Versorgung und in ExpertInnenorganisationen gelesen werden (Lyng 2010).

Die allgemeine Bewegung von der Verobjektivierung der Betroffenen im Rahmen der konventionellen medizinischen Behandlung hin zu einer Betonung ihrer Individualität im Rahmen der homöopathischen Behandlung und Betreuung bedarf jedoch auch einer kritischen Reflexion. Im Rahmen der homöopathischen Behandlung und Betreuung geben die Betroffenen nicht nur über Symptome Auskunft, sondern auch über Lebensgewohnheiten, Beziehungen, Abneigungen und Präferenzen, Hoffnungen und Wünsche, Ängste und Sorgen, usw. Damit werden potentiell alle Lebensbereiche der Betroffenen für die HomöopathInnen „einsehbar". Foucault (1976, zitiert nach Wilson 2001, S. 139) hat den damit zusammenhängenden Aspekt der Überwachung als „Pastoralmacht" beschrieben: Ziel ist die Hebung einer „ursprünglichen Wahrheit" durch Versprachlichung und Erzählung. Damit wird eine Subjektivierung der Betroffenen erreicht, die gleichzeitig ihre Überwachung und Unterwerfung bewirkt. Die Überwachung wird ausgedehnt, indem sie über den zuvor auf Symptome konzentrierten, objektivierenden „klinischen Blick" hinausgeht und auch die Lebensumstände der Betroffenen einbezieht. Die Unterwerfung wird insofern wirksam, als dass die Erzählung, innerhalb derer die Betroffenen handlungsfähig werden, diese auch abhängig von eben dieser Erzählung macht (Powers 2003, S. 235). Dem wäre hinzuzufügen, dass auch die Betroffenen über Macht verfügen: Sie können sich widerständig zeigen, indem sie die Auskunft über ihre Beschwerden verweigern oder diese Auskunft selektiv gestalten.

Scott (1998, S. 200ff) hat darauf hingewiesen, dass die homöopathische Behandlung und Betreuung in ihrer Praxis individualistisch ist, in ihrer Theorie jedoch sich grundlegend auf soziale Zusammenhänge bezieht. Sie beschreibt diese Zusammenhänge am Beispiel der Arzneimittelbilder, die nach Sankaran[154] eine Haltung gegenüber der sozialen Umwelt verkörpern. Demnach ist die Sammlung von homöopathischen Arzneimittelbildern eine Sammlung von Erzählungen, die physische und psychische „Symptome" mit der sozialen Stellung der Betroffenen in Verbindung bringen, und somit auch Wertungen und Zuschreibungen enthalten. Dass diese Arzneimittelbilder auch neuen Interpretationen unterliegen, die emanzipatorisch und feministisch orientiert sein können, weist sie am Beispiel des Arzneimittelbildes von Staphysagria nach.[155]

Ein weiterer Hinweis auf die emanzipatorischen Wirkungen der homöopathischen Behandlung und Betreuung lässt sich aus der Tatsache ableiten, dass in den Augen der Betroffenen die konventionelle medizinische Behandlung ihren Stellenwert als wenn auch ungeliebte, so doch zentrale Behandlungsinstanz verliert: Durch die sich verändernden Überzeugungen und Erfahrungen der Betroffenen wird ihr ein Teil jener Definitionsmacht abgesprochen, darüber zu entscheiden, was eine angemessene Behandlung bedeutet. Die konventionelle medizinische Behandlung als Institution rückt in den Augen der Betroffenen an den Rand ihrer Konzeption einer guten Behandlung und Betreuung. Dennoch gelingt es, einzelne Konzepte und Praktiken der konventionellen Medizin im Rahmen der homöopathischen Behandlung und Betreuung zu integrieren. Auf diese Weise ist es den Betroffenen möglich, die Balance zwischen Widersprü-

---

154   Rajan Sankaran, Homöopath und Autor zahlreicher Bücher zum Thema Homöopathie
155   Die Erzählungen der Betroffenen über die Wirkungen der homöopathischen Mittel weisen
       darauf hin, dass die Betroffenen ihr Leben mit Kranksein durchaus auch in einem weiteren Be-
       zugsrahmen sehen und auf Veränderungen in ihrem persönlichen Umfeld hinweisen, die sie als
       durch die homöopathische Behandlung und Betreuung angestoßen konzipieren. Vgl. dazu Ab-
       schnitt 3.6.

chen zu halten und ihren Handlungsspielraum gewissermaßen zu erweitern: Einerseits sich den Strukturen und Kulturen einer ungeliebten Institution nicht oder nur bedingt auszusetzen, andererseits diese aber selektiv zu nutzen, um so erwünschte Wirkungen auf Beschwerden zu erreichen und auch, um die Legitimation und Absicherung der homöopathischen Behandlung und Betreuung zu gewährleisten. Voraussetzung dafür ist, dass es den Betroffenen gemeinsam mit den HomöopathInnen gelingt, ein Narrativ der „guten Behandlung" zu entwickeln, dass beiden Ansätzen ihren Wert zuspricht.[156]

Lowenberg und Davis (1994, zitiert nach Scott 1998) haben für verschiedene alternative und komplementäre Heilverfahren festgestellt, dass sich in der Konzeption und Praxis dieser sowohl Tendenzen der Medikalisierung als auch Demedikalisierung finden lassen: Erstere finden sich im Anspruch, das gesamte Leben der Betroffenen in ihrem Einfluss- und Wirkungsbereich zu sehen, letztere finden sich in der Machtverschiebung von Ärztinnen/Ärzten und TherapeutInnen hin zu den Betroffenen. Beide Tendenzen sind, zumindest was die homöopathische Behandlung und Betreuung anbelangt, auf das zugrunde liegende Prinzip der Individualisierung zurückzuführen: Diese erlaubt es, „Krankheit und kranken Menschen als Phänomene nicht mehr voneinander zu trennen" (Förster, 1993 S. 238). Damit rücken die Person und ihr Kranksein und nicht Krankheiten als mehr oder weniger abgrenzbare Erscheinungsbilder bei verschiedenen Personen in den Aufmerksamkeitsbereich der homöopathischen Behandlung und Betreuung, was die oben beschriebenen Aspekte möglich macht: Den potentiell „unbegrenzten Zugriff" auf die Person durch die HomöopathInnen, da ihr Kranksein alle Lebensbereiche, wenn auch in unterschiedlicher Ausprägung, umfasst, aber auch die Machtverschiebung hin zu den Betroffenen, da nur sie als auskunftsfähig über eben dieses Kranksein gelten. Damit wäre auch eine alternative Lesart für den von einigen AutorInnen (vgl. z.B. Förster 1993; Frank R. 2002) thematisierten Prozess der Auswahl des homöopathischen Mittels als eine Frage der Machtverhältnisse und der Betreuungsbeziehung gegeben: Diese widerspiegelt das Ringen um die eigene Geschichte und um eine „Deutungshoheit" – wer also welche Geschichten erzählen kann, wie diese interpretiert werden (in Form der Auswahl des homöopathischen Mittels) und ob diese Deutungen von den Betroffenen akzeptiert werden.

Diese kritischen Überlegungen sollen die Bedeutung, die die homöopathische Behandlung und Betreuung für die Betroffenen hat nicht schmälern, und auch die Wahrnehmungen und Erfahrungen der Betroffenen nicht geringschätzen. Sie sollen jedoch darauf verweisen, dass jegliche Praxis der ständigen Re-

---

156 Eine kritische Diskussion von Selbstsorge, was die „Reichweite" von Empowerment in den Strukturen konventioneller medizinischer Versorgung anbelangt, liefert Wilson (2001) anhand einer Analyse des „Expert Patient" Programms.

flexion bedarf, um nicht unbeabsichtigt eine Situation zu schaffen, die für die Betroffenen beschädigend wirkt, sei es, dass ihre konkreten Beschwerden nicht gelindert werden können, sei es, dass sie sich in ihrem Selbstbewusstsein und ihrer Würde missachtet fühlen. Damit sind die hier angestellten Überlegungen, wie bereits angeklungen, nicht nur für die Praxis der homöopathischen Behandlung und Betreuung relevant, sondern für jegliche Form der Behandlung und Betreuung, die für ihre Praxis als handlungsleitend definiert, die Bedürfnisse der Betroffenen als Subjekte ernst zu nehmen und in die Organisation der Behandlung und Betreuung einfließen zu lassen.

6 Geschichten, die zählen – Fazit und Ausblick

Wie lässt sich das steigende Interesse für alternative und komplementäre Heilverfahren vor allem von Menschen, die an chronischen Erkrankungen leiden erklären? Welche Unterstützung finden Betroffene im Rahmen dieser Verfahren, und mit welchen Schwierigkeiten haben sie zu kämpfen? In welchem gesellschaftlichen Umfeld wird die Nutzung dieser Verfahren verhandelt? Und lassen sich aus den Erfahrungen, wie sie die Betroffenen im Zuge der Nutzung dieser Verfahren machen, auch Rückschlüsse im Hinblick auf ihre Erfahrungen in der konventionell-medizinischen Versorgung ziehen und eventuell auch Anregungen für eine Weiterentwicklung des Versorgungssystems identifizieren? Diese Fragen standen am Beginn der Forschungsarbeit, deren Ergebnisse in den vorhergegangenen Kapiteln diskutiert wurden.

Wenn man sich der Frage zuwendet, welche Erfahrungen Betroffene im Zuge der Nutzung alternativer und komplementärer Heilverfahren machen, stößt man sehr schnell auf zwei Erzählungen, die die öffentliche Wahrnehmung zu diesen Verfahren prägen: Alternative und komplementäre Heilverfahren, und damit auch die an dieser Stelle interessierende Homöopathie werden als sanfte, aus der Natur kommende Verfahren beschrieben, deren Anwendung nicht zuletzt Freiheit oder Befreiung von unangenehmen Nebenwirkungen einer Behandlung verspricht. Diese Erzählung ist nicht zuletzt deshalb wirkmächtig, da viele NutzerInnen konventionell-medizinischer Methoden Nebenwirkungen erfahren, bzw. im Fall des Auftretens von Nebenwirkungen die Sinnhaftigkeit der Behandlung in Zweifel ziehen. Eine zweite, in der Öffentlichkeit nicht weniger wirkmächtige Erzählung spricht alternativen und komplementären Heilverfahren jegliche Wirksamkeit ab bzw. konfrontiert AnhängerInnen dieser Verfahren mit der Hypothese, dass Wirkungen allein auf einem Placebo-Effekt beruhen.

Im Rahmen dieser Studie wurde der Versuch unternommen, diesen öffentlichen Erzählungen eine alternative Lesart des Phänomens der Nutzung von Homöopathie zur Seite zu stellen: Diese beruht auf der Prämisse, Menschen mit einer chronischen Erkrankung, die (auch) die Homöopathie nutzen, als kompetente Akteurinnen wahrzunehmen, die – bedingt gesund und bedingt krank – gelernt haben, mit ihrem Kranksein zu leben und auch auftretende Krisen zu meistern. Dabei ergreifen sie verschiedene Strategien, um die Anforderungen, die das Leben mit einer chronischen Erkrankung stellt, gut bewältigen zu können. Die Nutzung von Homöopathie kann als eine der möglichen Strategien konzipiert werden.

Das konventionell-medizinische Metanarrativ und seine Allgegenwärtigkeit stellen die Betroffenen angesichts ihres Krankheitserlebens vor die Herausforderung, das „fraglos Gegebene" infrage zu stellen und sich ihre Krankheitserzählungen wieder anzueignen, der naturwissenschaftlich geprägten Objektivität der konventionellen Medizin ihre subjektiven Bedeutungszuweisungen gegenüberzustellen und durch Reflexion und Transformation der Deutungen Sinn und Handlungsfähigkeit auch im Kranksein zu entdecken. So wirkt die Aneignung der Krankheitserfahrung aufgrund von sich entwickelnden, wertgeschätzten Erfahrungen und Kompetenzen auch ressourcen- und hoffnungsstiftend und kann als Identifikationsangebot für andere dienen.

Diese Aneignung der Krankheitserfahrung wird interaktiv hergestellt, wenn im Rahmen der homöopathischen Behandlung und Betreuung HomöopathInnen als Gegenüber die Erzählungen der Betroffenen anerkennen, das heißt wertschätzen und gemeinsam mit ihnen den Faden der Erzählung weiterspinnen, die Perspektive der Betroffenen als handlungsleitend aufgreifen, Verbindungen zu anderen (professionellen) Erzählungen bzw. Perspektiven herstellen und damit die Betroffenen in ihrer Suche nach Sinn und Handlungsfähigkeit unterstützen. Dieser identitätsstiftende Prozess verhandelt fortlaufend auch sich entwickelnde Perspektiven der Betroffenen, wenn Krankheitszeichen sich ändern und nach einer Neupositionierung verlangen. Aus den vorausgegangenen Ausführungen lässt sich ableiten, dass der Kontext des homöopathischen Settings durch organisatorische Rahmenbedingungen, und die inhaltliche Ausrichtung der Homöopathie diesen interaktiven Erzählkontext wesentlich unterstützt.

6.1 Zum emanzipatorischen Gehalt von Krankheitsnarrativen

Über den individuellen Versorgungszusammenhang hinausgedacht, entfalten die Narrative der Betroffenen, und die darin enthaltenen Hinweise auf eine bedürfnisorientierte Gestaltung von Versorgungsprozessen und –settings auch eine Wirkung auf gesellschaftlicher Ebene, indem sie diese Versorgungskonzepte zur Diskussion stellen. Der Entwurf eines alternativen Versorgungskonzepts in Form einer öffentlichen Erzählung, die unterschiedliche Erzählungen von Betroffen aufnimmt, kann als Kritik an der Allgegenwärtigkeit biomedizinischer Metanarrativen gelesen werden: Die Hinwendung zur Homöopathie (und vermutlich auch zu anderen alternativen und komplementären Heilverfahren) bedeutet in dieser Lesart eben nicht eine radikale Abwendung von der konventionell-medizinischen Versorgung – sie kann vielmehr als konstruktive Kritik an biomedizinischen Metanarrativen gelesen werden, die ihren Niederschlag sowohl bezüglich der inhaltlichen Orientierung wie auch der organisatorisch strukturellen Ausgestaltung des Versorgungssystems findet.

Somit widerspiegelt sich in der Nutzung von Homöopathie also der Versuch, Widersprüchliches zu balancieren, wenn die Bedürfnissen der Betroffenen mit den Logiken des Versorgungssystems so gut als möglich in Einklang gebracht werden sollen: Ansprüche nach Sicherheit, Individualität, Kontinuität, Anerkennung, Empowerment und Sinn vonseiten der Betroffenen treffen aufseiten der konventionellen medizinischen Versorgung auf Ansprüche nach Objektivität und Evidenzbasierung, auf immer noch vorherrschende Betreuungskontexte, die den Betroffenen eine passive Rolle zuweisen, und auf Fragmentierung und Diskontinuitäten in den Betreuungsbeziehungen. Gleichzeitig repräsentiert die konventionelle Medizin aber auch in weiten Teilen der Gesellschaft anerkannte Inhalte und Praktiken und schafft so eine Legitimation und einen sichernden Rahmen, wenn auch die (oft unausgesprochene) Unsicherheit, was denn einen Behandlungserfolg ausmacht und wie er hergestellt werden kann, bestehen bleibt.

Betroffene wollen in ihrer Individualität und Unterschiedlichkeit wahrgenommen werden, in ihren Bemühungen um ein Leben mit Kranksein Anerkennung finden und an Entscheidungen, die ihr Kranksein (bzw. Gesundsein) betreffen beteiligt werden. Dies betrifft vordergründig die individuelle Ebene der direkten Interaktion mit Angehörigen von Gesundheitsberufen, wenn es darum geht zu entscheiden, was getan (oder unterlassen) werden soll und wie dies geschehen soll. Aber auch auf organisatorischer und strukturell-politischer Ebene des Versorgungssystems wollen Betroffene beteiligt werden, wenn es um die Frage der Ausgestaltung einer guten Versorgung geht, die Sicherheit gewährt und gleichzeitig Selbstbestimmung ermöglicht, und „für alle, die es brauchen" zugänglich ist.

Diese Forderungen bzw. Bedürfnisse nach Anerkennung, Beteiligung und Mitbestimmung sind nicht neu – sie folgen den Spuren emanzipatorischer Bewegungen im Gesundheitsbereich, wie z.B. der Frauengesundheitsbewegung und der Gesundheitsförderung, oder der Hospizbewegung und Palliative Care. Alle diese Bewegungen kennzeichnet, dass sie Gesundheit, Krankheit und Sterben nicht nur als eine „innermedizinische" Frage und Zuständigkeit verstehen, sondern als eine persönliche und gesellschaftliche Aufgabe, die unterschiedliche gesellschaftliche Subsysteme berührt und auch dort bearbeitet werden muss. Auch sie können als (öffentliche) Erzählungen bzw. Metanarrative verstanden werden, die nicht nur die Deutung und Interpretation bestehender Versorgungsverhältnisse zum Gegenstand haben, sondern auch den Anspruch erheben, eben jene Verhältnisse zu transformieren.

Die Frauengesundheitsbewegung hat den Blick für eine geschlechtersensible Behandlung und Betreuung geschärft und Geschlechterverhältnisse in der Versorgung auch vor dem Hintergrund von Gerechtigkeitsfragen thematisiert. Sie hinterfragt dementsprechend auch ein an der männlichen Biographie ausge-

richtetes Gesundheitsverständnis, fordert Beteiligung von Frauen an gesundheitsrelevanten Entscheidungen ein, und betont die Bedeutung des Erfahrungswissens
von Frauen über ihre Lebenszusammenhänge für eine gute Versorgung.

Ein Verdienst der Gesundheitsförderung ist es, insbesondere durch den Set-
tingansatz die Entstehungsbedingungen für Gesundheit, die größtenteils außerhalb des Versorgungssystems liegen, hervorzuheben, Kontexte für Beteiligung
und Mitgestaltungsmöglichkeiten für Betroffene zu schaffen und statt einer Defizitorientierung, wie sie z.b. in der konventionellen Medizin vorherrscht, Ressourcenorientierung, Partizipation, und Empowerment zu handlungsleitenden
Prinzipien zu erklären. Spezifisch für den Versorgungsbereich wird in der Ottawa Charter (1986) unter der Prämisse „Gesundheitsdienste neu orientieren" betont, dass es gilt, ein Versorgungsystem zu entwickeln, das stärker auf die Förderung von Gesundheit ausgerichtet ist, die Wünsche und Bedürfnisse von Personen und Gruppen nach einem gesünderen Leben aufgreift und sensibel für kulturelle Unterschiede ist, und auf eine verbesserte Koordination zwischen Versorgungssystem und anderen Sektoren der Gesellschaft achtet. Als Ziel wird eine
„Orientierung auf die Bedürfnisse des Menschen als ganzheitliche Persönlichkeit" (WHO 1986) formuliert.

Die Hospizbewegung und Palliative Care wiederum stehen für Bemühungen, die Themen Tod und Sterben wieder die Gesellschaft einzuführen und in der
Folge zu enttabuisieren. Damit ist auch ein kultureller Wandel verbunden: Hin
zu einer „radikalen Betroffenenorientierung" (Heller 2007), die die Individualität
und Einzigartigkeit der Betroffenen ernstnimmt, mit ihnen ihn Beziehung tritt,
denn „… ohne Beziehung (gibt) keine Identifikation der Bedürfnisse anderer."
(Heller 2007, S. 199). Daran knüpfen sich auf struktureller Ebene Prinzipien der
Interdisziplinarität, Interprofessionalität und Interorganisationalität, um der Orientierung an den Bedürfnissen der Betroffenen die entsprechende professionelle
und organisatorische Rahmung zu geben, unterschiedliche professionelle und
disziplinäre Zugänge und Erfahrungen wertzuschätzen, aufeinander zu beziehen
und zu organisieren – im Team, und in und zwischen Organisationen. Nicht
zuletzt geht es auch darum, der Frage der Betroffenen nach dem „Warum?" des
Krankseins Raum zu geben und spirituelle Bedürfnisse aufzunehmen.

Die Erzählungen der Betroffenen zu ihren Erfahrungen mit homöopathischer Behandlung und Betreuung beinhalten ein Vielzahl von Hinweisen auf
Erfahrungen es Empowerments und der Selbstwirksamkeit, zur Bedeutung von
informellen Sorgenetzwerken, und zu strukturellen und kulturellen Bedingungen,
die das „Lebenlernen" mit einer chronischen Krankheit als Selbststeuerungsauf-
gabe unterstützen wie auch erschweren können, auch wenn die Betroffenen diese
nicht explizit benennen. Bezogen auf den Ausgangspunkt des Forschungsinteres-
ses und die Frage, wie sich die (steigende) Inanspruchnahme von Homöopathie
erklären lässt, kann an dieser Stelle als eine mögliche Interpretation der Schluss

gezogen werden, dass diese als eine von mehreren Strategien der Krankheitsbewältigung genutzt wird, weil es den Betroffenen im homöopathischen Setting gelingt, sich ihre Krankheitsgeschichte (wieder) anzueignen.

Wesentlich scheint hier zu sein, dass den Betroffenen die Auseinandersetzung nicht nur mit unmittelbaren Krankheitszeichen und –folgen, sondern auch mit den Auswirkungen derselben auf ihre Biographie, ihre Identität und ihr Alltagsleben ermöglicht wird, Damit sind nicht nur Betroffene gefordert – ein erweitertes Konzept der Krankheitsbewältigung fragt auch danach, welche weiteren AkteurInnen damit angesprochen sind, wie z.B. Angehörige, Familien, und FreundInnen. Nicht zuletzt sind auch Angehörige der Gesundheitsberufe aufgefordert, sich mit den Bedürfnissen von Betroffenen, und den Auswirkungen von chronischen Erkrankungen auf den Alltag derselben im Zuge ihrer professionellen Tätigkeit auseinanderzusetzen.

6.2 Aus Betroffenen werden Beteiligte: Anerkennung, Aneignung und Teilhabe im Versorgungskontext

Zu Beginn wurde angemerkt, dass diese Forschungsarbeit auch Hinweise für eine an den Bedürfnissen der Betroffenen orientierte Weiterentwicklung des Versorgungssystems liefern sollte. Welche Handlungsoptionen eröffnen sich nun auf Basis der zuvor getroffenen These, dass die Nutzung von Homöopathie als eine emanzipatorische Praxis gegenüber einem in weiten Zügen paternalistisch orientierten Versorgungssystem gelesen werden kann? Aus dem bisher Gesagten könnte für die Weiterentwicklung des Versorgungssystems der (vorschnelle) Schluss gezogen werden, dass eine Integration von Homöopathie bzw. anderer alternativer und komplementärer Heilverfahren die skizzierten Problemfelder idealtypisch auflösen könnte. Hinweise aus der Professionsforschung und zur Integration dieser Verfahren in die Regelversorgung zeigen jedoch auf, dass damit weniger die aufgeworfenen Fragen nach einem grundlegend anderen Verständnis von Gesundheit, Krankheit und Behandlung und Betreuung im Versorgungssystem bearbeitet werden, als vielmehr die Konzepte dieser Verfahren auf professioneller Ebene so umgedeutet werden, dass sie mit gängigen konventionell-medizinischen Konzepten kompatibel sind. Es kann bei der proklamierten Weiterentwicklung des Versorgungssystems – insbesondere auf der Ebene der individuellen AkteurInnen, die im Rahmen dieser Studie betrachtet wurde – also nur um einen Wandel bzw. eine Weiterentwicklung in den Handlungs- und Entscheidungsgrundlagen gehen,

Auch Bury (2001, S. 283) verfolgt bezogen auf die Interpretation von Krankheitsnarrativen eine ähnliche Sichtweise, wenn er die Bedeutung dieser Narrative folgendermaßen zusammenfasst: „In this sense, chronic illness narratives are important for a better understanding of the social fabric, and the contradictions of social interaction and self-presentation, not simply a ‚truer' picture of illness or the basis for improving medical practice, important though the latter may be." Eben jenes, von Bury angesprochene soziale Gefüge und die Widersprüche, die sich zwischen sozialer Interaktion und Selbstrepräsentation auftun, eröffnen für Angehörige der Gesundheitsberufe auch den Raum, um die Stimme der Betroffenen zu stärken und durch Anerkennung ihrer Erzählungen und der darin enthaltenen Sinnstrukturen und Handlungsorientierungen in geteilter AutorInnenschaft ein gemeinsames Narrativ zu entwickeln. Dieses gemeinsame Narrativ bildet die Basis für Interventionen und Anschlüsse für weitere Aushandlungen und kann den Betroffenen Hoffnung vermitteln, wenn Zukunftsperspektiven erschlossen werden. Dies alles vor dem Hintergrund, dass wechselseitig, also vonseiten der Betroffenen und der Angehörigen der Gesundheitsberufe die jeweils spezifische Expertise des Gegenübers anerkannt und wertgeschätzt wird. (Lucius-Hoene 2008, S. 94)

In diesem Bestreben stehen die Angehörigen der Gesundheitsberufe vor einer nicht geringen Herausforderung: Wie an anderer Stelle bereits ausgeführt, können Strategien der Anerkennung und der Förderung von Teilhabe auch als Instrumente des Machterhalts eingesetzt werden, insbesondere in einem Kontext, der von medizinischem Expertenwissen dominiert wird, und unter gesellschaftlichen Rahmenbedingungen, die eine Individualisierung fördern, und andere neoliberale Werte wie Freiheit und (Eigen)Verantwortung hochhalten (Petersen & Lupton 1996): Indem die Kontrolle über Intentionen und Strategien der Teilhabe aufseiten von Professionellen bleiben und die Betroffenen in ihrem Bestreben nach Anerkennung und Teilhabe instrumentalisiert werden, bzw. Teilhabe zur Pflicht für die Betroffenen wird, werden emanzipatorische Bestrebungen ad absurdum geführt. Gleichzeitig werden damit existierende Machtverhältnisse schwerer greifbar, da sie den Pfad des exklusiven Ausschlusses (z.B. mittels Nichtanerkennung des Wissens und der Erfahrung von Betroffenen, indem diese zum Schweigen gebracht werden) verlassen und auf subtilere Art und Weise (z.B., indem die Mitsprache von Betroffenen nicht von ihnen beeinflusst werden kann) Kontrolle ausgeübt wird. Dies würde der hier verfolgten Intention widersprechen.

Ein zweiter Punkt der Kritik und Mahnung zur Vorsicht betrifft die Ausweitung der medizinischen Einflusssphäre, wie sie unter dem Begriff „Medikalisierung" gefasst wird: Die Frage, welche Probleme und Herausforderungen als eine medizinische versus eine gesellschaftliche Fragestellung gerahmt werden (sollen), bleibt auch mit dem Ruf nach Beteiligung von Betroffenen im Behandlungs- und Betreuungsprozess und nach Anerkennung ihrer Krankheitserfahrung brisant: Eine Beteiligung von Betroffenen an Problemlösestrategien kann nicht ausschließen, dass vorwiegend gesellschaftliche bedingte Krankheitserfahrungen individualisiert und somit (wissentlich oder unwissentlich) der Verantwortung von Einzelpersonen zugewiesen werden. Die „PatientInnenperspektive" wird nichtsdestotrotz von unterschiedlichen AkteurInnen (z.b. WissenschafterInnen, PolitikerInnen) oft bemüht, um zu einer alternativen, ergänzenden Sichtweise von Behandlung und Betreuung zu gelangen, in der Hoffnung, hier Anhaltspunkte für eine „patientInnenorientierte" Gestaltung der Versorgung, besonders was die Problematik chronischer Erkrankungen anbelangt, zu finden. Velpry (2008, S. 238) erwähnt in diesem Zusammenhang, dass diese Orientierung an der „PatientInnenperspektive" zwar sehr verbreitet ist (was damit zusammenhängen mag, das die Konzeption von Betroffenen bzw. Betroffenen als rationale AkteurInnen, die über ihr Kranksein auskunftsfähig sind, den Weg hin zum zur Zeit präferierten partnerschaftlichen Modell der Entscheidungsfindung in der Versorgung ebnet)[157], aber in ihrer Konzeption vage bleibt. Sie verweist darauf, dass die „PatientInnenperspektive" ein historisches und soziales Konstrukt ist. Damit wird die Warnung ausgesprochen, von den scheinbar offensichtlichen Inhalten der Narrativen von Betroffenen vorschnell auf mögliche erwünschte Veränderungen in der Versorgung zu schließen.

Lucius-Hoene (2008, S. 91) hingegen vertritt die Ansicht, dass Narrative in unterschiedlicher Art verwendet werden können: Als handlungsleitende Grundlage in der medizinischen Praxis, als Datengrundlage in der Wissenschaft, und im Sinne eines emanzipatorischen Akts, wenn es den Betroffenen durch das Erzählen von Krankheitserfahrungen gelingt, mit Krankheit leben zu lernen. Diese weiterführende Interpretation von Narrativen und ihrer Verwendung erlaubt also, die interpretativen, handlungsorientierten und ethischen Aspekte von Narrativen zu heben[158]. Aufbauend auf diesen Aspekten sollen im folgenden Überlegungen angestellt werden, welche Anhaltspunkte für eine an den Bedürfnissen der Betroffenen orientierte Versorgung formuliert werden können. Hier soll nicht für die Perspektive der Betroffenen als alleinige „Hüterin der Wahrheit" plädiert werden; vielmehr soll ein Dialog zwischen den (notwendigerweise) unterschiedlichen Perspektiven von Betroffenen und Betreuenden angeregt wer-

---

157 Zu Fragen der PatientInnenbeteiligung auf gesundheitspolitischer Ebene – ethische Aspekte der „Vielstimmigkeit" (Frank A. 2002); durch Einbezug der Betroffenenperspektive, Politisierung der Selbsthilfe als treibender Kraft für eine „Veränderung von unten", Mitbestimmung der Betroffenen als Teil der Versorgungsplanung – vgl. Small & Rhodes (2000, S. 218).

158 Frank A. (2006, S. 437) spricht hier mit Bezug auf Latour und Foucault von Narrativen als Akteuren: „stories *do* things: they claim and justify, the hook-up tellers with listeners, and they enable people to take multiple perspectives". Zur ethischen Bedeutung von Fallgeschichten: vgl. Hudson-Jones 1997

den.[159] Ziel ist, die Individualität und Handlungsfähigkeit von Betroffenen zu bewahren und ihre Würde und ihr moralisches Handeln anzuerkennen.[160]

6.3 Versorgung von den Betroffenen her denken – abschließende Überlegungen

Im Folgenden sollen einige Gedanken dargelegt werden, die basierend auf den bisherigen Ausführungen skizzieren, entlang welcher Fragestellungen sich das Versorgungssystem auf der Ebene der Organisation und Ausgestaltung von Versorgungskontexten mit den Themen Bedürfnisorientierung und Betroffenenperspektive auseinandersetzen könnte.

Eine an den Bedürfnissen der Betroffenen ausgerichtete Versorgung ermöglicht, unterstützt und fördert die Aneignung der Krankheitserfahrung durch Betroffene.

Krankheit als Ereignis greift in die Biographie ein, lässt diese brüchig und ungewiss erscheinen. Krankheit verlangt also nach „Verstehen", nach Sinngebung, um mit dem scheinbar Sinnlosen umgehen zu können. Ermöglicht und unterstützt wird diese Suche nach dem Sinn durch die Aneignung der Krankheitserfahrung in Form von Narrativen, die den individuellen Deutungen und Annahmen über das Kranksein Ausdruck verleihen. Die Aneignung der Krankheitserfahrung schließt dabei an verschiedene Bedürfnisse der Betroffenen an: Sie schafft Raum für die Herstellung von Kontinuität, indem sie erzählend Vergangenes, Gegenwärtiges und Zukünftiges verbindet und interpretiert. Gleichzeitig bedeutet sie auch eine manchmal notwendige Distanzierung von der unmittelbaren Erfahrung der Krankheit und eröffnet Wahlmöglichkeiten. Sie ermöglicht den Ausdruck von Gefühlen, und nicht nur von Fakten. Darüber hinaus versichert sie die Betroffenen ihrer Subjektivität und Individualität, lässt sie sich selbst als handlungsfähige Individuen begreifen, und nicht nur als TrägerInnen von Symptomen bzw. Objekte, deren Körper von Krankheiten „befallen" werden. An dieser Stelle eröffnen sich für die Betroffenen somit auch konkrete Handlungsoptionen.

Damit ist angesprochen, dass es den Betroffenen möglich wird, auch im Erleben des Krankseins Ressourcen in Bezug auf Sinnstrukturen und Handlungsorientierungen zu entdecken, die eben jenes Leben mit Kranksein ermöglichen:

---

159   Richter (2009, S. 198) weist in Zusammenhang mit der wechselseitigen Bezogenheit von biographischem und biomedizinischen Wissen und der Relativität und Konstruiertheit biomedizinischen Wissens darauf hin, dass biomedizinisches Wissen nicht überlegen gegenüber biographischem Wissen ist und somit beide Perspektiven gleiche Gültigkeit haben.

160   vgl. dazu das Konzept des „Relational Narrative" von Gadow (Gadow, 1995, zitiert nach Sakalys 2000, S. 1473; Romyn 2003, S. 149)

Die Aneignung der Krankheitserfahrung bedeutet also, auf dem Weg zu sein, mit Kranksein leben zu lernen, und nicht zuletzt auch, an den Geschichten anderer Anteil zu haben.

Eine an den Bedürfnissen der Betroffenen ausgerichtete Versorgung muss sich für diese Aspekte interessieren, wenn sie die Angemessenheit und Relevanz ihrer Behandlungs- und Betreuungskonzepte für die Betroffenen im Blick hat: Der (Fall)geschichte der Krankheit muss die Geschichte der Kranken als eine Geschichte des Krankseins zu Seite gestellt werden. Ansonsten läuft die Versorgung Gefahr, dass ihre Konzepte entweder die Betroffenen und ihre Bedürfnisse ignorieren und/oder verobjektivieren, oder dass ihre Konzepte der Behandlung und Betreuung an das Leben mit Kranksein der Betroffenen nicht anschließbar sind und diese in letzter Konsequenz dazu veranlassen, sich den Logiken des Versorgungssystems auf Kosten ihrer Bedürfnisse anzupassen. Denn Menschen, die mit Kranksein leben gelernt haben, verfügen als TrägerInnen von Wissen, und als ExpertInnen für ihre Gefühle über einen reichen Erfahrungsschatz, der in die Konzeption von Behandlung und Betreuung einfließen muss, wenn diese den Bedürfnissen der Betroffenen gerecht werden soll. So werden in der Behandlung und Betreuung immer unterschiedliche Wissensbestände relevant sein – fachlich-medizinisches Wissen vorwiegend vonseiten der Betreuenden, und Erfahrungswissen vonseiten der Betroffenen. Der Einbezug dieser unterschiedlichen Erfahrungen und Wissensbestände bildet die Basis für jene Erkenntnisse, die den Entscheidungen für eine angemessene Behandlung und Betreuung vorangehen.

Gleichzeitig müssen auch Gefährdungen beachtet werden, die mit der Wahrnehmung der Betroffenen in ihrer Individualität und Subjektivität einhergehen: Betroffene als Subjekte wahrzunehmen, die nach der Herstellung von Sinnhaftigkeit und Kontinuität streben, was ihre Erfahrungen mit Kranksein anbelangt, meint nicht, in einen Individualismus zu verfallen, der die Verwobenheit der Einzelnen und ihrer Bedürfnisse mit gesellschaftlichen Rahmenbedingungen ignoriert.

Auch meint Handlungsfähigkeit nicht, einem Aktivismus Vorschub zu leisten, wenn Innehalten notwendig wäre. Auch gegenüber der Ausblendung von Bedürftigkeit und Angewiesenheit der Betroffenen auf andere und der damit einhergehenden Betonung eines autonomen, rationalen Subjekts muss eine solche Versorgung im Sinne einer Kultur der Sorge wachsam bleiben, damit auch Schwäche und Scheitern, Widersprüche und Gefühle einen Platz in der Aneignung der Krankheitserfahrung haben können.

Eine an den Bedürfnissen der Betroffenen ausgerichtete Versorgung misst der Beziehung zwischen Betroffenen und Betreuenden Bedeutung zu, da die Aneignung der Krankheitserfahrung die Anerkennung derselben voraussetzt.

Wie bereits angeklungen ist, wird die Aneignung der Krankheitserfahrung in der Behandlung und Betreuung erzählend gegenüber einer Betreuungsperson realisiert, und setzt die Anerkennung dieser Erfahrung durch die Betreuenden voraus: Kranksein, Sorge und Heilung finden in Beziehung statt. Damit rückt die Beziehung zwischen Betroffenen und Betreuenden als Personen als konstituierendes Element in den Blick. Diese Beziehung gestaltet sich als wechselseitige Bezogenheit, wenn der Krankheitserfahrung der Betroffenen für den Verlauf der Behandlung und Betreuung Bedeutung zugemessen wird.

Um die Anerkennung der Krankheitserfahrung zu ermöglichen, muss diese Beziehung auf Kontinuität aufbauen und gleichzeitig offen für sich verändernde Bedürfnisse der Betroffenen (und Betreuenden!) sein. Anerkennung vonseiten der Betreuenden meint, die Betroffenen als (Mit)menschen wahrzunehmen, offen zu sein für ihre Wahrnehmungen, Vorstellungen und Präferenzen, für ihre Ängste und Hoffnungen; ihre Bemühungen und Fähigkeiten im Leben mit dem Kranksein wertzuschätzen und diese in die Entscheidungsfindung mit einzubeziehen. Damit wird die Beziehung zwischen Betroffenen und Betreuenden zu einem Ort der Identitätsstiftung und des gemeinsamen Lernens, wie mit dem Kranksein umzugehen ist: Betroffene werden in ihrem Bemühen und ihrer Selbstsorge unterstützt. Gleichzeitig gilt es auch anzuerkennen, dass eine solche Form der Beziehungsgestaltung auch für die Betreuenden positive Auswirkungen hat.

Dennoch sollte nicht übersehen werden, dass vor allem unter dem Mantel der scheinbaren Symmetrie in der Beziehung zwischen Betroffenen und Betreuenden, die durch die wechselseitige Bezogenheit und die Wahrnehmung der Beteiligten als Personen hergestellt wird, Machtungleichgewichte beständig sein können. Die Betreuenden sind also gefordert, ihre Rolle als Fachpersonen und ihre Position als VertreterInnen des Versorgungssystems und die Auswirkungen ihres erweiterten Wissens, was die Erfahrungen der Betroffenen mit Kranksein im Alltag betrifft, im Hinblick auf mögliche Beeinflussungen der Betroffenen zu reflektieren und gegenüber den Betroffenen Offenheit zu wahren, was ihre eigenen Haltungen und Werte in Bezug auf Behandlung und Betreuung anbelangt.

Eine an den Bedürfnissen der Betroffenen ausgerichtete Versorgung ist offen für eine kritische Haltung gegenüber dem Versorgungssystem, die in den Krankheitsnarrativen der Betroffenen zum Ausdruck kommt.

Auch wenn die Krankheitsnarrative der Betroffenen sich vordergründig mit der individuellen Ebene, mit dem Leben mit Kranksein aus der Perspektive der Betroffenen beschäftigen, so ist es dennoch bedeutsam, die in diesen Narrativen explizit und implizit geäußerte Kritik am Versorgungssystem aufzunehmen und wertzuschätzen – diese Wertschätzung appelliert sowohl an individuelle als auch an kollektive AkteurInnen im Versorgungssystem. In ihren Narrativen äußern die Betroffenen direkt ihre Kritik am Versorgungssystem, das ihre Bedürfnisse, als Person wahrgenommen zu werden, ignoriert und beziehen sich dabei auf kollektive AkteurInnen. Ihre Kritik äußert sich aber auch in der gelebten Praxis, eine an ihren Bedürfnissen orientierte Form der Behandlung und Betreuung gemeinsam mit den Betreuenden zu entwickeln.

Mit beiden Ansätzen dekonstruieren die Betroffenen die Metanarrative der konventionellen medizinischen Versorgung, indem sie die gemeinhin als selbstverständlich angesehenen Kulturen und Praktiken der konventionell-medizinischen Versorgung hinterfragen. Diesen Metanarrativen werden die Narrative der Betroffenen, die von Identitätskonstruktion, Sinnfindung, und Handlungsfähigkeit handeln, an die Seite gestellt. Die Narrative der Betroffenen können auch auf Systemebene als ein Identifikationsangebot an andere Betroffene gelesen werden, widerständig gegenüber depersonalisierenden Narrativen zu sein.

Die Anerkennung der Krankheitserfahrung der Betroffenen scheitert jedoch nicht nur am Unvermögen einzelner, sondern ist auch durch strukturellen Widerstand bedingt. Daher ist es wichtig, den Kontext und die Rahmenbedingungen des „Heilsamen Erzählens", wie es in der Begegnung zwischen Betroffenen und Betreuenden möglich wird zu reflektieren: Es ist zu erwarten, dass die Anerkennung der Narrative von Betroffenen und die Aufnahme der ihnen innewohnende Kritik dann auf Widerstand stoßen wird, sobald Interessen dominanter Akteure in der Versorgung infrage gestellt werden. Diese Entwicklung lässt sich bereits an anderen Reformbewegungen im Versorgungssystem (wie z.b. der Gesundheitsförderung oder Palliative Care) beobachten, die Gefahr laufen, entweder marginalisiert oder bis zur Unkenntlichkeit ihrer Konzepte und Prinzipien unter das naturwissenschaftliche Paradigma der konventionellen Medizin integriert zu werden und damit auch Normierungen z.B. durch einen Qualitätsdiskurs, durch Leitlinienkonformität und durch eine geforderte Ökonomisierung gegenüberstehen. Die skizzierte mögliche Entwicklung impliziert auch: Letztendlich zählt, was gezählt werden kann![161]

Die Aufmerksamkeit gegenüber den Erzählungen der Betroffenen vonseiten der Betreuenden ist somit auch eine (gesellschafts)politische Haltung, die sich gegen die Ausgrenzung und Ausblendung bestimmter, nicht (versorgungs)systemkonformer Bedürfnisse der Betroffenen wendet, diese wertschätzt und widerständig bleibt gegenüber jenen Bestrebungen, die kurz gefasst das Verstehen zugunsten eines reinen Erklären und Verwalten Wollens aufgegeben haben.

Zusammenfassend zielen die hier dargelegten Überlegungen zur Bedürfnisorientierung und Einbezug der Betroffenenperspektive im Versorgungssystem also darauf ab, dass im Zuge der Behandlung und Betreuung von Menschen mit chroni-

---

161 Zur wechselseitigen Bedingtheit der Prämissen der Versorgung und der Ausgestaltung der Betreuungsbeziehungen: „In einer Zeit, die den Menschen zumutet, das Leben als Kleinunternehmer in die eigenen privaten Hände zu nehmen, in dem der Gestaltungszwang uns alltäglich in neue und andere Entscheidungssituationen manövriert, werden wahre Beziehungen gewünscht, aber „Waren-Beziehungen" angeboten (Heller 2010a, o.S.)

schen Erkrankungen nicht nur zählt, was gezählt werden kann – als Laborbefund oder anderer Messwert, sondern auch, dass „..zählt, was erzählt werden kann"[162].

Diese Perspektive muss, um nachhaltig wirksam zu werden, auch Niederschlag in der wissenschaftlichen Reflexion von Versorgungskontexten finden, wie auch in der in einer Reorientierung von Forschungsvorhaben im Bereich Versorgungsforschung. Wünschenswert wäre eine stärkere Orientierung an den Betroffenen, ihrer Perspektive und ihren Bedürfnissen (vgl. Schaeffer 2009): Diese darf nicht außer Acht lassen, dass sich Bedürfnisse bzw. Anforderungen im Sinne von Krankheitsbewältigungsherausforderungen im Krankheitsverlauf ändern und unterschiedliche Phasen durchlaufen. Darüber hinaus wird der Krankheitsverlauf von strukturellen Bedingungen mitbestimmt, die sich in sozioökonomischen Ungleichheiten äußern können – verwiesen sei in diesem Zusammenhang auf den Diskurs zur gesundheitlichen Chancengleichheit, wie er im Feld der Gesundheitsförderung aufgegriffen wurde. Nicht zuletzt gilt es, den wissenschaftlichen Blick für Ressourcen der Betroffenen zu schärfen, um einem rein defizit-orientierten Zugang zur Bewältigung chronischer Erkrankungen und der Gestaltung von Versorgungskontexten vorzubeugen.

Auf methodologischer Ebene ist mit der Hinwendung zur Perspektive der Betroffenen die Frage aufgeworfen, wie die Partizipation von Betroffenen in Forschungsvorhaben als gleichberechtigte PartnerInnen realisiert werden kann: Vielversprechende Ansätze dazu finden sich im Feld der partizipativen Gesundheitsforschung, das auf eine lange Tradition der Beteiligung von Betroffen v.a. im angloamerikanischen Raum zurückblicken kann (vgl. von Unger 2012). Forschungsstrategisch bedeutet dies, die Weiterentwicklung von bedürfnisorientierten Versorgungskontexten für Menschen mit chronischen Erkrankungen konsequent zu verfolgen, das Spannungsfeld zwischen Theorieentwicklung und Wandel der (Versorgungs)praxis zu nutzen und Fragestellungen inter- und transdisziplinär zu bearbeiten – also unter Beteiligung all jener, die an der Bearbeitung einer bestimmten Problemstellung beteiligt sind. Aus den eben genannten Gründen empfiehlt es sich auch, Forschungsvorhaben interventionsorientiert anzulegen, und Betroffene als Beteiligte in allen Phasen des Forschungsvorhabens – beginnend mit der Problemdiagnose über die Entwicklung und Implementierung von Strategien bis hin zur Evaluation – einzubinden. Damit wird auch gesichert, dass Fragestellungen bearbeitet werden, die sich für die Betroffenen (und nicht allein für das Versorgungssystem und die darin tätigen Gesundheitsberufe) stellen.

---

162 Dieses Zitat von Eibach et al. (2009, S. 17) wurde auch als Thema einer Ausgabe von „Praxis Palliative Care" (2010), der deutschen Fachzeitschrift für Palliative Care aufnommen. Daran lässt sich die zunehmende Bedeutung ermessen, die die Krankheitserfahrung der Betroffenen in der Behandlung und Betreuung gewinnt.

Gerade im Feld Palliative Care sind in den letzten Jahren unter Anwendung der zuvor genannten Prämissen einer bedürfnisorientierten Versorgungsgestaltung zukunftsweisende Versorgungskonzepte für alte und chronisch kranke Menschen entwickelt worden, die die biopsychosozialen und spirituellen Bedürfnisse der Betroffenen und ihrer Angehörigen und Bezugspersonen aufnehmen. Als wegweisend kann auch das Bestreben gesehen werden, Versorgung als umfassende Sorge kommunal zu denken, und so den Aspekt zu würdigen, dass das Leben mit einer chronischen Krankheit und damit auch die Chancen und Schwierigkeiten der Bewältigung aus der Perspektive der Betroffenen zum weitaus größten Teil im Alltag – in der Kommune, am Arbeitsplatz etc. stattfinden und entsprechender Aufmerksamkeit an diesen Orten bedürfen. Damit ist auch eine mögliche zukünftige Entwicklung der Versorgungsforschung skizziert, die gesellschaftliche Herausforderungen als Problemstellungen aufnimmt und sich konsequent entlang dieser Herausforderungen weiterentwickelt, um zu einer nachhaltigen und bedürfnisorientierten Entwicklung von Versorgungskontexten beizutragen.

Literatur

Anderson, Joan M. (1996): Empowering patients: issues and strategies. Social Science & Medicine, 43(5), 697-705

Anderson, Robert M.; Funnell, Martha M. (2009): Patient empowerment: Myths and misconceptions. Patient Education and Counseling, doi:10.1016/j.pec.2009.07.025

Antonovsky, Aaron (1987): Unraveling The Mystery of Health – How People Manage Stress and Stay Well, San Francisco: Jossey-Bass Publishers

Arzneimittelgesetz 2005: Download vom 28.02.2011, von http://www.ris.bka.gv.at

Ärztegesetz 1998: Download vom 28.02.2011, von http://www.ris.bka.gv.at

Asha, Jain (2003): Does Homeopathy reduce the Cost of Conventional Drug Prescribing? A Study of Comparative Prescribing Costs in General Practice. Homeopathy, 92, 71-76

Augé, Marc; Herzlich, Claudine (1991): The Meaning of Illness. Anthropology, History and Sociology. Australia: harwood academic publishers

Aujoulat, Isabelle; d'Hoore, William; Deccache, Alain (2007): Patient empowerment in theory and practice: Polysemy or cacophony? Patient Education and Counseling, 66, 13-20

Aujoulat, Isabelle; Luminet, Olivier; Deccache, Alain (2007): The Perspective of Patients on Their Experience of Powerlessness. Qualitative Health Research, 17(6), 772-785

Aujoulat, Isabelle; Marcolongo, Renzo; Bonadiman, Leopoldo; Deccache, Alain (2008): Reconsiderung patient empowerment in chronic illness: A critique of models of self-efficacy and bodily control. Social Science & Medicine, 66, 1228-1239

Ausfeld-Hafter, Brigitte; Hoffmann, Simone; Seibold Frank; Quattropani, Christina; Heer, Pius; Strautmann, Alex (2005): Stellenwert der Komplementärmedizin bei Morbus Crohn- und Colitis-ulcerosa-Patienten: Eine Fragebogenerhebung. Forschende Komplementärmedizin und Klassische Naturheilkunde 2005, 12(3):134-138

Badone, Ellen (2008): Illness, Biomedicine and Alternative Healing in Brittany, France. Medical Anthropology, 27(2), 190-218

Bally, Klaus; Litschgi, Louis (2010): Der Erzählraum einer Hausarztpraxis. In: Praxis Palliative Care, 6, S. 30-32

Bandura, Albert (1997). Self-efficacy: The exercise of control. New York: Freeman

Baron, Susanna E.; Goodwin, Richard G.; Nicolau, Nicolas; Blackford, Sharon; Goulden, Victoria (2005): Use of Complementary Medicine among Outpatients with Dermatologic Conditions within Yorkshire and South Wales, United Kingdom. Journal of the American Academy of Dermatology, 52(4), 589-594

Barrett, Bruce: Marchand, Lucille; Scheder, Jo; Plane, Mary Beth; Maberry, Rob; Appelbaum, Diane; Rakel, David; Rabago, David (2003): Themes of Holism, Empowerment, Access, and Legitimacy Define Complementary, Alternative and Integrative

Medicine in Relation to Conventional Biomedicine. The Journal of Alternative and Complementary Medicine, 86, 937-947

Barry, Christina A.; Stevenson, Fina A.; Britten, Nicky; Barber, Nick; Bradley, Colin P. (2001): Giving voice to the lifeworld: more humane, more effective medical care? A qualitative study of doctor-patient communication in general practice. Social Science & Medicine, 53, 487-505

Beach, Mary Catherine; Inui, Thomas (2006): Relationship-centered Care. A Constructive Reframing. Journal of General Internal Medicine, 21, S3-S8

Becker-Witt, Claudia; Lüdtke, Rainer; Weißhuhn, Thorolf E. R.; Willich, Stefan N. (2004): Diagnosis and Treatment in Homeopathic Medical Practice. Forschende Komplementärmedizin und Klassische Naturheilkunde 2004; 11:98-103

Becker-Witt, Claudia; Lüdtke, Rainer; Willich, Stefan N. (2003): Patienten in der homöopathischen Praxis. In: Henning Albrecht, Maria Frühwald (Hg.) Jahrbuch 9 , Karl und Veronika Carstens-Stiftung. Essen: KVC Verlag: 3-15, 2003

Bekel, Gerd; Panfil, Eva-Maria; Scupin, Olaf (2005): Selbstsorge – praktische Erkenntnisse für die klinische Praxis aus der Perspektive der Pflegewissenschaft. Zeitschrift für ärztliche Fortbildung und Qualität im Gesundheitswesen, 99, 623-627

Belle Brown, Judith; Carroll, June; Boon, Heather; Marmoreo, Jean (2002): Women's decision-making about their health care: views over the life cycle. Patient Education and Counseling, 48, 225-231

Bergmann, Anna (2004): Der entseelte Patient. Die moderne Medizin und der Tod. Berlin: Aufbau Verlag

Bierich, Jürgen R (1993): Arzt und Kranker: Wandlungen des Menschenbildes in der Medizin. In: G. Rudolph (Hg.): Medizin und Menschenbild. Tübingen: Attempo Verlag

Bingely, Amanda F.; Thomas, Carol; Brown, Janice; Reeve, Joanna; Payne, Sheila (2008): Developing narrative research in supportive and palliative care: the focus on illness narratives. Palliative Medicine, 22, 653-658

Bishop, Felicity L.; Yardley, Lucy; Lewith, George T. (2010): Why Consumers Maintain Complementary and Alternative Medicine Use: A Qualitative Study. The Journal of Alternative and Complementary Medicine, 16(2), 175-182

Bissel, Paul; Ryan, Kath; Morecroft, Charles (2006): Narratives about illness and medication: a neglected theme/new methodology within pharmacy practice research. Pharmacy World & Science, 28, 54-60

Bleakley, Alan (2005): Stories as data, data as stories: making sense of narrative inquiry in clinical education. Medical Education, 39, 534-540

Bogelund Fredriksen, Heidi; Kragstrup, Jakob; Dehlholm-Lambertsen, Gitte (2009): It's all about recognition! Qualitative study of the value of interpersonal continuity in general practice. BMC Family Practice, 10(47), o.S., Download vom 2.2.2010, von http://www.biomedcentral.com/bmcfampract/

Borgetto, Bernhard; von dem Knesebeck, Olaf (2009): Patientenselbsthilfe, Nutzerpersektive und Versorgungsforschung. Bundesgesundheitsblatt Gesundheitsforschung Gesundheitsschutz, 52, 21-29

Bornhöft, Ursula; Maxion-Bergemann, Stefanie; Wolf, Ursula; Matthiessen, Peter F.; von Ammon, Klaus; Baumgartner, Stephan; Bloch, Denise; Gasser, Rene; Kienle, Gunver; Mattmann, Peter; Righetti, Marco; Thurneysen, Andre; Vogt-Frank, Christina;

Wolf, Martin (2005): Health Technology Assessment Bericht Homöopathie. Im Rahmen des Programms Evaluation Komplementärmedizin (PEK) des Schweizer Bundesamts für Gesundheit. Zürich

Bortz, Jürgen; Döring, Nicola (1995): Forschungsmethoden und Evaluation für Sozialwissenschafter. 2., vollständig überarbeitete und aktualisierte Auflage. Berlin, Springer Verlag

Brenner, Zara R.; Krenzer, Maureen E. (2003): Using complementary and alternative therapies to promote comfort at the end of life. Critical Care Nursing Clinics of North America, 355-362

Breuer, Franz (2003): Subjekthaftigeit der sozialwissenschaftlichen Erkenntnistätigkeit und ihre Refexion: Epistemiologische Fenster, methodische Umsetzungen. Forum Qualitative Sozialforschung / Forum: Qualitative Social Research, 4(2), Download vom 2.2.2010, von http://www.qualitative-research.net/

Brown, Brian; Nolan, Peter; Crawford, Paul; Lewis, Alison (1996): Interaction, language and the "narrative turn" in psychotherapy and psychiatry. Social Science & Medicine, 43(11), 1569-1578

Büchi, Martin; Bachmann, LucasM.; Fischer, Joachim E.; Peltenburg, Michael; Steurer, Johann (2000): Alle Macht den Patienten? Politik, Ökonomie und Recht, 81(49), 2776-2780

Buetow, Stephen; Jutel, Annemarie; Hoare, Karen (2009): Shrinking social space in the doctor-modern patient relationship: A review of forces for, and implications of, homologisation. Patient Education and Counseling, 74, 97-103

Bury, Michael (1982): Chronic illness as biographical disruption. Sociology of Health and Illness, 4(2), 167-182

Bury, Michael (2001): Illness narratives: fact or fiction? Sociology of Health and Illness, 23(3), 263-285

Carr, David (1991): Time, Narrative, and History. Bloomington: Indiana University Press

Carr, E. Summerson (2003): Rethinking Empowerment Theory Using a Feminist Lens: The Importance of Process. Affilia, 18(1), 8-20

Cartwright, Tina: Torr, Rebecca (2005): Maing Sense of Illness: The Experiences of Users of Complementary Medicine. Journal of Health Psychology, 10(4), 559-572

Caspi, Opher; Koithan, Mary; Criddle, Michael W. (2003): Alternative Medicine or „Alternative" Patients: A Qualitative Study of Patient-Oriented Decision-making Processes with Respect to Complementary and Alternative Medicine. Medical Decision Making, 24, 64-78

Cepeda, M. Soledad; Chapman, C. Richard; Miranda, Nelcy; Sanchez, Ricardo; Rodriguez, Carlos H.; Restrepo, Andres E.; Ferrer, Lina M.; Linares, Rene A.;, Carr, Danial B. (2008): Emotional Disclosure Through Patient Narrative May Improve Well-Being: Results of a Randomized Controlled Trial in Patients with Cancer Pain. Journal of Pain and Symptom Management, 35(6), 623-631

Chandrashekara, S.; Anilkumar, T.; Jamuna, S. (2002): Complementary and Alternative Drug Therapy in Arthritis. Journal of the Association of Physicians in India, 50, 225-227

Charmaz, Kathy (1983): Loss of self: a fundamental form of suffering in the chonically ill. Sociology of Health and Illness, 5(2), 168-195

Charmaz, Kathy (1991): Good Days, Bad days: The Self in Chronic Illness and Time. New Brunswick, Rutgers University Press.

Charmaz, Kathy (2002): Stories and Silences: Disclosures and Self in Chronic Illness. Qualitative Inquiry 8(3), 302-328

Charon, Rita (2006): Narrative Medicine. Honoring the Stories of Ilness. Oxford: Oxford University Press

Chatwin, John (2009): Activity transitions in the homoeopathic therapeutic encounter. The Sociological Review, Vol. 57/1, S. 163-185

Chez, Roland A.; Jonas, Wayne B. (2005): Cahllenges and Opportunities in Achieving Healing. The Journal of Alternative and Complementary Medicine, 11 (Supplement 1), S. 3-6

Chiovitti, Rosalina F.; Piran, Niva (2003): Rigour and grounded theory research. Journal of Advanced Nursing, 44(4), 427-435

Clark-Grill, Monika (2010): When Listening to the People: Lessons from Alternative and Complementary Medicine (CAM) for Bioethics. Bioethical inquiry, 7, 71-81

Conboy, Lisa; Kaptchuk, Ted J.; Eisenberg, Davis M.; Gottlieb, Bobbie; Acevedo-Garcia, Delores (2007): The relationship between social factors and attitudes toward conventional and CAM practitioners. Complementary Therapies in Clinical Practice, 13, 146-157

Connelly, Julia E. (2005): Narrative possibilities using mindfulness in clinical practice. Perspectives in Biology and Medicine, 48(1), 84-94

Corbin, Juliet; Hildenbrand, Bruno (2003): Qualitative Forschung. In: Rennen-Allhoff, Beate, Schaeffer, Doris (Hg.): Handbuch Pflegewissenschaft. Weinheim und München: Juventa. S. 159-186

Corbin, Juliet; Strauss, Anselm L. (2010): Weiterleben lernen. Verlauf und Bewältigung chronischer Krankheit. (3. überarb. Auflage). Bern: Verlag Hans Huber

Correa-Velez, Ignacio; Clavarino, Alexandra; Eastwood, Heather (2005): Surviving, Relieving, Repairing, and Boosting Up: Reasons for Using Complementyra/Alternative Medicine among Patients with advanced Cancer: A Thematic Analysis. Journal of Palliative Medicine, 8(5), 953-961

Cottencin, Audrey; Mullet, Etienne, Sorum, Paul C. (2006): Consulting a complementary and alternative medical practitioner: a systematic inventory of motives among French patients. Journal of Alternative and Complementary Medicine, 12(8):791-798.

Coulter, Ian D.; Willis, Evan M. (2004): The rise and rise of complementary and alternative medicine: a sociological perspective. Medical Journal of Australia, 180, 587-589

Crawford, Robert (1980): Healthism and the Medicalization of everyday life. International Journal of Health Services, 10(3), 365-388

Cutcliffe, John R. (2000): Methodological issues in grounded theory. Journal of Advanced Nursing, 31(6), 1476-1484

Cutcliffe, John R. (2005): Adapt or adopt: developing and transgressing the methodological boundaries of grounded theory. Journal of Advanced Nursing, 51(4), 421-428

de Haes, Hanneke (2006): Dilemmas in patient centeredness and shared decision making: A case for vulnerability. Patient Education and Counseling, 62, 291-298

Degele, Nina (2000): Alternativmedizin zwischen Anpassung und Ausstieg: Das Beispiel Homöopathie. Das Gesundheitswesen, 62, 47-52

Degele, Nina (2000a): Homöopathie heute: im Trend der Zeit oder die wahre Mauer, die nicht umkippt im Sturm? Allgemeine Homöopathische Zeitschrift, 243, 58-64

Dein, Simon (2002): The Power of Words: Healing Narratives among Lubavitcher Hasidim. Medical Anthropology Quaterly, 16(1), 41-63

Demmer, Craig; Sauer, Janice (2002): Assessing complementary therapy services in a hospice programm. American Journal of Hospice & Palliative Care, 19(5), 306-314

Deppeler, Michael (2003): Willst du meine Geschichte hören? Primary Care, 3, 818-820

De Valck, Chris; Bensing, Jozien; Bruynooghe, R.; Batenburg, V. (2001): Cure-oriented versus care-oriented attitudes in medicine. Patient Education and Counseling, 45, 119-126

Diez, Susanne (2005): Homöopathie und Gesundheitssystem. In: König, Peter (Hg.): Durch Ähnliches heilen. Homöopathie in Österreich. Wien: Orac Verlag, S. 233-262

Donald, Anna (2005): Leben durch Worte. In: Trisha, Greenhalgh; Brian, Hurwitz (Hg.): Narrative-based Medicine- Sprechende Medizin. Bern: Verlag Hans Huber. S. 36-48

Dörner, Klaus (2002): Die allmähliche Umwandlung aller Gesunden in Kranke. Warum die Gesundheitsgesellschaft ihre Vitalität verliert. Frankfurter Rundschau, 26.10.2002. Download vom 21.01.2010, von http://www.bvvp.de/artikel/fr-doerner261002.htm

Dörner, Klaus (2003): Der gute Arzt. Lehrbuch ärztlicher Grundhaltung. Stuttgart: Schattauer

Dow, James (1986): Universal aspects of Symbolic Healing: a Theoretical Synthesis. American Anthropologist, 88(1), 56-69

Dreier, Ole (2000): Psychotherapy in Clients' Trajectories across. In: Cheryl, Mattingly; Linda O., Garro (Hg.): Narrative and the Cultural Construction of Illness and Healing. Berkeley: University of California Press. S. 237-258

Duden, Barbara (1987): Geschichte unter der Haut. Ein Eisenacher Arzt und seine Patientinnen um 1730. Stuttgart: Klett Cotta

Eibach, Ulrich; Ewig, Santiago; Zwirner, Klaus (2009): Medizin, Ökonomie und der kranke Mensch. Verlust des Menschen als Subjekt und der Auftrag kirchlicher Krankenhäuser. Freiburg im Breisgau: Lambertus

Eldh, Ann Catrine; Ehnfors, Margareta; Ekman, Inger (2004): The phenomena of participation and non-participation in health care – experiences of patients attending a nurse-led clinic for chronic heart failure. European Journal of Cardiovascular Nursing, 3, 239-246

Eldh, Ann Catrine; Ehnfors, Margareta; Ekman, Inger (2006): The meaning of participation for patients and nurses at a nurse-led clinic for chronic heart failure. European Journal of Cardiovascular Nursing, 5, 45-53

Eldh, Ann Catrine; Ehnfors, Margareta; Ekman, Inger (2008): Considering patient non-participation in health care. Health Expectations, 11(3), 263-271

Engel, John D.; Zarconi, Joseph; Pethtel, Lura L.; Missimi, Sally A. (2008): Narrative in Health Care. Healing Patients, Practitioners, Professions, and Community. Oxon: Radcliffe Publishing Ltd

Entscheidungstext Verwaltungsgerichtshof Geschäftszahl 2008/11/0038. Download vom 28.02.2011, von http://www.ris.bka.gv.at

Ernst Ezard (2001): Complementary Therapies in Palliative Cancer Care. Cancer, 91(11), 2181-2185

Erstattungskodex 2011. Download vom 28.02.2011, von www.hauptverband.at

Etymologisches Wörterbuch des Deutschen (o.D.). Download vom 1.4.2011, von http://www.dwds.de/?kompakt=1&qu=Patient

Eva, Gail (2009): Narrative, story und service evaluation – patients' stories and their consequences. In: Yasmin Gunaratnam, David Oliviere (Hg.). Narrative and Stories in Health Care. Illness, dying and bereavement. (S. 95-110). Oxford: Oxford University Press

Evans, Maggie; Shaw, Alison; Thompson, Elizabeth A.; Falk, Stephen; Turton, Peter; Thompson, Trevor; Sharp, Deborah (2007): Decisions to use complementary and alternative medicine (CAM) by male cancer patients: information-seeking roles and types of evidence used. BMC Complementary and Alternative Medicine, 7(25), o.S., Download vom 2.2.2011, von http://www.biomedcentral.com/bmccomplement-alternmed/

Felt, Ulrike (2008): Virtuell informiert? Möglichkeiten und Herausforderungen für die Medizin im Internetzeitalter. Abschlussbericht der Forschungsprojekts „Virtuell infomiert: Das Internet im medizinischen Feld". Wien. Download vom 20.03.2011, von http://sciencestudies.univie.ac.at/publikationen/

Felt, Ulrike; Bister, Milena D.; Strassnig, Michael; Wagner, Ursula (2009a): Refusing the information paradigm: Informed consent, medical research, and patient participation. Health: An Interdisciplinary Journal for the Social Study of Health, Illness and Medicine, 13(1), 87-106. Download vom 20.03.2011, von http://sciencestudies.univie.ac.at/publikationen/

Felt, Ulrike; Gugglberger, Lisa; Mager, Astrid (2009): Shaping the future e-patient: The citizen-patient in public discourse on e-health. Science Studies, 22(1), 24-43. Download vom 20.03.2011, von http://sciencestudies.univie.ac.at/publikationen/

Feste, Catherine; Anderson, Robert M. (1995): Empowerment: from philosophy to practice. Patient Education and Counseling, 26, 139-144

Feudtner, Chris (2005): Hope and the Prospects of Healing at the End of Life. The Journal of Alternative and Complementary Medicine, 11 (Supplement 1), S23-S30

Finset, Arnstein (2010): Emotions, narratives and empathy in clinical communication. International Journal of Integrated Care, 10, 53-56

Fisher, Pamela (2008): Wellbeing and empowerment: the importance of recognition. Sociology of Health and Illness, 39(4), 583-598

Fisher, Pamela; Owen, Jenny (2008): Empowwring interventions in health and social care: Recognition through "ecologies of practice". Social Science & Medicine, 67, 2063-2071

Flick, Reinhard (2005): Homöopathie und ärztliche Standesvertretung. In: König, Peter (Hg.): Durch Ähnliches heilen. Homöopathie in Österreich. Wien: Orac Verlag, S. 271-272

Flick, Uwe (2010): Qualitative Sozialforschung. Eine Einführung. (vollständig überarbeitete und erweiterte Neuausgabe 2007, 3. Auflage). Hamburg: Rowohlt Taschenbuch Verlag

Förster, Gabriele (1993): Homöopathie und Krankheitserleben: Die Suche nach dem Sinn. Band 9. Medizinkulturen im Vergleich. Münster: Lit Verlag

Frank, Arthur W. (1995): The Wounded Storyteller. Body, illness and ethics. Chicago, The University of Chicago Press

Frank, Arthur W. (1997): Illness as a Moral Occasion: Restoring Agency to People. Health, 1, 2, 131-148

Frank, Arthur W. (2000): Illness and Autobiographical Work: Dialogue as Narrative Destabilization. Qualitative Sociology, 23, 135-156

Frank, Arthur W. (2002): At the Will of the Body. Reflections on Illness. Boston, New York, Mariner Books

Frank, Arthur W. (2004): The Renewal of Generosity. Illness, Medicine and How to Live. Chicago: University of Chicago Press

Frank, Arthur W. (2006): Health Stories as Connectors and Subjectifiers. Health, 10(4), 421-440

Frank, Arthur W. (2009): The necessity and dangers of illness narratives, especially at the end of life. In: Yasmin, Gunaratnam, David, Oliviere (Hg.): Narrative and Stories in Health Care. Illness, dying and bereavement. (161-176). Oxford: Oxford University Press

Frank, Robert (2002): Homeopath & patient – a dyad of harmony? Social Science and Medicine, 55, 1285-1296

Frank, Robert (2002): Intergating homeopathy and biomedicine: medical practice and knowledge production among German homeopathic physicians. Sociology of Health and Illness, 24(6), 796-819

Franke, Alexa (2006): Modelle von Gesundheit und Krankheit. Bern: Verlag Hans Huber Hogrefe AG.

Frankl, Viktor E. (1959): Man's Search for Meaning. Boston: Beacon Press

Fredriksson, Lennart; Lindström, Unii A. (2002): Caring conversations –psychiatric patients' narratives about suffering. Journal of Advanced Nursing, 40(4), 396-404

Frick, Eckhard (2006): Helfen Spiritualität und Psychotherapie bei der Bewältigung schwerer Krankheit? In: Hans, Jellouschek; Peter, Schellenbaum; Ken, Wilber (Hg.): Was heilt uns? Zwischen Spiritualität und Therapie. Freiburg: Herder Spektrum. S. 85-96

Frid, Ingvar; Öhlen, Joakim; Bergbom, Ingered (2000): On the use of naratives in nursing research. Journal of Advanced Nursing, 32(3), 695-703

Frohock, Fred M. (2002): Moving Lines and Variable Criteria: Differences/Connections between Allopathic and Alternative Medicine. The Annals of the American Academy of Political and Social Sciences, 583, 214-232

Froschauer, Ulrike; Lueger, Manfred (2003): Das qualitative Interview. Zur Praxis interpretativer Analyse sozialer Systeme. Wien: WUV-Universitätsverlag

Furnham, Adrian; Forey, Julie (1994): The attitudes, behaviours and beliefs of patients of conventional vs. complementary (alternative) medicine. Journal of Clinical Psychology, 50(3), 458-469

Gadamer, Hans-Georg (1993): Über die Verborgenheit der Gesundheit. Frankfurt am Main: Suhrkamp Verlag

Garcia-Lorenzo, Lucia; Nolas, Sevasti-Melissa; de Zeeuw, Gerard (2007): Telling stories and the practice of collaboration. International Journal of Sociology and Social Policy, 28(1/2), 9-19

Garden, Rebecca (2010): Telling stories about illness and disability. The limits and lessons of narrative. Perspectives in Biology and Medicine, 53(1), 121-135

Garro, Linda C.; Mattingly, Cheryl (2000): Narrative Turns. In: Cheryl, Mattingly, Linda O. Garro (Hg.), Narrative and the Cultural Construction of Illness and Healing. Berkeley: University of California Press. S. 259-270

Gaydos, H. Lea (2004): Understanding personal narratives: an approach to practice. Journal of Advanced Nursing, 49(3), 254-259

Geisler, Linus (2002): Arzt und Patient – Begegnung im Gespräch. Wirklichkeit und Wege. 4., erweiterte Auflage. Frankfurt am Main, pmi Verlag AG

Gilbar, Ora; Iron, Gidon; Goren, Ayala (2001): Adjustment to illness of cancer patients treated ba complementary therapy along with conventional therapy. Patient Education and Counseling, 44, 243-249

Glaser, Barney; Strauss, Anselm S. (2005): Grounded Theory. Strategien qualitativer Forschung. (2. Auflage). Bern:Verlag Hans Huber , Hogrefe AG.

Good, Byron J.; DElVecchio Good, Mary-Jo (2000): „Fiction" and „Historicity" in Doctors' Stories: Social and Narrative Dimensions of Learning. In: Cheryl, Mattingly, Linda O. Garro (Hg.), Narrative and the Cultural Construction of Illness and Healing. Berkeley: University of California Press. S. 50-69

Göpel, Eberhard (1990): Wie lebt das Leben? – Lebensmodelle und ihre methodischen Konsequenzen für die Gesundheitsbildung. In: Zusatzqualifikation Gesundheit, Band 2. Oldenburg: Bibliotheks- und Informationssystem der Universität Oldenburg. S. 7-54

Gottschlich, Maximilian (2007): Medizin und Mitgefühl. Die heilsame Kraft empathischer Kommunikation. (2., vollständig überarbeitete Auflage), Wien: Böhlau Verlag

Greenhalgh, Trisha; Hurwitz, Brian (2005): Was gehen uns Narrationen an? In: Trisha, Greenhalgh: Brian, Hurwitz (Hg.): Narrative-based Medicine- Sprechende Medizin. Bern:Verlag Hans Huber. S. 19-35

Gronemeyer, Reimer (2005): Living and Dying with AIDS in Africa. New Perspectives on a Modern Disease von Brandes & Apsel

Günther, Martina (1999): Der homöopathische Patient in der niedergelassenen Arztpraxis – Ergebnisse einer vergleichenden Patientenbefragung in konventionellen Arztpraxen und homöopathischen Privat- und Kassenpraxen. Medizin, Gesellschaft und Geschichte, 18, 119-136

Haidet, Paul; Kroll, Tony L.; Sharf, Barbara F. (2006): The complexity of patient participation: Lessons learned from patients' illness narratives. Patient Education and Counseling, 62, 323-329

Haidet, Paul; Paterniti, Debora A. (2003): "Building" a History Rather Than "Taking" One. Archives of Internal Medicine. 163, 1134-1140

Hahn, Robert A.; Kleinman, Arthur (1983): Biomedical Practice and Anthropological Theory: Frameworks and Directions. Annual Review of Anthropology, 12, 305-333

Halpern, Jodi (2003): What is Clinical Empathy? Journal of General and Internal Medicine. 18, 670-673

Halpern, Jodi (2007): Empathy and Patient-Physician Conflicts. Journal of General and Internal Medicine. 22, 696-700

Hana, G.; Bar-Sela, G.; Zhana, D.; Mashiach, T.; Robinson, E. (2005): The Use of Complementary and Alternative Therapies by Cancer Patients in Northern Israel. Israeli Medical Association Journal, 7(4):243-247

Harden, Jane (2000): Language, discoursed and the chronotope: applying literary theory to the narratives in health care. Journal of Aadvanced Nursing, 31(3), 506-512

Haslbeck, Jörg W.; Schaeffer, Doris (2007): Selbstmanagementförderung bei chronischer Krankheit: Geschichte, Konzept und Herausforderungen. Pflege, 20, 82-92

Haugli, Liv; Strand, Elin; Finset, Arnstein (2004): How do patients with rheumatic disease experience their relationship with their doctors? A qualitative study of experiences of stress and support in the doctor-patient relationship. Patient Education and Counseling, 52, 169-174

Heath, Iona (2005): Auf der Spur von Krankengeschichten: Versorgungskontinuität in der Hausarztpraxis. In: Trisha, Greenhalgh, Brian, Hurwitz (Hg.). Narrative-based Medicine- Sprechende Medizin. Bern: Verlag Hans Huber. S. 115-125

Heller, Andreas (2007): Die Einmaligkeit von Menschen verstehen und bis zuletzt bedienen. Palliative Versorgung und ihre Prinzipien. In: Andreas, Heller; Katharina, Heimerl; Stein Husebø (Hg.): Wenn nichts mehr zu machen ist, ist noch viel zu tun. Wie alte Menschen würdig sterben können. (3., aktualisierte und erweiterte Auflage). Freiburg im Breisgau: Lambertus. S. 191-208

Heller, Andreas (2010a): Palliative Care und Hospizarbeit als narrative Praxis. Praxis Palliative Care, 6, 1

Heller, Andreas (2010): Hospizarbeit und Palliative Care. Eine narrative Praxis und Theorie. Praxis Palliative Care, 6, 13-15

Hemming, Laureen; Mahler, David (2005): Complementary therapies in palliative care: a summary of current evidence. British Journal of Community Nursing, 10, 448-452

Hermans, Hubert J.M. (1999): Self –Narrative as Meaning Construction: The Dynamics of Self-Investigation. Journal of Clinical Psychology, 55(10), 1193-1211

Herzlich, Claudine (1995): Modern Medicine and the Quest for Meaning. Illness as a social Signifier. In: Marc, Augé; Claudine, Herzlich (Hg.): The Meaning of Illness. Anthropology, History and Sociology. Australia: harwood academic publishers. S. 151-173

Hess, Joanne D. (2003): Gadow's relational narrative: an elaboration. Nursing Philosophy, 4, 137-148

Hilfiger Messias, De Anne K.; De Joseph, Jeanne (2004): Feminist Narrative Interpretations: Challenges, Tensions and Opportunities for Nurse Researchers. Revista Aquichan, 4(4), 40-49

Hirai, K.; Komura, K; Tokoro, A.; Kuromaru, A.; Ohshima, A.; Ito, T.; Sumiyoshi, Y.; Hyodo, I. (2008): Psychological and behavioral mechanisms influencing the use of complementary and alternative medicine (CAM) in cancer patients. Annals of Oncology, 19, 49-55

Hirschkorn, Kristine A.; Bourgeault, Ivy Lynn (2005): Conceptualizing mainstream health care providers' behaviours in relation to complementary and alternative medicine. Social Science & Medicine, 61, 157-170

Hohn, Kirsten; Hanses, Andreas (2008): Zur Konstruktion von Wissen im Kontext bio-grapischer Krankheitsdeutungen. Professionelle Interventionen und kollektive thera-peutische Prozesse bei psychosomatisch erkrankten Frauen. Forum Qualitative Sozi-alforschung / Forum: Qualitative Social Research, 9(1), Art. 48, Download vom 2.2.2010, von http://www.qualitative-research.net/

Hollnagel, Hanne; Malterud, Kirsti (2000): From risk factors to health resources in medi-cal practice. Medicine, Health Care and Philosophy, 3, 257-264

Hradil, Stefan (2009): Was prägt das Krankheitsrisiko? Schicht, Lage, Lebensstil? In: Matthias, Richter; Klaus, Hurrelmann (Hg.): Gesundheitliche Ungleichheit. Grund-lagen, Probleme, Perspektiven. (2., akt. Auflage), Wiesbaden: Verlag für Sozialwis-senschaften. S. 35-54

Hudson-Jones, Anne (1997): Literature and medicine: narrative ethics. The Lancet, 349, 1243-1246

Hunt, Linda M. (2000): Strategic Suffering: Illness Narratives as Social Empowerment among Mexican Cancer Patients. In: Cheryl, Mattingly; Linda O., Garro (Hg.): Nar-rative and the Cultural Construction of Illness and Healing. Berkeley: University of California Press. S. 288-107

Hustvedt, Siri (2011): The Summer without Men. New York: Picador

Hyden, Lars-Christer (1997): Illness and narrative. Sociology of Health and Illness, 19(1), 48-69

Hyland, Michael E. (2005): A tale of two therapies: psychotherapy and complementary and alternative medicine (CAM) and the human effect. Clinical Medicine, 5(4), 361-367

Illich, Ivan (1995): Die Nemesis der Medizin. Die Kritik an der Medikalisierung des Lebens. (4., überarbeitete und ergänzte Auflage), München: Beck

Jackson, Jeffrey L. (2005); Communication about Symptoms in Primary Care: Impact on Patient Outcomes. The Journal of Alternative and Complementary Medicine, 11(Suppl. 1), S. 51-56

Jacobs, Jennifer; Chapman, Edward H.; Crothers, Dean (1998): Patient Characteristics and Practice patterns of Physicians Using Homeopathy. Archives of Family Medi-cine, 7, 537-540

Johnston, Graham Alexander; Bilbao, RM; Graham-Brown, Robin Alan Charles (2003): The Use of Complementary Medicine in Children with Atopic Dermatitis in Sec-ondary Care in Leicester. British Journal of Dermatology, 149(3), 566-571

Jorgensen, Vibeke; Launso, Laila (2005): Patients' Choice of Asthma and Allergy Treat-ments. The Journal of Alternative and Complementary Medicine, 11(3), 529-534

Kaboli, Peter; Doebbeling, Bradley N.; Saag, Kenneth G.; Rosenthal, Gary E. (2001): Use of Complementary and Alternative Medicine in Elderly Arthritis Patients. Arthritis Care and Research, 45, 398-403

Kalitzus, Vera; Wilm, Stefan; Matthiessen, Peter F. (2009): Narrative Medizin – Was ist es, was bringt es, wie setzt man es um? Zeitschrift für Allgemeinmedizin, 85(2), 16-22

Kamps, Harald (2004): Der Patient als Text – Metaphern in der Medizin. Skizzen einer dialogbasierten Medizin. Zeitschrift für Allgemeinmedizin, 80, 438-442

Kaplan, Brian (2004): Die Kunst der Fallaufnahme – das homöopathische Gespräch. Stuttgart: Karl F. Haug Verlag

Kaptchuk, Ted; Eisenberg, David M. (1998): The Persuasive appeal of alternative Medicine. Annals of Internal Medicine, 129, 1061-1065

Keddy, Barbara; Sims, Sharon L.;, Noerager Stern, Phyllis (1996): Grounded theory as feminist research methodology. Journal of Advanced Nursing, 23, 448-453

Kelly, Michal P.; Dickinson, Hilary (1997): The narrative self in autobiographical accounts of illness. The Sociological Review, 45(2), 254-278

Kelner, Merrijoy; Wellman, Beverly (1997): Health Care and Consumer Choice: Medical and Alternative Therapies. Social Science and Medicine, 45(2), 203-212

Kieffer, Charles H. (1984): Citizen Empowerment: a Developmental Perspective. Prevention in Human Services, 3, 9-36

Kim, Sung Soo; Kapolwitz, Stan; Johnston, Mark V. (2004): The effects of physician empathy on patient satisfaction and compliance. Evaluation & The Health Professions, 27(3), 237-251

Kira Kimby, Charlotte; Launso, Laila; Henningsen, Inge; Langgaard, Henrik (2003): Choice of Unconventional Treatments by Patients with Cancer. The Journal of Alternative and Complementary Medicine, 9(4), 549-561

Kirkmeyer, Laurence J. (2000): Broken Narratives: Clinical Encounters and the Poetics of Illness Experience. In: Cheryl, Mattingly; Linda O., Garro (Hg.): Narrative and the Cultural Construction of Illness and Healing. Berkeley: University of California Press. S. 153-180

Kirkmeyer, Laurence J. (2004): The cultural diversity of healing: meaning, metaphor and mechanism. British Medical Bulletin, 69, 33-48

Kirkpatrick, Helen (2008): A Narrative Framework of Understanding Experiences of People with Severe Mental Illness. Archives of Psychiatric Nursing, 22(2), 61-68

Kitai, Elezier; Vinker, Shlomo; Sandiuk, Abraham; Hornik, Ofer; Zeltcer, Charna; Gaver, Arnat (1998): Use of Complementary and Alternative Medicine among Primary Care Patients. Family Practice, 15(5), 411-414

Kleinman, Arthur (1978): Concepts and a model for the comparison of medical systems as cultural systems. Social Science & Medicine, 12, 85-93

Kleinman, Arthur (1988). The Illness Narratives. Suffering, Healing and the Human Condition. New York:Basic Books

Klemperer, David (2000): Patientenorientierung im Gesundheitssystem. Qualität in der Gesundheitsversorgung – Newsletter der GQMG 1 (7). Download vom 18.02.2011, von http://kurse.fh-regensburg.de/kurs_20/kursdateien/P/2000Patientenorientierung.pdf

Kohler Riessman, Catherine (1990): Strategic uses of narrative in the presentation of self and illness: a research note. Social Science & Medicine, 30(11), 1195-1200

König, Peter (2005): Was ist Homöopathie? In: König, Peter (Hg.): Durch Ähnliches heilen. Homöopathie in Österreich. Wien: Orac Verlag, S. 3-58

Konitzer, Martin; Doering, Thorsten J.; Fischer, Gisela C. (2002): Narrative based medicine: Neuorientierung qualitativer Forschung in der Allgemeinmedizin? Kritische Bestandaufnahme und Perspektiven. Zeitschrift für Allgemeinmedizin, 78, 565-570

Köntopp, Sabine (2004): Wer nutzt Komplementärmedizin? Theorie. Empirie. Prognose. Essen: KVC Verlag

Kunyk, Diane; Olson, Joanne E. (2001): Clarification of conceptualizations of empathy. Journal of Advanced Nursing, 35(3), 317-325

Langenbach, Michael; Koerfer, Armin (2006): Körper, Leib und Leben. Wissenachaftliche und praktische Traditionen im ärztlichen Blick auf den Patienten. Zeitschrift für Qualitative Bildungs-, Beratungs, und Sozialforschung, 7(2), 191-216

Lanzerath, Dirk (2005): Gesundheit in Medizin und Gesellschaft. Vortrag gehalten im Rahmen der Tagung „Was heißt schon normal? Vorstellungen von Gesundheit, Krankheit und Behinderung in Genetik und Gesellschaft". Hannover

Larson, Eric B.; Yao, Xin (2005): Clinical Empathy as Emotional Labor in the Patient-Physician Relationship. JAMA, 293(9), 1100-1106

Launso, Laila, Rieper, Jonas (2005): General practitioners and classical homeopaths treatment models for asthma and allergy. Homeopathy, 94, 17-25

Lau-Walker, Margaret (2006): A conceptual care model for individualized care approach in cardia rehabilitation – combining both illness representation and self-efficacy. British Journal of Health Psychology, 11, 103-117

Lau-Walker, Margaret; Thompson, David R. (2009): Self-management in long-term health conditions. A complex concept poorly understood and applied? Patient Education and Counseling, 75, 290-292

Lawton, Julia (2003): Lay experiences of health and illness: past research and future agendas. Sociology of Health and Illness, 25, 23-40

Lee, Andrea M.; Poole, Gary (2005): An Application of the transactional Model top the Analysis of Chronic Illness Narratives. Qualitative Health Research, 15(3), 346-364

Lee, Colleen O. (2004). Clinical trials in cancer part II. Biomedical, complementary, and alternative medicine: Significant issues. Clinical Journal of Oncology Nursing, 8(6), 670–674.

Little, Paul; Everitt, Hazel; Williamson, Ian; Warer, Greg; Moore, Michael; Gould, Clare; Ferrier, Kate (2001): Preferences of patients for patient centered approach to consultation in primary care: observational study. British Medical Journal, 322, 1-7

Luban-Plozza, Boris (1994): Der Einfluss der Arzt-Person auf Wirkung und Zielsetzung einer Therapie. In: Johannes G. Schmidt; Richard E. Steele (Hrsg): Kritik der medizinischen Vernunft. Schritte zu einer zeitgemässen Praxis. Kirchheim: Kirchheim Verlag, S. 154-162

Lucius-Hoene, Gabriele (2008): Krankheitserzählungen und die narrative Medizin. Rehabilitation, 47, S. 90-97

Lucius-Hoene, Gabriele; Deppermann, Arnulf (2004): Narrative Identität und Positionierung. Gesprächsführung – Online Zeitschrift zur verbalen Interaktion, 5, 166-183. Download vom 10.10 2010, von www.gespraechsforschung-ozs.de

Ludwig Boltzmann Institut Health Technology Assessment (2006): Das ärztlich-therapeutische Gespräch. Die Effektivität verstärkter Arzt-Patient Kommunikation. Wien.

Lupton, Deborah (1997): Consumerism, Reflexivity and the Medical Encounter. Social Science & Medicine, 45(3), 373-381

Lyng, Stephen (2010): Reflexive Biomedicalization and Alternative Healing Systems. Bioethical Inquiry, 7, 53-69

Määttä, Sylvia M. (2006): Closeness and distance in the nurse-patient relation. The relevance of Edith Stein's concept of empathy. Nursing Philosophy, 7, 3-10

Mann, Douglas; Gaylord, Susan; Norton, Sally (2004): Moving Toward Integrative Care: Rationales, Models, and Steps for Conventional-Care Providers. Complementary Practice Review, 9(3), 155-172

Marian, Florica; Joost, Kerstin; Siani, Krishan D.; von Ammon, Klaus; Thurneysen, Andre; Busato, Andre (2008): Patient satisfaction and side effects of primary care: An observational study comparing homeopathy and conventional medicine. BMC Complementary and Alternative Medicine, 8(52), o.S., Download vom 2.2.2010, von http://www.biomedcentral.com/bmccomplementalternmed/

Marstedt, Gerd (2002): Die steigende Popularität alternativer Medizin – eine Suche nach medizinischen Gurus und Wunderheilern? Download vom 20.10.2009, von http://www.forum-gesundheitspolitik.de/dossier/PDF/Alternative-Medizin.pdf

Marstedt, Gerd; Moebus, Susanne (2002): Inanspruchnahme alternativer Methoden in der Medizin. Gesundheitsberichterstattung des Bundes, Heft 9, Berlin: Robert Koch Institut

Matthiessen, Peter F. (1998): Die Diagnose – eine prognoseorientierte individuelle Therapieentscheidung. System Familie, 11, 60-69

Matthiessen, Peter F. (2004): Das Phänomen Komplementärmedizin: Verwilderung oder Bereicherung ärztlichen Handelns? Zeitschrift für medizinische Ethik, 50, 351-363

Matthiessen, Peter F. (2006): Ärztliche Praxis und wissenschaftlicher Status der Medizin. Forschende Komplementärmedizin, 13, 136-139

Mauerer, Gerlinde (2010):. Weiblichkeit und (Vor)sorge tragen: Wechselwirkungen zwischen Frauen- und Krankheitsbildern. In: Gerlinde, Mauerer (Hg.): Frauengesundheit in Theorie und Praxis. Feministische Perspektiven in den Gesundheitswissenschaften. Bielefeld: transcript Verlag, S. 85-112

Mehl-Madrona, Lewis (2007): The Nature of Narrative Medicine. The Permanante Journal, 11(3), 83-87

Mercer, Stewart M.; Reilly, David (2004): A qualitative study of patients' views on the consultation at the Glasgow Homeopathic Hospital, an NHS integrative complementary and orthodox medical care unit. Patient Education and Counseling, 53, 13-18

Mercer, Stewart M.; Reynolds, William J. (2002): Empathy and quality of care. British Journal of General Practice, 52, S. 9-13

Mercer, Stuart W; Reilly, David; Watt, Graham C.M. (2002). The importance of empathy in the enablement of patients attending the Glasgow Homoeopathic Hospital. British Journal of General Practice, 52, 901-905

Merkur Versicherung (2006): Der Merkur Gesundheitsmonitor. Download vom 03.04.2012, von http://www.merkur.at/cms/beitrag/1007081/130190/Der_Merkur_Gesundheitsmonitor_Ergebnisse_September_Naturheilverfahren.html

Messerli-Rohrbach, Verena; Schär, Annemarie (1999): Komplementär- und Schulmedizin: Voruteile sowie Ansprüche an die Natur- bzw. die Hausarzt. Schweizerische Medizinische Wochenschrift 1999; 129:1535-1544

Mishler, Elliot G. (1984): The discourse of medicine: Dialectics of medical interviews. Norwood: Ablex Publishers

Mizco, Nathan (2003): Beyond the „Fetishism of Words": Considerations on the Use of the Interview to Gather Chronic Illness Narratives. Qualitative Health Research, 13(4), 469-490

NCCAM – National Center of Complementary and Alternative Medicine. Download vom 1.4.2011, von http://nccam.nih.gov/

Neufeld, Anne; Harrison, Margaret J.; Stewart, Miriam; Hughes, Karen (2008): Advocacy of Women Family Caregivers: Response to Nonsupportive Interactions With Professionals. Qual Health Res 18: 301-310

O'Callaghan, Fran V.O., Jordan, N. (2003): Postmodern values, attitudes and the use of complementary medicine. Complementary Therapies in Medicine, 11, 28-32

Oeseborg, Barth; Abma, Tineke A. (2006): Care as a mutual endeavour: Experiences of a multiple sclerosis patient and her healthcare professionals. Medicine, Health Care and Philosophy, 9, 349-357

ÖGHM – Österreichische Gesellschaft für homöopathische Medizin (2011). Homöopathie in Österreich. Download vom 28.02.2011, von http://www.homoeopathie.at/

Oppenauer, Markus (2009): Die 1968er Bewegung – Eine Diskontinuität in der historischen Entwicklung der Österreichischen Homöopathie? Vortrag gehalten im Rahmen der Jahrestagung des Vereins für Sozialgeschichte der Medizin, Linz. Download vom 1.4.2011, von http://www.wsg-hist.uni-linz.ac.at/Medizin-Linz2009/Oppenauer.pdf

Paley, John (2009): Narrative machinery. In: Yasmin, Gunaratnam; David, Oliviere (Hg.): Narrative and Stories in Health Care. Illness, dying and bereavement. Oxford: Oxford University Press. S. 17-32

Paley, John; Eva, Gail (2005): Narrative vigilance: the analysis of stories in health care. Nursing Philosophy, 6, 83-97

Panmedion Stiftung (o.D.): Programm Evaluation Komplementärmedizin. Download vom 27.03.2011, von http://panmedion.org/.

Parsons, Talcott (1954): The Social System. London: Routledge

Paterson, Charlotte; Baarts, Charlotte; Launso, Laila; Verhoef, Marja J. (2009): Evaluating complex interventions: a critical analysis of the "outcomes" concept. BMC Complementary Medicine, 9(18), o.S. Download vom 20.10.2010, von www.biomedcentral.com

Patriani Justo, Célia Maria; de Andrea Gomes, Mara H. (2008): Conceptions of health, illness and treatment of patients who use homeopathy in Santos, Brazil. Homeopathy, 97, 22-27

Pawluch, Dorothy; Cian, Roy; Gillett, James (2000): Lay constructionsd of HIV and complementary therapy use. Social Science & Medicine, 51, 251-264

Payrhuber, Klaus (2005): Heilungsgesetze in der Homöopathie. In: König, Peter (Hg.): Durch Ähnliches heilen. Homöopathie in Österreich. Wien: Orac Verlag, S 63-68

Pennebaker, James W.; Segal, Janel D. (1999). Forming a story: The health benefits of narrative. Journal of Clinical Psychology, 55, 1243-1254.

Penson, Jenny (1998): Complementary therapies: making a difference in palliative care. Complementary Therapies in Nursing & Midwifery, 4, 77-81

Petersen, Alan; Lupton, Deborah (1996): The New Public Health. Health and Self in the Age of Risk. London: Sage Publications

Pierret, Janine (2003): The illness experience: state of knowledge and perspectives for research. Sociology of Health and Illness, 25, 4-22

Plunger, Petra; Beyer, Sigrid; Höfler, Anne-Elisabeth (2008): Transdisziplinäre Erfahrungen im qualitativen Interview. In: Reitinger, Elisabeth (Hg.[in]): Transdisziplinäre Praxis: Forschen im Sozial- und Gesundheitswesen. (1. Auflage) Heidelberg: Carl-Auer-Systeme; S. 191-205

Plunger, Petra; Wenzel, Claudia (2007): "Homöopathie als Alternative zu schulmedizinischer Behandlung?" – Rahmenbedingungen, Praxis und Inanspruchnahme von Homöopathie in Österreich. Unveröffentlichter Projektbericht an der Abteilung Palliative Care und OrganisationsEthik, IFF – Wien, Alpen-Adria Universität Klagenfurt, Graz, Wien

Powers, Penny (2003): Empowerment as Treatment and the Role of Health Professionals. Advances in Nursing Science, 26(3), 227-237

Prinz, Armin (1993): Ethnomedizin. In: Alois, Stacher (Hg.): Grundlagen für eine integrative Ganzheitsmedizin. Wien: Facultas, S. 1-13

Quinn, Barry (2003): Exploring nurses' experience of supporting a cancer patient in their search for meaning. European Journal of Oncology Nursing. 7(3), 164-171

Rager, Kathleen B. (2005): Compassion Stress and the Qualitative researcher. Qualitative Health research, 15(3), 423-430

Rappaport, Julian (1995): Empowerment Meets Narrative: Listening to Stories and Creating Settings. American Journal of Community Psychology, 23(5), 795-807

Rasky, Eva; Stronegger, Willibald-Julius; Freidl, Wolfgang (1999): Nutzung unkonventioneller Heilverfahren bei Krebserkrankungen. Sozial- und Präventivmedizin, 44, 22-29

Richter, Petra (2009): Biographisches und professionelles Wissen im Kontext von Brustkrebserkrankungen – eine biographieanalytische Studie. (Dissertation, Universität Bremen)

Riessmann, Catherine K. (1990): Strategic Uses of Narrative in the Presentation of Self and Illness. Social Science and Medicine, 30, 1195-1200

Riger, Stephanie (1993): What's Wrong with Empowerment? American Journal of Community Psychology, 27(3), 279-292

Rissel, Christopher (1994): Empowerment: the holy grail of health promotion? Health Promotion International, 9(1), 39-47

Roberts, Glenn A. (2000): Narrative and severe mental illness: what place do stories have in an evidence-based world? Advances in Psychiatric Treatment, 6, 432-441

Robinson, Ian (1990): Personal narratives, social careers an medical courses: analysing life trajectories in autobiographies of people with multiple sclerosis. Social Science & Medicine, 30(11), 1173-1186

Romyn, Donna M. (2003): The relational narrative: implications for nurse practice and education. Nursing Philosophy, 4, 149-154

Ruusuvuori, Johanna (2007): Managing affect: intwegration of empathy and problem-solving in health-care encounters. Discourse Studies, 9(5), 597-622

Sakalys, Jurate A. (2000): The political role of illness narratives. Journal of Advanced Nursing, 31(6), 1469-1475

Sakalys, Jurate A. (2003): Restoring the Patient's Voice. The Therapeutics of Illness Narratives. Journal of Holistic Nursing, 21(3), 228-241

Salmon, Peter; Hall, George M. (2003): Patient empowerment and control: a psychological discourse in the service of medicine. Social Science & Medicine, 57, 1969-1980

Salvatore, Giampaolo; Dimaggio, Giancarlo; Semerari, Antonio (2004): A model of narrative development: Implications for understanding psychopathology and guiding therapy. Psychology and Psychotherapy: Theory, Research and Practice, 77, 231-254

Samerski, Silja (2002): Der Mythos von der informierten Entscheidung. Download vom 20.01.2011, von http://www.pudel.uni-bremen.de/pdf/SamerskiFemibei.pdf

Santos-König, Uta (2005): Homöopathie und Psychotherapie – Verbindendes und Unverbundenes. In: König, Peter (Hg.): Durch Ähnliches heilen. Homöopathie in Österreich. Wien: Orac Verlag, S. 281-292

Savage, Jan (2000): One voice, different tunes: issues raised by dual analysis of a segment of qualitative data. Journal of Advanced Nursing, 31(6), 1493-1500

Sayantani, DasGupta, Irvine , Craig, Spiegel, Maura (2009): 'Giving Sorrow Words': The Possibilities of Narrative Palliative Care Medicine. In: Yasmin Gunaratnam, David Oliviere (Hg.). Narrative and Stories in Health Care. Illness, dying and bereavement. (S. 33-46). Oxford: Oxford University Press

Schaeffer, Doris (2009): Bewältigung chronischer Erkrankung – Status Quo der Theoriediskussion. In: Doris, Schaeffer (Hg.) Bewältigung chronischer Krankheit im Lebensverlauf. Bern: Verlag Hans Huber

Schei, Edvin (2006): Docotring as leadership. The power to heal. Perspectives in Biology and Medicine. 49(3), 393-406

Schröder, Hartmut (2010): Theoretische Aspekte der Arzt-Patienten-Interaktion. In: Claudia, Witt (Hg.): Der gute Arzt aus interdisziplinärer Sicht. Ergebnisse eines Expertentreffens. Essen. Download vom 20.3.2011, von http://www.europa-uni.de/de/forschung/institut/institut_intrag/Texte/index.html

Schröder, Hartmut (2010a): Transkulturelle Gesundheitswissenschaften: Eine kulturwissenschaftliche Neuorientierung der Medizin? In: Hartmut Schröder, Ursula Bock (Hg.): Semiotische Weltmodelle. Mediendiskurse in den Kulturwissenschaften. Festschrift für Eckhard Höfner zum 65. Geburtstag. (= Semiotik der Kultur/ Semiotics of Culture, Bd. 8). Münster. S. 517-529

Scott, Anne L. (1998): Homeopathy as a feminist form of medicine. Sociology of Health and Illness, 20(2), 191-214

Scott, Anne L. (2001): The storyteller's paradox: homeopathy in the Borderlands. In: Sarah, Cunningham-Burlcy; Kathryn, Backctt-Milburn (Hg.): Exploring the body. London: Palgrave. 3-20

Scott, Anne L. (1999): Paradoxes of holism: some problems in developing anti-oppressive medical practice. Health, 3(2), 131-149

Shang, Aijing; Huwiler-Müntener, Karin; Nartey, Linda; Jüni, Peter; Dörig, Stephan; Sterne, Jonathan AC; Pewsner, Daniel; Egger, Matthias (2005): Are the clinical effects of homoeopathy placebo effects? Comparative study of placebo-controlled trials of homoeopathy and allopathy. Lancet. 366(9487), 726-32

Sherwin, Susan (1992): No Longer Patient. Feminist Ethics and Health Care. Philadelphia: Temple University Press

Siapush, Mohammad (1998): Postmodern values, dissatisfaction with conventional medicine and popularity of alternative therapies. Journal of Sociology, 34(1), 58-70

Sierpina, Victor S.; Kreitzer, Mary Jo; MacKenzie, Elizabeth; Sierpina, Michelle (2007): Regaining our humanity through story. Explore, 3(6), 626-632

Simon, Alfred (2003): Compliance oder die Verantwortung des Patienten im Prozess der medizinischen Dienstleistung. Zeitschrift für Medizinische Ethik, 49, 21-28

Singer, Muriel (2005): A twice-told tale: a phenomenological inquiry into clients' perceptions of therapy. Journal of Marital and Family Therapy, 31(3), 269-281

Singh, Harvir; Maskarinec, Gertraud; Shumay, Dianna M. (2005): Understanding the Motivation for Conventional and Complementary (alternative Medicien Use among Men with Prostate Cancer. Integrative Camcer Therapies, 4(2), 187-194

Skott, Carola (2001): Caring Narratives and the Strategy of Presence: Narrative Communication in Nursing Practice and Research. Nursing Science Quaterly, 14(3), 249-254

Small, Neil; Rhodes, Penny J. (2000): Too ill to talk? User involvement and palliative care. London: Routledge.

Sointu, Eeva (2006): Recognition and the Creation of Wellbeing. Sociology, 40(3), 493-510

Söllner, Wolfgang; Maislinger, Susanne; DeVries, Alexander; Steixner, Eva; Rumpold, Gerhard; Lukas, Peter (2000): Use of Complementary and Alternative Medicine by Cancer Patients is not associated with Perceived Distress or Poor Compliance with Standard Treatment but with Active Coping Behavior. Cancer, 89(4), 873-880

Söllner, Wolfgang; Zingg-Schir, Martina; Rumpold, Gerhard; Fritsch, Peter (1997): Attitudes Towards Alternative Therapy, Compliance with Standard Treatment, and Need for Emotional Support in Patients With Melanoma. Archives of Dermatology, 133, 316-321

Solomon, Miriam (2008): Epistemiological reflections on the art of medicine and narrative medicine. Perspectives in Biology and Medicine, 51(3), 406-417

Sontag, Susan (1991): Illness as Metaphor. New York: Picador

Spiegel, Wolfgang; Zidek, Thomas; Vutuc, Christian; Maier, Manfred; Isak, Karin; Micksche, Michael (2003): Complementary therapies in cancer patients: prevalence and patients' motives. Wiener Klinische Wochenschrift, 115(19-20), 705-709

Steinsbekk, Aslak; Launso, Laila (2005); Empowering the Cancer Patient or Controlling the Tumor? A Qualitative study of How Cancer Patients Experience Consultations with Complementary and Alternative Medicine Practitioners and Physicians, respectively. Integrative Cancer Therapies, 4(2), 195-200

Steinsbekk, Aslak; Lüdtke, Rainer (2005): Patients' assessments of the effectiveness of homeopathic care in Norway: a prospective observational multicentre outcome study. Homeopathy, 94, 10-15

Stiles, William B.; Honos-Webb, Lara; Lani, James A. (1999): Some Functions of Narrative in the Assimilation of Problematic Experiences. Journal of Clinical Psychology, 55(10), 1213-1226

Stöckl-Gibbs, Susanne (2005): Homöopathie und Schulmedizin. In: König, Peter (Hg.): Durch Ähnliches heilen. Homöopathie in Österreich. Wien: Orac Verlag, S. 263-269

Stollberg, Gunnar (2008): Patientenbeteiligung – Ein politisches Konzept. Soziologie sozialer Probleme und sozialer Kontrolle ‚III, 425-435

Stollberg, Gunnar, (2002): Heterodoxe Medizin, Weltgesellschaft und Glokalisierung: Asiatische Medizinformen in Westeuropa. In: Gisela, Brünner; Elisabeth Gülich (eds.): Krankheit verstehen. Bielefeld: Aisthesis, pp. 143-158

Strauss, Anselm S.; Corbin, Juliet (1996): Grounded Theory: Grundlagen Qualitativer Sozialforschung. Weinheim: Beltz Psychologie Verlags Union.

Street, Richard L.; Makoul, Gregory; Arora, Neeraj K.; Epstein, Ronald M. (2009): How does communication heal? Pathways linking clinician-patient communication to health outcomes. Patient Education and Counseling, 74, 295-301

Studenteninitiative Homöopathie SIH (2007): Grundlagen der klassischen Homöopathie. Download vom 06.03.2001, von http://www.sih.at/files/WFSKRIPT2007.pdf

SVHA: Antrag des Schweizerischen Vereins homöopathischer Ärzte an die eidgenössische Kommission für allgemeine Leistungen in Sachen Anerkennung der klassischen Homöopathie als Pflichtleistung. Bern, 2005

Szawarski, Zbigniew (2004): Wisdom and the art of healing. Medicine, Health Care and Philosophy, 7, 185-193

Thaler, Manuela; Plank, Maire-Luise (2005): Heilmittel und Komplementärmedizin in der Krankenversicherung. Wien: Manz Verlag

Thesen, Janecke (2005): From oppression towards empowerment in clinical practice – offering doctors a model for relection. Scandinavian Journal of Public Health, 33(Suppl 66), 47-52

Thomas, Paul (2006): General Medical Practioners Need to Be Aware of the Theories on Which Our Work Depends. Annals of Family Medicine, 4(5), 450-454

Thompson, Trevor David Barnes (2005): Homeopathy: exploring the popularity paradox. (Dissertation, University of Bristol)

Thorne, Sally E. (1999): The science of meaning in chronic illness. International Journal of Nursing Studies, 36, 397-404

Thorne, Sally E.; Paterson, Barbara; Russel, Cynthia; Schultz, Annette (2002): Complementary/alternative medicine in chronic illness as a informed self-care decision making. International Journal of Nursing Studies, 39, 671-683

Thoun Northrup, Deborah (1993): Self-care myth reconsidered. Advanced Nursing Science, 15(3), 59-66

Tomes, Nancy (2007): Patient empowerment and the dilemmas of late-modern medicalisation. Lancet, 369, 698-700

Truant, Tracy; Bottorff, Joan L. (1999): Decisionmaking related to complementary therapies: a process of regaining control. Patient Education and Counseling, 38, 131-142

van der Geest, Sjaak (2010): Why Are Pharmaceuticals Sometimes Liked and Sometimes Disliked? Viennese Ethnomedicine Newsletter, 12(2-3), 15-21

Velpry, Livia (2008): The Patient's View: Issues of Theory and Practice. Culture, Medicine and Psychiatry, Volume 32, Number 2, 238-258

Verhoef, Maria J.; Mulkins, Andrea; Boon, Heather (2005): Integrative Health Care: How Can We Determine Wether Patients Benefit? The Journal of Alternative and Complementary Medicine, 11(Suppl. 1), S. 57-S65

Ville, Isabelle; Khlat, Myriam (2007): Meaning and coherence of self and health: An approach based on narratives of life events. Social Science & Medicine, 64, 1001-1014

Vincent, Charles; Furnham, Adrian (1996): Why do patients turn to complementary medicine? An empirical study. British Journal of Clinical Psychology, 35(1), 37-48.

Vithoulkas, Georgos (2005): Die Praxis homöopathischen Heilens. 6. Auflage. München: Urban & Fischer, Elsevier GmbH

von Uexküll, Thure (2002): Integrierte Medizin – ein lernendes Modell einer nicht-dualistischen Heilkunde. In: Thure, von Uexküll; Werner, Geigges; Reinhard, Plassmann (Hg.): Integrierte Medizin. Modell und klinische Praxis. Stuttgart: Schattauer Verlag. S. 3-22

von Uexküll, Thure; Wesiak, Wolfgang (2011): Integrierte Medizin als Gesamtkonzept der Heilkunde: Ein bio-psycho-soziales Modell. In: Rolf H., Adler; Wolfgang, Herzog; Peter, Joraschky; Karl, Köhle; Wolf, Langewitz; Wolfgang, Söllner; Wolfgang, Wesiack (Hg.): Psychosomatische Medizin: Theoretische Modelle und klinische Praxis. (7. Auflage), München: Urban & Fischer. S. 3-40

von Unger, Hella (2012): Partizipative Gesundheitsforschung: Wer partizipiert woran? Forum Qualitative Sozialforschung 13/1/7. Download vom 09.09.2012, von http://www.qualitative-research.net/index.php/fqs/article/view/1781

Wasner, Maria; Klier, Helga; Borasio, Gian Domenico: The Use of Alternative Medicine by Patients with Amyotrophic Lateral Sclerosis. Journal Neurological Sciences 2001; 191(1-2):151-154

Watkins, Peter (2005): The efficacy of treatment: therapy or therapist? Clinical Medicine, 5, 309-310

Werner, Anne; Malterud, Kirsti (2003): It is hard work behaving as a credible patient: encounters between women with chronic pain and their doctors. Social Science & Medicine, 57, 1409-1419

Werner, Anne; Malterud, Kristi (2005): "The pain isn't as disabling as it used to be": How can the patient experience empowerment instead of vulnerability in the consultation? Scandinavian Journal of Public Health, 33(Suppl 66), 41-46

Wiesing, Urban (2004): Was unterscheidet die so genannte Alternative Medizin von der Schulmedizin? Zeitschrift für medizinische Ethik, 50, 325-335

Wikan, Unni (2000): With Life in One's Lap: The Story of an Eye/I (or Two). In: Cheryl, Mattingly; Linda O., Garro (Hg.): Narrative and the Cultural Construction of Illness and Healing. Berkeley: University of California Press.S.212-236

Williams, Gareth (1984): The genesis of chronic illess: narrative re-construction. Sociology of Health and Illness, 6(2), 175-200

Williams, Simon J.; Calnan, Michael (1996): The "limits" of medicalization? Modern medicine and the lay populace in "late" modernity. Social Science & Medicine, 42(12), 1609-1620

Willison, Kevin D.; Wiliams, Paul; Andrews, Gavin J. (2007): Enhancing chronic disease management: A review of key issues and strategies. Complementary Therapies in Clinical Practice, 13, 232-239

Wilson, Patricia M. (2001): A policy analysis of the Expert Pateint in the United Kingdom: self-care as an expression of pastoral power? Health and Social Care in the Community, 9(3), 134-142

Wilson, Patricia M.; Kendall, Sally; Brooks, Fiona (2007): The Expert Patients Programme: a paradox of patient empowerment and medical dominance. Health and Social Care in the Community, 15(5), 426-438

Wirtz, Veronika; Cribb, Alan; Barber, Nick (2006): Patient-doctor decision-making about treatment within the consultation – A critical analysis of models. Social Science & Medicine, 62, 116-124

World Health Organisation WHO (1986): Ottawa Charter zur Gesundheitsförderung. Download vom 1.9.2012, von http://www.euro.who.int/__data/assets/pdf_file/0006/ 129534/Ottawa_Charter_G.pdf

Wright, Michael T. (2012): Partizipation in der Praxis: die Herausforderung einer kritisch reflektierten Professionalität. In: Rolf, Rosenbrock; Susanne, Hartung (Hg.): Handbuch Partizipation und Gesundheit. Bern: Verlag Hans Huber, S. 91-101

Yedidia, Michael J. (2007): Transforming Doctor-Patient Relationships to Promote Patient-Centered Care: Lessons from Palliative Care. Journal of Pain and Symptom Management, 33(1), 40-57

Zaner, Richard M. (2000): Power and hope in the clinical encounter: a meditation on vulnerability. Medicine Health Care and Philosophy, 3, 265-275

Zuess, Jonathan (2005): Social Turbulence and the Safety of the Soul: Complementary and Alternative Medicine's response to the Mind-Body Problem. Complementary Health Practice Review, 10(1), 73-84

The manufacturer's authorised representative in the EU is Springer
Nature Customer Service Centre GmbH, Europaplatz 3, 69115 Heidelberg,
Germany. If you have any concerns regarding our products, please
contact ProductSafety@springernature.com

Printed and bound by CPI Group (UK) Ltd, Croydon, CR0 4YY
01/05/2026
02101002-0003